COLEÇÃO EXPLOSANTE

ubu

**TRADUÇÃO
PEDRO PAULO PIMENTA**

ÉRIC ALLIEZ
MAURIZIO LAZZARATO

GUERRAS E CAPITAL

11 INTRODUÇÃO – AOS NOSSOS INIMIGOS

35 [1] ESTADO, MÁQUINA DE GUERRA, MOEDA

47 [2] ACUMULAÇÃO PRIMITIVA CONTÍNUA
51 A guerra contra as mulheres
55 Guerras de subjetividade e modelo majoritário
60 Liberalismo e colonização: o caso Locke
70 Foucault e a acumulação primitiva
75 Genealogia colonial das disciplinas da biopolítica
78 O racismo e as guerras
81 A guerra na e da economia-mundo
83 A acumulação primitiva em debate

89 [3] APROPRIAÇÃO DA MÁQUINA DE GUERRA
90 O Estado da guerra
97 Hábitos da guerra em Adam Smith

103 [4] DUAS HISTÓRIAS DA REVOLUÇÃO FRANCESA
103 A Revolução Francesa de Clausewitz
108 A revolução negra

115 [5] BIOPOLÍTICAS DA GUERRA CIVIL PERMANENTE
115 Sequestro temporal da classe operária (e da sociedade como um todo)
121 Formação da célula familiar
128 O adestramento subjetivo não é ideológico

133 [6] A NOVA GUERRA COLONIAL

145 [7] LIMITES DO LIBERALISMO DE FOUCAULT

163 [8] O PRIMADO DA APROPRIAÇÃO: ENTRE SCHMITT E LÊNIN

175 **[9] AS GUERRAS TOTAIS**
179 A guerra total como reversibilidade entre colonizações interna e externa
190 A guerra total como guerra industrial
202 A guerra e a guerra civil contra o socialismo (e o comunismo)
209 O paradoxo do biopoder
212 Máquina de guerra e generalização do direito de matar
220 *Warfare* e *Welfare*
230 Keynesianismo de guerra

237 **[10] OS JOGOS ESTRATÉGICOS DA GUERRA FRIA**
244 Cibernética da Guerra Fria
252 A montagem da Guerra Fria
258 A Detroit da Guerra Fria
272 O outro lado do *American way of life*
283 O *business* da Guerra Fria

291 **[11] CLAUSEWITZ E O PENSAMENTO 68**
295 Poder e guerra: distinção e reversibilidade
305 A máquina de guerra de Deleuze e Guattari

315 **[12] AS GUERRAS FRACTAIS DO CAPITAL**
320 O executivo como dispositivo "político-militar"
327 A realização da máquina de guerra do Capital
334 As guerras no seio das populações
364 O marxismo heterodoxo e a guerra
371 A guerra do Antropoceno (ainda) não começou
393 Máquinas de guerra

425 POSFÁCIO À EDIÇÃO BRASILEIRA
Yasmin Teixeira

439 Agradecimentos
441 Sobre os autores

GUERRAS E CAPITAL

MAURIZIO LAZZARATO

ÉRIC ALLIEZ

Se queres compreender uma questão, faça a sua história.

– UM (IMPOSSÍVEL) MESTRE EM POLÍTICA

INTRODUÇÃO – AOS NOSSOS INIMIGOS

1 Vivemos o tempo da subjetivação das guerras civis. Não saímos da era do triunfo do mercado, da automatização das governamentalidades e da despolitização da economia da dívida para recuperar a época das "concepções de mundo" e dos confrontos abertos: esta é a era das novas máquinas de guerra.

2 O capitalismo e o liberalismo trouxeram em seu bojo as guerras como as nuvens trazem a tempestade. Se a especulação financeira que se intensificou do fim do século XIX ao início do XX levou à guerra total e à Revolução Russa, à crise de 1929 e às guerras civis europeias, a expansão contemporânea da financeirização pilota uma guerra civil global e dita as suas polarizações.

3 A partir de 2011, as múltiplas formas de subjetivação das guerras civis modificaram profundamente tanto a semiologia do capital como a pragmática das lutas que se opõem aos mil poderes da guerra como quadro permanente da vida. Do lado da experimentação com máquinas anticapitalistas, Occupy Wall Street nos Estados Unidos, os Indigna-

dos na Espanha, as lutas estudantis no Chile e no Quebec, bem como a Grécia de 2015, batem-se com armas desiguais contra a economia da dívida e as políticas de austeridade. Por toda parte no Sul, as primaveras árabes, as jornadas de junho de 2013 no Brasil e os confrontos do parque Gezi em Istambul, na Turquia, puseram em circulação as mesmas palavras de ordem e de desordem. A Nuit Debout, na França, é o episódio mais recente de um ciclo de lutas e ocupações que provavelmente teve início na praça Paz Celestial em 1989. Do lado do poder, o neoliberalismo incita o fogo de suas políticas econômicas predatórias fomentando uma pós-democracia autoritária e policialesca, gerenciada por técnicas de mercado, enquanto as novas direitas (ditas "direitas duras") declaram guerra ao estrangeiro, ao imigrante, ao muçulmano e aos *underclass*, para benefício das diversas extremas direitas, devidamente "desdemonizadas". Estas, por sua vez, tratam de se instalar abertamente num terreno de guerras civis ditadas pelos seus imperativos de subjetivação, relançando a *guerra racial de classes*. A hegemonia neofascista sobre os processos de subjetivação é confirmada também pela retomada da guerra à autonomia das mulheres e à emancipação sexual (na França, a "Manif pour tous" [Manifestação para todos]), *extensões do domínio endocolonial da guerra civil*.

À era da desterritorialização irrestrita de Thatcher e Reagan sucedeu-se, com Trump – que não hesitou em tomar a frente dos novos fascismos –, uma redefinição territorial de caráter racista, nacionalista, machista e xenófobo. O *American Dream* virou o pesadelo de um planeta insone.

4 Existe um desequilíbrio óbvio entre, de um lado, as máquinas de guerra do Capital e os novos fascismos e, de outro, as lutas multiformes contra o sistema-mundo do novo capitalismo. Desequilíbrio político, mas também *intelectual*. Este livro se detém num vazio, num branco, num refluxo teórico e prático que diz respeito a dois conceitos que se encontram no âmago da potência e impotência dos

movimentos revolucionários: o conceito de "guerra" e o de "guerra civil".

5 "É como uma guerra", ouvia-se em Atenas no fim de semana de 11 e 12 de julho de 2015. E com razão. A população se vira de súbito confrontada por uma estratégia de guerra a longo prazo e em grande escala, travada por meio da administração da dívida do país. Nela estavam em jogo a destruição da Grécia e, potencialmente, no mesmo golpe, a ruína do "edifício europeu". O objetivo da Comissão Europeia, do Banco Central Europeu e do FMI nunca foi a mediação ou a busca por um meio termo, mas a derrota do adversário, em campanha arrasadora.

A expressão "é como uma guerra" deveria ser substituída por *é de fato uma guerra*. A reversibilidade entre guerra e economia está no fundamento do capitalismo. Há algum tempo, Carl Schmitt pôs a nu a hipocrisia "pacifista" do liberalismo, reestabelecendo a continuidade entre a economia e a guerra: a economia persegue fins de guerra por outros meios ("o bloqueio do crédito, o embargo de matérias-primas, a desvalorização da moeda estrangeira").

Dois oficiais de alto escalão da aeronáutica chinesa, Qiao Liang e Wang Xiangsui, definiram as ofensivas financeiras como "guerras não sangrentas", tão cruéis e eficazes como as "sangrentas": uma violência *fria*. O resultado da globalização, eles dizem, "é que, diminuindo o espaço do campo de batalha em sentido estrito, [ela transformou] o mundo num campo de batalha em sentido amplo". A ampliação da guerra e a multiplicação dos nomes de seu domínio estabeleceram um contínuo entre guerra, economia e política. Desde os primórdios, porém, o liberalismo é uma *filosofia da guerra total*.

(O papa Francisco parece pregar no deserto quando afirma, com uma lucidez que falta aos políticos, aos analistas e mesmo aos críticos mais contundentes do capitalismo, que, "quando falo em guerra, falo de uma guerra de fato, não de guerra religiosa, mas de uma *guerra mundial fragmentada em mil partes*. [...] É a guerra pelo lucro, pelo dinheiro, pelos recursos naturais, pela dominação dos povos".)

6 Também em 2015, na noite de 13 de novembro, alguns meses após a derrota da esquerda dita "radical" na Grécia, François Hollande, presidente da França, declarou que a República estava "em guerra" e decretou estado de emergência. A lei que o autorizava a fazê-lo, suspendendo as "liberdades democráticas" e dando poderes "extraordinários" aos órgãos de segurança pública, fora votada em 1955, durante a guerra colonial da Argélia. Aplicada em 1984 à Nova Caledônia e novamente em 2005, por ocasião dos "tumultos das periferias", a lei do estado de emergência trouxe para o centro da arena as guerras colonial e pós-colonial.

O que aconteceu em Paris em uma triste noite de novembro [de 2015, por ocasião dos atentados], acontece todos os dias nas cidades do Oriente Médio: é o horror do qual tentam escapar milhões de refugiados que "inundam" a Europa. Veio à tona então a mais antiga das técnicas colonialistas de regulação dos movimentos migratórios, dessa vez como extensão "apocalíptica" das infindáveis guerras lançadas em 2002 pelo fundamentalista cristão George Bush e por seu estado-maior de neoconservadores. A guerra neocolonial já não se desenrola apenas nas "periferias" do mundo – ela perpassa o seu "centro", apropriando-se das figuras do "inimigo interno islamista", o imigrante, o refugiado, o migrante. Sem esquecer dos eternamente entregues à própria sorte: os pobres e os trabalhadores empobrecidos, os precários, os desempregados de longa duração e os "endocolonizados" de ambos os lados do Atlântico...

7 O "pacto de estabilidade" (o estado de emergência "financeira" na Grécia) e o "pacto de segurança" (o estado de emergência "política" na França) são os dois lados da mesma moeda. Desestruturando e reestruturando continuamente a economia-mundo, os fluxos de crédito e de

guerra oferecem, juntamente com os Estados que os *integram*, as condições de existência, de produção e reprodução do capitalismo contemporâneo. A moeda e a guerra são os elementos que constituem a polícia militar do mercado mundial, ou da dita "governança" da economia-mundo. Na Europa, ela é encarnada pelo estado de emergência financeira, que reduz a nada os direitos do trabalho e da seguridade social (saúde, educação, habitação etc.), enquanto o estado de emergência antiterrorista suspende os já exíguos direitos "democráticos" dessa mesma população.

8 Nossa primeira tese é de que a guerra, a moeda e o Estado são as forças constitutivas ou constituintes, ou seja, ontológicas, do capitalismo. A crítica da economia política é insuficiente na medida em que a economia não substitui a guerra, apenas a prolonga por outros meios, que passam necessariamente pelo Estado: a regulação da moeda e o monopólio legítimo da força, na guerra interna e na externa. Para realizar a genealogia do capitalismo e reconstituir o seu "desenvolvimento", urge conjugar a crítica da economia política a uma crítica da guerra e a uma crítica do Estado.

A concentração e monopolização dos títulos de propriedade pelo Capital e a concentração e monopolização da força pelo Estado são processos que se alimentam reciprocamente. Sem o exercício da guerra no exterior e o fomento da guerra civil no interior das fronteiras do Estado, o capital jamais poderia se constituir. E também o inverso: sem a captura e a valorização da riqueza operada pelo capital, o Estado jamais poderia exercer as funções administrativa, jurídica e de governamentalidade, nem organizar exércitos cada vez mais poderosos. A expropriação dos meios de produção e a apropriação dos meios de exercício da força são as condições da formação do Capital e da constituição do Estado, que se desenvolvem paralelamente. A proletarização militar acompanha a proletarização industrial.

9 Mas de que "guerra" se trata, afinal? Seria o conceito de "guerra civil mundial", desenvolvido quase ao mesmo tempo por Carl Schmitt e por Hannah Arendt no início dos anos 1960, que se impõe como sua forma mais pertinente depois da Guerra Fria? Seriam as categorias de "guerra infinita", "guerra justa" e "guerra contra o terror" as mais adequadas aos novos conflitos surgidos com a globalização? Seria possível retomar o sintagma "*a* guerra" sem assumir com isso o ponto de vista do Estado?

A história do capitalismo é perpassada e constituída desde os primórdios por uma multidão de guerras de classe, de raça, de sexo,[1] de subjetividade e de civilização. *As guerras*, e não *a* guerra: eis a nossa segunda tese. As "guerras" como fundamento das ordens interna e externa, como princípio de organização da sociedade; as guerras, não somente de classe, mas também militares, civis, de sexo, de raça, a tal ponto integrantes da definição do Capital que, para dar conta da dinâmica delas em seu funcionamento real, seria preciso reescrever o livro de Marx do começo ao fim. Nas reviravoltas mais importantes do capitalismo, encontra-se não tanto a "destruição criadora" de Schumpeter, promovida pela inovação empresarial, mas o empreendedorismo das guerras civis.

10 Desde 1492, o ano 1 do Capital, a formação de capital se dá por meio dessa multiplicidade de guerras em ambos os lados do Atlântico. A colonização interna (Europa) e a colonização externa (Américas) ocorrem paralelamente,

---

1 Utilizamos de maneira intercambiável as expressões "guerra contra as mulheres", "guerra entre os sexos" e "guerra de gêneros". Sem entrar no debate feminista, diremos apenas que os conceitos de "mulher", "sexo" e "gênero" (como, de resto, o de "raça") não remetem a essências, mas à construção política da heterossexualidade e do patriarcado como norma social de controle da procriação, da sexualidade e da reprodução da população, tendo em sua base a célula familiar. Trata-se de uma guerra ininterrupta, conduzida contra as mulheres com o intuito de submetê-las a processos de sujeição, dominação e exploração.

se reforçam mutuamente e juntas definem a economia-
-mundo. Essa dupla colonização é o que Marx chama
de acumulação primitiva. Mas, à diferença, se não de
Marx, ao menos de certo marxismo predominante, não
restringimos a acumulação primitiva a uma simples fase
do desenvolvimento do capital, a ser ultrapassada a partir do "modo de produção específico" do capitalismo.
Consideramos que ela constitui um modo de existência
que acompanha incessantemente o desenvolvimento do
capital, de maneira que, se a acumulação primitiva se
prolonga em todas as formas de expropriação da acumulação contínua, segue-se que *as guerras* de classe, de raça,
de sexo e de subjetividade *não têm fim*. A combinação
entre elas durante a acumulação primitiva – em especial
as guerras contra os pobres e as mulheres, na colonização interna da Europa, e as guerras contra os povos "pri-
mitivos", na colonização externa da América – precedeu
e engendrou as "lutas de classes" dos séculos XIX e XX,
projetando-as numa guerra comum contra a *pacificação
produtiva*. Pois tal pacificação, obtida ou não por meios
sangrentos, é a finalidade da guerra do capital como relação social.

11 "Por se concentrar exclusivamente na relação entre capitalismo e industrialismo, Marx acaba não dando atenção aos estreitos laços entre esses fenômenos e o militarismo." A guerra e a corrida armamentista têm sido,
desde os primórdios do capitalismo, as condições do
desenvolvimento econômico e da inovação tecnológica
e científica. Cada etapa do desenvolvimento do capital
inventa seu próprio "keynesianismo de guerra". O único
defeito dessa tese, enunciada por Giovanni Arrighi, é se
limitar *à* guerra entre os Estados e acabar "não dando
atenção aos estreitos laços" que o Capital, a tecnologia e
a ciência têm com *as* guerras civis. Um coronel do exército francês resume as funções econômicas dessa espécie
de guerra: "Somos produtores como quaisquer outros".
Revela, assim, um dos aspectos mais inquietantes do

conceito de produção e de trabalho, que os economistas, os sindicatos e os marxistas enrustidos cuidadosamente evitam tematizar.

12 A força estratégica da desestruturação/reestruturação da economia-mundo é, desde a acumulação primitiva, o Capital em sua forma mais desterritorializada; referimo-nos, é claro, ao Capital financeiro (é preciso designá-lo como tal, sem rodeios). Foucault critica a concepção marxiana do Capital porque nunca teria existido *o* capitalismo, apenas "um conjunto político-institucional" historicamente qualificado (argumento destinado a um sucesso retumbante).

Embora Marx nunca tenha efetivamente utilizado o conceito de capitalismo, deve-se conservar, mesmo assim, a distinção entre este último e *o* Capital, pois *sua* lógica, a do capital financeiro (D–D') é (sempre historicamente) a mais operacional. As "crises financeiras" mostram a sua operação, mesmo nas performances pós-críticas mais "inovadoras". A multiplicidade das formas de Estado e das organizações de poder transnacionais, a pluralidade de conjuntos político-institucionais que definem a variedade de "capitalismos" nacionais, são violentamente centralizadas, subordinadas e comandadas pelo Capital financeiro globalizado em sua finalidade de "crescimento". A multiplicidade das formações de poder dobra-se, de maneira mais ou menos dócil (mais para mais do que para menos), à lógica da propriedade mais abstrata, dos credores. *O* Capital, com *sua* lógica (D–D') de reconfiguração planetária do espaço pela aceleração constante do tempo, é uma categoria histórica, uma "abstração real", diria Marx, que produz os efeitos bastante reais de privatização universal da Terra, dos "humanos" e dos "não humanos", e de privação generalizada dos "comuns" do mundo. (Lembremo-nos da apropriação de terras – *land grabbing* –, consequência direta da "crise alimentar" de 2007–08 e uma das estratégias de *saída da crise*, da "*worst financial crisis in global history*"). Por essa razão empregamos o conceito "histórico-transcendental" de Capital (com letra maiúscula sempre que possível), descrevendo-o em sua longa marcha de colonização sistemática do mundo, da qual ele é, no longo prazo, o único agente.

13 Por que o desenvolvimento do capitalismo não passa pelas cidades, que por tanto tempo serviram como seus vetores, mas pelo Estado? É porque apenas o Estado, nos séculos XVI, XVII e XVIII, teve condições de realizar a expropriação/apropriação das inúmeras máquinas de guerra da época feudal (voltadas para guerras "privadas"), centralizando-as e institucionalizando-as numa máquina de guerra transformada em exército, no qual repousa o legítimo monopólio do uso da força pública. A divisão do trabalho não opera apenas na produção, ocorre também na especialização da guerra e do ofício de soldado. Se a centralização e o exercício da força num "exército regular" são obra do Estado, também o são as condições de acumulação de "riquezas" pelas nações "ricas e civilizadas" (Adam Smith) às custas das nações pobres – que, no fundo, não são nações, mas *waste lands* (*Locke in Wasteland*).[2]

14 A constituição do Estado em "megamáquina" de poder depende, portanto, da captura dos meios de exercício da força, de sua centralização e institucionalização. Mas, a partir dos anos 1870, e sobretudo sob a pressão da brutal aceleração imposta pela "guerra total" em 1914, o Capital não mais se contentou com uma relação de aliança com o Estado e sua máquina de guerra. Começou a se apropriar dela *diretamente*, integrando-a a seus instrumentos de polarização. A construção dessa nova máquina de guerra

---

2 Os autores propõem aqui um trocadilho envolvendo o conceito lockiano de *wasteland* – terra estéril, por oposição a terra fértil e, logo, cultivável – e o título do célebre poema de T. S. Eliot, "The Waste Land", que Ivan Junqueira verteu por "A terra desolada". O sentido ficará mais claro a partir do comentário sobre Locke no capítulo 2. [N. T.]

capitalista passa a integrar o Estado, sua soberania (política e militar) e o conjunto de suas funções "administrativas", modificando-as profundamente sob a direção do Capital financeiro. A partir da Primeira Guerra, o modelo científico de organização do trabalho e o modelo militar de organização e condução da guerra penetraram a fundo no funcionamento político do Estado, reconfigurando a divisão liberal dos poderes sob a hegemonia do Executivo. Ao mesmo tempo, e inversamente, a política – não mais do Estado, mas do Capital – se impôs à organização, à conduta e às finalidades da guerra.

Com o advento do neoliberalismo, esse processo de captura da máquina de guerra e do Estado se realizou plenamente na axiomática do Capitalismo Mundial Integrado (CMI). Mobilizamos com isso o CMI de Guattari a serviço de nossa terceira tese: o CMI é a axiomática da máquina de guerra do Capital, que submeteu a desterritorialização militar do Estado a uma desterritorialização superior do Capital. A máquina de produção tornou-se indistinguível da máquina de guerra, na qual se integram o civil e o militar, a paz e a guerra, num processo único de um *continuum* de poder isomorfo para todas as formas de valor.

15 Na longa duração [*longue durée*] que marca a relação capital/guerra, a eclosão da "guerra econômica" entre imperialismos em fins do século XIX constitui uma virada, instaurando um processo de transformação irreversível da guerra e da economia, do Estado e da sociedade. *O capital financeiro transmite à guerra o caráter ilimitado (de sua valorização), fazendo dela uma potência sem limites (uma guerra total).* A conjunção entre o caráter ilimitado do fluxo de guerra e o caráter ilimitado do fluxo de capital financeiro na Primeira Guerra dilata os limites tanto da produção como da guerra, engendrando o terrível espectro da *produção ilimitada de uma guerra ilimitada.* Coube às duas guerras mundiais a realização, pela primeira vez, da subordinação "total" (ou "subsunção real") da sociedade e de suas "forças produtivas" à economia de guerra, por meio da organização e da planificação da "produção", do trabalho, da técnica, da ciência e do consumo, em escala sem precedentes. O emprego da população como um todo na produção foi acompanhado de um processo de subjetivação em massa por meio da gestão de técnicas de comunicação e fabricação de opinião. Da implementação de vastos programas de pesquisa voltados para a "destruição" virão descobertas científicas e tecnológicas que, transferidas aos meios de produção de "bens", constituirão novas gerações de capital constante. Todo esse processo escapa ao operaísmo (e ao pós-operaísmo), como atesta o curto-circuito das décadas de 1960–70, momento da Grande Bifurcação do Capital, que coincide com o momento igualmente crítico da autoafirmação do operaísmo *na fábrica* (é preciso esperar pelo pós-fordismo para que se chegue à ideia de uma "fábrica difusa").

16 A origem do *welfare* [Estado de bem-estar social] não deve ser buscada unicamente na lógica de garantia [*assurantielle*, referência a François Ewald e seu trabalho pós-foucaultiano sobre as garantias] contra os riscos do "trabalho" e os riscos da "vida" (a escola foucaultiana sob influência patronal), mas, a princípio, e sobretudo, na lógica da guerra. O *warfare* antecipou e preparou amplamente o *welfare*. A partir dos anos 1930, tornaram-se indiscerníveis.

A enorme militarização da guerra total, que transformou os trabalhadores internacionalistas em 60 milhões de soldados nacionalistas, será "democraticamente" reintegrada ao território pelo *welfare* e com base nele. A conversão da economia de guerra em economia liberal – e também a da ciência e da tecnologia dos instrumentos de morte em meios de produção de "bens" e a da subjetivação da população militarizada em população de "trabalhadores" – é realizada graças ao imenso dispositivo de intervenção estatal, do qual as "empresas" são parte ativa (*corporate capitalism*). No *welfare*, o *warfare* continua a obedecer, por outros meios, à mesma lógica. O próprio Keynes reconhece que a política da demanda efetiva tem como único modelo de realização um regime de guerra.

17 Inserido em 1951 em "A superação da metafísica" (superação essa pensada durante a Segunda Guerra), este trecho de Heidegger é um indicador seguro do que se tornaram os conceitos de "guerra" e "paz" ao fim das duas guerras mundiais totais:

> Transfiguradas e desprovidas de sua essência, a "guerra" e a "paz" são tomadas na errância; irreconhecíveis, não se vê mais entre elas diferença alguma, suprimida pelo desenrolar puro e simples de atividades que, sempre em desvantagem, tornam as coisas exequíveis. Se é impossível responder à questão: quando retornará a paz?, não é porque não se entrevê o fim da guerra, mas porque, posta nesses termos, a questão visa algo que não existe mais, dado que a própria guerra deixou de ser algo que leve à paz: tornou-se uma espécie de usura do existente, e prolonga-se em tempos de paz. [...] Essa longa guerra sem duração definida progride lentamente, não rumo à antiga paz, mas a um estado de coisas em que o elemento "guerra" não será mais experimentado enquanto tal e o elemento paz não terá mais sentido nem substância.[3]

Essa passagem, reescrita por Deleuze e Guattari no final de *Mil platôs*, indicará que a "capitalização" tecnocientífica (que remete ao que chamaremos de "complexo militar-industrial científico-universitário") engendra "uma nova concepção da segurança como guerra materializada, como

---

3 Martin Heidegger, "A superação da metafísica" [1938–39], trad. Marcia Sá Cavalcante Schuback, in *Ensaios e conferências*. Petrópolis: Vozes, 2002, p. 81.

insegurança organizada ou catástrofe programada, distribuída, molecularizada".[4]

18 A Guerra Fria é uma socialização e uma capitalização intensivas da subsunção real da sociedade e da população à economia de guerra da primeira metade do século xx. Constitui um passo fundamental para a formação da máquina de guerra do Capital, que não se apropria do Estado e da guerra sem subordinar o "saber" a seu processo. A Guerra Fria amplia o leque da produção de inovações tecnológicas e científicas inflamada pelas guerras totais. Praticamente todas as tecnologias contemporâneas, com destaque para a cibernética e as tecnologias computacionais e informáticas, são, direta ou indiretamente, fruto da guerra total que a Guerra Fria reintegrou ao território. O que Marx chama de *"General Intellect"* nasceu na e da "produção para a destruição", típica das guerras totais, antes de ser reorganizado pelas *Organizational Research*, OR [pesquisas operacionais] da Guerra Fria como *Research and Development*, R&D [pesquisa e desenvolvimento], instrumento de comando e controle da economia-mundo. A esse outro enfoque, mais amplo que o operaísmo e pós-operaísmo, nos conduz a história das guerras do Capital. A ordem do trabalho estabelecida pelas guerras totais (*Arbeit macht frei* [o trabalho liberta]) se transforma na ordem liberal-democrática do pleno emprego como instrumento de regulação social do "operário-massa" *e do seu ambiente doméstico como um todo.*

19 O ano de 1968 se situa sob o signo do ressurgimento político das guerras de classe, de raça, de sexo e de subjetividade que a "classe operária" não tem mais como subordinar a seus "interesses" e a suas formas de organização (partidos, sindicatos). Se foi nos Estados Unidos que a

---

4 Gilles Deleuze e Félix Guattari, *Mil platôs: capitalismo e esquizofrenia 2* [1980], v. 5, trad. Peter Pál Pelbart e Janice Caiafa. São Paulo: Editora 34, 1997, p. 170.

luta operária alcançou, "em seu desenvolvimento, o nível absoluto mais elevado" ("Marx em Detroit"), também aí ela se desmanchou, com o desfecho das grandes greves do pós-guerra. A destruição da "ordem do trabalho", resultado das guerras totais, prolonga-se na e pela Guerra Fria como "ordem assalariada": não é apenas o objetivo de uma nova classe operária redescobrindo sua autonomia política; é, igualmente, o resultado da multiplicidade de todas essas guerras que, um pouco ao mesmo tempo, se reacenderam com o conjunto das experiências singulares de "grupos-sujeito" que as trouxeram para suas condições comuns de ruptura subjetiva. As guerras de descolonização e de minorias raciais, de mulheres, de estudantes, de homossexuais, dos alternativos, do lumpemproletariado, contra a energia nuclear etc. estabelecem assim novas modalidades de luta, de organização e, sobretudo, de deslegitimação do conjunto dos "poderes--saberes" ao longo das décadas de 1960–70. Propomos não apenas que se leia a história do capital através da guerra, mas também a da guerra através de 1968, que tornou possível a passagem teórico-política *da* guerra às *guerras*.

20 Guerra e estratégia ocupam um lugar central na teoria e na prática revolucionárias do século XIX e da primeira metade do século XX. Lênin, Mao e o general Giap anotaram cuidadosamente seus exemplares de *Da guerra*, de Clausewitz. Já o pensamento 68 [*pensée 68*] se absteve de problematizar a guerra, exceção feita a Foucault e a Deleuze e Guattari. Eles não só propuseram a inversão da célebre fórmula de Clausewitz ("a guerra é a continuação da política por outros meios"), analisando as modalidades segundo as quais a *política* pode ser tomada como guerra continuada por outros meios, como *transformaram de maneira radical os conceitos de guerra e de política*. Sua problematização da guerra depende das mutações do capitalismo e das lutas que se opuseram a ele no dito pós-guerra, antes que se cristalizassem na estranha revolução de 1968. A "microfísica" do poder antecipada por

Foucault é uma atualização crítica da "guerra civil generalizada", assim como a "micropolítica" de Deleuze e Guattari é indissociável do conceito de "máquina de guerra" (observe-se de passagem que a sua construção depende do percurso militante de Guattari). Se, como faz a crítica foucaultiana, isolarmos a análise das relações de poder da guerra civil generalizada, a teoria da governamentalidade torna-se uma simples variante da "governança" neoliberal; e, se separarmos a micropolítica da máquina de guerra, como faz a crítica deleuziana (que quer estetizar a máquina de guerra), não restarão mais que "minorias" impotentes em face do Capital, que mantém a iniciativa.

21 Siliconados pelas novas tecnologias, cuja força de impacto eles mesmos haviam desenvolvido, os militares perscrutarão a máquina técnica a partir da máquina de guerra. As consequências políticas são notáveis.

Os Estados Unidos projetaram e conduziram as guerras no Afeganistão (2001) e no Iraque (2003) a partir do princípio *"Clausewitz Out, Computer In"*, numa operação análoga à conduzida pelos defensores de um capitalismo cognitivo, os quais dissolvem a generalidade das guerras nos computadores e nos "algoritmos" que serviram para que se chegasse a elas. Acreditando ter dissipado o "ruído" e a incerteza da guerra pela acumulação primitiva da informação, os estrategistas da guerra hipertecnológica computadorizada e "centrada em rede" logo se desencantaram: a vitória, rapidamente adquirida, transformou-se num fiasco político-militar, que desencadeou *in situ* o desastre do Oriente Médio e não poupou o mundo livre que lhe oferecera seus valores num remake do *Dr. Fantástico*, de Kubrick. A máquina técnica não explica nada e não pode muito sem recorrer a "máquinas" de outra ordem. Sua eficácia e existência dependem da máquina social e da máquina de guerra, que perfilaram o avatar técnico segundo um modelo de sociedade fundado em divisões, denominações e explorações (*Rouler plus vite, laver plus blanc* [Dirigir mais rápido, lavar mais branco], para retomarmos o título em francês do belo livro de Kristin Ross, *Fast Cars, Clean Bodies*).

22 Se a queda do Muro de Berlim em 1989 é a pá de cal sobre uma múmia que 1968 relegara à pré-história comunista, devendo, portanto, ser tomada como um não-acontecimento (como reconhece, aliás, de modo melancólico, a tese de Fukuyama sobre o Fim da História), resta que o patente fracasso das disparatadas guerras pós-comunistas conduzidas pela máquina imperial de guerra é, por sua vez, histórico – inclusive pelo debate provocado *entre os militares*, no qual se desenhou um novo paradigma de guerra. Antítese das guerras industriais do século xx, o novo paradigma é definido como uma "guerra no seio da população". Apropriamo-nos desse conceito, que inspira um inesperado "humanismo militar", para encontrar seu sentido na origem e no terreno real das guerras do capital, reescrevendo esta "guerra no seio da população" no plural, como *nossas guerras*. A população é o campo de batalha no qual se dão operações contrainsurrecionais de todo gênero, que são, ao mesmo tempo e de maneira indiscernível, militares e não militares, portadoras tanto da nova identidade das "guerras sangrentas" como das "guerras não sangrentas".

No fordismo, o Estado garantia não apenas a territorialização estatal do Capital como também a da guerra. Segue-se que a globalização só libera o capital da empresa em relação ao Estado liberando igualmente a guerra, que passa à potência superior do contínuo ao integrar *o plano do capital*. A guerra em regime de desterritorialização não é interestatal, mas uma sequência ininterrupta de guerras múltiplas contra populações, que reduz os modos de governar à "governamentalidade", numa empreitada comum de negação das guerras civis globais. O que é governado e o que permite governar são *divisões* que projetam suas guerras no seio da população a título de conteúdo real da biopolítica: uma governamentalidade biopolítica e de guerra como distribuição diferencial da precariedade e norma da "vida cotidiana". O contrário, portanto, da Grande Narrativa do nascimento liberal da biopolítica, oferecida por Foucault num famoso curso no Collège de France na virada dos anos 1970 para os 1980.

23 Aprofundando as divisões e acentuando as polarizações entre as sociedades capitalistas, a economia da dívida transforma a "guerra civil mundial" (Schmitt, Arendt) num emaranhado de guerras civis: guerras de classe, guerras neocoloniais contra as "minorias", guerras contra as mulheres, guerras de subjetividade. A matriz comum a elas é a guerra colonial, que nunca foi uma guerra interestatal, mas uma guerra *em meio* à população e *contra* ela, na qual nunca foram vigentes distinções entre paz e guerra, entre combatentes e não combatentes, entre o econômico, o político e o militar. A guerra colonial em meio à população e contra ela é o modelo da guerra desencadeada pelo Capital financeiro a partir dos anos 1970 em nome de um neoliberalismo militante. Ela é, ao mesmo tempo, fractal e transversal: fractal pois produz uma invariância indefinida mediante a mudança constante de escala (sua "irregularidade" e as "feridas" que ela produz se dão em diversos planos de realidade); e transversal pois se desenrola simultaneamente no nível macropolítico (desfrutando de todas as grandes oposições dualísticas: classes sociais, brancos e não brancos, homens e mulheres) e no micropolítico (por meio de uma *engineering* molecular que privilegia as interações mais elevadas). Pode, ainda, conjugar os níveis civil e militar no Sul e no Norte do mundo, nos suis e nos nortes de todo o mundo (ou quase). Sua principal característica é ser não tanto uma guerra *indiferenciada*, mas uma guerra *irregular*.

A máquina de guerra do capital, que, no início dos anos 1970, promove a integração definitiva entre o Estado, a guerra, a ciência e a tecnologia, enuncia de maneira clara a estratégia de globalização contemporânea: precipitar o fim da brevíssima história de reformismo do capital – *Full Employment in a Free Society*, segundo o título do livro-

-manifesto de Lord Beveridge publicado em 1944 –, atacando por toda parte e com todos os meios as condições de realidade das relações de força que o haviam imposto. O projeto político neoliberal lança mão de uma criatividade infernal para fingir dotar o mercado da aparência de qualidades sobre-humanas de *information processing*: o mercado como ciborgue último.

24 A consistência adquirida pelos neofascismos a partir da "crise" financeira de 2008 constitui uma reviravolta no desenrolar das guerras no seio da população. Suas dimensões ao mesmo tempo fractais e transversais adquirem então nova e extraordinária eficácia de divisão e polarização. Os novos fascismos põem à prova todos os recursos da "máquina de guerra", que, assim como não necessariamente se identifica ao Estado, pode escapar também ao controle do Capital. Enquanto a máquina de guerra do Capital governa por meio da diferenciação "inclusiva" da propriedade e da riqueza, as novas máquinas de guerra fascistas funcionam por exclusão a partir da identidade de raça, de sexo ou de nacionalidade. Embora pareçam incompatíveis, as duas lógicas convergem inexoravelmente (ver a "preferência nacional") à medida que o estado de emergência econômico e político se institui no tempo coercitivo do *global flow*.

Se a máquina capitalista continua a desconfiar dos novos fascismos, não é em razão de princípios democráticos (o Capital é ontologicamente antidemocrático!) ou *rule of law*, mas porque, como aprendemos com o nazismo, o fascismo pode se tornar "autônomo" em relação à máquina de guerra do Capital e escapar de seu controle. Não foi o que ocorreu com os fascismos islâmicos? Fomentados, armados, financiados pelos Estados Unidos, voltaram-se contra a superpotência e seus aliados. Do Ocidente às terras do Califado *e de volta*, os neonazistas de todas as correntes encarnam a subjetivação suicida do "modo de destruição" capitalista. É a cena final do retorno do recalcado colonial: os jihadistas geração 2.0 assombram as metrópoles ocidentais como seu inimigo mais interno. A endocolonização torna-se assim o modo de conjugação generalizada da violência "tópica", da dominação mais intensa advinda do capitalismo e de suas populações. Quanto ao processo de convergência ou divergência entre máquinas de guerra capitalista e neofascista, ele depende da evolução das guerras civis em curso e dos perigos que um eventual processo revolucionário possa representar para a propriedade privada e, de maneira geral, para o poder do Capital.

25 Impedindo que o Capital e o capitalismo reduzam-se a um sistema ou a uma estrutura, e a economia a uma história de ciclos que se encerram uns sobre os outros, as guerras de classe, raça, sexo e subjetividade também recusam à ciência e à tecnologia todo princípio de autonomia, bem como o acesso privilegiado a uma "complexidade" ou a uma emancipação forjada no bojo de uma concepção progressista (hoje aceleracionista) do movimento da História.

As guerras engendram relações estratégicas abertas à indeterminação do confronto, à incerteza do combate que torna inoperante todo mecanismo de autorregulação (do mercado), assim como toda regulação por *feedback* ("sistemas homem-máquina" abrindo-se em sua "complexidade" ao futuro). A "abertura" estratégica da guerra é radicalmente diferente da abertura sistêmica da cibernética, que, no entanto, nasceu exclusivamente na/para a guerra. O capital não é estrutura nem sistema, é "máquina", e *máquina de guerra*, o que significa que a economia, a política, a tecnologia, o Estado, as mídias etc. são articulações determinadas por suas relações estratégicas. Na definição marxista/marxiana do *General Intellect*, essa máquina de guerra a cujo funcionamento se integram a ciência, a tecnologia e a comunicação é curiosamente negligenciada em proveito de um "comunismo do capital" pouco crível.

26 O capital é um modo de produção na exata medida em que é um modo de destruição. A infinita acumulação que desloca continuamente seus limites para criá-los nova-

mente promove uma destruição ampliada e irrestrita. Os ganhos de produtividade progridem em paralelo com os de destruição. Manifestam-se numa guerra generalizada, a que os cientistas preferem chamar de *Antropoceno* em lugar de *Capitaloceno*, por mais que as evidências mostrem que a destruição dos meios nos quais e pelos quais vivemos começa não com o "homem" e suas crescentes carências, mas com o Capital. A dita "crise ecológica" não é resultado de uma modernidade ou de uma humanidade cegas para os efeitos negativos do desenvolvimento tecnológico, mas o "fruto da vontade" de certos homens de exercer uma dominação absoluta sobre outros, a partir de uma estratégia geopolítica mundial de exploração ilimitada de todos os recursos, humanos e não humanos.

O capitalismo não é apenas a mais mortífera civilização da história, que introduziu em nós a "vergonha de sermos humanos". É também a civilização graças à qual o trabalho, a ciência e a técnica criaram – outro privilégio (absoluto) na história humana – a possibilidade da aniquilação (absoluta) de todas as espécies e do planeta que as abriga. Entrementes, a "complexidade" (da operação de resgate) da "natureza" anuncia a perspectiva de belos lucros, misturando a utopia *techno* de *geoengineering* à realidade dos novos mercados de "direito de poluir". Na confluência entre uma coisa e outra, o Capitaloceno não envia o capitalismo à Lua (ele já esteve lá), ele põe em prática a mercantilização global do planeta, fazendo valer seus direitos sobre a chamada troposfera.

27 A lógica do Capital é a logística de uma valorização infinita. Implica a acumulação de um poder que não é meramente econômico, pois inclui poderes e saberes estratégicos a respeito da *força* e da *fraqueza* das classes em luta, às quais ele se aplica e com as quais tem de se explicar. Foucault nota que os marxistas voltaram a atenção para o conceito de *classe* em detrimento daquele de *luta*. Com isso, perdeu-se o saber da estratégia em prol de uma empreitada de pacificação (Tronti propõe a versão mais *épica* desta). Quem é forte e quem é fraco? De que maneira os fortes se tornaram fracos, e por que os fracos se tornaram fortes? Como fortalecer a si mesmo e enfraquecer o outro para dominá-lo e explorá-lo? É a trilha anticapitalista do nietzscheanismo francês que nos propomos a seguir e reinventar.

28 O Capital saiu vencedor das guerras totais e do confronto com uma revolução mundial cuja cifra para nós é 1968. Desde então, conquistou uma vitória após a outra, aperfeiçoando seu *motor a base de resfriamento*. Nesse quadro, a principal função do poder é negar a existência de guerras civis, apagando inclusive sua memória (a pacificação é uma política de *terra arrasada*). Walter Benjamin está aí para nos lembrar que a reativação da memória das vitórias e das derrotas, da qual os vencedores extraem sua dominação, só poderia vir dos "vencidos". Problema: os vencidos de 1968 jogaram fora, juntamente com o velho bebê leninista, a água das guerras civis, uma vez encerrado o "outono quente" produzido pela falência da dialética do "partido da autonomia". Adentrando assim seus "anos de inverno" sob a égide de uma segunda Guerra Fria, que garantiu o triunfo do "povo do capitalismo" (*People's Capitalism, This is America!*), o Fim da História será consagrado independentemente de uma guerra do Golfo que, de resto, "não existiu". A exceção foram as novas guerras, as máquinas revolucionárias ou militantes em plena mutação (Chiapas, Birmingham, Seattle, Washington...) e as novas derrotas. As gerações posteriores declinaram a ausência do povo e, insones, sonharam processos de destituição reservados, infelizmente, *a seus aliados*.

29 Que não haja dúvida: vamos nos dirigir *a nossos inimigos*.[5] Pois este livro tem como único objetivo mostrar, sob a economia e a "democracia" a ela ligada, por trás das revo-

---

5   Ver o opúsculo do Comité Invisible, *À nos amis*. Paris: La Fabrique, 2014.

luções tecnológicas e da "intelectualidade de massa" do *General Intellect*, a "fundação" das múltiplas guerras reais em curso em toda a sua multiplicidade. Multiplicidade de guerras que não deve ser feita, mas *desfeita e refeita* a partir de novas possibilidades que venham redefinir as suas "massas" e o seu "fluxo", que são o seu duplo *sujeito*. Do lado das relações de poder enquanto submetidas à guerra e/ou do lado das relações estratégicas suscetíveis a promovê-las à categoria de sujeitos *de guerras*, com "suas mutações, seus *quanta* de desterritorialização, suas conexões, suas precipitações". Enfim, seria o caso de extrair lições do que nos pareceu o fracasso do pensamento 68, do qual somos herdeiros, até nossa incapacidade de pensar e construir uma máquina de guerra coletiva à altura da guerra civil desencadeada em nome do neoliberalismo e do primado absoluto da economia como política exclusiva do Capital. Tudo se passa como se 1968 não tivesse conseguido *pensar até o fim* não a sua derrota (desde os Nouveaux Philosophes, há profissionais no assunto) mas a ordem das razões de uma guerra que soube reiterar uma *destruição contínua*, conjugada no infinitivo presente das lutas de "resistência".

30 Não se trata de *pôr fim à resistência*, e sim ao "teoricismo" que se satisfaz com um discurso estrategicamente impotente em face do que acontece. E ao que nos aconteceu. Pois, se os dispositivos de poder se constituem em detrimento das relações estratégicas e das guerras conduzidas contra eles, só nos resta, para combatê-los, os movimentos de "resistência". Com o êxito que conhecemos. *Graecia docet* [a Grécia ensina].

30 de julho de 2016

Post scriptum

Este livro se situa sob o signo de um (impossível) "mestre em política" – mais exatamente, do refrão althusseriano, forjado com os elementos de um materialismo histórico no qual nos reconhecemos: "Se queres compreender uma questão, faça a sua história". O ano de 1968, desvio maior em relação às leis do althusserianismo (e de tudo o que elas representam), é o diagrama de confecção de um segundo volume, provisoriamente intitulado *Capital e revoluções*. Sua proposta será retomar a investigação sobre a *estranha revolução de 68* e suas consequências, nas quais o trem *da* contrarrevolução traz consigo uma *multiplicidade de contrarrevoluções*, das quais não se pode dizer que os anunciados "devir-revolucionários" tenham sido capazes de bloqueá-los. Talvez seja o momento de uma Crítica e uma Clínica do pensamento 68.

[1]
ESTADO, MÁQUINA DE GUERRA, MOEDA

Marx descreve o Capital como um processo que levou a "revolucionar incessantemente" as condições de produção para transformar os limites da valorização (a capitalização de valor excedente, ou de mais-valia) em condições de um desenvolvimento posterior, reproduzindo seus limites internos em uma escala alargada. Deleuze e Guattari, mais próximos dos *Grundrisse* – cujo primeiro capítulo é sobre o dinheiro – do que de *O capital*, veem nesse processo a introdução do infinito na produção, pelo viés do dinheiro, como forma exclusiva da lei do valor. O dinheiro, de fato, sustenta o sistema como um todo, ampliando sem cessar o círculo do crédito e da dívida, que determina, de maneira cada vez mais imanente, a relação de servidão do trabalho (abstrato) ao (devir concreto do) Capital.

Dessa maneira, o fluxo mais desterritorializado da abstração real da moeda funciona ao mesmo tempo como motor do movimento ilimitado do capital e, nas mãos dos capitalistas, como dispositivo de comando estratégico. Por isso, o dinheiro não para de assumir funções além das ligadas à sua forma-mercadoria de "equivalente geral", e o próprio princípio de uma dedução da forma-dinheiro a partir das necessi-

35

dades da circulação de mercadorias é derrubado ao contrariar a formulação mais *clássica* da "crítica da economia política". Ora, é precisamente contra toda a tradição da economia política que Marx afirma que *a violência é uma potência econômica* em sua análise da acumulação primitiva (ou seja, da "gênese" do capitalismo), que introduz a guerra nas margens do "poder do Estado" e da "dívida pública".

É essa relação estreita, constitutiva e ontológica entre a forma mais desterritorializada do capital (o dinheiro) e a da soberania (a guerra) que propomos como um ponto de partida obrigatório para repensar a história do capitalismo – até suas formas mais contemporâneas. História esta que escolhemos reescrever a partir do que nos parece ser um dos gestos teóricos mais *ousados* do pensamento 68 e que pode, quiçá, expandi-lo para além de seus próprios limites.

Foucault, cuja análise é retomada por Deleuze e Guattari no *Anti-Édipo*, coloca a moeda, a guerra e o Estado no âmago do dispositivo de poder – e no âmago da montagem dos dispositivos de poder –, permitindo a *compreensão da história como um todo à luz da descontinuidade do capitalismo*. A questão é saber como direcionar genealogicamente o uso crítico da história para o capitalismo a partir de uma perspectiva que "sabe de onde olha, assim como o que olha".[1]

Em seu primeiro curso no Collège de France (1970–71), Foucault, referindo-se à introdução da moeda na Grécia antiga, afirma que esse fenômeno não se explica por razões de troca, comerciais ou mercantis: se é certo que o uso da moeda se desenvolveu a partir da "troca de produtos", não é essa a sua "raiz histórica". A instituição da "moeda grega" está ligada, principalmente e acima de tudo, a um deslocamento no exercício do poder, a um *novo tipo de poder* cuja soberania é indissociável da apropriação, em seu benefício, da nova máquina de guerra lançada pela "revolução hoplítica". Revolução tanto social como militar, pois a máquina

---

1 Michel Foucault, "Nietzsche, a genealogia, a história", in *Ditos e escritos II: arqueologia das ciências e história dos sistemas de pensamento* [1994], trad. Elisa Monteiro. Rio de Janeiro: Forense, 2000, p. 275.

de guerra deixa as mãos dos nobres (a casta dos guerreiros, o cavaleiro ou o condutor de biga, cercado de servidores, fiel ao ideal heroico) e passa às dos pequenos camponeses, que se tornaram indispensáveis à defesa da cidade nascente (os hoplitas). A força e a ação coletivas do "povo", que começa a se declarar *demos*, são encarnadas nessa formação de guerra que se abre aos mais numerosos e cuja tática repousa no combate em falange – "com sua lança e seu escudo", cada combatente mantém-se rente um ao lado do outro, "homem contra homem".[2] Ora, o próprio princípio da falange e de seu sistema de armas[3] implica a "reciprocidade do serviço e da ajuda, a sincronização dos movimentos, o ajuste espontâneo do conjunto"[4] numa ordem comum, aceita por cada um e efetivada por todos. A força armada dos hoplitas se caracteriza pela *exigência igualitária* do soldado-cidadão e ameaça voltar-se contra aqueles que queiram utilizá-la para manter um "poder de classe". Essa última expressão indica suficientemente a *atualidade* de uma questão que, desde essa luta entre os pobres (*polloi*) e os ricos (*ploutoi*), em permanente guerra virtual na cidade (*polis*), confunde-se com a história geral das revoluções. É esse problema, retomado no quadro de uma genealogia como "cena primitiva", que responde ao que Foucault chama, em seu primeiro retorno aos gregos, de "nova forma de poder", estreitamente ligada à "instituição da moeda".

2 Aristófanes, *As vespas* [422 a.C.], trad. Mário da Gama Kury. Rio de Janeiro: Zahar, 1996, p. 62.
3 Em um de seus cursos sobre Foucault (28/1/1986), Deleuze menciona a importância do escudo de dupla alça interna numa unidade militar de base, em que a técnica é intrínseca ao social e ao mental. Deleuze se refere ao texto de Marcel Detienne, "La Phalange: problèmes et controverses", in J.-P. Vernant (org.), *Problèmes de la guerre en Grèce ancienne*. Paris: Mouton-École Pratique des Hautes Études, 1968. Essa coletânea de estudos foi utilizada também por Foucault.
4 M. Foucault, *Aulas sobre a vontade de saber: curso no Collège de France (1970–71)* [1971], trad. Rosemary Costhek Abílio. São Paulo: WMF Martins Fontes, 2014, p. 112.

Foucault começa pelo estudo das grandes transformações políticas dos séculos VII e VI a.C., detendo-se em particular na "estratégia hoplítica" que leva à expulsão das velhas aristocracias de estirpe.[5] É o caso de Corinto, onde o polemarco Cípselos foi conduzido ao poder por homens que haviam servido como soldados num exército de hoplitas. O que interessa principalmente a Foucault é o modo como Cípselos tenta manter o poder, introduzindo o uso da moeda por meio de um dispositivo (político) de integração (econômica) do poderio militar, cuja chave é "limitar as reivindicações sociais, [...] que a constituição dos exércitos hoplíticos torna mais perigosas"[6] no contexto das crises agrárias, que agravam o endividamento dos camponeses. O que faz o tirano, ao perceber que o que está em questão é manter o regime da propriedade e do poder da classe proprietária? Realiza uma distribuição parcial das terras entre os camponeses-soldados (sem perdoar suas dívidas), impondo aos "ricos" o confisco de um décimo de sua fortuna sobre arrecadações. Parte desse montante será diretamente distribuída entre os "pobres", parte será destinada a financiar as "grandes obras" públicas e os artesãos. A constituição desse sistema complexo não poderia ser feita *in natura*. Com o ciclo econômico, o dinheiro distribuído aos "pobres" reflui para o caixa dos "ricos" (como indenização pelas terras distribuídas para serem lavradas por trabalho "assalariado"), que se apoderam do imposto (em dinheiro), o que garante "uma circulação ou rotatividade da moeda e uma equivalência entre os bens e os serviços"[7] – nas palavras de Édouard Will, em que Foucault se baseia. A moeda afirma-se assim como medida e norma de "trocas" e "equivalências" que, pela ampliação e intensificação dos regimes de dívida, impõem *uma primeira instituição política do Estado na ordem da cidade*: o imposto,

---

5 Ibid., p. 112.

6 Ibid., p. 125.

7 Édouard Will, *Korinthiaka: recherches sur l'histoire et la civilisation de Corinthe des origines aux guerres médiques*. Paris: Éditions de Boccard, 1955, p. 470.

a arrecadação, a acumulação, a fixação do valor, o deslocamento da atividade comercial da agricultura para o comércio e a promoção da colonização. Esses são os fatores que engendram a condição formal de um mercado e produzem o espaço mercantil diretamente controlado pelo Estado.

Criada *"ex nihilo"* ou quase,[8] a moeda surge em estreita dependência de uma forma nova e "extraordinária" de poder político, um tirano ou legislador que intervém "no regime da propriedade, no jogo das dívidas e das quitações", e garante a institucionalização territorial (a reterritorialização) da máquina de guerra. Essa forma identifica-se ao exercício do poder, na medida em que não é "por deter a moeda que alguém adquire e exerce o poder. É antes por certas pessoas terem tomado o poder que a moeda foi institucionalizada".[9]

Portanto, a moeda não é um simples "capital" econômico originado no mercado. Nas mãos do "Estado", que institui seu uso e cuja instituição ela, por sua vez, contribui para reforçar, a moeda tem menos uma função de *redistribuição* que de *redistribuição ampliada* das posições de poder na sociedade. A moeda é a constituição da guerra civil por outros meios, mais *políticos*, que inscrevem no jogo poder, *para todos*, a "verdade" a ser respeitada e o que ela vale. Por um lado, a moeda produz e reproduz, deslocando as divisões (aristocratas, guerreiros, artesãos e "assalariados") que alimentam a possibilidade sempre presente da guerra civil como realidade social com que a política tem de aprender a *contar*. Por outro lado, é mediante todo um "jogo de novas regulações" cujo objetivo é pôr fim à luta desregrada entre pobres e ricos que a instituição da moeda assegura a "manutenção de uma dominação de classe"[10] cuja condição é o deslocamento da "divisão social" e da guerra civil ("a guerra como verdadeira guerra", ou, como prefere Platão, a *dia-stasis*, a dis-córdia da divisão em dois

---

8 Na falta de minas de prata em Corinto, Will supõe que a primeira reserva de metal da cidade era feita a partir da fundição de objetos preciosos pertencentes ao espólio de famílias aristocráticas.

9 M. Foucault, *Aulas sobre a vontade de saber*, op. cit., p. 124.

10 Ibid., p. 126.

que gera *stasis*, uma guerra civil na pólis) para outro terreno, o do *reino da medida* como um ordenamento do social que corresponde à revolução hoplítica – operação da qual resulta não tanto *a* cidade grega como sua primeira *projeção* igualitária: o esquema ideal de uma república de hoplitas.

A economia torna-se política pela primeira vez pelo poder *que retoma a guerra com a moeda*: trata-se de uma *tomada de poder* e uma *tomada de guerra*, cuja finalidade crítica medimos de imediato via Foucault, no que tange o economismo marxista que minimizava as funções do Estado, do poder e da guerra, determinadas, em última instância, pela "infraestrutura econômica".

Essa nova aliança da qual o resultado é a moeda (*nomisma*) esconjura a guerra civil sob a forma tradicional da tirania ao mesmo tempo que institui o *nomos* (a "lei" compartilhada por todos) como estrutura jurídico-política da cidade-Estado grega (*polis*). Por volta de vinte anos depois, em Atenas, onde "os pobres são escravizados por causa de suas dívidas" e os proprietários "são perseguidos pela violência até o interior de suas casas", o *nomos* e a *eunomia* (o "bom governo", a boa organização civil) afirmam-se como a "justa repartição do poder", em sentido inverso e complementar ao da operação de Cípselos. "A *eunomia* instaurada por Sólon foi uma maneira de substituir a divisão das riquezas pedida (a *isonomia*) por uma distribuição do poder político: quando pedem terras, dão-lhes poder. O poder como substituto da riqueza na operação da *eunomia* [...]. Sólon, [ao contrário de Cípselos], divide até um certo ponto o poder, para não ter de redistribuir a riqueza."[11]

Mas, como explica o próprio Foucault, *o efeito geral é o mesmo*, em que ocorre menos uma ruptura que um encadeamento, no qual se revela a complementaridade entre *nomisma* e *eunomia*: "quando os ricos foram forçados a um sacrifício econômico, a moeda toma a frente, permitindo a conservação do poder por intermédio do tirano; quando os ricos foram forçados a um sacrifício político, a *eunomia*

---

11 Ibid., pp. 141–42.

possibilita-lhes a conservação dos privilégios econômicos". O que é a "reforma de Sólon" senão a distribuição do poder político em função da repartição econômica da riqueza (as quatro classes censitárias), ocultada pela integração de todos os cidadãos, mesmo os mais pobres, ao novo sistema, em que o poder adquire forma *democrática*? O poder deixa de ser propriedade exclusiva de alguns, ele "pertence a todos" e "é exercido permanentemente através de todos os cidadãos" na conjuração política permanente de uma guerra civil que adquire a feição de uma *partilha de poder*, no lugar de uma partilha da riqueza. É necessário, portanto, que todos obedeçam a mecanismos e a uma ordem diferentes, de tal modo que a ruptura é tamanha que "quem se apossar de poder excessivo é punido pela cidade; quem se apossar de riqueza excessiva deve contar com a punição de Zeus",[12] pois o que determina a pobreza e a riqueza de cada um é "o acaso, a fortuna, a fatalidade ou os Deuses", dentro de limites que interditam a participação na assembleia dos cidadãos. Sob o governo de Sólon, a boa legislação democrática da *eunomia* substitui a abolição da escravidão por dívidas e, concomitantemente, opera o ajuste do valor da moeda em prol dos devedores,[13] a extinção total das dívidas e a redistribuição geral das terras (a *isonomia*, a divisão "em partes iguais"), reivindicada *pelos mais numerosos* (*polloí*). A moeda é empregada como "o simulacro do poder repartido entre todas as mãos, enquanto assegura, à custa de um certo sacrifício econômico, a manutenção do poder em algumas mãos. Nos dedos do ateniense, a tetradracma com a coruja fazia por um instante brilhar apenas o simulacro de um poder que estava em outro lugar"[14] – que, por *direito* (*nomos*), pertence *comumente* a todos. Cada um é

---

12 Os trechos citados estão em ibid., pp. 141–43.

13 Segundo Plutarco, Sólon "fez a mina de cem dracmas, quando dantes era de setenta e três, de forma que, ao entregarem idêntica soma em número, mas inferior em valor, os devedores ficavam muito beneficiados, enquanto os credores em nada saíam prejudicados". Plutarco, *Vidas paralelas: Sólon e Publícola*, trad. Delfim F. Leão e José Luís Lopes Brandão. Coimbra: Universidade de Coimbra, 2012, p. 36.

14 M. Foucault, *Aulas sobre a vontade de saber*, op. cit., p. 144.

(des)igualmente encorajado, a título de *eunomia* e de acordo com o lugar que ocupa, ao desenvolvimento do artesanato e do comércio, voltado à exportação e às colônias.[15] O que levará à transformação da própria concepção de guerra, separada agora do modelo cívico hoplítico e voltada para o mar (controle de ilhas e de rotas marítimas, prioridade das frotas financiadas pelo Estado) e para a guerra de cerco (desenvolvimento da "poliorcética", das técnicas militares e do mercenarismo). A partir da Guerra do Peloponeso, o imperialismo ateniense se torna inseparável da profissionalização do exército, numa guerra permanente que utiliza todos os meios: "a batalha torna-se mais onerosa, o espírito agonístico dá lugar à vontade de aniquilação, a guerra de 'golpes de braço', de 'comandos' e de 'guerrilhas' se desenvolve em paralelo com a batalha".[16] A guerra interna também volta a integrar o ciclo permanente da repartição do poder e da redistribuição de bens, com uma crematística monetária que será denunciada por Aristóteles, por buscar apenas a "aquisição da moeda propriamente dita e, consequentemente, em quantidades infinitas".[17] Cai por terra o princípio do comedimento, do "nem muito, nem muito pouco" (a riqueza e a pobreza em excesso), do qual dependia a cisão promovida por Sólon entre o político e o econômico, ficção destinada a escamotear um corte real entre os ricos e os pobres. Seria necessário, ainda, medir a função apotropaica do "nem muito, nem muito pouco" de Sólon em relação a uma *capitalização* que começa a estimular um modo de produção protocapitalista (manufatureiro, comercial e militar).

A monetarização da economia permite conjurar a guerra civil e representa uma ameaça mortal para a *polis* e suas

---

15 Que Foucault reagrupa sob a denominação de "aspectos econômicos" da reforma de Sólon.

16 Pierre Vidal-Naquet, "La Tradition de l'hoplite athénien", in J.-P. Vernant (org.), *Problèmes de la guerre en Grèce ancienne*, op. cit., p. 173.

17 M. Foucault, *Aulas sobre a vontade de saber*, op. cit., p. 130. Lembremos que Aristóteles, em *Ética a Nicômaco*, se opunha à "opinião comum segundo a qual a moeda é uma medida comum"; "ela se presta a passar por meio termo, quando, na realidade, não o é".

instituições, pois a apropriação e a acumulação "ilimitadas" que a moeda carrega e libera, juntamente com seus efeitos de captação, podem incrementar "o excesso de riqueza e de pobreza". Essa potência inscrita na moeda deve ser afastada por meio de um conjunto de codificações que imponham limites políticos, religiosos, morais e sociais à sua capacidade de desterritorialização.

Constata-se assim que, "se o capitalismo é a verdade universal, ele o é no sentido em que é o *negativo* de todas as formações sociais"[18] que o precederam, pois elas encontram, nos fluxos decodificados de moeda (que se impõem às instituições, às leis, aos modos de subjetivação), um *limite real* que significa a sua morte, vinda de fora, por força de se intensificar por dentro (desaparece, assim, a cidade grega). O capitalismo é a única formação social que faz da falta de limitação da moeda o princípio de sua organização. Daí a possibilidade de uma releitura retrospectiva de toda a história em função do capitalismo e de ver neste a peculiaridade de fazer da acumulação sem limites seu motor imanente. Afirma-se assim o infinito da valorização como *norma da desmedida* do capital, o que dá ao Estado um papel cada vez mais proeminente de regulação monetária e projeta seu devir-imanente no nível das "contradições" da acumulação.

Isso explica por que a descrição foucaultiana da instituição da moeda poderá ser retomada por Deleuze e Guattari como um paralelo às políticas do *New Deal*. "Como se os gregos tivessem descoberto, à sua maneira, o que os americanos reencontrarão com o *New Deal*: que os pesados impostos do Estado são propícios aos bons negócios."[19] Pois "é o imposto que monetariza a economia",[20] atribuindo ao Estado um poder de abstração e de *penetração* que lhe permite pro-

---

18 G. Deleuze e F. Guattari, *O anti-Édipo: capitalismo e esquizofrenia 1* [1972], trad. Luiz B. L. Orlandi. São Paulo: Editora 34, 2010, p. 204.
19 Ibid., p 262. Mesma observação em G. Deleuze e F. Guattari, *Mil platôs*, v. 5, op. cit., pp. 148–49: "Houve um grande momento do capitalismo quando os capitalistas perceberam que o imposto podia ser produtivo, particularmente favorável aos lucros e mesmo às rendas".
20 Id., *Mil platôs*, v. 5., op. cit., p. 147.

mover uma redistribuição ao mesmo tempo econômica e política sem, no entanto, abrir mão do "poder de classe". É a questão central do *New Deal*, que reitera essa operação numa situação crítica, em que o capitalismo, para sobreviver, tem de contrariar sua tendência à total desterritorialização dos fluxos de troca e de produção, inventando a figura inédita (e brevíssima) de um *reformismo do capital*.

Há que lembrar ainda que a passagem de Foucault por Corinto visa, de maneira geral, estabelecer uma relação entre ciclo econômico, guerra e exército: a apropriação da máquina de guerra pelo Estado consiste menos em sua transformação num exército profissional que em sua integração ao circuito da produção, do fisco, da inovação tecnológica, da ciência e do emprego.

O exército e a guerra são partes integrantes da organização política do poder e do circuito econômico do capital. Assim, descreveremos ao longo deste livro as suas funções, ou seja, a economia como *política de guerra* do capital.

A moeda e o capital permanecem "abstrações" (econômicas) vazias, desprovidas do fluxo de poder do qual a guerra e a guerra civil constituem as modalidades mais desterritorializadas. A economia de mercado não tem nenhuma autonomia, nenhuma possibilidade de existência autônoma, independentemente da potência de seus fluxos. As funções "econômicas" da moeda (mensuração, entesouramento, equivalência geral, meio de pagamento) dependem de um fluxo de destruição-criação que remete a algo diferente da definição schumpeteriana da atividade do empreendedor. Se o dinheiro não for sustentado por um fluxo estratégico de poder, que encontra na guerra sua forma absoluta, ele *perde seu valor* como capital.

A expropriação dos meios de produção e a apropriação dos meios de exercício da força (a máquina de guerra) são as condições de formação do capital e de constituição do Estado, e elas se desenvolvem paralelamente. A acumulação e o monopólio do valor pelo capital e a acumulação e o monopólio da força pelo Estado alimentam-se reciprocamente. Sem o exercício da guerra no exterior (colonial e contra outros Estados) e sem o exercício da guerra civil e das guerras de subjetividade, ambas internas, o capital jamais poderia vir a se constituir. E também, inversamente, sem a captura e a valorização da riqueza, operadas pelo capital, o Estado jamais poderia exercer suas funções "régias", fundadas na organização de um exército.

A lógica do Capital é aquela da valorização ao infinito, o que implica a acumulação de forças e, portanto, a acumulação *contínua* de um poder que não é apenas econômico, mas que é também um poder e um saber estratégicos sobre a força e a fraqueza das classes em luta.

[2]
ACUMULAÇÃO PRIMITIVA CONTÍNUA

Os diferentes momentos da acumulação primitiva repartem-se, agora, numa sequência mais ou menos cronológica, principalmente entre Espanha, Portugal, Holanda, França e Inglaterra. Na Inglaterra, no fim do século XVII, esses momentos foram combinados de modo sistêmico, dando origem ao sistema colonial, ao sistema da dívida pública, ao moderno sistema tributário e ao sistema protecionista. Tais métodos, como, por exemplo, o sistema colonial, baseiam-se, em parte, na violência mais brutal. Todos eles, porém, lançaram mão do poder do Estado, da violência concentrada e organizada da sociedade, para impulsionar artificialmente o processo de transformação do modo de produção feudal em capitalista e abreviar a transição de um para o outro. A violência é a parteira de toda sociedade velha que está prenhe de uma sociedade nova. Ela mesma é uma potência econômica.

KARL MARX, *O capital*, livro I, cap. VIII.

Na seção d'*O capital* consagrada à acumulação primitiva, Marx descreve perfeitamente as duas potências de desterritorialização que engendraram o capitalismo: de um lado, as guerras de conquista, a violência das invasões e das apropriações de terras "virgens" do Novo Mundo. De outro, o crédito, a dívida pública ("O crédito público se converte no credo do capital"),[1] sustentados, apoiados e organizados pelos Estados europeus. Para Marx, essas são as precondições do capital, destinadas a serem ultrapassadas e reconfiguradas pelo "capital industrial" no desenvolvimento das forças produtivas, que fornecerá a base material *progressista* da tecnologia da revolução. A essa dialética, fundada na ideia de uma via "verdadeiramente revolucionária" de transição (nacional) para o capitalismo, que é a via da "revolução" burguesa, pode-se objetar uma primeira evidência, a saber, que a guerra e o crédito permanecem ao longo do capitalismo como as armas estratégicas do capital. De tal sorte que acumulação primitiva e suas forças telúricas de desterritorialização se repetem e diferenciam-se incessantemente para melhor realizar – *acelerando-o*, na medida do possível – o processo de dominação e de mercantilização de tudo o que existe. Em outras palavras: *tanto no centro como na periferia*, a acumulação primitiva é o processo de criação contínua do próprio capitalismo.

O capitalismo é, desde o início, mercado mundial. Por isso, ele só se deixa analisar como economia-mundo. É o que Marx chamou de "acumulação primitiva" (ou "originária": *ursprüngliche Akkumulation*), enunciando assim o sentido essencial[2] dessa primeira grande desterritorialização produzida pela guerra e posteriormente pela conquista e pelas invasões, que se desenrolam simultaneamente no Novo Mundo recém-"descoberto" (colonização externa) e na Europa (colonização

---

1 Karl Marx, *O capital: crítica da economia política*, livro I: *O processo de produção do capital* [1867], trad. Rubens Enderle. São Paulo: Boitempo, 2013, p. 824. Ao que ele ajunta: "o pecado contra o Espírito Santo, para o qual não há perdão, cede seu lugar para a falta de fé na dívida pública".

2 Com uma referência ao pecado original, em uma expressão célebre: "Essa acumulação primitiva desempenha na economia política aproximadamente o mesmo papel do pecado original na teologia". Ibid., p. 785.

interna). Pois a "acumulação primitiva" não cria as condições econômicas do capitalismo e a divisão internacional do trabalho, desenhando uma divisão geopolítica entre o Norte e o Sul de um mundo que ainda é o nosso, sem instaurar as hierarquias de sexo, de raça, de idades e de civilizações, sobre as quais se depositam as estratégias da divisão, da diferenciação e das desigualdades que atravessam a composição de classe do proletariado internacional.

Por isso, é necessário retomar, tanto em extensão como em *intensão*, o *locus classicus* da descrição das *guerras de acumulação* a partir do momento em que, entre os séculos XV e XVI, os senhores de terras e a burguesia nascente desencadearam uma guerra civil na Inglaterra contra os camponeses, os artesãos e os diaristas pela privatização das terras comuns. A destruição da estrutura comunitária dos vilarejos e dos locais de produção doméstica, o abandono das culturas alimentícias e a expropriação das fazendas reduziram a população à miséria, forçando à mendicância e à vagabundagem um contingente cada vez maior de *desenraizados* aos quais não se deu outra opção além de escolher entre o extermínio e a disciplina voltada para o trabalho assalariado. Simultaneamente, os *cercamentos,* a concentração de terras e o reagrupamento das *tenures*, que ocorreram em toda a Europa – uma Europa submetida às "legislações sangrentas" longamente analisadas por Marx, que ressuscitam a escravidão[3] antes de o internamento ser adotado como lugar do trabalho forçado –, são acompanhados pela apropriação das "terras sem senhor" nas Américas. A conquista, com a pilha-

---

3 Basta lembrar o ato promulgado em 1547 em nome de Eduardo VI: todo homem que ficar três dias sem trabalhar será considerado em flagrante delito de vagabundagem. Os juízes "devem marcar, imediatamente, na fronte do dito ocioso, com ferro em brasa, a letra v e encaminhar a referida pessoa àquele que o denunciou, do qual se tornará escrava, para que dela tome posse e a tenha à sua disposição, durante um período de dois anos". A fuga era punida com castigo físico, uma nova marca, a letra s e a condenação à escravidão perpétua. A reincidência era punida com a morte. Ver Borislaw Geremek (org.), *Truands et misérables dans l'Europe moderne (1350–1600)*. Paris: Gallimard/Julliard, 1980, pp. 98–99.

gem das riquezas naturais, incluindo-se aí as minerais, aliada à exploração agrícola de "terras baldias", resultará em um verdadeiro genocídio das populações indígenas, deixando um "vazio"[4] que será preenchido pelo tráfico de escravos, graças à "transformação da África numa reserva para a caça comercial de peles-negras"; tais são os "processos idílicos [que] constituem momentos fundamentais da acumulação primitiva", caracterizam "a aurora da era da produção capitalista"[5] *e a prolongam*: "a escravatura directa", escreve Marx em 1846, "é o eixo do nosso industrialismo actual, tal como as máquinas, o crédito, etc.".[6] A acumulação primitiva se confunde a tal ponto com a conjunção capitalística de todos esses processos que não se deixaria reconhecer enquanto tal, não fosse a violência irrestrita voltada do interior para o exterior, em uma espécie de *guerra antropológica* que não demora a chegar a uma *pacificação*.[7]

Os fluxos do crédito e da dívida pública (que opera como "uma das alavancas mais poderosas da acumulação primitiva"), aliados à guerra de conquista, alimentam-se e se reforçam mutuamente em um processo de desterritorialização imediatamente mundial. "O sistema de crédito público, isto é, das dívidas públicas", dissemina-se por toda a Europa. "O sistema colonial, com seu comércio marítimo e suas guerras comerciais, serviu-lhe de incubadora." A estreita relação

---

4 Veja o aterrorizante catálogo dos efeitos da colonização espanhola elaborado em 1542 por Bartolomé de las Casas em *O paraíso destruído: brevíssima relação da destruição das Índias*, trad. Heraldo Barbuy. Porto Alegre: L&PM, 2001.

5 K. Marx, *O capital*, livro I, op. cit., p. 821.

6 Ibid., "Carta a Pável V. Annenkov (em Paris)" [1846], in *Obras Escolhidas em três tomos*, trad. Eduardo Chitas. Lisboa/Moscou: Editorial "Avante!"/Edições Progresso, 1982. Disponível em: www.marxists.org/portugues/marx/1846/12/28.htm.

7 Retomando quase literalmente o texto das ordenações espanholas sobre "as Índias", Todorov escreve: "não são as conquistas que se deve extirpar, é a palavra 'conquista'; a 'pacificação' não passa de outra palavra para designar a mesma coisa". Tzvetan Todorov, *La Conquête de l'Amérique: la question de l'autre*. Paris: Éditions du Seuil, 1982, p. 220. [Ed. bras.: *A conquista da América: a questão do outro*, trad. Beatriz Perrone-Moisés. São Paulo: WMF Martins Fontes, 2019.]

entre a guerra e o crédito, e o engendramento deste último pelas necessidades financeiras da primeira, que se projeta vultuosamente como *Guns and Sails*,[8] determinam a estrutura mundial do processo de acumulação que se intensifica a partir de 1492 (antes da descoberta da América, como sublinha J. M. Blaut, "os europeus não eram em nada superiores aos não europeus").[9] Quaisquer que sejam os precedentes mercantis e usurários, a origem da finança adquire novas feições, *inomináveis*, o que faz uma diferença considerável. "Com as dívidas públicas surgiu um sistema internacional de crédito, que frequentemente encobria uma das fontes da acumulação primitiva neste ou naquele povo [...]. Uma grande parte dos capitais que atualmente ingressam nos Estados Unidos, sem certidão de nascimento, é sangue de crianças que acabou de ser capitalizado na Inglaterra."[10]

Inversamente, e mais primitivamente, o sangue africano cimenta os tijolos das fábricas e bancos de Liverpool e Manchester. Por trás da extrema sofisticação matemática da finança, encontra-se sempre a "malta de bancocratas, financistas, rentistas, corretores, *stockjobbers* [bolsistas] e leões da Bolsa", descrita por Marx.

2.1 A guerra contra as mulheres

Em sua sistematização de trabalhos produzidos na Itália e nos Estados Unidos a partir da década de 1970 no quadro do International Feminist Collective, Silvia Federici não hesita

---

8 Ver Carlo M. Cipolla, *Guns and Sails in the Early Phase of European Expansion, 1400–1700*. London: Collins, 1965.
9 J. M. Blaut, *The Colonizer's Model of the World: Geographical Diffusionism and Eurocentric History*. New York: Guilford, 1993, p. 51.
10 Todas as citações são extraídas do capítulo 24 de K. Marx, *O capital*, livro I, op. cit., pp. 824–26. Retomando a formulação de Dobb: "A essência do processo de acumulação é a exploração dos outros, e não a aquisição, pelos capitalistas, de riquezas de categorias particulares". Em Maurice Dobb e Paul M. Sweezy, *Du Féodalisme au capitalisme: problèmes de la transition*. Paris: Maspero, 1977, p. 91.

em ligar o destino das mulheres na Europa ao dos povos colonizados pela Europa em seu livro cujo título, *Calibã e a bruxa*,[11] inspirado em *A tempestade* de Shakespeare e na retomada anticolonialista da personagem Calibã, vale como um manifesto. O nascimento do capitalismo, ela explica, é sinônimo não apenas de uma guerra contra os pobres, mas também de uma guerra contra as mulheres, que surge juntamente com a primeira[12] e cujo intuito é submetê-las para que sirvam à divisão social do trabalho e ao cercamento de todas as formas de relações humanas – ambas as guerras passam pela instituição de uma nova ordem sexual que *acumula as divisões na produção e reprodução da força de trabalho*. O aviltamento e a demonização da mulher ("casada com o diabo"), a destruição dos saberes de que ela era depositária, a criminalização da contracepção e das práticas "mágicas" de cuidado privam as mulheres do controle sobre seu próprio corpo, que se torna propriedade dos homens, garantida pelo Estado, e elas podem agora, como o resto da população, ser empregadas no trabalho.[13] Definem-se assim as condições em que é consignado às mulheres o trabalho de reprodução biológica, econômica e "afetiva" da força de trabalho.

É um "trabalho não produtivo", explicam doutamente os economistas clássicos e um bom número de marxistas, pois se situa à margem da valorização do capital, e, também por isso, trabalho não remunerável, estando na ordem de um *recurso natural* e de um *bem comum*; porém, regulado, no quadro de (bio)políticas de natalidade da unidade familiar promovidas de maneira agressiva pelo mercantilismo. Nos passos de Maria Mies, Silvia Federici arrisca um paralelo

---

11 Silvia Federici, *Calibã e a bruxa* [2004], trad. Coletivo Sycorax. São Paulo: Elefante, 2017, pp. 29–30. Uma primeira versão do trabalho foi publicada em 1984, na Itália, com Leopoldina Fortunati: *Il Grande Calibano: storia del corpo sociale ribelle nella prima fase del capitale*. Milano: Franco Angeli.

12 S. Federici, op. cit., pp. 29–30.

13 Jules Michelet considera que as "bruxas eram, sobretudo para as mulheres, o único médico disponível", em *La Sorcière* [1862]. Paris: Julliard, 1964, p. 110.

entre o trabalho reprodutivo não remunerado das mulheres (juntamente com a apropriação de seus ganhos por trabalhadores homens) e o trabalho forçado dos escravos. E estuda a maneira como a "guerra contra as mulheres", que visa discipliná-las, inscreve-se no quadro de um novo tipo de patriarcado, o patriarcado assalariado.[14]

Com centenas de milhares de execuções, a "caça às bruxas" é o mais cruento episódio de uma guerra, travada desde o fim da Idade Média, contra a relativa autonomia e liberdade das mulheres.[15] Essa caça não é a marca infame de um Deus medieval inscrito em uma "história das mentalidades"; ela é o *sabá do capital*.

No funcionamento cotidiano de uma "arte de governar que não é "nem soberania, nem pastorado",[16] as campanhas militares de "evangelização" cristã possibilitam a exportação da caça às bruxas ao Novo Mundo, enquanto a resistência dos indígenas contribui para pôr fim ao mito do Bom Selvagem,[17] permitindo que se declarem as mulheres, profundamente envolvidas nas revoltas indígenas, como um perigo para a ordem colonial. (Mas é Calibã – e não sua mãe, Sycorax, "bruxa" cujos poderes e influência sobre seu filho não foram, apesar de tudo, silenciados por Shakespeare – que se tornaria o herói dos revolucionários latino-americanos...) Inversa-

---

14 "Se é certo que os trabalhadores homens, sob o novo regime de trabalho assalariado, passaram a ser livres apenas num sentido formal, o grupo de trabalhadores que, na transição para o capitalismo, mais se aproximou da condição de escravos foram as mulheres trabalhadoras." A separação entre produção e reprodução tornou impossível "o desenvolvimento de um uso especificamente capitalista do salário e dos mercados como meios para a acumulação de trabalho não remunerado", em S. Federici, op. cit., pp. 146, 195.

15 Sobre esse ponto, além de Federici, ver Maria Mies, *Patriarchy and Accumulation on a World Scale*. London: Zed Books, 1986, pp. 78–81.

16 M. Foucault, *Segurança, território, população: curso dado no Collège de France (1977–1978)* [1978], trad. Eduardo Brandão. São Paulo: WMF Martins Fontes, 2008, p. 317.

17 Pensamos no ensaio "Sobre os coches", de Montaigne, a respeito da agonia do "mundo criança" que era a América.

mente, pode-se afirmar, ainda que com o risco de desarranjar as cronologias mais estabelecidas, que a estratégia política de extermínio dos Selvagens pode ter influenciado o massacre dos protestantes na França e inspirado a caça às bruxas (sodomitas e canibais) em nossa velha Europa ameaçada pela *turba damnationis* dos pobres.[18] De maneira geral, como mostra Foucault, opera-se em fins do século XVI "uma espécie de repercussão, sobre as estruturas jurídico-políticas do Ocidente, da prática colonial". Como ele explica,

> Nunca se deve esquecer que a colonização, com suas técnicas e suas armas políticas e jurídicas, transportou, claro, modelos europeus para outros continentes, mas que ela também teve numerosas repercussões sobre os mecanismos de poder no Ocidente, sobre os aparelhos, instituições e técnicas de poder. Houve toda uma série de modelos coloniais que foram trazidos para o Ocidente e que fez com que o Ocidente pudesse praticar também em si mesmo algo como uma colonização, um *colonialismo interno*.[19]

Vê-se, assim, que as voltas, desvios e retroações *do ciclo de reciprocidade histórica do nacionalismo, do racismo e do sexismo* são, em todos os sentidos, constitutivos da potência ecumênica do englobamento capitalístico do mundo em uma guerra permanente que lhe serve de vetor e tensor. Que essa

---

18 Ver Luciano Parinetto, *Streghe e potere: il capitale e la persecuzione dei diversi*. Milano: Ronconi, 1998, p. 22: "Se os índios foram tratados como bruxos estrangeiros em relação ao Velho Mundo, as bruxas desse Velho Mundo foram, de sua parte, eliminadas com o emprego de técnicas de extermínio postas em prática no Novo Mundo; e todos os que se opuseram ao poder constituído no Velho Mundo terminaram sendo tratados como índios da Europa". Jean Bodin, esse precursor da economia política, autor de uma *Demonomania*, é um dos grandes expoentes dessa concepção unitária eminentemente *moderna*.

19 M. Foucault, *Em defesa da sociedade: curso no Collège de France (1975-1976)* [1976], trad. Maria Ermantina Galvão. São Paulo: Martins Fontes, 2005, pp. 120–21, grifos nossos.

ecumênica seja inconcebível sem "tecnologias" de biopoder e uma biopolítica concomitantes à emergência do capitalismo, cujas colônias são também laboratório, dá uma ideia nua e crua da realidade supostamente "progressista" da transição em questão, cujo melhor nome seria *corte contínuo*.

2.2 Guerras de subjetividade e modelo majoritário

Em um curso no Collège de France intitulado *Segurança, território, população*, Foucault pretende ampliar o sentido da guerra e a tipologia das guerras que ocorreram no primeiro período da acumulação primitiva. Para fazê-lo, chama nossa atenção para um aspecto nem sempre notado das "grandes lutas sociais" que marcaram a transição do feudalismo ao capitalismo, e das quais um dos episódios mais marcantes foram a Guerra dos Camponeses (1524–26).

Como observa Foucault, a "transição" foi o teatro de um tipo de guerra em que estavam implicados os modos de subjetivação e a conduta dos comportamentos. As "pastorais" cristãs, que exercia um poder subjetivo de controle sobre as condutas dos indivíduos ("é preciso tornar-se sujeito para se tornar indivíduo" – e *sujeito* em todos os sentidos da palavra), entra em crise sob "o assalto das contracondutas", das "insurreições de conduta", que Foucault chama de "revoltas pastoris", contra as novas condições econômicas e do governo dos comportamentos. A passagem do "governo das almas" ao "governo político dos homens" não consiste apenas de uma simples transferência das funções pastoris da Igreja ao Estado. Existe ainda uma intensificação das formas espirituais de controle das condutas dos indivíduos ("tanto a Reforma quanto a Contrarreforma "[tiveram] uma influência sobre a vida espiritual dos indivíduos muito maior que no passado"[20]), acompanhada de uma extensão de sua eficácia

---

20 Id., *Segurança, território, população*, op. cit., pp. 308–10. Veja a abertura desse curso, onde se coloca a questão das "insurreições de conduta" até a Revolução Russa.

temporal, reorientada por dispositivos de "governo da *res publica*"[21] que põem a nova ética teológica do trabalho e da riqueza a serviço da disciplinarização e do trabalho forçado da população.

O pecado capital deixa de ser a avareza e se torna a preguiça, que resulta do "afrouxamento da disciplina" e do "relaxamento dos costumes", e deve ser contido na passagem da desordem à ordem. O que por seu turno explica, como destaca Foucault na *História da loucura*, por que "a relação entre a prática do internamento e as exigências do trabalho não é definida inteiramente – longe disso – pelas condições da economia",[22] pois o imperativo do trabalho é *indissociavelmente econômico e moral*, tornando-o suscetível a ser contestado pelas resistências à conjugação entre lei civil e obrigação moral.

A importância e a radicalidade das guerras de subjetividade na Europa e no Novo Mundo tornam-se manifestas com a destruição promovida pela acumulação primitiva que opera não somente no nível das condições materiais de vida, mas também nos territórios existenciais, nos universos de valor, na cosmologia e nas mitologias que estavam no fundamento da "vida subjetiva" dos povos colonizados e dos pobres do mundo dito "civilizado". A desterritorialização priva os colonizados, as mulheres e os proletários de sua vida "a-orgânica", segundo a expressão de Deleuze e Guattari que podemos redirecionar para a análise foucaultiana. Com efeito, se o biopoder só pode investir a vida como administração das condições "biológicas" da espécie pelo Estado (fecundidade, mortalidade, saúde etc.), é porque a acumulação primitiva foi o agente prévio da destruição dessa dimensão "subjetiva". As guerras de subjetividade não são, portanto, um "suplemento" ao Capital em sua face "subjetiva": elas constituem a especificidade mais "objetiva" das guerras contra as mulheres, os loucos, os pobres, os criminosos, os diaristas, os operários etc. Elas não se contentam em

---

21 Ibid., p. 317.
22 Id., *História da loucura: na Idade Clássica* [1961], trad. José Teixeira Coelho Netto. São Paulo: Perspectiva, 1978, p. 84.

"desfazer" o adversário (para melhor negociar um tratado de paz, segundo a concepção clássica da guerra interestatal), mas visam, precisamente, a uma "conversão" de sua subjetividade, a uma conformação de seus comportamentos e condutas à lógica da acumulação do capital e de sua reprodução.

Nesse sentido, a produção de subjetividade é ao mesmo tempo a primeira produção do capitalismo e o *objeto* principal da guerra e da guerra civil em particular. A formatação da subjetividade é o *nó estratégico* dessas guerras, e o reencontraremos ao longo de toda a história do capitalismo. Para Félix Guattari, de quem pegamos emprestada a expressão, as "guerras de subjetividade" são guerras políticas de "formatação" e de "pilotagem" de uma subjetividade necessária à produção, ao consumo e à reprodução do Capital. Enquanto tal, não são estranhas às lutas que se desenrolam no interior dos movimentos de insurreição e contestação que reivindicam a definição das formas de organização e subjetivação da máquina de guerra revolucionária (militância, modalidades de ação, estratégia, tática etc.). Para Michel Foucault, elas constituem a trama de uma resistência e da invenção de uma subjetivação "outra", diferente não apenas da que se encontra em toda experiência de ruptura revolucionária,[23] mas também no deslocamento último concebido pelo filósofo, pois a passagem da ética a uma "vida militante" por meio da *parrhēsia* é, em si mesma, uma "guerra contra o outro".[24]

Os violentos processos de desterritorialização no cerne da acumulação primitiva (entendida no sentido mais estreito do termo, como o período que vai até a caça às bruxas)[25] e da globalização que a acompanha são, portanto, indissociáveis de

---

23 Id., *Segurança, território, população*, op. cit., p. 306: "mesmo nos processos de subversão, mesmo nos processos revolucionários que tinham objetivos e móveis bem diferentes, a dimensão da insurreição de conduta, a dimensão da revolta de conduta sempre esteve presente".

24 Id., *A coragem da verdade* [1978], trad. Eduardo Brandão. São Paulo: WMF Martins Fontes, 2011.

25 Como os processos por bruxaria sempre foram acompanhados do confisco dos bens das acusadas, não demorou para que se pro-

guerras de subjetividade. A construção do "modelo majoritário" do Homem macho, branco e adulto, que transforma as mulheres em minoria de gênero e os colonizados em minoria de raça, é um dispositivo estratégico que *necessariamente* se instala de forma simultânea nas colônias do Novo Mundo e na Europa, onde, como se sabe, "a diversidade oferece maravilhosas mercadorias a Satanás".[26] A primeira união europeia se dá, assim, em torno de um *Little Big Man* surgido nesse espaço de terror que favorece a realização das "trocas" estratégicas em proveito da formação contínua de um *proletariado mundial*.

As relações de poder e as divisões estabelecidas pelo modelo majoritário inscrevem-se a fundo na organização das relações de exploração, tanto na metrópole quanto na periferia. Pois é *graças* à acumulação primitiva e *como* acumulação capitalista contínua que o modelo majoritário/minoritário (homens/mulheres) poderá funcionar no interior da classe assalariada europeia em coordenação com a exploração de classe em geral.

A guerra contra as mulheres produz uma diferenciação e uma divisão sexual do trabalho que se mostram decisivas na história da acumulação do capital e das lutas que se opõem a ele. Em uma sociedade em vias de monetarização, as mulheres possuem apenas acesso indireto ao dinheiro, através do salário do trabalhador homem em relação ao qual elas se encontram em situação de dependência e inferioridade. Dominado na lógica de classes, o assalariado macho se torna dominador na lógica do modelo maioria/minoria. O salário se torna, com suas modalidades de distribuição, sinônimo de uma forma de dominação sobre a mulher e de promoção forçada da família "burguesa" nuclear no mundo do trabalho,

---

duzisse neles uma furiosa alquimia da transformação do sangue em ouro. Existe, portanto, uma economia política da caça às bruxas.

26   É o que se diz dos bascos: "os homens são inadequados para o trabalho, maus artesãos, pouco versados em tarefas manuais; as mulheres são desocupadas, e suas famílias quase não têm o que comer". Ver Pierre de Lancre, *Tableau de l'inconstance des démons, magiciens et démons: où il est amplement traité des sorciers et de la sorcellerie* [1612], N. Jacques-Chaquin (org.). Paris: Aubier-Montaigne, 1982, pp. 72–77.

que a preservará mesmo em suas correntes mais revolucionárias. O "antifeminismo proletário" (na expressão de Thönnessen) e a defesa operária dos direitos da mulher reduzida à sua condição de mãe e dona de casa andam lado a lado. Como constata Maria Mies, "a proletarização dos homens repousa sobre a transformação das mulheres em donas de casa. O Pequeno Homem Branco ganha, assim, a sua própria colônia – a família e, dentro dela, a dona de casa".[27]

A despeito de certas críticas feministas, a microfísica foucaultiana do poder se mostra aqui um instrumento indispensável para dar conta do modo como o poder perpassa os dominados, fazendo da "micropolítica" o terreno privilegiado de dinâmicas de divisão, de diferenciação, de antagonismo. A "composição de classe" do proletariado seria, assim, atravessada por linhas de fratura que estão na origem de verdadeiras "guerras civis" moleculares, irredutíveis a qualquer espécie de conflito ideológico.

Ashis Nandy descreveu a maneira como, na Índia, a construção do modelo majoritário pelos colonizadores britânicos passou sempre pelas mesmas etapas, a partir do estabelecimento de uma "hierarquia colonial de identidades sexuais", na qual "o masculino é superior ao feminino, e o feminino é, por sua vez, superior à feminilidade no homem", implicando a desvalorização da cosmologia andrógina indiana.[28] A normalidade é identificada ao *homo europeus* adulto e também viril, competitivo, animado por um espírito guerreiro, que rejeita a impotência dos efeminados, relegando o colonizado, assim como a criança, ao mundo "primitivo", sinônimo de uma situação de inferioridade que apenas o "desenvolvimento" (o processo civilizador) poderia corrigir.

O dispositivo de poder majoritário / minoritário inerva a guerra de subjetividades da colonização interna e da colonização externa ao estabelecer hierarquias de raça e de sexo, mas também de civilizações. Esta última é perfeitamente "performada" por Carl Schmitt quando ele afirma que, aos índios

---

27 M. Mies, op. cit., p. 110.
28 Ashis Nandy, *L'Ennemi intime* [1983]. Paris: Fayard, 2007, p. 95.

americanos, "faltava a força, fundada no saber, da racionalidade cristã europeia [...] a superioridade espiritual encontrava-se plenamente do lado europeu".[29] O que explica, por sua vez, por que a descoberta do Novo Mundo veio a figurar como "autêntico acontecimento epistemológico", que compensa a descentralização cósmica realizada pela física de Galileu com uma "recentralização terrestre, imperial, da Europa".[30]

A "acumulação primitiva" deveria, assim, ser chamada de *primeira acumulação* (*initiale*, na tradução francesa de J.-P. Lefebvre, ou originária: *ursprünglich*), pois nela já se delineia uma divisão internacional do trabalho com hierarquias que são de "classe" por serem de gênero, raça e civilização. Ou seja, uma *acumulação de potência e de poder* que nos impede de reduzir a apreensão da economia-mundo em vias de surgimento mediante uma oposição entre a luta de classes na metrópole e a luta de raças na colônia, dado que o dispositivo maioria/minorias está presente, operando de diferentes maneiras, dos dois lados do Atlântico. O que existe é uma identidade de natureza e uma diferença de regimes, com cruzamentos múltiplos de parte a parte.

2.3 Liberalismo e colonização: o caso Locke

A biografia intelectual e a doutrina de Locke foram suficientemente estudadas para que ele seja considerado o pai fundador do liberalismo político nas origens da tradição americana e "decano da economia política moderna" (Marx). A despeito da importante literatura anglo-saxã amplamente desconhecida na França, não foi dada atenção suficiente à longa carreira colonial do filósofo e à presença dela em sua filosofia,

---

29 Carl Schmitt, *O nomos da Terra: no direito das gentes do jus publicum europæum* [1950], trad. Alexandre Franco de Sá et al. Rio de Janeiro: Contraponto, 2014, p. 139.

30 Matthieu Renault, *L'Amérique de John Locke: l'expansion coloniale de la philosophie européenne*. Paris: Éditions Amsterdam, 2014, pp. 23–24.

na qual, de resto, "a América" é onipresente. O estudo do liberalismo de Locke – e do liberalismo *em geral* – teria muito a ganhar com esse enfoque, que permitiria, inclusive, inscrever esse filósofo na história (ou na contra-história) cujas linhas gerais estamos traçando.

Locke foi, a partir de 1688, secretário dos Lordes proprietários da Carolina, onde possuía terras beneficiadas pela regra constitucional que ele próprio ajudara a redigir, segundo a qual "todo cidadão livre da Carolina exerce um poder e uma autoridade sem limites sobre seus escravos negros".[31] Em 1673, tornou-se secretário e tesoureiro do Council of Trade and Foreign Plantations [Conselho do Comércio e de Plantações no Exterior], além de acionista de diferentes Companhias, dentre elas a Royal African Company, que gerenciava o tráfico negreiro e detinha o monopólio da África Ocidental.

Esse comércio extraordinariamente lucrativo repousava sobre o modelo "agrícola" inglês de colonização, do qual Locke era ardente defensor. Existe uma flagrante contradição entre esse envolvimento e as linhas de abertura do primeiro *Tratado sobre o governo*, que condenam a escravidão (*"Slavery is so vile and miserable..."*)[32] e contribuíram para estabelecer sua reputação de filósofo liberal. Mas é uma obviedade, e não adianta mobilizar contra ela distinções sutis entre "contradição prática" e "contradição teórica" ou entre um racismo "forte" e um "fraco". De fato, é a própria *realidade contraditória* do universalismo do modelo liberal que se estabelece filosoficamente aqui à disposição e em nome de um *Englishman*, o que inclui um racismo *de civilização* em sua constituição

---

31 John Locke, "As constituições fundamentais da Carolina" [1669], in *Segundo tratado sobre o governo civil e outros escritos*, trad. Magda Lopes et al. Petrópolis: Vozes, 2001, p. 315. Locke acrescenta "poder absoluto" à primeira versão do artigo.

32 Ver J. Locke, "Primeiro tratado", in *Dois tratados sobre o governo* [1689], trad. Julio Fischer. São Paulo: Martins Fontes, 1998, p. 203. "A escravidão é uma condição humana tão vil e deplorável, tão diametralmente oposta ao temperamento generoso e à coragem de nossa Nação, que é difícil conceber que um inglês, muito menos um fidalgo, tomasse a sua defesa."

colonial/colonialista, numa época em que o conceito de raça ainda não é biologicamente – ou "cientificamente" – embasado e na qual o regime legal da escravidão de *plantation* se negocia sob a pressão de um círculo de *Royal Adventurers* ao qual Locke pertencia de pleno direito. Isso explica por que o filósofo pode, *sem contradição* e na perspectiva liberal que é *dele*, defender a escravidão colonial e estigmatizar a "escravidão" política que, em sua opinião, a monarquia absoluta gostaria de introduzir *na Europa*. A descrição que Locke esboça desse jugo (o rei degenerado como "fera selvagem") evoca a "lenda sombria" da "técnica espanhola" de colonização por espoliação sistemática (*by rapin and plunder* [por rapina e saque]), habilmente cultivada no contexto das rivalidades "mercantis" entre as grandes potências europeias. Pois é disto que se acusa a monarquia absoluta: *de confundir a Europa com a pior das colônias*, sob risco de alimentar "eternas sedições" e fomentar princípios que venham a encorajar "levantes populares" que ameacem o próprio princípio do governo. Na advertência à tradução francesa de David Mazel, publicada em Paris no ano III da República (1795), o projeto político de Locke é enunciado em uma fórmula clássica, de sabor soloniano: "encontrar um meio-termo entre esses extremos".[33]

Pois, "*nenhum* homem poderia, por contrato ou consentimento, *tornar-se escravo* de outro ou se submeter ao poder absoluto e arbitrário", e é o "povo" que se encontra, por "consentimento", na origem do *poder político* e da *sociedade civil* – "da sociedade política ou civil", segundo o título do capítulo central do *Segundo tratado sobre o governo civil*.[34] Cada um de seus membros transfere seu "poder natural" para as mãos da comunidade que se afirma como *commonwealth*, mediante o poder de "preservação da propriedade" (VII, seção 85), sem passar pela guerra, que é, para Locke, esse bom europeu, a

---

33 Id., *Avertissement au traité du gouvernement civil* [1690]. Paris: Garnier-Flammarion, 1992, p. 137. As expressões "eternas sedições" e "levantes populares" são extraídas desse texto.

34 Id., "Da escravidão", in *Segundo tratado sobre o governo civil e outros escritos*, op. cit.

única condição compatível com a *escravidão*, que "nada mais é que um estado de guerra que persiste entre o conquistador legítimo e um cativo" (iv, seção 24). Ora, se "é evidente que a *monarquia absoluta* [...] é incompatível com a sociedade civil" (vii, seção 90), por ser a *continuação da guerra por outros meios*, voltada pelo soberano *contra seu povo,* segue-se que a sociedade civil deve ser composta por um *povo de proprietários* para o qual o problema político – pelo qual se identifica o liberalismo pelo viés de Locke – é o do *retorno (do recalcado) que a escravidão* dos "negros" na América propicia aos europeus, e aos ingleses em particular, cuja prosperidade é assegurada pelos meios de guerra da diferença colonial. Como, de fato, os *razzia* de escravos e sua mercantilização poderiam recorrer ao direito da "guerra justa" no teatro europeu? Mas essa diferença colonial não é relativa em vista da condição dos *pobres* no mesmo teatro de operações?

Cabe a um povo de proprietários *expressar* o capitalismo nascente e seus conceitos de trabalho, propriedade privada e moeda, dos quais carecem os colonizados, que vivem em um estado de natureza cujas leis serão transgredidas. Nessa condição, as terras são baldias e os espaços estão vagos (*vacuis locis*), pois o "índio selvagem, que não conhece o cercamento" (v, 26), não as submete ao "trabalho humano" e à *valorização* que supostamente está no fundamento *natural* da "propriedade". Nômades que vivem da colheita e da caça, eles não "trabalham" para *dar a cada coisa seu valor adequado*, contrariando a injunção divina de frutificar a terra: "Deus deu a terra [...] para o uso dos dedicados e razoáveis; o trabalho os intitula à sua posse (e o *trabalho* torna-se um *título* de posse)" (v, 34). É a primeira falta com o direito natural, com a propriedade individual, com a *propriedade privada exclusiva* (*proprietas*) da terra que o homem *cerca* com seu trabalho, separando-a do que é comum, cultivando-a dentro de certos limites ("muito modestos"). O que por sua vez fornece, ainda que indiretamente, uma justificativa para a apropriação colonial das terras sem divisão e não cultivadas (*waste lands*) da América, mediante a aplicação de uma política de cercamento que redunda na *expropriação sem consentimento* de habitantes sem direito, nem mesmo natural (não ocorre a Locke que esse ato de guerra e essa razão, que se apoiam em Grotius,[35] poderiam explicar a existência desses lugares e habitações vacantes, após dois séculos de colonização europeia...).

A diferença entre civilizações é tão absoluta ("os costumes dessas populações são inteiramente estranhos a toda manifestação de civilização")[36] que o lugar dos selvagens, que, segundo se diz, "vivem de acordo com a natureza", está longe de estar garantido num estado de natureza que se caracteriza pela compatibilidade entre "posses privadas" (v, 35)[37] e "um estado de igualdade em que todo poder e toda jurisdição são recíprocos". É um estado historicamente tão improvável que, para haver "as promessas e os mercados de troca", que *obrigam* os homens a dizer a verdade uns aos outros e a respeitar a palavra dada, seria preciso introduzir "um *suíço* e um *índio*, nas florestas da *América*" (II, 4, 14). O europeu na América viria a encarnar, assim, a lei da natureza, que se reduz a um *cálculo de interesses*, compartilhado pelos que o adotam! Passando pelo trabalho, que dá valor à terra, a demonstração termina por revelar seu anacronismo: na América, "o rei de um território vasto e fértil não é tão bem nutrido e vestido nem vive tão bem quanto um diarista na Inglaterra" (v, 41), o que se explica pela diferença de ganho entre "um acre de terra" cultivado na Europa (que, segundo Locke, produz exatamente cinco libras esterlinas) e a mesma porção cultivada na América: "o lucro total que um índio extrai da terra, se introduzido no mercado europeu, valeria um milésimo em relação ao original" (v, 43). Essa diferença se explica pelo fato de que o índio não chegou à derradeira etapa do estado de natureza, a invenção da moeda: o uso desta, "baseado no consentimento", transforma a terra em *capital*, destinado a

---

35 Em Hugo Grotius, *De jure belli ac pacis*, livro II, caps. 3–4.

36 J. Locke, *Essai sur la loi de nature* [1676], trad. fr. Hervé Guineret. Caen: Centre de Philosophie Politique et Juridique de l'Université de Caen, 1986, p. 45 (citado por M. Renault, op. cit., p. 57).

37 "A condição da vida humana que, para ser alcançada, exige o trabalho e certos materiais conduz, necessariamente, à *posse privada*."

produzir bens de comércio. Anunciando o fim da igualdade e dos *limites naturais* à satisfação das necessidades, o dinheiro abre o caminho para a apropriação ilimitada das terras *e do trabalho*, e para uma primeira forma de governo (ou de governamentalidade) entre indivíduos que se tornaram desiguais pela "posse, por alguns, [de] terras mais vastas que as de outros, e pelo direito que estabelecem sobre elas" (v, 36). Vemos aí uma primeira forma de desenvolvimento monetário e protojurídico, de um Far West [Faroeste] que se decompõe em *war on waste*.[38] Para Locke, trata-se de um *bem* que a sociedade deve buscar, pois ele aumenta a sua riqueza global, beneficiando até o mais pobre dos diaristas... Um *conto de fadas*, devidamente retomado por Adam Smith em *A riqueza das nações*, a título de *"previous accumulation"*, e desmantelado por Marx (*a riqueza da nação* garante *a pobreza do povo*).

Difícil contradizer MacPherson, quando diz que a instituição do governo civil, que surgirá desse estado de natureza monetizado para salvaguardar "a propriedade de cada um", termina por tornar permanentes a economia de mercado e suas divisões de classe como fundamentos da sociedade civilizada.[39] Portanto, é como marcha da civilização *em um mundo único* que Locke descreverá a inserção do colonialismo na América na economia mundial do capitalismo nascente: "Eu pergunto, quem atribuiria um valor a dez mil ou cem mil acres de *terra* excelente, fácil de cultivar e, ainda por cima, adequada à pecuária, mas situada no coração da *América*, se não fosse possível um comércio com outras partes do mundo e o ganho de *dinheiro* com a venda de produtos? Não valeria a pena sequer cercá-la" (v, 50).

A plena racionalidade capitalística que se emprega aí, no quadro de uma geopolítica colonial do estado de natureza, obedece à lógica histórica da acumulação pelo "comércio" da apropriação do mundo. Ela permite ao filósofo reprodu-

---

38 Na expressão de Mark Neocleous em *War Power, Police Power*. Edinburgh: Edinburgh University Press, 2014, p. 60.

39 Tal é o sentido da demonstração de C. B. MacPherson, *La Théorie politique de l'individualisme possessif* [1962]. Paris: Gallimard, 2004.

zir, reconstruir e deslocar para a cena americana, segundo uma ordem das razões, a expropriação não consentida dos camponeses ingleses, evento que não aparece enquanto tal nos *Tratados*, salvo no resultado supostamente mais natural: homens que não possuem terras serão capazes de adquirir pelo trabalho os meios *monetários* de subsistência, *transferindo, para os bolsos de outro, o ganho que recompensa o trabalho...*[40] Se as políticas de cercamento são, para Locke, "a pedra de toque da via inglesa de colonização da América",[41] é a sorte dos "pobres" – que é preciso, a todo custo, submeter ao trabalho, em regime de *workhouses* e de "escolas de formação" para crianças, alistando-as na marinha ou deportando-as para as *plantations*[42] – que evoca a escravidão pelo *dever de servidão* em um mundo que o comércio torna "próspero" como nunca. Prova, se necessário fosse, que "o aumento do número de pobres tem outra causa, a saber, o relaxamento da disciplina e a corrupção dos costumes, pois a virtude e o trabalho são tão inseparáveis quanto o vício e a ociosidade".[43]

Pode-se agora medir os limites da função civilizadora do trabalho, após a introdução do dinheiro, que funda o princípio de racionalidade da acumulação ilimitada ao dissociar a apropriação (da terra) e o trabalho (dos homens sem terra), que poderá depois *ser reapropriado* segundo uma lei da natureza e *da razão*. Como o desenvolvimento pleno da racionalidade coincide com o florescimento da *persona oeconomica*, trata-se de uma questão de apropriação e expropriação mais que de trabalho, e o "homem industrioso" não é mais o "homem racional" (*the rational*), e sim o pobre trabalhador submetido à autoridade do Estado, que administra e disci-

---

40 Explicação de Locke citada por Marx no anexo a Gilbert Badia (org.), *Théories sur la plus-value* [1852–63]. Paris: Éditions Sociales, 1974, pp. 428–29.

41 M. Renault, op. cit., p. 156.

42 Recomendações de Locke em *On the Poor Law and Working Schools*, 1697, apresentadas ao Ministério do Comércio e das Colônias. Ver J. Locke, *Que faire des pauvres?* [1697], trad. fr. Laurent Bury. Paris: PUF, 2013, pp. 29–30, 32.

43 Ibid., p. 26.

plina a força de trabalho mantendo-a presa ao mais estrito circuito de subsistência, *"from hand to mouth"*, que impede o trabalhador de "elevar seus pensamentos para além dos problemas imediatos da vida" cotidiana. A classe laboriosa, além de limitada ao extremo quanto à possibilidade de adquirir conhecimentos e riquezas,[44] vê-se também privada do direito de insurreição, cujo exercício depende de uma escolha da razão que constitui, de fato, o único critério de cidadania[45] – à diferença da submissão a um poder arbitrário e absoluto contra o qual o "povo" deve se revoltar, a fim de manter sua própria salvaguarda e a segurança de seu bens, "que são a finalidade pela qual se entra em sociedade" (XIX, 222). Reencontramos aí "a liberdade contra a escravidão", por exclusão inclusiva do novo proletariado, cuja condição é considerada tão duramente pelos teóricos ingleses após 1660 que não "há outro equivalente, no mundo moderno, além da conduta dos mais cruéis dentre os colonos brancos com relação aos trabalhadores de cor".[46] Branca ou negra, a força de trabalho, que constitui "o recurso [*commodity*: a mercadoria] mais essencial, mais fundamental, mais precioso",[47] não é, com certeza, o povo político, em que cada um conduz seu próprio entendimento e dá consentimento mútuo a um governo civil, constituindo uma sociedade civil cuja "alma é o *legislativo*, que lhe dá forma, vida e unidade" (XIX, 212).

Essa ideia liberal de um contrato-consentimento que funda o legislativo na legitimidade do povo nele incorporado leva Locke a adotar uma concepção *continuísta* da servidão e *diferencial* da razão,[48] segundo a qual os seres incapazes de governar a si mesmos – seja no interior (crianças, mulheres, "loucos", "idiotas", pobres: *the labouring poor and the idle*

---

44 Ver J. Locke, *An Essay Concerning Human Understanding* [1689], livro IV, cap. XX, item 2.

45 Cf. C. B. MacPherson, op. cit., pp. 370–71.

46 R. H. Tawney, *Religion and the Rise of Capitalism* [1922]. Westminster: Penguin, 1948, p. 267.

47 William Petyt, *Britannia Languens* [1680], p. 238, apud C. B. MacPherson, op. cit.

48 Cf. M. Renault, op. cit., p. 26.

poor), seja no exterior (os selvagens), devem, de um jeito ou de outro, ser governados, mesmo sem o seu consentimento.

Seu fundamento é uma (geo)política do entendimento na qual as colonizações interna e externa se articulam de maneira nova, na "identidade de consciência" de um novo *sujeito que governa a si e aos outros*, e que se estabelece nessa história do estado de natureza, em que cada homem é "proprietário de sua própria pessoa [*man has a property of his own person*]" (v, 27). A partir de Locke, que cunha a expressão nominal *the Self* no *Ensaio sobre o entendimento humano* (1698), a *sujeição* (*subjectio*) ao trabalho é conjugada à apropriação de um "Si" na construção do *sujeito possessivo*, que se confunde assim, na junção entre a psicologia, a epistemologia, o direito e a política, com a invenção europeia da consciência liberal.

"O império do homem sobre este pequeno mundo, quer dizer, sobre seu próprio entendimento, é como o que ele exerce sobre o grande mundo dos seres invisíveis."[49] A filosofia de Locke, crítica da universalidade das "ideias inatas" impressas na alma por marca divina, se restringe a definir as "operações" reais do espírito (*Mind*) que afirmam, por meio de "reflexão", a identidade entre o pensar e o conhecer em uma consciência (*consciousness*) cuja identidade consigo mesma (*self-consciousness*) é a promessa de uma conquista do processo de totalização do saber e condição de realidade da responsabilidade da pessoa. O pensamento não é mais uma "substância" metafísica, como em Descartes, ele se torna objeto de um trabalho e de uma *apropriação* (é *appropriated*) que me faz *responsável* (*accountable*) enquanto *Pessoa* (moral e jurídica), "legalmente capaz" e "responsável por seus atos", por essa consciência de si [*self-consciousness*]. Ou uma *cons-ciência*, no neologismo proposto por Pierre Coste, célebre tradutor de Locke, que verteu o *Ensaio* para o francês em estreita colaboração com o autor para dar conta do que este

---

49 J. Locke, *An Essay Concerning Human Understanding*, livro II, cap. II, item 2.

chama de "consciência de si",[50] sem a qual o homem branco "que se lança na descoberta do mundo material",[51] na encruzilhada entre empirismo e império, a partir da correlação entre poder econômico, poder cognitivo e poder normativo, não poderia conduzir seu entendimento e sua embarcação no "grande oceano dos conhecimentos", como a Inglaterra o fez para "viabilizar o comércio" com outras nações. É todo esse movimento de "reflexão" que está implicado na identificação ocidental da identidade do mesmo e identidade de si, do "próprio" e da "propriedade" – de tal maneira que sobre essa *identidade pessoal*, que faz com que "um ser racional seja sempre o mesmo [*personal identity*, i.e., *the sameness of a rational Being*]", que "repousa todo direito e toda justiça dos castigos e recompensas, do bem e da desgraça, pois é assim que cada um se interessa por *si mesmo*".[52]

Essa identidade pessoal, porém, deve ser construída com base numa *autodisciplina* concebida como aprendizado da autoridade e do poder sobre si e sobre os outros, cujas chaves são a educação ("*suited to our English gentry*") e a submissão à matriz hierárquica da família patriarcal. O fato de *Pensamentos sobre a educação* (1693) ter sido um best-seller no século XVIII fornece um índice certo disso, dada a sua afinidade com a ética puritana e contábil do capitalismo[53] e com o sistema de *hábitos*

---

50 Ver a longa nota de Pierre Coste ao *Essai philosophique concernant l'entendement humain* [1689]. Paris: Vrin, 1989, pp. 264–65, e a análise de Étienne Balibar em *Identité et différence: l'invention de la conscience*. Paris: Seuil, 1998.

51 Ver J. Locke, *An Essay Concerning Human Understanding*, livro IV, cap. III, item 30, em que o filósofo desenvolve o paradigma "imperial" da navegação e da descoberta dos Novos Mundos como princípio de expansão do entendimento.

52 Ibid., pp. 265, 271.

53 Ver J. Locke, *Some Thoughts Concerning Education* [1693]. Sobre a "ética puritana", ver, além da repressão do desejo ("um homem deve ser capaz de negar a si mesmo seus desejos"), a prescrição maníaca no capítulo sobre "Saúde"; sobre a "ética contábil", basta citar o §211: "nada mais adequado para manter um homem dentro de seus limites do que ter a contabilidade de seus negócios constantemente diante de seus olhos".

a serem fomentados.[54] Bem mais que uma simples *instrução*, trata-se de "uma regulamentação levada a sério e infinitamente [pesada e severa] da conduta de vida como um todo, que penetrava todas as esferas da vida doméstica e pública"[55] e que se encontra no cerne da *civilização* capitalista (para recuperar outro termo de Max Weber) e das guerras de subjetividades que ela promove, em nome de uma universalidade proprietária que "instrui" os *outros* sobre sua exclusão inclusiva/inclusão exclusiva no modelo majoritário das guerras do *Self*. Fica implícito que todos os homens, mesmo que com títulos distintos, serão membros da "sociedade política ou civil", já que serão governados. Eis o *Self-service* do liberalismo.

2.4 Foucault e a acumulação primitiva

Muitos autores dos estudos pós-coloniais criticam Foucault por ter ignorado amplamente a genealogia colonial do biopoder, com exceção do curso de 1976 no Collège de France, em passagem citada por nós e que figura como a agulha no palheiro.[56] Outros ainda, oriundos do campo dos estudos feministas, como Silvia Federici, repreendem o filósofo por seu silêncio a respeito da "caça às bruxas" e pela falta de interesse pela questão da "reprodução" e do disciplinamento das

---

54 Ibid.: "A grande tarefa da educação é considerar quais hábitos incutir na criança", § 18.

55 Max Weber, *A ética protestante e o "espírito" do capitalismo* [1905], trad. João Marcos Mariani de Macedo; ed. Antônio Flávio Pierucci. São Paulo: Companhia das Letras, 2004, p. 30 [trad. modificada pelos autores, N.E.].

56 M. Foucault, *Em defesa da sociedade*, op. cit. Ver Ann Laura Stoler, *Race and Education of Desire: Foucault's History of Sexuality and the Colonial Order of Things*. Durham/London: Duke University Press, 1995, pp. 74–75. Veremos que a abordagem dessa questão por Foucault fora preparada pela do colonialismo em Michel Foucault, *O poder psiquiátrico: curso dado no Collège de France (1973–1974)* [1974]. São Paulo: Martins Fontes, 2006. Infelizmente, para Stoler, nenhum desses cursos havia circulado antes da publicação de seu livro.

mulheres na história de longa duração que ele elabora das técnicas de poder e dos fenômenos de resistência que estuda. Existe certo consenso quanto ao fato de que a análise foucaultiana do poder depende de uma abstração discursiva que funciona como um Primeiro Motor da História.

Compreende-se, ainda, que, se remontarmos a genealogia das técnicas disciplinares e do biopoder ao "lançamento" da acumulação primitiva, então a história, o funcionamento e as sucessivas transformações dos dispositivos de poder não poderão ser dissociados da guerra multiforme que em boa parte os criou. Nas diferentes modalidades em que se manifestam a partir do final do século XVII, esses dispositivos são a expressão privilegiada da extensão da guerra por outros meios, o que dará a ela, na obra de Foucault, o estatuto de dispositivo de *análise das relações de poder*. É a lógica do curso de 1976, quando o filósofo *não inverte* a fórmula de Clausewitz (diferentemente do que se diz com frequência),[57] mas, ao contrário, propõe que ela seja compreendida a partir do *retorno* a "um princípio bem anterior [...], que simplesmente inverteu uma espécie de tese a um só tempo difusa e precisa que circulava desde os séculos XVII e XVIII", segundo a qual a guerra deve ser entendida como "relação social permanente".[58] Com isso, Foucault será levado a estudar o surgimento e a difusão de discursos que, pela primeira vez, concebem a política como extensão da guerra.

Portanto, não faz sentido afirmar que Foucault não se interessa pela época correspondente à acumulação primitiva. Porém, é certo que a analisa do ponto de vista da constituição "embrionária" dos Estados no capitalismo emergente (a "governamentalização do Estado") e das guerras de subjetividade que marcaram a transição do feudalismo para o capitalismo. Reside aí o limite a que chega seu trabalho inestimável. O ponto de vista eurocêntrico (e mesmo "britânicocêntrico" quanto à genealogia da "guerra das raças", que o curso de 1976

---

57 Utilizamos a primeira formulação proposta por Foucault na primeira lição de Michel Foucault, *Em defesa da sociedade*, op. cit.

58 Ibid., pp. 41–42.

relata – de maneira por vezes perigosa – a partir dos efeitos da conquista na Inglaterra) é problemático e reduz o alcance da análise de como se constituem as relações de poder no capitalismo nascente que se tecem, transversalmente, nos dois lados do Atlântico. Foucault extrai daí três aspectos encadeados: a acumulação do Estado; a crise do modo de vida pastoril no horizonte de uma "governamentalidade" que se define em termos estratégicos e táticos; e os possíveis efeitos retroativos da relação entre disciplinas e colonizados nos mecanismos de poder ocidentais. Mas seria necessário prolongá-los para além dos limites da caracterização foucaultiana, pois poderiam assim contribuir para uma problematização mais a fundo da guerra como "cifra" ou denominador da relação social do capital, o que daria à análise do poder político o feitio de análise do *disciplinamento da guerra*.

Pois as guerras de conquista e depredação do Novo Mundo presidem a *automanifestação amplificada* de outra instituição, central para o nascimento e o êxito do capitalismo. A acumulação primitiva é também, e pode ser que o tenha sido desde o início, acumulação do poder e da riqueza do Estado. Sob esse aspecto, Michel Foucault sem dúvida a descreveu da maneira mais pertinente, embora tenha negligenciado a *globalização constitutiva* do capitalismo – cabendo a nós reintroduzi-la na trama de sua análise.

Conforme ele explica, com o fim da Guerra dos Trinta Anos, em meados do século XVII, "abre-se uma nova perspectiva histórica, perspectiva da governamentalidade indefinida, perspectiva da permanência dos Estados" que exige que "se aceitem as violências como a forma mais pura da razão e da razão de Estado".[59] Fruto da institucionalização das máquinas de guerra do período feudal, o sistema diplomático-militar constitui o "primeiro agregado tecnológico" próprio da nova arte de governar, que tem por fim o poder e a riqueza do Estado. É a garantia de um equilíbrio de forças que propicia o *empowerment* dos Estados. O segundo "agregado tecnológico"

---

59 Id., *Segurança, território, população*, op. cit., pp. 355–56.

tem o mesmo fim e é constituído pela polícia e seu governo da sociedade e da população.

Caberia retomar a análise essencial de Carl Schmitt, que lembra que uma das condições principais para a instituição do *jus publicum europæum* é a divisão entre o espaço continental, em que se estabelece um "equilíbrio de forças" que limita o poder dos Estados, e as "terras livres" do Novo Mundo, nas quais esses mesmos Estados podem se entregar a uma competição e uma concorrência sem limites. Se no continente e na perspectiva de um equilíbrio entre os Estados a guerra é de fato uma extensão da política por outros meios (de tal maneira que a teoria de Clausewitz pode ser considerada por Foucault como a sistematização desse estado de coisas, dois séculos depois), no resto do mundo, onde a guerra continua a ser conquista, pilhagem e violência ilimitadas, exercida sobre homens, bens e terras, a Fórmula de Clausewitz encontra-se, desde sempre, invertida, sendo enunciada de modo mais brutal como "guerra entre raças" alimentada por uma guerra extraeuropeia de Estados que talham seus respectivos impérios coloniais.

O alcance e a significação do mercantilismo são restringidos pelo método de Foucault, centrado na Europa, que o constrange a propor um poder interno ilimitado sobre a população (o Estado policial) e um poder limitado externo limitado por uma razão de Estado que se restringe a objetivos pertinentes à manutenção da "balança europeia" das nações.[60] Não poderia haver contraste maior com o trabalho de Eric Williams sobre a relação entre escravagismo e capitalismo, que propõe a equação mercantilismo = escravidão ("a escravidão é a essência do mercantilismo"),[61] abrindo outra perspectiva, inteiramente

---

60 Id., *Nascimento da biopolítica* [1979], trad. Eduardo Brandão. São Paulo: Martins Fontes, 2008. Sobre a balança europeia de poder instituída pelo Tratado de Vestfália em 1648, ver M. Foucault, "Aula de 22 de março de 1978", in *Segurança, território, população*, op. cit., p. 383.

61 Fórmula de Eric Williams, *Capitalismo e escravidão* [1944], trad. Denise Bottman. São Paulo: Companhia das Letras, 2012. Citada por Fernand Braudel, *Civilisation matérielle, économie et capitalisme, XVᵉ–XVIIIᵉ siècle, v. 3: le temps du monde*. Paris: Armand Colin, 1979,

diferente daquela do *equilíbrio europeu* obtido pela física diplomático-militar dos Estados na "fase" que precedeu e estimulou a revolução industrial. Que o poder e a riqueza dos Estados provêm, em grande parte, da exploração das colônias e do tráfico negreiro ("principal contribuição externa para o crescimento da Europa")[62] é uma evidência que será apontada até por John Stuart Mill, no coração do levante liberal do mercantilismo e do escravagismo, quando afirma, em *Princípios de economia política* (1848), que "dificilmente se pode considerar o comércio com as Índias Ocidentais como um comércio exterior; ele se parece mais com o comércio [*traffic*] entre cidade e campo".[63] Com a adaptação bastante relativa do trabalho forçado nas colônias ao "trabalho livre assalariado" na metrópole,[64] que também passa pela disciplinarização dos pobres pela escravidão dos Negros, é o modo de produção capitalista da nova divisão internacional do trabalho que vem confirmar que, não importando por qual lado se veja a questão do capitalismo, é impossível desconsiderar a dimensão geopolítica que o projeta para além da Europa. Pela simples razão de que é *indissociável* do desenvolvimento da Europa, e cabe a ela ter iniciado o ciclo de produção-consumo *em massa*, levando a cabo empreendimentos militares-comerciais cujo sucesso dependeu, *em última instância*, do estabelecimento de uma economia disciplinar, da organização serial do trabalho, do tempo e do espaço em grande escala, que projetaria as plantações de cana-de-açúcar à categoria de laboratório do capital, como

---

p. 337. [Ed. bras.: *Civilização material, economia e capitalismo: séculos XV-XVIII, v. 3: o tempo do mundo*, trad. Telma Costa. São Paulo: WMF Martins Fontes, 2009.]

62 Sidney W. Mintz, *Sweetness and Power: the Place of Sugar in Modern History*. New York/London: Penguin, 1985, p. 55.

63 John Stuart Mill, *Princípios de economia política* [1848], v. II, trad. Luiz João Baraúna. Col. Os Economistas. São Paulo: Nova Cultural, 1996, p. 263.

64 Mas não se deve esquecer que "já no século XVI surge na Nova Espanha o trabalho assalariado livre", no seio das atividades servis características da exploração do Novo Mundo. Cf. F. Braudel, op. cit., pp. 338–39.

depois faria com o regime da fábrica. Verifica-se, assim, que, se o regime colonial é o "deus estranho" que, segundo Marx, põe abaixo "velhos ídolos da Europa", ele só pôde fazê-lo proclamando a produção de mais-valor [mais-valia] como finalidade última e única da humanidade".[65]

2.5 Genealogia colonial das disciplinas da biopolítica

Mesmo que não se compartilhe inteiramente das críticas dirigidas a Foucault pelos autores pós-coloniais, elas são úteis para problematizar a abordagem foucaultiana e suas lacunas. Os dois polos do desenvolvimento do exercício do poder sobre os homens, após a ruptura com o ritual feudal da soberania – o poder disciplinar, centrado no corpo como *máquina integrada* "em sistemas de controle eficazes e econômicos", e o biopoder, "que se formou um pouco mais tarde" – como *biopolítica da população*,[66] datariam, respectivamente, de meados do século XVII e do século XVIII. Mas, em nosso entender, seu estatuto diferenciado seria, na verdade, uma segunda etapa da construção dos dispositivos de poder do capitalismo, que deveria ser pensada em ruptura e, ao mesmo tempo, em continuidade com os dois primeiros séculos de "acumulação primitiva".

Encontramos traços dessa relação dupla no curso de 1973––74, *O poder psiquiátrico*, em que Foucault amplia o espaço da constituição dos dispositivos de saber e de poder à economia--mundo, estabelecendo um paralelo entre metrópole e colônias. Nessas páginas, a "colonização interna" de vagabundos, nômades, delinquentes e prostitutas é espelhada na "colonização externa" dos povos colonizados, sobre os quais são exercidos e testados os mesmos dispositivos disciplinares que na Europa. "Seria preciso ver com certo detalhe como os esquemas disciplinares foram ao mesmo tempo aplicados e aperfeiçoados nas populações coloniais. Parece que essa disciplinari-

---

65 K. Marx, *O capital*, livro I, op. cit., p. 824.
66 M. Foucault, *Aulas sobre a vontade de saber*, op. cit., p. 131.

zação se fez, de início, de maneira bastante discreta, marginal e, curiosamente, em contraponto à escravidão."[67]

A economia-mundo acopla a seus dispositivos de poder certos saberes e uma nova concepção da "verdade" adequados às funções de controle e de governo das populações, adotando um "procedimento de controle contínuo" ("é uma apropriação do corpo, e não do produto; é uma apropriação do tempo em sua totalidade, e não do serviço") – portanto, o sistema disciplinar tem como modelo o exército.[68] É um modelo que se estenderá à superfície do globo como um todo. Sua extensão planetária se confunde com um "duplo movimento de colonização", em uma relação de mútuo reforço: "colonização em profundidade que parasitou até os gestos, o corpo, o pensamento dos indivíduos; e colonização na escala dos territórios e das superfícies".[69] Encontramo-nos aqui – um *aqui* que nos transporta nesses microcosmos disciplinares quase panópticos de produção e vigilância que são os estabelecimentos jesuítas do Paraguai[70] – no coração do "inquérito generalizado de toda a superfície da Terra", que produz um saber a respeito do comportamento das pessoas, sobre como elas vivem, pensam, fazem amor. A "verdade está sempre presente em toda coisa ou sob toda coisa, a propósito de tudo e de qualquer coisa pode-se colocar a questão da verdade".[71] De acordo com modalidades que Locke nos permitiu descobrir, essa *produção universal da*

---

67 Id., *O poder psiquiátrico*, op. cit., p. 86.

68 Ibid., p. 58. Será uma das teses centrais de *Vigiar e punir: história da violência nas prisões* [1975], trad. Raquel Ramalhete. Petrópolis: Vozes, 1987. Foucault dará crédito a Marx em uma entrevista à revista *Heródoto*, em 1976: "tudo o que Marx escreveu sobre o exército e seu papel no desenvolvimento do poder político [...] são coisas muito importantes que praticamente foram deixadas em alqueive, em benefício dos incessantes comentários sobre a mais-valia". "Perguntas a Michel Foucault sobre geografia", in *Ditos e escritos IV: estratégia, poder-saber* [1994], trad. Vera Lucia Avellar Ribeiro. Rio de Janeiro: Forense Universitária, 2006, p. 188.

69 Id., *O poder psiquiátrico*, op. cit., pp. 315–16.

70 Referido por Foucault em uma conferência pronunciada em 1967 no Cercle d'Études Architecturales.

71 Id., *O poder psiquiátrico*, op. cit., p. 302.

verdade requer formas de pensamento e "tecnologias" que permitam acessá-las *mediante a produção do sujeito de sua enunciação e recepção*. É preciso, de fato, "um sujeito universal dessa verdade universal, mas será um sujeito abstrato pois, concretamente, o sujeito universal capaz de apreender essa verdade será raro, porque terá de ser um sujeito qualificado por certo número de procedimentos que serão precisamente os procedimentos da pedagogia e da seleção".[72] Em suma, um sujeito instruído no saber da acumulação do capital, equipado para exercer o poder de acumulação sobre os homens e efetuar a *colonização sistemática* destes. É pena, na verdade, que a experimentação "disciplinar" promovida pelos jesuítas nas comunidades guaranis do Paraguai não tenha sido desenvolvida por Foucault, pois, assim fechou-se para ele a passagem que o teria levado à biogeopolítica mundial do capitalismo.

Se concebêssemos a articulação entre os conceitos de biopoder e de poder disciplinar a partir de uma genealogia que encontrasse, em sua origem, a acumulação primitiva, seria possível identificar o modo como tais poderes prolongam a guerra por outros meios, principalmente a "guerra contra as mulheres". A definição do biopoder como dispositivos de produção e de controle dos processos "de natalidade, de mortalidade, de longevidade" da população pelo Estado[73] teria muito a ganhar com a inclusão das políticas de expropriação e apropriação dos "corpos" das mulheres, estendendo o poder à "reprodução" da força de trabalho: uma verdadeira *biopolítica do corpo*.[74] Assim, seria possível verificar que o poder de "regulamentação" de uma biopolítica caracterizada pela apropriação da vida das populações depende de "todo um conjunto disciplinar que viceja sob os mecanismos de segurança para fazê-los funcionar".[75] O que daria ainda uma dimensão

---

72 Ibid., p. 316.

73 Id., *Em defesa da sociedade*, op. cit., p. 290.

74 Em suas intervenções políticas, Foucault inscreve essa "função reprodutora da força de trabalho" em uma "política do corpo" cujo efeito imediato é a politização da sexualidade.

75 Id., *Segurança, território, população*, op. cit., p. 11.

muito diferente à análise do liberalismo econômico, estreitamente ligado às técnicas de disciplina, na medida em que o disciplinamento da vida desponta como a *matriz biopolítica* do controle econômico-político da produção. Parece-nos que seria necessário direcionar nesse sentido o princípio de Bentham, elaborado por Foucault: "o panóptico é a própria fórmula de um governo liberal".[76]

2.6 O racismo e as guerras

Mas a questão mais espinhosa diz respeito à genealogia foucaultiana do chamado "racismo de Estado". Na última lição de *Em defesa da sociedade*, Foucault nos incita a compreender o conceito de biopoder como "relação não militar, guerreira ou política, mas relação biológica". Essa afirmação mereceria ser problematizada à luz dos processos de redução das mulheres e dos colonizados a uma existência biológica que só poderia ser efetivada por meio da guerra de raças e da guerra contra as mulheres. De fato, se há, na acumulação primitiva, uma estreita relação entre biopoder e guerra, a tal ponto que é impossível separá-los, resta que os dispositivos identificados por Foucault constituem, na realidade, o prolongamento das guerras de acumulação primitiva por outros meios. Pois, embora reconheça que o racismo se desenvolveu "*primo* com a colonização, ou seja, com o genocídio colonizador",[77] Foucault permanece fortemente centrado na Europa. Sua problematização da guerra como cifra das relações sociais e sua genealogia do racismo de Estado são, por essa razão, consideravelmente prejudicadas. Para Foucault, em última instância, o "que inseriu o racismo nos mecanismos do Estado foi mesmo a emergência [do] biopoder", que ele, sintomaticamente, *remonta* ao século XIX.[78]

---

76 Id., *Nascimento da biopolítica*, op. cit., p. 91.
77 Id., *Em defesa da sociedade*, op. cit., p. 307.
78 Ibid., p. 304.

Se o biopoder é um poder que se encarrega da vida, que a "organiza, protege, garante, cultiva biologicamente"[79], ou seja, se o biopoder, à diferença do poder soberano ("impor a morte e deixar viver"), é exercido por meio de um novo direito ("impor a vida e deixar morrer"), como garantir a função particular da guerra, que é o direito de impor a morte? Pelo viés do racismo, responde Foucault! "O racismo vai permitir estabelecer, entre a minha vida e a morte do outro, uma relação que não é uma relação militar e guerreira de confronto, mas uma relação de tipo biológico", que permite a "extrapolação biológica do tema do inimigo político" e a inscrição da "função da morte" na economia do biopoder, que realiza assim "um corte" no *continuum* biológico e resgata, com isso, "o velho direito soberano de matar".[80] A ascensão do racismo em fins do século XIX parece não ter nenhuma conexão com a evolução da economia-mundo e com o imperialismo, que leva a conquista colonial ao apogeu e se precipita na Primeira Guerra Mundial. Mais uma vez, o enfoque eurocêntrico da análise restringe a explicação (que retorna à *morte própria ao poder soberano* e conduz Foucault a um curioso efeito de quiasma),[81] pois, como se sabe, as primeiras manifestações do "racismo de Estado" não ocorrem na Europa, mas nas colônias, com a escravidão.

A origem da escravidão não deve, isto é certo, ser buscada nas políticas de "raça". Ela é um problema econômico, devido, de um lado, à política de extermínio e, de outro, à alegada "debilidade" física dos Índios e dos Brancos "envolvidos", incapazes de realizar o trabalho forçado nas plantações e minas do Novo Mundo. Williams: "a escravidão não nasceu

---

79 Ibid., p. 311.
80 Ibid. pp. 305–08.
81 Ele escreve: "Se o poder de normalização quer exercer o velho direito soberano de matar, ele tem de passar pelo racismo. E se, inversamente, um poder de soberania, ou seja, um poder que tem direito de vida e de morte, quer funcionar com os instrumentos, com os mecanismos, com a tecnologia da normalização, ele também tem de passar pelo racismo". Ibid., p. 306.

do racismo, foi o racismo que nasceu da escravidão".[82] Mas a manutenção e a estabilização das políticas escravagistas requerem a introdução de políticas raciais. Rapidamente, nas colônias espanholas, ao longo da década de 1540, "a 'raça' foi instaurada como um fator-chave na transmissão da propriedade, e uma hierarquia racial foi estabelecida para separar indígenas, *mestizos* e *mulatos* uns dos outros e da população branca".[83] O Estado francês, de sua parte, oferecerá um quadro de referências jurídicas para as guerras de raças, com o Code Noir (1685) e o Code de l'Indigénat (1881).

Portanto, não é verdade que o racismo de Estado tenha nascido na Europa em fins do século XIX como consequência do emprego do biopoder em uma "sociedade de normalização" e a partir de uma adaptação dos temas científicos do evolucionismo; ele é constitutivo da interação entre funções estatais que projetaram um *biopoder disciplinar* sobre a economia-mundo. E, se é incontestável que o racismo de Estado de fins do século XIX é de estilo diferente, a novidade está na importação e transformação de políticas raciais indissociáveis de seculares técnicas de governo das populações colonizadas. Durante todo o século XIX, principalmente na França, foram importadas das colônias técnicas de guerra civil para a supressão de insurreições operárias. Quanto às guerras do século XX, ouçamos Paul Virilio, para quem a guerra total "estava muito mais próxima da empreitada de colonização do que da guerra europeia tradicional".[84]

Mas o nazismo, como ápice e *solução final* do racismo de Estado e no qual Foucault vê uma identidade entre o Estado disciplinador total, o biopoder generalizado e a difusão do "velho poder soberano de matar" pelo corpo social como um todo, é mais que o resultado suicida das *biodinâmicas* europeias precipitadas na guerra como "fase última e decisiva de todos

---

82 E. Williams, *Capitalismo e escravidão*, op. cit.

83 S. Federici, op. cit., p. 218.

84 Paul Virilio, *L'Insécurité du territoire* [1976]. Paris: Galilée, 1993, p. 136.

os processos políticos".[85] O poeta Aimé Césaire compreende-o, em uma perspectiva completamente diferente, como o fruto *maduro* da colonização, que terminou por "descivilizar o colonizador", produzindo "uma selvageria", "lenta, porém certa, da Europa". O que não perdoamos a Hitler não é "o crime em si, o crime contra o homem, não é a humilhação do homem em si, é o crime contra o homem branco, é de haver aplicado à Europa os procedimentos colonialistas que atingiam até então apenas os árabes da Argélia, os *coolies* da Índia e os negros da África".[86]

2.7 A guerra na e da economia-mundo

Não admira, portanto, que os autores associados às pesquisas sobre a economia-mundo complementem e enriqueçam a análise das transformações da guerra e das maneiras de executá-la, tentando colocá-la em relação direta com o capitalismo nascente e as colônias. Com efeito, a "acumulação primitiva" fornece o entrecruzamento de todas as funções que posteriormente serão desenvolvidas pela guerra: introdução de dispositivos disciplinares, racionalização e aceleração da produção, criando assim o terreno de experimentação e aperfeiçoamento de novas tecnologias, de gestão biopolítica e da própria força produtiva. Mas a guerra tem, principalmente, um papel importante na "governamentalidade" dos múltiplos modos de produção, das formações sociais e dos dispositivos de poder que coexistem no capitalismo em escala mundial. Ela não se limita a prolongar, no plano estratégico, a política (externa) dos Estados, mas contribui, ainda, para produzir e manter juntos os diferenciais que definem as divisões do trabalho, dos sexos e das raças, sem os quais o capitalismo não poderia se alimentar das desigualdades que ele desencadeia.

---

85 M. Foucault, *Em defesa da sociedade*, op. cit., p. 310.
86 Aimé Césaire, *Discurso sobre o colonialismo* [1950], trad. Claudio Willer. São Paulo: Veneta, 2020, p. 18.

Fernand Braudel observa que a guerra, "renovada pela técnica, criadora de modernidade", trabalha para a constituição acelerada do capitalismo: "A partir do século XVI, aconteceu uma guerra de ponta, que mobilizou, de maneira frenética, o crédito, a inteligência, o engenho das técnicas, e tão frenética que, dizem alguns, mudava de figura de um ano para o outro".[87] Referindo-se ao mesmo período, Immanuel Wallerstein considera que a guerra é uma reserva de emprego para os pobres e uma força produtiva de primeira importância no estímulo ao crédito: "O aumento de gastos militares muitas vezes estimulou a produção em outros domínios, de maneira que um excedente de produção aumentava em tempos de guerra". A logística militar solicitava não apenas o comércio e a produção, mas era também "um sistema de criação de crédito. Na verdade, os príncipes não eram os únicos a realizar empréstimos junto aos banqueiros; também o fez a indústria militar".[88]

Lembrando-nos que "uma guerra no Brasil não é como uma guerra em Flandres", Braudel oferece-nos ainda outra indicação importante: o fato de que a acumulação primitiva impõe profundas mudanças na maneira de conduzir a guerra, declinando-a no sentido de uma *guerrilha* – cuja origem, para Carl Schmitt, seria bem mais tardia (seguindo um calendário europeu e privilegiando, portanto, as formas de resistência suscitadas pelas guerras napoleônicas, principalmente na Espanha).

Mas a guerra enquanto "filha e mãe do progresso", que acompanha o Estado-nação como uma sombra e contribui para a "consagração" do capitalismo, tem lugar apenas no palco central da economia-mundo. Na periferia, nas colônias, pratica-se uma *guerra de pobres*, destinada a *bárbaros*, a única adaptada a seus "meios". Para grande frustração dos militares profissionais enviados às "Américas", é impossível conduzir a guerra na África, no Brasil ou no Canadá segundo os costumes europeus (as "leis da guerra"). A *guerra de mato ou de deslocamento*, condu-

---

87 F. Braudel, op. cit., p. 44.
88 Immanuel Wallerstein, *Capitalisme et économie-monde (1450–1640)*. Paris: Flammarion, 1980, p. 131.

zida por tropas recrutadas no local (os *soldados da terra*), travada no Nordeste brasileiro, é, assim, menos uma inovação tática do que uma revolução estratégica no interior da arte "ocidental" da guerra, e que as guerras coloniais e o racismo estatal que a acompanham não cansarão de reproduzir e ampliar.

2.8 A acumulação primitiva em debate

A acumulação primitiva pode ser considerada a verdadeira "matriz" do capitalismo, desde que se introduzam algumas alterações profundas no quadro desenhado por Marx em *O capital*. Na análise marxiana da transição, podemos apontar dois "limites" que afetam a totalidade das análises sobre o capitalismo.

Em primeiro lugar, sua redução da multiplicidade das guerras de sexo, de raça, de subjetividade, de civilização etc. – que estruturam a divisão social do trabalho – à relação capital/trabalho. Quisemos mostrar, de nossa parte, que a acumulação primitiva é, desde seu início, uma criação/destruição contínua que representa o funcionamento *real* do mercado mundial na medida em que produz e reproduz os diferenciais entre os múltiplos modos de produção e a exploração do trabalho, das formações sociais, dos dispositivos de poder e da dominação, processos irredutíveis ao "modo de produção" enquanto tal.

Em seguida, há em Marx uma concepção de tempo e de história que é progressista, evolutiva, linear, que tende a "emoldurar" sua análise da acumulação primitiva e impede-o, em grande medida, de desenvolver suas análises históricas em um sentido *político*.[89] O que Marx chama de "acumu-

---

89 Nos últimos anos de sua vida, Marx introduziu uma precisão importante a propósito da teoria da acumulação primitiva. A oportunidade lhe fora oferecida por um artigo do sociólogo russo Mikhailovski, que criticara sua pretensa filosofia de um fatalismo universal no desenvolvimento do capitalismo. Em uma resposta elaborada em 1877, Marx lembra que se dedicara, antes de mais nada, a uma análise histórica da gênese do capitalismo na Europa ocidental, e que coubera a seu crítico transformá-la em "teoria histórico-filosófica do

lação primitiva" não acontece de uma vez; ela se repete, a nos fiarmos por Deleuze e Guattari, a cada vez que se organiza um aparelho novo de captura em relação às possíveis figurações do capitalismo. Com o advento do capitalismo financeiro, impõe-se, sem mais, a contemporaneidade da "acumulação primitiva", da conquista e da expropriação, atuando *disfarçada* como "comércio" e conjugada aos mais modernos processos produtivos.

Essa definição de acumulação primitiva como processo inextricavelmente ligado ao desenvolvimento do capitalismo (não à sua pré-história) não chega a ser nova. Surgiu no início do século XX, com a nova onda colonialista estimulada pelo impulso do capital financeiro, mostrando que o imperialismo não é uma opção entre outras disponíveis ao capitalismo. Rosa Luxemburgo foi, sem dúvida, a primeira a conceber a acumulação primitiva como um fenômeno não tanto "histórico" como *contemporâneo*, que adquiriu, no século XX, a

---

curso geral fatalmente imposto a todos os povos, independentemente das circunstâncias históricas nas quais eles se encontrem". K. Marx, "Carta à redação da Otechestvenye Zapiski" [1877], in *Lutas de classes na Rússia*, trad. Nélio Schneider. São Paulo: Boitempo, 2013. Em 1881, quando Vera Zasulitch solicita-o a intervir na questão agrária e da comuna rural na Rússia, Marx aproveita a oportunidade para esclarecer seu ponto de vista acerca da transição para o socialismo. A Rússia não está fadada a trilhar os passos do progresso europeu: formação social pré-capitalista, acumulação primitiva, capitalismo, socialismo. Graças à propriedade comum do solo, a comuna rural russa "pode tornar-se um ponto de partida direto do sistema econômico para o qual tende a sociedade moderna; ela pode trocar de pele sem precisar se suicidar; ela pode se apropriar dos frutos com que a produção capitalista enriqueceu a humanidade sem passar pelo regime capitalista". K. Marx, "Primeiro ao quarto esboços e carta a Vera Ivanovna Zasulitch", in *Lutas de classes na Rússia*, op. cit. A questão da transição não é um problema teórico: "Para salvar a comuna russa é preciso que haja uma revolução russa" (ibid.). Em razão de seu atraso, a comuna russa "logo se desenvolverá", quando dessa revolução, "como elemento regenerador da sociedade russa e como elemento de superioridade frente aos países submetidos ao regime capitalista" (ibid.). Essas passagens são extraídas de rascunhos da carta de resposta de Marx a Zasulitch.

forma de um imperialismo. Se a acumulação é um processo que se produz e reproduz incessantemente, ela afeta, no entanto, apenas o "fora" do capitalismo industrial, efetivando-se na periferia, agitada pela anexação violenta de novos territórios (*Landnahme*),[90] enquanto o centro permanece relativamente "pacificado".

A acumulação do capital tem, assim, um duplo aspecto. "De um lado, [ocorre] nos lugares de produção da mais-valia – na fábrica, na mina, na propriedade agrícola e na circulação de mercadorias. Considerada assim, a acumulação é um processo puramente econômico, cuja fase mais importante se realiza entre os capitalistas e os trabalhadores assalariados [...]. Paz, propriedade e igualdade reinam aqui como formas [...]." Esse primeiro aspecto da acumulação acontece no "Norte", enquanto o segundo diz respeito às relações entre o capital e o "Sul", ou seja, os modos não capitalistas de produção. "Aqui, os métodos são a política colonial, o sistema de empréstimos internacionais, a política de interesses privados, a guerra. Aparecem aqui, sem dissimulação, a violência, a trapaça, a opressão, a rapina. Por isso é difícil descobrir as leis severas do processo econômico nessa confusão de atos políticos de violência, nesse confronto de forças."[91]

Se os dois aspectos da acumulação constituem, para Luxemburgo, um "mesmo fenômeno orgânico", eles remetem, por outro lado, a um "dentro" e a um "fora" do Capital propriamente dito, a um tempo ou a um meio não capitalista "que, ainda em nossos dias, representa [geograficamente] a maior parte do globo", sem mencionar que persistem economias capitalistas mesmo em boa parte da Europa.

A globalização contemporânea suprimiu esse "fora" espacial a ser conquistado, que Rosa Luxemburgo identificara como condição para a sobrevivência do capitalismo. A violência, a opressão e a guerra são agora voltadas, indistinta-

---

90 Rosa Luxemburgo utilizou o termo antes de Carl Schmitt.
91 Rosa Luxemburgo, *A acumulação do capital: estudo sobre a interpretação econômica do imperialismo* [1913], trad. Moniz Bandeira. Rio de Janeiro: Zahar, 1970, p. 398.

mente, *contra* os assalariados do Norte rico, que, até pouco tempo antes, haviam se beneficiado, de uma maneira ou de outra, da pilhagem do "terceiro mundo". O capitalismo financeiro contemporâneo repôs na ordem do dia a crítica da ideia marxista de acumulação primitiva desencadeada por Luxemburgo. Seu sucessor mais eminente, David Harvey, tentou, com o conceito de "acumulação por espoliação", distanciar-se de uma redução da acumulação primitiva a uma "etapa originária" a ser superada (Marx) e também de sua projeção a uma realidade "exterior" ao centro do capitalismo (Luxemburgo). Harvey se mantém nos limites da análise marxista, pois aceita a função progressista do capital, identificado ao capital industrial e à acumulação primitiva que lhe abre caminho. A "acumulação por espoliação", realizada pelo capital financeiro e baseada na expropriação dos "detentores de recursos", é denunciada apenas na medida em que afeta o desenvolvimento industrial.

"Embora a violência de classe tenha sido tenebrosa", a acumulação primitiva representa para Harvey, *mesmo assim*, "a liberação de energias criadoras, a abertura da sociedade a fortes correntes de mudança tecnológica e organizacional e a superação de um mundo fundado na superstição e na ignorância, substituído por um mundo de ilustração científica potencialmente capaz de libertar as pessoas dos anseios e necessidades materiais".[92] Ocorre-nos a propósito uma célebre passagem do *Manifesto comunista*, temperada para satisfazer o gosto dos atuais aceleracionistas, já que esses "aspectos positivos" da acumulação primitiva se verificam no mundo contemporâneo, em que ela segue atuando por toda parte. No esquema de Harvey, a industrialização da Indonésia nos anos 1980, por exemplo, teria aberto oportunidades tais à população que a desindustrialização, provocada em grande parte pela crise financeira de 1997–98, destruiu. O que "prejudicou [...] mais as esperanças, aspirações e possibilidades de longo prazo" desse país, pergunta-se Harvey, a acumulação

---

92 David Harvey, *O novo imperialismo* [2003], trad. Adail Sobral e Maria Stela Gonçalves. São Paulo: Loyola, 2004, p. 134.

primitiva, que deu início à industrialização, ou a desindustrialização financeira? Ele reconhece a correlação entre esses dois eventos, mas nem por isso deixa de distinguir entre uma acumulação, que trouxe mudanças "mais positivas", e outra, "que fez ruir e destruiu um caminho já aberto".[93] O que Harvey chama de "desindustrialização" é, na verdade, a completa reconfiguração da divisão internacional do trabalho, tendo à frente, e não como "parasita", o capital financeiro. O dito "capital fictício" conduziu a bom termo a instalação de um novo regime de acumulação, no qual a espoliação dos "detentores de recursos" coexiste, como jamais antes visto, com a exploração do trabalho do assalariado, a guerra, a violência e a pilhagem.

A verdadeira máquina de guerra do capital é a financeirização, da qual o capital "industrial" é apenas um dos elementos, agora totalmente reestruturado e subordinado às exigências do capital "fictício". O capitalismo contemporâneo inverte a formulação de Marx segundo a qual a renda é uma parte do lucro, pois na verdade é este que deriva daquela. Isso explica por que a análise marxista do capitalismo contemporâneo, tal como desenvolvida por Harvey, resulta em proposições políticas tão fracas. Ao conservar a distinção clássica entre capital industrial e capital financeiro, Harvey é forçado a inventar uma dialética política que reúna o que ele mesmo separou, a saber, "as lutas no plano da reprodução expandida", ou as lutas clássicas do movimento operário, e as lutas contra a acumulação por espoliação, conduzidas por movimentos contra a globalização. Por evitar a questão política imposta pela hegemonia do capital financeiro, que suprime a distinção entre acumulação por exploração e "acumulação por espoliação", Harvey termina por ignorar a guerra *na* e *da* economia.

Já Hannah Arendt, por não ser marxista e se mostrar reticente em relação ao aspecto progressista do capital, enuncia, a título de balanço do imperialismo – das guerras coloniais do século XIX às guerras totais da primeira metade do século XX – aquilo que a hegemonia do capital financeiro vai tornar patente:

---

93 Ibid., p. 135.

As depressões dos anos 60 e 80, que deram início à era do imperialismo, forçaram a burguesia a compreender pela primeira vez que o pecado original do roubo, que séculos antes tornara possível o "original acúmulo de capital" (Marx) e gerara todas as acumulações posteriores, teria eventualmente de ser repetido, a fim de evitar que o motor da acumulação parasse de súbito. Diante de tal perigo, que ameaçava a nação inteira com um colapso catastrófico da produção, os produtores capitalistas compreenderam que as formas e leis do seu sistema de produção "haviam desde o início sido previstas para *toda a terra*" (Luxemburgo).[94]

---

94 Hannah Arendt, *Origens do totalitarismo* [1951], trad. Roberto Raposo. São Paulo: Companhia das Letras, 1989, p. 178.

[3]
APROPRIAÇÃO DA
MÁQUINA DE GUERRA

Contrariamente ao que afirmam os liberais, a soberania do Estado foi uma condição indispensável à formação do capitalismo. E isso aconteceu por pelo menos duas razões. Primeira: o capital, para fortalecer seu poder sobre a economia-mundo, precisou durante longo tempo, ao menos até os anos 1970, dos territórios do Estado-nação. Segunda, e ainda mais decisiva: coube ao Estado comandar a expropriação e a reorganização das máquinas de guerra da época feudal, num processo que Foucault chamou de "estatização da guerra". O Estado centraliza, controla e profissionaliza as práticas e instituições da guerra interestatal, impede os confrontos de "guerras privadas",[1] adquire o monopólio da guerra externa e garante, no interior de suas fronteiras, o controle da guerra civil. Exatamente nesse ponto, convergem as análises de Foucault com as de Deleuze e Guattari: a apropriação, a institucionalização e a profissionalização da máquina de guerra são ações do Estado.

---

1 "Pouco a pouco, o corpo social inteiro ficou limpo dessas relações belicosas que o perpassavam integralmente durante o período medieval." M. Foucault, *Em defesa da sociedade*, op. cit., p. 55.

3.1 O Estado da guerra

Por que a constituição do Capital passou pela forma-Estado, pergunta-se Deleuze? Seu desenvolvimento poderia ter passado pelas cidades, quando tudo, ou quase tudo, bradam os liberais, opõe o Capital ao Estado. Como observa Braudel, as cidades foram, de início, o fator mais decisivo para o desenvolvimento do capitalismo: cidades bancárias, comerciais, cidades-Estados. Diferentemente do que ocorreu na Ásia, em que as cidades eram subordinadas ao Estado, na Europa, as cidades e o Estado se opõem em luta, sangrenta ou não, da qual os aparelhos do Estado saem vencedores, apoderando--se de seus adversários "citadinos".

Para explicar a natureza de tal luta, Braudel compara esse processo a uma corrida entre uma lebre, que representa a cidade, e uma tartaruga, que representa o Estado. Eles progridem, portanto, a velocidades diferentes. Pois a potência de desterritorialização da cidade é superior à do Estado. Que se pense aqui na estrutura em rede das letras cambiais, que se sobrepõem, na economia das cidades, aos bancos privados, que financiam o comércio em grande escala, constituem o núcleo das bolsas e mercados e regulam a circulação dos metais preciosos pela Europa... Como explicar que a forma--Estado tenha vencido a forma-cidade? Por que teria triunfado a desterritorialização menos "dinâmica", apesar da força de projeção capitalística do capitalismo comercial – que também é o das manufaturas – e das cidades, que são a própria base do Renascimento europeu?

Segundo Deleuze, que fez uma leitura atenta dos historiadores, o fator determinante é que "a forma-cidade não é um bom instrumento de apropriação de uma máquina de guerra. Ela necessita, essencialmente, de guerras rápidas e feitas com mercenários. A cidade não poderia arcar com os pesados investimentos exigidos pela guerra".[2] Entre os séculos XV e XVIII, a guerra passa por uma *revolução militar* que é tecnológica, tática,

---

2   Gilles Deleuze, "Appareils d'État et machines de guerre", sessão 4 [1980]. Disponível em: youtu.be/kgWaov-IUrA.

estratégica e conceitual. Tanto na terra como no mar, ela passa a ser realizada por meio da mobilização de concentrações de homens e de materiais jamais vistas. Os progressos qualitativos e quantitativos da artilharia (mosquetes, canhões moldados em bronze ou de ferro fundido...), ligados à crescente importância do poder de fogo no campo de batalha (munição para saraivadas de mosqueteiros, canhões móveis de campanha, artilharia de cerco), impõem o primado da infantaria sobre a cavalaria e trazem o fim da cavalaria medieval. Transformam a arquitetura das fortalezas, com a construção de fortificações (geométricas) mais imponentes (mais espessas, mais baixas, mais extensas), defendidas por "bastiões de canteiro" armados com um bom número de peças de artilharia (a "fortaleza de artilharia"), o que implica, por seu turno, a construção de obras de cerco em cadeia, acompanhadas por sólidas e extensas linhas de defesa, para proteção contra assaltos e a garantia das provisões... Daí o princípio da *guerra de cerco*, que *instala* uma militarização do território contrária à fragmentação do espaço (criando exércitos permanentes, construindo guarnições para alojá-los e supervisioná-los e organizando toda a logística necessária para sustentar o crescimento dos efetivos e o desenvolvimento de meios de comunicação), distendendo o tempo da guerra indefinidamente, numa estratégia de usura em que "a paciente acumulação de pequenas vitórias" visa à "lenta erosão da base econômica do inimigo".[3] Ou, como afirma Roger Boyle em *A Treatise on the Art of War* (1677): "não são as batalhas que decidem as querelas entre as nações. [...] Nossa guerra se parece mais com a das raposas do que com a dos leões: para cada batalha travada, vinte cercos são realizados". Constatação que complementa uma observação do marquês de Aytona, um dos Grandes de Espanha, em 1630: "a condução da guerra na época atual se reduz a uma espécie de tráfico, um comércio em que ganha quem tem mais dinheiro".[4]

---

3   Geoffrey Parker, *La Révolution militaire: la guerre et l'essor de l'Occident (1500–1800)* [1988]. Paris: Gallimard, 1993, p. 128.

4   Apud ibid., respectivamente pp. 88, 161.

Mas, se a vitoriosa tartaruga assume feições de *raposa prateada*, capaz de passar pelo teste de força financeira do poderio militar[5] e inclusive de impô-lo à sua própria população (com sua cota de "crises de subsistência"), ainda é preciso que seus *rastros* (pois é assim que classificamos a rede de trilhas frequentemente percorridas por um animal) transbordem o continente europeu e seu impasse estratégico para chegarem ao mar – e ao ultramar. "Na atual situação da Europa", escreve em meados de 1760 o duque de Choiseul, "as determinantes da balança de forças do continente são as colônias, o comércio e, por conseguinte, o poderio marítimo."[6] A revolução militar em curso permite o domínio dos mares (*sea power*), com o surgimento de grandes embarcações de guerra, pesadamente armadas com canhões (carregados com buchas, não mais com culatras, e posicionados sobre suportes móveis)[7] dispostos em baterias em múltiplos níveis ao longo do casco do navio. São verdadeiras fortalezas flutuantes, cujo tamanho será depois reduzido para ganhar agilidade. A expansão econômico-estratégico-política propiciada pela construção naval se desdobra e exige a instalação, no continente e em ultramar, de bases navais pesadamente fortificadas e armadas, sem as quais a proteção das rotas marítimas para as colônias da América e os entrepostos da Ásia não poderia ser garantida, e das quais poderia ser lançada a *guerra de corso*,[8] dispositivo mais afiado do *fleet in being*. Se, por um lado, o mar é "o espaço liso por excelência",[9] de potencial desterritorializante desde a Antiguidade, quando era singrado pelas cidades comerciais, compreende-se, por outro lado, que apenas os

---

5 A Inglaterra de Cromwell, a França de Luís XIV, o império Habsburgo e a Rússia de Pedro, o Grande consagram ao serviço de guerra 75% da receita do Estado, vinda de empréstimos a juros contraídos em mercados estrangeiros.

6 Apud G. Parker, op. cit., p. 194.

7 Isso permite aumentar o peso dos projéteis e acelerar a cadência das saraivadas, para perfurar o casco dos navios inimigos.

8 Expedições de pirataria realizadas a partir do que os ingleses chamam de "*centres of privateering*".

9 G. Deleuze e F. Guattari, *Mil platôs*, v. 5, op. cit., p. 61.

Estados poderiam levar a termo a estratégia militar-mercantil promovendo uma primeira globalização imperialista que passa pela permanência, nos mares, de extensas frotas oceânicas. Seus custos são tão exorbitantes, que só poderiam ser bancados por Estados europeus atlânticos em intensa rivalidade, até que a nação mais marítima, e para a qual *there was no short cut to supreme naval power*,[10] dê o golpe decisivo que conduzirá da revolução militar à revolução industrial.

Essa guerra econômica de "infraestruturas" e "serviços", esses investimentos de guerra impostos por uma escalada armamentista, ofensiva e defensiva, requerem, para ser financiados e administrados, nada menos que a figura absolutista do Estado moderno. O estabelecimento militar do Estado exige, com efeito, um exército profissional (formado por *unidades,* com treinamento *em massa,* uma nova hierarquia militar que privilegia a eficácia em combate) e uma administração permanente, uma legislação codificada em torno da propriedade privada, de caráter jurídico incondicional e que a "administra", e, por fim, um mercado, unificado pela territorialização, que permita a arrecadação de impostos nacionais, como a *taille Royale*, destinada a financiar as primeiras unidades militares regulares da Europa (o primeiro imposto nacional da França). Se o que Marx chama de "plano regulamentado de um poder estatal cujo trabalho é dividido e centralizado como numa fábrica"[11] se forma na época da monarquia absoluta – com a distribuição, num mesmo território, dos atributos do Estado policial, do Estado militar, fiscal, administrativo, manufatureiro-empreendedor e colonial –, é porque o Estado mercantilista se insere em um "sistema internacional de Estados" (segundo a fórmula de Porchnev) e é, antes de tudo, efeito de uma revolução militar que consagra a indistinção entre a economia e a política, celebrando sua vitória sobre a cidade,

---

10 Michael Duffy, "The Foundations of British Naval Power", in M. Duffy (org.), *The Military Revolution and the State*. Exeter: University of Exeter Press, 1980, p. 81.

11 K. Marx, *O 18 de brumário de Luís Bonaparte* [1852], trad. Nélio Schneider. São Paulo: Boitempo, 2011, p. 140.

enfeudada no nível nacional. Ou, colocando de outra maneira, em relação à questão do feudalismo e à posição marxista "clássica" (na verdade, mais engelsiana do que propriamente marxiana), mantida como prisioneira da tese em que o "absolutismo feudal" (que encontramos em Althusser) é resultado da suposta "racionalidade arcaica", essencialmente feudal, da função *absolutista* da guerra:[12] o Estado submete e "nacionaliza" as cidades ao *militarizar a guerra*, que desterritorializa e reterritorializa, com abrangência sem precedente, a unidade orgânica do econômico e do político tais como dados no feudalismo, no qual as cidades foram "evacuadas". Isso explica por que o Estado-tartaruga, que se tornou raposa e raposa d'água, *ultrapassa* a cidade-lebre, cuja existência se devia unicamente à "destotalização da soberania no seio da ordem político-econômica do feudalismo".[13] Encontramos aqui a lógica de poder do mercantilismo, resumida à perfeição por Giovanni Arrighi: "A gestão do Estado [state-making] e a da guerra [*war-making*] vinham-se tornando um negócio cada vez mais indireto [*roundabout business*], que implicava um número, escala e variedade progressivamente maiores de atividades aparentemente não relacionadas".[14]

Os Estados se apropriam, então, da máquina de guerra, transformando a guerra em guerra material e organizando o "alistamento nacional", o que significa a disciplina generalizada dos "homens" com base em um serviço militar pessoal que corresponde a obrigações não mais coletivas, sob a autoridade de corpos intermediários (províncias, cidades, corpo-

---

12 A morfologia militar do Estado representaria, segundo Perry Anderson, "uma reminiscência formidável das funções medievais da guerra [...], e a sua estrutura era sempre, potencialmente, a do conflito de soma-zero do campo de batalha, através do qual perdiam-se ou se conquistavam quantidades fixas de terra". *Linhagens do Estado absolutista*. São Paulo: Brasiliense, 2004, pp. 31–32.

13 Ibid., p. 21. "As cidades", sublinha Perry Anderson, "nunca foram exógenas ao feudalismo no Ocidente".

14 Giovanni Arrighi, *O longo século xx: dinheiro, poder e as origens de nosso tempo* [1994], trad. Vera Ribeiro. Rio de Janeiro / São Paulo: Contraponto / Editora Unesp, 1996, p. 50.

rações de ofício), mas individuais. Por meio dessa economia do poder, que passa pelo quadriculamento [*quadrillage*] do território que ela traz e pelo desenvolvimento da instituição militar, a tartaruga consegue emparelhar e ultrapassar a lebre. Os investimentos na indústria de guerra ganham importância primordial do ponto de vista capitalista, não apenas porque rapidamente se afirmam como uma das mais importantes fontes de inovação tecnológica e científica, após terem imposto, ao longo do século XVII, uma "uniformização" da produção de armas, mas também por serem indispensáveis à "realização da mais-valia". A máquina de guerra é, com efeito, uma máquina de antiprodução, sem a qual o capitalismo se esfacelaria, tanto do ponto de vista político quanto do econômico. Desse duplo ponto de vista, o capitalismo é substancialmente uma economia de guerra, pois se faz necessária toda a analítica da guerra e seu maquinário em múltiplas peças para atar o "ciclo da mais-valia", desde o ateliê de produção, submetido à disciplina militar, até as receitas fiscais do Estado, que alimentam a empreitada colonial e permitem a administração dos territórios.

Foucault evoca, embora não aprofunde, uma diferença de natureza entre "o militar" e o "guerreiro" que corresponde à estabelecida por Deleuze e Guattari entre máquina de guerra e instituição estatal-militar. E acrescenta uma importante observação: entre os séculos XVII e XVIII, a máquina de guerra não tem como único objetivo a guerra, mas também a "paz", ou seja, a produção de riquezas, a organização das cidades, dos territórios etc. Nos grandes Estados europeus, acometidos por sedições permanentes, o exército garante a paz civil por meio da constante ameaça do uso da força, "mas também por ser uma técnica e um saber que pode projetar sua organização sobre o corpo social".

As hesitações, dúvidas e recuos de Foucault quanto ao fato de que a guerra pode constituir a "cifra" das relações de poder são bastante instrutivos, pois obrigam a multiplicar as versões da inversão. "É possível que a guerra como estratégia seja a continuação da política. Mas não se deve esquecer que a 'política' foi concebida como a continuação senão exata e diretamente da guerra, pelo menos do modelo militar como meio fundamental para prevenir o distúrbio civil. A política, como técnica da paz e da ordem internas, procurou pôr em funcionamento o dispositivo do exército perfeito, da massa disciplinada."[15]

O exército e a instituição militar se inserem "no ponto de junção entre a guerra e os ruídos da batalha por um lado, a ordem e o silêncio obediente da paz por outro".[16] A instituição militar constitui, assim, uma dupla técnica de poder: garante e fomenta o equilíbrio entre os Estados europeus (a guerra como continuação da política, passando pelo confronto de forças econômicas e demográficas das nações), ao mesmo tempo que garante a disciplina e a ordem internas de cada Estado (a política como continuação da guerra por outros meios).

É essa a ocasião da profissionalização do exército, em que se utilizam na Europa da idade clássica [entre o fim do século XVI e o início do XVIII] as primeiras técnicas disciplinares, graças a um sistema disciplinar, o do exército, que organiza "o confisco geral do corpo, do tempo, da vida", com "exercícios que racionalizam e disciplinam tanto os movimentos individuais de manejo das armas quanto os do campo de batalha".[17] Os tratados de estratégia marcados por uma aritmética tabular[18] darão lugar a "uma geometria de segmentos divisíveis cuja unidade de base é o soldado móvel com seu fuzil; e, acima do próprio soldado, os gestos mínimos, os tempos elementares de ação, os fragmentos de espaços ocupados ou percorridos".[19] Trata-se, portanto, como insiste Foucault, de inventar um *maquinário* que será mobilizado para "a cons-

---

15 M. Foucault, *Vigiar e punir*, op. cit., p. 141.
16 Ibid., p. 165.
17 Id., *O poder psiquiátrico*, op. cit., p. 58.
18 Ver David Eltis, *The Military Revolution in Sixteenth-Century Europe*. London / New York: I. B. Tauris, 1995, pp. 61–63.
19 M. Foucault, *Vigiar e punir*, op. cit., p. 160. A generalização do fuzil data do final do século XVII.

tituição de uma força produtiva, e cujo efeito deve ser superior à soma elementar das forças que a compõem".[20]

As técnicas disciplinares são inconcebíveis sem o exército, sem a disciplina trazida pela instituição militar e pelo conhecimento de seus "administrados", que abre a via ao modo de funcionamento de um poder de administração econômica nas próprias formas da arquitetura do poderio militar. "Enquanto os juristas e os filósofos buscavam no pacto um modelo primitivo para a construção ou reconstrução do corpo social, os militares e os técnicos de disciplina elaboravam procedimentos para a coerção individual e coletiva desse mesmo corpo."[21]

3.2 Hábitos da guerra em Adam Smith

Coube a Adam Smith, e não a Marx, tematizar pela primeira vez a relação entre "riqueza", "poder" e centralização do uso da força armada pelo Estado. Um Estado *forte*. Parece estranho, diante disso, que o iluminista escocês tenha sido considerado como o grande teórico do livre comércio e do "pacifismo basilar" típico da tradição liberal, como diz Schumpeter... É suficiente para nossos propósitos acompanhar a marcha militar da demonstração feita pelo autor, com o tambor em mãos, em *A riqueza das nações*.

Condição de uma nação "rica e civilizada", a lei do soberano deve concretizar a centralização do poder e do exército. No cerne desse processo de centralização estão o controle permanente da guerra, interna e externa, pelo Estado, mediante a instituição de *milícias*[22] e a institucionalização

---

20 Ibid. Foucault dá crédito a Marx por ter percebido a analogia entre a organização da fábrica e o sistema militar.
21 Ibid., p. 171.
22 Essa questão das "milícias" está no centro do debate entre Adam Smith e Adam Ferguson, que havia publicado dois artigos não assinados a favor delas. Contra a dissolução do laço republicano das artes da política e da guerra por um exército a serviço exclusivo de um soberano, Ferguson defendeu a importância das virtudes marciais da tradição escocesa dos *Highlanders* – apesar de na época eles

das máquinas de guerra herdadas do feudalismo num "exército regulamentado [*a well-regulated standing army*]". A exatidão histórica da reconstituição sugerida por Smith é menos importante que o agenciamento que ela permite estabelecer entre a "divisão do trabalho" (presente na manufatura e no comércio, assim *como na arte da guerra*) e o poder. A conclusão desse processo é decisiva para a acumulação de riquezas: as guerras modernas criam uma sinergia entre "poder e riqueza", entre o domínio militar e a *industry*, que estabelece uma assimetria de poder entre nações ricas e nações pobres, condição e causa da acumulação de grandes propriedades às custas destas últimas.

Em tempos antigos, marcados por um estado de guerra mais ou menos contínuo,[23] a "lei feudal" estabeleceu uma primeira "subordinação regular – acompanhada de longa série de serviços e impostos – desde o rei até o menor proprietário"; mas a autoridade permanecia "muito fraca na cabeça e muito forte nos membros inferiores", de tal maneira que estes últimos "continuaram a fazer guerra a seu arbítrio, quase incessantemente uns contra os outros, e muito frequentemente contra o rei; e os campos continuaram a ser cenário de violência, rapinas e desordens".

O comércio e a manufatura vêm introduzir "gradualmente a ordem e a boa administração e, com elas, a liberdade e a segurança dos indivíduos".[24] Mas, na opinião de Smith, e ao contrário do que muitos creem, esse processo não foi conduzido pela mão invisível do mercado, e sim pelo Estado. E não poderia ser diferente, pois cabe ao Estado defender a

---

já terem sido derrotados militar e socialmente –, a favor da afirmação de uma *"Nation of Manufacturers"*, à qual Smith restaura a economia política do poder que a estrutura. Ver Adam Ferguson, *Reflections Previous to the Establishment of a Militia* (1756) e a análise de John Robertson, *The Scottish Enlightenment and the Militia Issue*. Edinburgh: John Donald, 1985.

23 Adam Smith, *A riqueza das nações: investigação sobre sua natureza e suas causas* [1776], v. I, trad. Luiz João Baraúna. São Paulo: Nova Cultural, 1996, pp. 400–02.

24 Ibid., v. I, p. 400.

liberdade e a segurança, o que "só pode ser cumprido recorrendo à força militar" *soberana*. Nos tempos antigos, "todo homem é um guerreiro ou facilmente se torna um guerreiro";[25] já num "estágio social mais avançado, [...] o desenvolvimento das manufaturas e o aperfeiçoamento da arte bélica"[26] tornam necessária a especialização de um exército sob o comando do Estado.

A "divisão do trabalho" opera nesse processo, mas não da mesma maneira na manufatura e na guerra. "Um artífice, um ferreiro, um carpinteiro ou um tecelão" não fazem bons soldados, pois, absortos em seu trabalho, "um serviço tão cansativo e caro constituiria um ônus por demais pesado para esses cidadãos". Ora, "a arte bélica, assim como certamente representa a mais nobre de todas as artes, da mesma forma, [...] necessariamente se torna uma das artes mais complexas. [...] Entretanto, para levar a arte bélica a esse grau de perfeição, é necessário que ela se torne a ocupação exclusiva ou principal de determinada classe de cidadãos; e a divisão do trabalho é tão necessária para o desenvolvimento dessa arte quanto o é para o de qualquer outra". Conclusão: a divisão do trabalho na arte da guerra só poderia ser garantida pelo Estado, único que "tem condições de fazer com que a profissão de soldado seja uma atividade específica, separada e distinta de todas as outras", enquanto, "em outras artes, a divisão de tarefas é naturalmente condicionada pela prudência dos indivíduos". Em uma nação digna desse nome, a instauração de um "exército efetivo" é indispensável para que a "lei do soberano" reine com "força irresistível [...], pelas províncias mais longínquas", sustentando um "governo regular em regiões que, caso contrário, não admitiriam lei alguma".[27]

A lei militar e a lei do governo civil devem afastar as guerras civis internas e travar, no estrangeiro, as guerras imperialistas que a acumulação de riquezas, de potência e de poder exigem. Adam Smith não se expressa nesses termos, mas

25 Ibid., v. II, pp. 173–75.
26 Ibid., v. II, p. 176.
27 Ibid., v. II, pp. 178–79, 185.

desenvolve essa lógica de maneira mais velada (ou "homeopática", segundo a qualificação de Marx a respeito de Smith).

Os códigos civil e militar mantêm, "até certo ponto, um governo regular", para defender não a "liberdade e a segurança" em geral, mas a propriedade e os proprietários, no interior e no exterior do Estado soberano. "Onde quer que haja grande propriedade, há grande desigualdade. Para cada pessoa muito rica deve haver no mínimo quinhentos pobres, e a riqueza de poucos supõe a indigência de muitos." O que naturalmente gera a inveja dos pobres e a vontade incontrolável de se apropriar dos bens dos ricos, que só podem ser preservados por um governo civil e pela força militar a seu serviço. "Somente sob a proteção do magistrado civil, o proprietário dessa propriedade valiosa [...] pode dormir à noite com segurança." "Cercado de inimigos desconhecidos", ele é protegido pelo "braço poderoso do magistrado civil, [...] braço este continuamente levantado para castigar a injustiça [...]. Onde não há propriedade, ou, ao menos, propriedade cujo valor ultrapasse o de dois ou três dias de trabalho, o governo civil não é tão necessário."[28]

Melhor seria dizer: a causa da guerra civil não é a natureza do homem, mas a propriedade e a divisão social do trabalho, que não são *justas* nem *equânimes*. Ou ainda: "a serenidade e placidez dos ricos" tem de ser protegida contra "a miséria e o desespero" dos pobres.[29] A educação pública dos *working poor*, defendida por Smith, tem por objetivo *tornar sensata a turba*, cortando pela raiz suas "*most extravagant and ground less pretensions*" [mais extravagantes e infundadas pretensões].[30]

O acúmulo de riquezas não se dá apenas mediante a exploração do trabalho alheio nas manufaturas, mas ocorre igualmente pela expropriação, pilhagem e predação das nações mais pobres e mais "bárbaras". Essa capitalização colonial e imperialista tem um fundo econômico, político e militar. Não por acaso, Smith conclama o Estado e seu exército ao serviço da "riqueza

---

28 Ibid., v. II, p. 188.

29 Id., *Teoria dos sentimentos morais* [1759], trad. Lya Luft. São Paulo: Martins Fontes, 2002, p. 60.

30 Ibid., p. 249.

das nações"! A mecanização e a industrialização da guerra (com a utilização em grande escala das "máquinas de guerra" de última geração) são componentes essenciais da acumulação "colonial", pois criam diferenças de poder entre as nações ricas e as pobres que se traduzem em diferenças de riqueza.

> Na guerra moderna, o grande dispêndio com armas de fogo dá evidente vantagem à nação que pode gastar mais e, consequentemente, a um país rico e civilizado sobre uma nação pobre e primitiva. Nos tempos antigos, as nações ricas e civilizadas encontravam dificuldade em se defender contra as nações pobres e incivilizadas. Nos tempos modernos, as nações pobres e incivilizadas encontram dificuldade em se defender contra as ricas e civilizadas. A invenção de armas de fogo, que à primeira vista parece ser tão perniciosa, certamente favorece tanto a estabilidade como a expansão da civilização.[31]

O mesmo raciocínio se aplica à divisão do trabalho: malgrado as desigualdades que ela cria, produz uma opulência generalizada que termina por beneficiar "mesmo os membros mais inferiores da sociedade". O colonialismo é a verdade histórica do conjunto desse processo, que, devemos lembrar, é o de acumulação primitiva contínua do "capitalismo industrial" em fase de gestação militar. O processo de "civilização dos povos" nada mais é que o processo de acumulação do Capital. Com a assimetria militar, ele jamais deixou de se exercer mediante a utilização da força armada mais "moderna", às custas das nações que têm menos. A segurança interna, guardiã militarizada das riquezas de acumulação, torna-se *militarista* em sua projeção externa.

Mas os gastos com o exército e a guerra, financiados pela manufatura e pelo comércio, aumentam continuamente, e Smith os considera "improdutivos". Tendo em vista que o "keynesianismo de guerra" é parte integrante invariável na acumulação do Capital, pelo menos desde as cidades italia-

---

31 Id., *A riqueza das nações*, v. II, op. cit., p. 187.

nas,[32] é interessante que Smith não considere tais despesas como investimento produtivo multiplicador de riqueza no comércio desigual do Império Britânico. Por mais paradoxal que possa parecer, isso se explica pela estatização da "força militar", subentendida na demonstração imperialista da riqueza das nações, cuja "modernidade" não inclui as cidades italianas. O leitor reconhecerá nessa observação nossa dívida para com a leitura pós-marxista de Smith pelo falecido Giovanni Arrighi.

---

32 Ver G. Arrighi, *Adam Smith em Pequim: origens e fundamentos do século XXI* [2007], trad. Beatriz Medina. São Paulo: Boitempo, 2008.

[4]
DUAS HISTÓRIAS DA REVOLUÇÃO FRANCESA

4.1 A Revolução Francesa de Clausewitz

A primeira série de exercício da violência armada de/na colonização interna e externa se encerra com a Revolução Francesa. Foi Clausewitz quem interpretou o acontecimento da maneira mais rigorosa, a partir do ponto de vista da máquina de guerra estatal: a Revolução condena em definitivo o equilíbrio europeu, a maneira de fazer a guerra e de organizar o exército de modo a garantir a ordem internacional, a administração jurídico-militar da paz civil em cada nação. Os acontecimentos revolucionários confirmam a diferença de natureza entre o Estado e a máquina de guerra, pois esta última escapou, por um breve instante, à inciativa do Estado – o que confirma a hipótese de que a máquina de guerra em algum momento se volta contra ele.

Com a Revolução, abre-se uma segunda série política. Novas forças sociais, os operários e os capitalistas, cada uma delas por conta própria, apropriam-se da máquina de guerra do Estado. O período pós-revolucionário será marcado pelo êxito da burguesia na reorganização do Estado e da máquina de guerra em torno dos interesses do capital e, em seguida,

103

pelo fracasso dos movimentos revolucionários que tentarão, ao longo do século XIX, apropriar-se da máquina de guerra e do Estado e transformá-los.

Mas retornemos por um instante à transição entre a primeira e a segunda séries, representadas pela Revolução Francesa. Havia coisas latentes "quando rebentou a Revolução", diz Clausewitz. "[...] uma força que ninguém imaginara fez sua aparição em 1793. A guerra tornou-se subitamente de novo uma questão do povo, e de um povo de 30 milhões de habitantes, que se consideravam todos como cidadãos do Estado. [...] Desde então, os meios disponíveis – os esforços que os podiam pôr em movimento – já não tinham limites definidos."[1]

A máquina de guerra não mais pertence a "um gabinete ou exército", não é o braço armado do Príncipe ou do Rei, "esses distintos generais e reis [...] à frente de exércitos igualmente distintos", junto dos quais "o elemento guerreiro pouco a pouco se extinguia": a "participação do povo na guerra [...] fazia entrar no jogo uma nação inteira com o seu peso natural".[2] Se "a maior parte das inovações na arte da guerra são devidas às novas condições sociais", como sublinha Clausewitz,[3] com Napoleão a Revolução será domada mediante o investimento da energia revolucionária no "Grande Exército". Ele saberá explorar a mobilização revolucionária para subverter a arte da guerra e o equilíbrio entre os estados europeus, contendo o calor da Revolução na nova forma de Estado-nação *mobilizada* por ele. Se a guerra não tem mais limites, não é por razões imanentes, como crê René Girard (para quem a causa da "escalada aos extremos" é o mimetismo das forças em conflito),[4] mas porque o conflito é

---

1   Carl von Clausewitz, *Da guerra* [1832], livro VIII, trad. Maria Teresa Ramos. São Paulo: WMF Martins Fontes, 2020, p. 847.

2   Ibid., pp. 845–47.

3   Ibid., livro VI, p. 729.

4   Se citamos René Girard (*Rematar Clausewitz: além da guerra* [2007], trad. Pedro Sette-Câmara. São Paulo: É Realizações, 2011), é porque sua teoria da guerra de todos contra todos será utilizada pela escola da regulação como fundamento ontológico da instituição da moeda. No lugar dessa teoria da guerra, é preciso assumir uma crí-

investido de novas forças políticas, no sentido, destacado por Clausewitz, "de uma política transformada pela Revolução Francesa, não só na França, mas também no resto da Europa".[5] O exército de novo tipo que se forma a partir da Revolução aproxima a guerra de seu puro conceito (a "guerra total") e promove a fusão entre política e guerra, em benefício da escalada da primeira *política imperialista de guerra nacional*, "conduzida sem perder um momento até o esmagamento do inimigo", e fundada na "participação do povo nessa grande questão de Estado".[6] "Desde o tempo de Bonaparte", diz Clausewitz, "a guerra, depois de ter voltado a ser [...] uma questão da nação inteira, revelara uma natureza totalmente nova, ou melhor, aproximara-se mais da sua verdadeira natureza, da sua absoluta perfeição. Os meios que se empregaram não tinham limites visíveis; o limite perdia-se na energia e no entusiasmo dos governos e dos seus súditos."[7]

A dificuldade de impor limites começa a se manifestar tanto no equilíbrio interestatal europeus quanto na regulação econômica de caráter liberal e na guerra, *que eclode no mesmo movimento que a (suposta) regulação política clássica*, inscrita no ponto de encontro entre o objetivo militar e a finalidade política que constitui a modalidade de retorno à paz (a guerra como "simples continuação da política por outros meios",[8] na conhecida fórmula *do fim político da guerra*). É a razão pela qual Clausewitz adota, em sua análise, a perspectiva kantiana de uma "crítica da razão militar", na tentativa de submeter a "escalada aos extremos" à "política como a inteligência do

---

tica como a que Foucault endereça a Hobbes: não se trata de uma guerra de fato, mas de uma ficção que legitima o poder centralizado do soberano. A instituição da moeda a partir da guerra de todos contra todos redunda em sua transcendência em relação à guerra efetiva entre capitalistas e trabalhadores: é a moeda como mediadora dos conflitos de classe.

5   C. von Clausewitz, *Da guerra*, op. cit., livro VIII, p. 878.
6   Ibid., pp. 831, 849.
7   Ibid., p. 849.
8   Ibid., livro I, p. 27.

Estado personificado",[9] à qual se confere o título de representante política dos interesses da comunidade como um todo ("Admite-se que a política une e concilia todos os interesses da administração interna, assim como os da humanidade e de tudo aquilo que o espírito filosófico pode conceber de diferente, pois ela em si não é mais do que o representante de todos esses interesses diante dos outros Estados").[10] Hipótese vã, pois, para além da derrota do "próprio Deus da Guerra",[11] o movimento de superação da limitação sela a impossibilidade de fundar na razão os limites do domínio da existência social que diz respeito à guerra, que Clausewitz compara, inclusive, ao comércio (também ele "um conflito de interesses e de atividades humanas").[12] Mas o comércio de que aí se fala é ilimitado, estendendo-se ao conjunto da vida social com o advento do capitalismo industrial e acelerando a partir da década de 1870 sob a hegemonia do capital financeiro, que conduz à "guerra total". É incontestável que se trate de um conceito e uma realidade muito diferentes da "guerra absoluta" de Clausewitz, já que, para ele, o vencido da batalha de Iena, sua emergência dependia apenas dos "efeitos monstruosos" [*ungeheuren Wirkungen*] das energias liberadas pela política revolucionária e pela administração napoleônica das intensidades do estado de guerra. Para Clausewitz, as "energias absolutas" não necessariamente condicionam o caráter das guerras ulteriores, que podem voltar ao *status quo* pré-bonapartista das "nações civilizadas", no qual "o esmagamento do inimigo não pode ser o objetivo militar da guerra".[13]

---

9 Ibid., p. 29. Howard Caygill percebeu o valor dessa filosofia kantiana de Clausewitz; ver a coletânea de ensaios *On Resistance: a Philosophy of Defiance*. London / New York: Bloomsbury, 2013, pp. 15–29.

10 C. von Clausewitz, *Da guerra*, op. cit., livro VIII, p. 872.

11 Ibid., p. 835 (trata-se de Napoleão).

12 Ibid., livro II p. 127. Clausewitz prossegue, enfatizando que a guerra "assemelha-se mais ainda à política, a qual, por sua vez, pode ser considerada, pelo menos em parte, como uma espécie de comércio em larga escala". A reversão pode ser medida por sua conclusão de que a "política é a matriz na qual a guerra se desenvolve".

13 Ibid., livro VII, p. 818.

"Na Espanha, a guerra tornou-se por si mesma uma questão popular."[14] As técnicas de ofensiva do Grande Exército napoleônico – que podemos considerar anacronicamente "motorizado", com sua "reserva" de recursos humanos e seus soldados "multivalentes" integrados em colunas de assalto relativamente autônomas[15] – suscitarão novas formas de resistência (a guerrilha) e, principalmente, darão uma nova *função à resistência popular*, inovação que Clausewitz, bem antes de Schmitt, considera tão radical, ao menos em sua perspectiva eurocêntrica,[16] que redefine o objetivo da guerra: "o seu objetivo imediato é abater o adversário *a fim de torná-lo incapaz de toda e qualquer resistência*".[17] É, portanto, o "caráter da guerra moderna" (absoluta) que se redistribui estrategicamente entre, de um lado, a revolução bonapartista, que altera "todos os antigos métodos convencionais" da arte da guerra por meio da militarização do povo com armas em mãos, e, de outro, a resistência (*Widerstand*) da "guerra popular" (*Volkskrieg*) dos espanhóis, consequência da primeira,[18] a ser integrada, com seu "elemento moral", no novo *plano de guerra*: "Por conseguinte, não perguntemos mais: quanto custa à nação a resistência que todo o povo em armas pode oferecer? Mas: que influência pode ter essa resistência? Quais são suas condições, e como podemos nos servir delas?".[19]

---

14 Ibid., livro VIII, p. 848.
15 Ver Manuel de Landa, *War in the Age of Intelligent Machines*. New York: Zone Books, 1991, p. 67.
16 Não encontraremos em Clausewitz nenhuma alusão às guerras coloniais. No capítulo dedicado ao "gênio guerreiro", no livro I, postula-se que os povos selvagens não o têm, pois ele "supõe um desenvolvimento espiritual de um nível impossível de alcançar por um povo inculto". C. von Clausewitz, *Da guerra*, op. cit., p. 50.
17 Ibid., p. 7.
18 Ibid., p. 669: "note-se que uma guerra do povo deve em geral ser considerada como uma consequência da maneira como o elemento guerreiro quebrou nos nossos dias as suas velhas barreiras artificiais –, por conseguinte, como uma extensão e um reforço de toda a fermentação a que chamamos guerra".
19 Ibid., livro VI, p. 670.

A guerrilha, com seu componente "vaporoso" e fluido, dá lugar em Clausewitz a um verdadeiro "tratado da resistência" e abre a perspectiva de uma guerra popular, por meio da qual os anarquistas, os comunistas e os socialistas poderão considerar, nos anos posteriores, a possibilidade de uma revolução.

4.2 A revolução negra

A perspicácia de Clausewitz é posta em questão por um dos principais acontecimentos políticos e militares da Revolução Francesa: a revolução negra, que se apodera da joia do império colonial francês, Saint-Domingue, atual Haiti. É nada menos que a colônia mais próspera e rica do mundo.[20] Provavelmente se trata do "acontecimento" mais *fundamental* da Revolução como um todo,[21] dotado de um poder de "a-fundamento" [*effondement*] (para falar em deleuzeanês): o *impensável* invade a História, que, em perspectiva revolucionária, se torna *mundial*.

A primeira revolução proletária vitoriosa foi feita por escravizados. Uma vez que a República Francesa é obrigada a reconhecê-la como *fato consumado*, essa revolução não se contenta em resistir às tropas enviadas em 1801 por Napoleão para restabelecer a ordem e a escravidão do Code Noir. Ela os derrota,

---

20 A antiga Saint-Domingue era, naquela época, a maior produtora de café e açúcar, já que a demanda era exponencial. A mortalidade lá era tamanha que era preciso "importar" 40 mil escravizados para a ilha por ano. Gordon K. Lewis classifica Saint-Domingue como a "Babilônia das Antilhas", pois a corrupção, a venalidade e a brutalidade eram sua regra comunal. Gordon K. Lewis, *Main Currents in Caribbean Thought: the Historical Evolution of Caribbean Society in Its Ideological Aspects, 1492–1900*. Baltimore / London: The Johns Hopkins University Press, 1983, p. 124.

21 Em seguida, Peter Hallward: "Se a Revolução Francesa constitui o grande acontecimento político da era moderna, a Revolução Haitiana deve figurar como a consequência mais decisiva desse acontecimento". "Haitian Inspiration", *Radical Philosophy*, n. 123, jan.-fev. 2004, p. 3.

infligindo à metrópole uma baixa de 50 mil soldados (ou seja, muito maior que as perdas francesas na batalha de Waterloo), como também havia derrotado as armadas espanhola e inglesa. Entre a revolta de 1791 e a declaração de independência em 1º de janeiro de 1804, a Revolução Negra dos escravizados de Saint-Domingue sai vitoriosa, por um período de doze anos, do confronto com as três principais potências mundiais. Muito antes do Exército Vermelho soviético ou do exército da China, o exército negro é a primeira força proletária a revolucionar profundamente a arte da guerra. Como explica C. L. R. James, eles "possuíam a organização e o treinamento de um exército e, ao mesmo tempo, conheciam todos os truques e artimanhas da guerrilha. [...] Se os franceses enviavam grandes expedições contra eles, desapareciam nas montanhas, deixando um rastro de fogo atrás de si, retornando quando os exaustos franceses se retiravam, para destruir ainda mais plantações e atacar as linhas inimigas".[22] Não deixemos que o marcado estilo clausewitziano de C. L. R. James nos deixe esquecer que tocamos, aqui, no impensável para o oficial prussiano, por mais que ele tenha sopesado a importância da resistência espanhola para a geopolítica europeia. De fato, está além de seu entendimento que escravos iletrados, "constitucionalmente incapazes de disciplina e de liberdade", tenham aprendido tão rapidamente as técnicas de guerra mais sofisticadas, para colocá-las a serviço de uma guerrilha implacável logo depois de celebrar rituais de vudu.[23]

Os "escravos" inventam a guerra revolucionária como guerra do povo, apropriando-se das modalidades da guerra

---

22 C. L. R. James, *Os jacobinos negros: Toussaint L'Ouverture e a revolução de São Domingos* [1938], trad. Afonso Teixeira Filho. São Paulo: Boitempo, 2000, pp. 288, 314.

23 Segundo o que conta C. L. R. James: "Utilizando tochas para indicar o caminho, os líderes da revolta se reuniam em um espaço aberto da espessa floresta de Morne-Rouge, uma montanha avultando-se sobre Cap François, a maior cidade. Assim, Boukman, o chefe, depois de fazer feitiços de vudu e beber o sangue de um porco, deu as últimas instruções". C. L. R. James, *A History of Pan-African Revolt* [1938/1969]. Oakland: PM Press, 2012, p. 40.

109

napoleônica, descritas por Clausewitz, para combater a reação de retrocesso que pretende restaurar o Code Noir (restabelecido em 1802 por Napoleão nas colônias francesas, sem oposição na metrópole e para alívio da Inglaterra e dos Estados Unidos). Os "generais", "oficiais" e "soldados" são oriundos de uma *nova* classe social, o "povo" de escravizados-combatentes, todos eles "chefes". (Como disse Napoleão quando da prisão de Toussaint Louverture, "*de nada adianta prender Toussaint se ainda temos os outros 2 mil chefes para prender*".) Subverte-se com isso a essência da guerra colonial, guerra de genocídio / guerra total contra a população, afirmando-se e colocando-se em prática o princípio de existência de uma guerra total como força revolucionária voltada contra o "exército popular" francês a serviço do novo imperialismo. Como diz James, essa guerra foi "mais do povo do que dos exércitos".[24]

A percepção clausewitziana da natureza inovadora dos exércitos napoleônicos guia *apenas até certo ponto* a análise de C. L. R. James: "O exército de Napoleão não caiu do céu, nem eram os seus soldados o produto de seu próprio gênio ímpar para o comando militar". "O encanto irresistível, a inteligência, a resistência e a moral deles provinham da nova liberdade social".[25] Os escravizados também haviam passado pela escola revolucionária francesa, mas, à diferença dos exércitos metropolitanos, não seriam reaproveitados pela restauração burguesa nem fariam parte da máquina de guerra contrarrevolucionária. Contra todas as ofertas da nova governamentalidade, eles conseguiriam estabelecer uma estratégia de ruptura na qual se inseririam as manobras táticas do "estado-maior" insurgente sob o comando de Toussaint.[26]

Se a Revolução Negra de Saint-Domingue tem raízes na Revolução Francesa, e se, sem esta última, seu êxito seria

---

24 C. L. R. James, *Os jacobinos negros*, op. cit., p. 325.

25 Ibid., p. 278.

26 "As massas haviam resistido aos franceses desde o início, *apesar*, e não *por causa*, de sua liderança." Ver Carolyn Fick, *The Making of Haiti: the Saint-Domingue Revolution from Below*. Knoxville: University of Tennessee Press, 1990, p. 228, apud Peter Hallward, "Haitian Inspiration", op. cit., p. 5.

impossível, nem por isso a revolução dos escravizados deixa de ser uma crítica em ato dos ideais iluministas. As lutas dos escravizados subtraíram os princípios de "liberdade e igualdade" das quimeras burguesas de universalidade. Na primeira constituição do Haiti, datada de 1805, *todos os haitianos* são declarados *negros*, independentemente da cor de sua pele e de suas origens. Incluem-se aí os alemães e poloneses que haviam combatido as tropas napoleônicas ao lado dos insurgentes. Constatemos de passagem que semelhante *revolução do sujeito* relativiza a questão tão debatida de qual é *a* diferença entre as revoluções Inglesa e Americana, de um lado, e a Francesa, de outro. Hannah Arendt distingue o primado do "político" na Revolução Americana e do "social" na Revolução Francesa; Foucault a corrige, recorrendo a Furet: a liberdade dos "governados" diante dos governantes distingue a Revolução Americana, enquanto a Francesa é caracterizada pela axiomática dos "direitos do homem". O problema da escravidão, que sustentava a economia de todo o mundo, indica *a zona pela qual ambas passavam apenas em ideia* (de liberdade).

Como observa Susan Buck-Morss em *Hegel e o Haiti*, a crítica que os iluministas dirigem à escravidão como instituição não diz respeito à realidade da exploração e da servidão de milhões de homens, mulheres e crianças: "O paradoxo entre o discurso da liberdade e a prática da escravidão marcou a ascensão de uma série de nações ocidentais no interior da nascente economia global moderna".[27] Da Holanda no século XVI à França e à Grã-Bretanha no século XVIII, a escravidão se torna uma metáfora tão central para enunciar as diferentes formas de dominação *na Europa*, que pode coexistir, sem dificuldade, com a prática escravista *das colônias* (ver Locke) das nações "ricas e civilizadas" (Smith). Como observa Susan Buck-Morss, a escravidão era algo tão "natural" no pensamento iluminista (inclusive para Rousseau) quanto a liberdade do "homem". A abolição da escravidão não teve nada a ver com a aplicação de princípios da Revolução Francesa, e nem mesmo com a sua

---

27 Susan Buck-Morss, *Hegel e o Haiti* [2005], trad. Sebastião Nascimento. São Paulo: n-1 edições, 2017, p. 132.

dinâmica, "enquanto mesmo os mais ardentes opositores da escravidão na França esperavam passivamente por mudanças, o meio milhão de escravos em Saint-Domingue [...] tomava nas próprias mãos as rédeas da luta pela liberdade".[28]

Pode-se discutir a interessante tese defendida por Buck-Morss em *Hegel e o Haiti* de que a seção da *Fenomenologia do espírito* sobre a dialética do senhor e do escravo foi elaborada a partir da revolução negra do Haiti. O mais importante, porém, está além: no fato de que Marx não utilizou a "luta entre o senhor e o escravo" literalmente, mas apenas como metáfora da luta de classes, perdendo com isso a oportunidade de se desvencilhar de um eurocentrismo próprio da definição "manchesteriana" do Capital (Buck-Morss vai mais longe e chega a declarar que "há um elemento de racismo implícito no marxismo oficial").[29]

Se essa revolução tivesse sido analisada *e problematizada* por Marx, os numerosos impasses que o movimento operário falhou em superar poderiam ter sido, se não contornados, ao menos enfrentados com uma configuração completamente distinta em termos da *realidade de possibilidades*. A princípio poderíamos ter aprendido que a primeira revolução proletária vitoriosa foi uma "guerra de raças" construída pelos trabalhadores "não assalariados". Em seguida, incluir os "não assalariados", considerando entre eles o trabalho das mulheres, cujo "trabalho gratuito" e não remunerado é fonte de invenções coletivas que contribuem para separar a teoria do "valor" do Capital da marca mais visível que a economia burguesa cultivou. Esse ponto de vista estreito, centrado sobre os assalariados e a empreitada capitalista, pesa agora mais intensamente no desenrolar das lutas e no desenvolvimento das estratégias políticas de emancipação.

A revolução negra, *como todas as que foram bem sucedidas*, não ocorreu na ponta tecnologicamente mais avançada do desenvolvimento capitalista, mas do lado "em atraso" no que diz respeito a transformações e contradições intrínsecas

---

28 Ibid., p. 138.
29 Ibid., p. 146.

desse desenvolvimento, nas "colônias" (pois a China e a Rússia da época revolucionária poderiam ser consideradas "semicolônias"). Teríamos, assim, podido abrandar seriamente a concepção "progressista" e "revolucionária" do capitalismo e da burguesia que a própria existência de colônias escravagistas torna incompreensível (ou compreensível demais).

Tomando emprestado o ponto de vista da "divisão social do trabalho", e não aquele da organização única do trabalho, a "grande experiência" haitiana ganha ainda mais importância. A "guerra de raças", que está na base da economia-mundo do capital após a acumulação primitiva, foi vencida pelos escravizados, abrindo um espaço de ação política mundial às palavras de ordem "Proletários de todo o mundo, uni-vos!". É somente nessas condições que o "de todo o mundo" pode ultrapassar a Europa e desenvolver seu "internacionalismo". Porque a abolição da escravatura não abole a guerra de raças, que, pelo contrário, continua até hoje "por outros meios" (como a própria escravidão). Seu poder de divisão "racista" se manifesta a cada "crise" do capitalismo (como adiantamos na introdução: o racismo não é criação "biopolítica" da "modernidade", mas a mais antiga acumulação primitiva em sua infinita continuidade).

Diz-se que Lênin comemorou o dia em que a Revolução Russa ultrapassou em algumas semanas de vida a Comuna de Paris. O que dizer então de um processo de insurreição revolucionária de doze anos? Ainda hoje, Alain Badiou faz referência a Spartacus ao tocar no tema da revolta dos escravizados-combatentes e celebrar Toussaint – o "Spartacus negro" –, a ressurreição de uma "verdade eterna". Exceto que esta contraria *historicamente* o precedente dos escravos trácios, que queriam *voltar para casa*, enquanto os revolucionários haitianos, por sua vez, querem *destruir todo o mundo da plantation escravagista*.[30]

---

30 Nick Nesbitt faz uma observação nesse sentido em *Caribbean Critique: Antillean Criticial Theory from Toussaint to Glissant*. Oxford: Oxford University Press, 2013, pp. 10–11.

"Esquecida" pelos revolucionários europeus da classe operária, a revolução negra foi recolocada no centro da cena histórica mundial pelos militantes anticolonialistas, que encontraram nela o *momentum* da emancipação negra, da regeneração africana e da gestação das políticas de revolução e de descolonização. "Cometendo voluntariamente um anacronismo", escreve Selim Nadi, "digamos que o Terceiro Mundo começou a germinar com Saint-Domingue". Encontramos aí pela primeira vez a ideia depois formulada por Sauvy, que comparava o Terceiro Mundo ao Terceiro Estado da Revolução Francesa, "ignorado, explorado e desprezado" como este último. Com a divisão do planeta em Primeiro, Segundo e Terceiro Mundos, este último ganhou vontade de "se tornar alguma coisa".[31] Tudo sempre acontece *atrasado ou adiantado* (pensemos aqui naquele "proletariado moderno" das gigantescas "fábricas" de cana-de-açúcar, mais proletariado e mais moderno do que "qualquer outro grupo de trabalhadores existentes à época", disse C. L. R. James), e *nada se desenvolve* na direção esperada por um marxismo cujo sentido seria determinado a partir da perspectiva (teleo)lógica do processo capitalista. *Black Marxism*, Marxismo Negro. Toussaint – ou *l'ouverture* [a abertura] *e a brecha* nas múltiplas guerras de exploração, de dominação e de sujeição que instituem o regime biopolítico da acumulação continuada do Capital.

---

31 Selim Nadi, "C. L. R. James et les luttes panafricaines". *Parti des Indigènes de la République*, 5 mar. 2014. Disponível em: indigenes-republique.fr/ c-l-r-james-et-les-luttes-panafricaines.

[5] BIOPOLÍTICAS DA GUERRA CIVIL PERMANENTE

5.1 Sequestro temporal da classe operária (e da sociedade como um todo)

Uma vez protegido da Revolução e sob os auspícios da Restauração, poderá enfim o capital se desenvolver "pacificamente"? Para a ideologia liberal, a resposta é, sem hesitação, afirmativa. Em 1814, ano da derrota dos exércitos napoleônicos, que é também, para Carl Schmitt, a "vitória da Revolução Industrial", Benjamin Constant enuncia um dos principais ritornelos do liberalismo: "Chegamos à época do comércio, que inevitavelmente substituirá a época da guerra, assim como a da guerra necessariamente a precedeu".[1]

A história dos séculos XIX e XX mostrou que ele estava errado. Ao longo do século XIX, o "cálculo civilizado" da economia não substituiu o "impulso selvagem" da guerra, ao contrário. Ele desencadeou a guerra civil para transformar o proletariado em força de trabalho submissa e precipitar o

---

1 Benjamin Constant, *De L'Esprit de conquête et de l'usurpation dans leurs rapports avec la civilisation européenne* [1814]. Paris: Imprimerie Nationale, 1992, p. 58.

Estado-nação em um novo tipo de guerra, a guerra imperialista *total*, que é ao mesmo tempo guerra interestatal, econômica, civil e colonial.

A continuidade da "acumulação primitiva" no período dito pós-revolucionário se manifesta mediante a intensificação da colonização interna (formação da força de trabalho industrial, implicando guerras civis generalizadas e novas guerras de subjetividade) e da colonização externa (o longo século da abolição da escravidão coincidiu com a extensão de uma colonização que recobriu praticamente todo o planeta). Divididas entre o Capital industrial e o desenvolvimento da ciência e da técnica, as violências múltiplas das divisões raciais, sexuais, de classe e de guerra romperam novas barreiras.

No decorrer do século xix, o "adestramento" dos proletários, com o intuito de atrelá-los ao aparelho de produção mediante a normalização de seus comportamentos e modos de vida e a transformação do tempo da vida em "tempo de trabalho", realizou-se mediante a declaração de uma "guerra civil generalizada". Privilegiamos, com Foucault, a expressão "guerra civil", em detrimento de "luta de classes", porque tanto a "guerra civil permanente" como a "guerra civil generalizada" (a negação de ambas é um dos principais axiomas do exercício do poder) implicam uma série de poderes e saberes, mas também de forças e instituições irredutíveis ao conflito entre trabalhadores e capitalistas no interior da fábrica, *embora também sejam um elemento constitutivo do modo de produção*.

O biopoder intervém numa população que já foi submetida a uma primeira onda de adestramento por técnicas disciplinares e biopolíticas historicamente indissociáveis das provas de força da guerra primitiva de acumulação. Mas essa primeira modalização dos comportamentos se mostra insuficiente. Por terem dado lugar a formas de resistência e a lutas intensas em um contexto de crises sociais e levantes populares, os dispositivos de poder e as guerras de subjetividade se mostraram aquém da tarefa de garantir uma submissão suficientemente forte à nova ordem mundial do trabalho. No período final da Idade Clássica, há uma multiplicação de medidas de coerção que rivalizam com o economicismo mais *rigoroso* pela selvageria de seus métodos e de sua aplicação, num momento em que o crescimento de riquezas e bens aumenta a necessidade de segurança, com a forte expansão do tecido urbano no qual o proletariado prolifera. O vagabundo desponta, aos olhos dos Fisiocratas, como demônio antiprodutivo que é preciso perseguir, estigmatizar, submeter ao trabalho forçado, reduzir à escravidão etc. Ficamos sabendo que o perigo que ele representa para a *economia política* da produção é similar ao de "tropas inimigas espalhadas pela superfície do território, que nele vivem à vontade, como numa terra conquistada, arrecadando verdadeiras contribuições com o título de esmolas".[2] Em uma versão um pouco posterior, que anuncia a fórmula do proletário "que nada tem a perder além dos grilhões", os vagabundos são seres "ávidos por novidades, audaciosos e empreendedores, que nada têm a perder, pois se acostumaram inclusive à ideia da punição, que experimentam todos os dias; atentos às revoluções dos Estados, que poderiam alterar sua situação, aproveitam-se de toda oportunidade que se ofereça para fomentar a sedição".[3] Quando a construção disciplinar do paradigma negativo do vagabundo deixar de ser suficiente, será preciso ajustar os mecanismos de poder para que possam assumir e supervisionar as condutas cotidianas em um quadriculamento mais fechado do corpo social, sem o qual a *forma-salário* não poderia abarcar todo o *socius*.

Os dispositivos de poder que garantem, no século XIX, a produção, a reprodução e a governamentalidade da classe operária resumem-se, basicamente, a dois: a família e o que Foucault

---

2   Guillaume-François Le Trosne, *Mémoire sur les vagabonds et sur les mendiants*. Paris: Chez P. G. Simon, 1764, p. 4, apud Michel Foucault, *A sociedade punitiva: curso no Collège de France (1972–1973)* [1973], trad. Ivone C. Benedetti. São Paulo: WMF Martins Fontes, 2015, p. 46.

3   Pierre-Claude Malvaux, *Les Moyens de détruire la mendicité en France, en rendant les mendiants utiles à l'État sans les rendre malheureux*. Châlons-sur-Marne: Chez Seneuze / Paindavoine, 1780, p. 17, apud Robert Castel, *Les Métamorphoses de la question sociale: une chronique du salariat*. Paris: Fayard, 1995, p. 105. [Ed. bras.: *As metamorfoses da questão social: uma crônica do salário*, trad. Iraci D. Poleti. Petrópolis: Vozes, 1998.]

chama de "instituições de sequestro temporal". O conceito de "sequestro" ajuda a diferenciar o século XIX da época clássica do "grande internamento". Refere-se não tanto ao espaço (pela fixação a um sistema fechado) quanto ao tempo (pelo enquadramento da existência), o que dá à colonização interna força redobrada, transformando a produção da força de trabalho em disposição subjetiva adequada à *necessidade da liberdade de trabalho*.[4]

A colonização interna liga-se à disciplina dos operários acrescentando a ela uma biopolítica na qual estarão implicadas mulheres, crianças, mendigos, criminosos, doentes etc., isto é, o conjunto da população pobre, que, para ser moralizada e normalizada, deve ser submetida a uma *"penalização da existência"*.[5] A "biopolítica" revela-se um dispositivo multiplicador de poder, numa guerra civil generalizada que ela administra e cujo objeto é o sujeito, ou seja, a vida. Não a "vida nua", mas a vida em suas articulações e passagens cada vez mais condicionadas: a vida em família, a vida militar, no trabalho, na escola, no hospital, na prisão etc. Desenha-se aí uma economia biopolítica da *vida equipada*, com instâncias produtoras de um "superpoder" que renova, tanto em intensidade como em extensão, o modelo disciplinar inscrito na estrutura do Estado. A instituição do tempo de trabalho pressupõe o controle e a disciplina, ambos biopolíticos, do *conjunto* das temporalidades. Para forçar o "tempo de trabalho", é necessário disciplinar o tempo da "vida", desde o nascimento até a morte. Para impor os ritmos da produção, é preciso controlar, integrar, normalizar e moralizar *todos* os ritmos da vida. "Foi preciso acossar festas, faltas, jogos e especialmente loterias, como má relação com o tempo na maneira de esperar ganhar dinheiro não da continuidade do trabalho, mas da descontinuidade do acaso. Foi preciso levar o operário a dominar o acaso de sua existência: doença e desemprego. Foi preciso ensinar-lhe aquela qualidade a que se dava

---

4   Na expressão de R. Castel, op. cit., p. 176.
5   M. Foucault, *A sociedade punitiva*, op. cit., p. 177.

o nome de previdência, torná-lo responsável por si mesmo até a morte, oferecendo-lhe [cadernetas de] poupança."[6]

A continuidade entre "o relógio de ponto, o cronômetro da linha de montagem e o calendário da prisão"[7] é constitutiva do adestramento da força de trabalho em sentido estrito e implica uma disciplina transversal do tempo de produção em paralelo com o tempo de poupança, com o de reprodução e com o "tempo livre". Como o tempo é o único "bem" que o proletário possui, o operário troca seu tempo (de trabalho) por salário, enquanto o "criminoso" é forçado a trocar seu tempo (de liberdade) pelo pagamento de seu "crime" (frequentemente, um crime contra a propriedade). A análise do marxismo, mesmo em sua versão heterodoxa mais inovadora, procede no sentido contrário: primeiro, o capital se apropriou do tempo de trabalho e, em seguida – após um longo caminho, que só terminou com a Segunda Guerra –, passou a explorar o tempo de vida na "sociedade de consumo", e de maneira especialmente intensa e difusa no "pós-fordismo".

Com a Revolução Industrial, passamos da localização dos indivíduos, isto é, de sua fixação a uma terra (espaço) em que se pode exercer soberania e da qual se pode extrair renda, para um "sequestro temporal". O "sequestro" é uma "engrenagem temporal" que captura os indivíduos de tal modo que a vida deles passa a ser submetida constantemente ao tempo homogêneo do capital, sendo, por conseguinte, *socializada*. Para pensar o "sequestro temporal", não se devem considerar apenas os dispositivos espacializados, como a fábrica, a escola, o hospital etc., mesmo porque o tempo ou é regulado pela disciplina ou se mantém somente na questão da "internalização" da disciplina temporal.[8] A poupança e os fundos de segurança social são, juntamente com outros mecanismos de reserva financeira (que levarão no século xx ao *Welfare State*), um dis-

---

6 Ibid., p. 193.

7 Ibid., p. 67.

8 Edward P. Thompson, "Time, Work-Discipline and Industrial Capitalism". *Past & Present*, n. 38, v. 1, dez. 1967, pp. 56–97. Disponível em: doi.org/10.1093/past/38.1.56.

positivo de controle, de disciplina e de fabricação de normas sociais que fixam os proletários às temporalidades e aos ritmos do capitalismo por meio de "uma discursividade da existência total" do indivíduo, do "nascimento até a morte".[9]

As instituições de sequestro temporal podem ser ditas "indiscretas" na medida em que se ocupam de coisas que não lhes dizem respeito diretamente. São, igualmente, "sincréticas", como no exemplo analisado por Foucault da fábrica de seda que empregava mulheres, pois impõem comportamentos que parecem apenas indiretamente ligados à produção: não entrar em contato nem trabalhar com homens na fábrica, mas também não ter folga aos domingos... No cerne da atividade dessas instituições encontra-se a vida em sua totalidade – na qual o trabalho é tomado e submetido a *uma relação de produção que é de poder sobre a vida, de tomada de poder sobre a existência*. Repetindo: desse ponto de vista, a forma social da produção e da reprodução, estendida ao conjunto da sociedade em sua "subsunção real", não é, como tal, uma invenção do pós-fordismo.

Como explica Foucault, as "instituições encarregavam-se do controle direto ou indireto da existência. Retiravam da existência alguns pontos que, em geral, eram o corpo, a sexualidade e as relações interindividuais".[10] As instituições de sequestro temporal são dispositivos de poder gerados pela guerra civil generalizada que, ao prolongar a guerra por outros meios, asseguram uma governamentalidade relativamente estável, previsível e regular dos comportamentos atinentes à estruturação do social e à "defesa da sociedade" – capitalista, obviamente.

Em suma: se a "gestão do tempo" passa pela disciplina militar da fábrica, é porque esta é parte integrante de um dispositivo mais geral, no qual "é inadmissível que a força de trabalho se contente em 'desfrutar o tempo'".[11] É isso que dá *valor* à guerra do tempo, desencadeada pelo capitalismo contra a sociedade como um todo.

---

9 M. Foucault, *A sociedade punitiva*, op. cit., p. 198.
10 Ibid., p. 194.
11 E. P. Thompson, op. cit., p. 79.

5.2 Formação da célula familiar

A guerra civil generalizada, condição e consequência da formação da força de trabalho, é também uma "guerra de subjetividades". A produção de subjetividade é ao mesmo tempo a primeira das produções capitalistas e uma das principais modalidades da guerra – e da guerra civil.

A luta contra as infrações do proletariado que se recusa a obedecer às disciplinas e ao modelo de subjetivação do trabalhador assalariado não mobiliza apenas os dispositivos tradicionais da guerra civil. Em uma sociedade como a liberal, indexada pela propriedade privada, os proletários não são fixados ao aparelho de produção apenas pela obrigação econômica, sua sujeição não é obtida só pela "disciplina da fome" e pela ameaça de prisão, e seu comportamento não é "regularizado" unicamente pela pura e simples repressão (polícia dos costumes) ou pela brutal imposição de novas normas.

Dado que a passagem da condição de proletário expropriado à de trabalhador assalariado não é automática, o encontro entre o "homem do dinheiro" e os operários, que define o capitalismo industrial, requer um longo trabalho de conversão da subjetividade. No período da colonização, povos inteiros, após terem sido expropriados de sua "vida selvagem", preferiram morrer a se submeter a uma escravidão que poderia incluir a opção do "trabalho livre" – cuja realidade do *trabalho até a morte* nos ateliês e manufaturas se aproxima *tanto* da escravidão, que chega a ser denunciada até mesmo pelo *Morning Star*, órgão dos partidários ingleses do livre comércio: "Nossos 'escravos brancos' [...] são conduzidos ao túmulo pelo trabalho e definham e morrem sem canto nem glória".[12] O extermínio por meio do trabalho se torna a verdade absoluta da *guerra global* de acumulação primitiva, que transforma as cidades industriais em *continentes negros* de casebres e ateliês abarrotados de gente – e seu único limite parece ser a revolta dos pobres

---

12 Karl Marx, *O capital*, livro I, op. cit., p. 328.

reduzidos ao estado de "carne mecânica".[13] Que o lugar dos que perecem logo seja ocupado por outros só pode ser explicado pelo aumento da pobreza, que não pode mais ser ignorada como a causa do nomadismo e da criminalidade que ameaçam a sociedade liberal com "conflitos cataclísmicos", com um "povo bárbaro que, mais do que habitar, perambula na cidade".[14] Estado de emergência, consumado na fórmula "classes laboriosas, classes perigosas", que faz com que Paris pareça um "acampamento de nômades" (Henri Lecouturier), sobre o qual paira uma *guerra mortífera de tipo colonial*, de resultado tão incerto que o espectro da rebelião de Saint-Domingue ressurge no coração dos bairros operários. Como se lê num texto publicado em dezembro de 1831 no *Journal des Débats*, no dia seguinte à revolta dos tecelões de Lyon: "Cada habitante vive na fábrica como um senhor de engenho em meio a seus escravos; a sedição de Lyon é uma espécie de insurreição de Saint-Domingue [...]. Os bárbaros que ameaçam a sociedade [...] estão nos bairros de nossas cidades manufatureiras [...]. É preciso que a classe média saiba o que está acontecendo e qual deve ser a sua posição". A ciência da força de trabalho e da reprodução da mão de obra terá de se espalhar pelo conjunto do território urbano, fazendo da gestão da população o objeto de novos equipamentos coletivos. Os poderes "positivos" exercidos por esses equipamentos (escolas, políticas habitacionais, higiene pública, medicalização da população etc.) encontram-se no cerne da redefinição econômico-liberal do Estado.

No longo século XIX, era da racionalização do trabalho em massa, adquire-se a consciência de que o desenvolvimento capitalista é impensável sem que os corpos e as mentes sejam adestrados para as novas funções produtivas e subjetivas exigidas pela acumulação do capital. Compreende-se então que o adestramento (somático) *duradouro* dos corpos depende de um

---

13 Uma nota policial feita em Lille em 1858 e mencionada por Lion Murard e Patrick Zylberman, *Le Petit travailleur infatigable: villes--usines, habitat et intimités au XIXe siècle*. Paris: Recherches, 1976, p. 54.
14 Jacques Donzelot, *A polícia das famílias* [1977], trad. M. T. da Costa Albuquerque. Rio de Janeiro: Graal, 1980, p. 49.

adestramento moral das mentes, do qual a transversalidade disciplinar da ciência biopolítica das populações se encarregará. A *ação social* condiciona, assim, a substituição do critério mercantilista do rendimento por um *laissez-faire* (a "liberdade de trabalho") que dificilmente caracteriza a gestão do poder em relação a essa mesma força de trabalho que "é necessário cultivar no sentido próprio da palavra, ou seja, [...] trabalhar para que ela possa trabalhar, a fim de que se produza a riqueza social de que o trabalho é portador".[15] Essa "cultura" é indissociável da *cultura geral* da divisão do trabalho na sociedade liberal.

A constituição de uma família restrita, com suas identidades sexuais e a distribuição de poder e de funções que elas implicam – o trabalho "produtivo" remunerado para os homens, o "reprodutivo" e não remunerado para as mulheres –, sem esquecer o controle dos afetos e do desejo incestuoso, é o resultado de uma guerra de produção de subjetividade que envolve de maneira desigual a burguesia e o proletariado. Dito isso, ela tem como alvo, num grupo como no outro, as mulheres em particular, na medida em que a crise do poder soberano patriarcal e de seu exercício nos conjuntos orgânicos, que tendem a se desmembrar, é a principal razão para se constituir a família restrita. Negligenciada na história do capitalismo, a formação da família conjugal depende da transformação da dominação das mulheres por meio de *uma domesticação interna* que é paradigmática dessa "guerra de subjetividade", e que deve ser reinscrita no horizonte de emancipação do *homem privado*.

A "campanha contra a masturbação" infantil, que mobilizou os médicos e educadores entre fins do século XVIII e do XIX, incitou a família burguesa a eliminar todos os intermediários (incluindo preceptores e governantas), suprimindo quando possível também os trabalhadores domésticos (amas inclusas), e a transformar o espaço familiar em espaço de educação e vigilância contínuas. Tudo isso favoreceu a difusão da medicina doméstica (a masturbação é uma "doença"), e o corpo da

---

15 R. Castel, op. cit., p. 180.

123

criança se tornou objeto de cuidado permanente da parte dos pais (*Alguns pensamentos sobre a educação*, de Locke, é um dos primeiros exemplos sistemáticos). Essa verdadeira cruzada, com suas instruções práticas, "foi um meio de estreitar as relações familiares e fechar, como uma unidade substancial, sólida e afetivamente saturada, o retângulo central pais-filhos".[16] A transformação da grande família, como uma tela de complexas relações de interdependência e pertencimento recíproco, em família restrita, com sua unidade celular, conjugal e parental tal como a conhecemos, em termos de autonomia econômico-moral, depende do controle das crianças, o que condiciona, por sua vez, a formação da figura burguesa da esposa e da "mãe de família". O fato de que, para ela, nada reste no exterior da família além de dedicar-se a boas ações e missões educativas confirma como é essencial, para o ciclo da normalização burguesa, manter-se por meio do vínculo circular entre todos os elementos que o compõem. A mulher é assim vinculada à produção da subjetividade, que mistura, à valorização do corpo da criança pela célula familiar (consequentemente restrita ao núcleo parental), uma infiltração de sexualidade, por meio de uma tecnologia do poder médico, colaborando assim para a valorização econômica e afetiva da criança pelo Estado, que se encarrega de sua normalização por meio de instituições pedagógicas especializadas. A sexualidade da criança se revela como um artifício do incesto (da indiscrição incestuosa dos pais à sua *transferência* para o desejo incestuoso das crianças), que permite aos pais entregarem ao Estado o seu "corpo performativo".

Mas as condições e as modalidades da intervenção nos meios populares são outras. Com a transformação do proletariado europeu em força produtiva, as condições de trabalho, de habitação e de mobilidade, todas precárias, tornam "cada vez mais frágeis as relações de família" e invalidam "a estrutura familiar"[17] em prol de uma *união livre*. Com isso,

16 M. Foucault, *Os anormais* [1975], trad. Eduardo Brandão. São Paulo: WMF Martins Fontes, 2010, p. 337.

17 Id., *O poder psiquiátrico*, op. cit., p. 103.

na primeira metade do século XIX, acentua-se o problema da vagabundagem dos indivíduos e das crianças, devido a uma urbanização fora de controle, ligada à industrialização, à explosão demográfica e ao aumento da pobreza. A luta contra essas calamidades sociais, à qual se juntam as determinações patológicas (o contágio, as epidemias) e os interesses higienistas, impõe a renovação do antigo regime de alianças e filiações em prol de uma nova aliança de ordem estatal e familiar, com participação da *iniciativa privada* (a ordem patronal, assistida pela Igreja), principal *interessada* na moralização do modo de vida e do hábitat da classe operária. É a grande campanha pela "moralização das classes pobres".

A estratégia familista lançada sobre o proletariado por numerosas sociedades de filantropia é, à diferença daquela que visa à esfera burguesa, uma campanha pelo estabelecimento do casamento e pela promoção da vida em família: "Casem-se, e não façam filhos antes, para abandoná-los depois. É toda uma campanha contra a união livre, contra o concubinato, contra a fluidez extra ou para-familiar".[18] A substituição do dote pelo trabalho doméstico não remunerado contribui para a regularização dos comportamentos em um espaço doméstico no qual a economia social consiste em reforçar o poder patriarcal com a submissão, à escolha do homem, da entrada das mulheres no mercado de trabalho, além do estímulo à vigilância do homem (e das crianças) pela *mulher doméstica* em seu *lar*.

A partir dos anos 1820–25, os patrões, filantropos e poderes públicos empregam uma energia considerável para instalar a família em um novo hábitat doméstico, cujo exemplo paradigmático é o da cidade operária. Anuncia-se que ela será "o túmulo da balbúrdia" dos insurgentes de 1848 e vai "encerrar a era das revoluções"[19] do povo em armas, com suas divisões em pavilhões isolados compostos de três cômodos.

---

18 Id., *Os anormais*, op. cit., p. 342.
19 De acordo com o dr. Paul Taillefer, médico da vila Napoleão, primeira vila operária de Paris, e autor da brochura *Des Cités ouvrières et de leur nécessité comme hygiène et tranquillité publique*. Paris: Imp. Boisseau, 1852.

Se "a família burguesa se constituiu a partir da *reunião tática de seus membros* [em torno da criança], com o intuito de controlar um inimigo interno, os empregados domésticos"[20] (que ocupam o lugar desse desejo de ser espiados e vigiados), pede-se aos proletários que distribuam seus corpos em um espaço estratégico de separação – um quarto para os adultos, um para a criança, um cômodo em comum: é o modelo que surge a partir de 1830 nos planos de cidades operárias –, evitando assim a "nauseante promiscuidade" e excluindo o elemento estrangeiro, o "hóspede" solteiro que antes era "locatário" no espaço familiar, abrindo-o a um campo social em que o desejo não era ausente. Assim, a família popular e a habitação operária são, ao mesmo tempo, projetadas contra as condições de realidade do incesto adulto, ainda possível, e adestradas contra as "tentações externas" (que levam ao "cabaré" e à "rua). A família, devidamente instalada, verá o refluxo de seus membros para um regime de *liberdade e de residência vigiadas* por equipamentos coletivos de disciplina patronal, princípios da própria biopolítica que a sociedade liberal utiliza contra a população operária a fim de *fixá-la*.

Se o bom operário é o pai de família (ele é o *antissublime*),[21] compreende-se a economia que leva o trabalhador à condição de proprietário. Como se lê na *Revue d'Hygiène* de agosto de 1886, "não é ele que possui a casa, é a casa que o possui. E a casa o transforma por completo".[22] Deve-se ainda ressaltar, nessa transformação, a criação de uma intimidade que não se restringe à função de matriz demográfica: além da conjugalização do desejo, colocada objetivamente sob a Lei da fábrica da qual ela mesma depende (afinal, ela não nasce da separação entre

---

20 J. Donzelot, *A polícia das famílias*, op. cit., p. 46.

21 No sentido dessa irregularidade e dessa autonomia operária dos mais qualificados, insubmissos ao patrão e irreverentes em relação à moral familiar, que em meados do século XIX são derrisoriamente identificados como "sublimes". Ver Denis Poulot, *Question sociale: le sublime ou le travailleur parisien tel qu'il est en 1870* [1870]. Paris: Maspero, 1980. Poulot propõe um "diagnóstico patológico" (p. 123) por oposição ao trabalhador consciente centrado na família (p. 139).

22 L. Murard e P. Zylberman, op. cit., p. 155.

moradia e local de trabalho?), a casa participa diretamente da *produção subjetiva do hábito individual*. O hábito, escrevem Murard e Zylberman, é o *"elo que falta em todo dispositivo*: irredutível à profissão, transbordando para além do campo social, oferece apoio a uma pedagogia microscópica, infinitamente desmultiplicada".[23] Ele chega a juntar em intensidade os territórios separados do tempo produtivo e do tempo livre, fazendo da *totalidade da vida* do trabalhador o objeto e o *sujeito do poder*. Também idealizado pelas associações de caridade, esse *proto-welfare* que dá lugar a uma intimidade disciplinada que repousa sobre uma estratégia de comportamento e uma tática de sentimentos que se apresentam como *extensão da guerra pelo meio regulador de uma biopolítica da intimidade*. Não é que a ditadura patronal do *workfare* e do regime militar da organização do trabalho industrial ("Na fábrica, eu sou seu chefe, vocês são os meus soldados – eu mando e é preciso me obedecer") tenham desaparecido, mas a obediência tornou-se objeto de uma ciência do comportamento que sela a conjunção biopolítica das disciplinas e do liberalismo. Uma ciência do homem, tanto quanto uma ciência de classe.

Essas duas políticas de produção da subjetividade desaguam num modelo familiar "interclasses" baseado no que então se chamava, no mundo operário, de "casa habitada à maneira burguesa", ainda que articulem de maneira diferente a interdição comum em relação aos infelizes jogos de sexualidade e de aliança que ameaçavam a família moderna. Entra aí em jogo um dualismo entre a supervisão médica da sexualidade infantil e o controle social de estilo policial-judiciário da sexualidade dos adultos proletários. "Dois tipos de constituição da célula familiar, dois tipos de definição do incesto, duas caracterizações do medo do incesto, dois feixes de instituições em torno desse medo: eu não diria que há duas sexualidades, uma burguesa, a outra proletária (ou popular), mas diria que há dois modos de sexualização da família ou dois

---

23 Ibid., p. 185.

modos de familiarização da sexualidade, dois espaços familiares da sexualidade e do interdito sexual."[24]

Se, por um lado, a reorganização doméstica da família em torno do risco, controlado juridicamente, das misturas entre pais e filhos faz parte de uma "eugenia da força de trabalho", auxiliada por novas tecnologias de adestramento (disciplinar) e de controle (biopolítico), com vistas à produção de uma *raça de trabalhadores*,[25] por outro, a supervisão da sexualidade da criança pelos pais, com assistência da medicina, faz parte da formação de um *corpo de classe* a partir de "uma higiene, uma saúde, uma descendência, uma raça", testemunhando o que Foucault chama de "racismo dinâmico". Um *racismo da expansão*, que dará frutos a partir da segunda metade do século XIX.[26]

5.3 O adestramento subjetivo não é ideológico

A guerra de subjetividade não é ideológica. Ela se dá através de dispositivos, instituições, técnicas e saberes que, em conjunto, enquadram os indivíduos num sistema de identidades sem remetê-lo, a princípio, à consciência e ao seu jogo de (falsas) representações, que, ao contrário, dependem desse sistema. Na medida em que o dispositivo familiar está ativamente capturado por todos os mecanismos reais de sujeição, a família permanece, até hoje, no centro da organização capitalística do poder sobre a vida e no coração dos "conflitos subjetivos" que dela decorrem.

Sua economia não se limita a colocar gratuitamente, à disposição da "sociedade", o trabalho de reprodução (afetiva e econômica) das mulheres. Ela constitui, igualmente, um ponto de retransmissão e uma fonte multiplicadora de poder

---

24 M. Foucault, *Os anormais*, op. cit., pp. 347–48.
25 L. Murard e P. Zylberman, op. cit., p. 17. A cultura de uma "raça de trabalhadores" dá continuidade, assim, ao racismo antioperário sobredeterminado pela experiência colonial com o qual abrimos este capítulo (pensemos na "turba de nômades" do barão Haussmann).
26 M. Foucault, *História da sexualidade I: a vontade de saber*, op. cit., p. 118.

entre o conjunto das instituições disciplinares (escola, exército, fábrica, hospital) e os novos aparelhos de regulação (fundos emergenciais ou de previdência, mecanismos de assistência, serviços de higiene e de medicalização...), sem os quais o capitalismo industrial não poderia funcionar por muito tempo.

Na Idade Clássica, o controle dos indivíduos e sua fixação a uma única função, papel ou identidade eram obtidos por sua pertença territorial a castas, comunidades e grupos, tais como as corporações e as guildas, em estreita articulação com a verticalidade de gerações como no antigo regime de descendência familiar. A partir do século XIX, em razão do deslocamento desses corpos e da desintegração do modelo familiar pela fixação (do "trabalho livre") na fábrica, os indivíduos são *ligados e religados*, como se pelo lado de fora, a uma multiplicidade de dispositivos de "sequestro temporal", cujo *continuum* é o próprio tempo útil da vida. "Logo que nasciam eram colocados numa creche; na infância, enviados à escola; iam para a fábrica; durante a vida toda, pertenciam a uma agência de beneficência; podiam fazer depósitos numa caixa econômica; acabavam no asilo. Em suma, durante toda a vida, as pessoas mantinham uma multiplicidade de elos com uma multiplicidade de instituições."[27]

O impulso que leva os indivíduos a entrar nessa rede de instituições disciplinares e de aparelhos reguladores e a deixá-los vem da família "reduzida", perpetuada por meio da refundação do matrimônio e sustentada pelos demais poderes (o poder se exerce em rede). Não cabe falar em "estreitamento progressivo da família tradicional", nem tampouco em substituição "progressiva de suas funções originais pelos novos aparelhos coletivos",[28] mas, ao contrário, em ampliação e aprofundamento do poder por meio de um *novo órgão* destinado a equipar todos

---

27 Id., *A sociedade punitiva*, op. cit., p. 188.
28 Número especial da revista *Recherches*, "Généalogie du capital I: les équipements de pouvoir – villes, territoires et equipement collectifs", n. 13, dez. 1973, p. 122. Michel Foucault participou, junto com Félix Guattari (diretor do Centre d'Études, de Recherches et de Formation Institutionnelles – Cerfi) e Gilles Deleuze, das discussões que pontuaram a elaboração dessa edição especial da revista.

os indivíduos através de uma aliança lateral entre cônjuges ("casem-se!") que serve como matriz das disciplinas e princípio das regulações. Essa matriz exige que o pai observe o princípio legal de soberania que integra o novo sistema de dominação próprio à micromecânica do poder familiar: "Graças ao código civil, a família conservou os esquemas de soberania: dominação, pertencimento, vínculos de suserania, mas ela os limitou às relações homem-mulher e às relações pais-filhos".[29] Caso a família moderna fracasse no cumprimento de suas funções de normalização garantidas pelo agenciamento concreto das relações de dominação em seu seio ou o indivíduo se mostre incapaz de obedecer à disciplina escolar ou da fábrica, do exército ou da prisão, intervém a "função psi", ou seja, não diretamente um poder (disciplinar), mas um saber (médico) das patologias da intimidade que visa à recomposição dos comportamentos. Um poder de outra espécie, um "superpoder" cujo aparelhamento contribuirá para a reprodução em ampla escala dos indivíduos como sujeitos e *como submetidos a discursos de verdade*.

Na guerra civil generalizada desencadeada pelo liberalismo com vistas à transformação do proletariado em força de trabalho, os saberes constituem uma arma estratégica. As ciências do homem, as ciências sociais nascentes, cumprem de maneira notável essa função de aparelho de verificação do poder.

Como toda formação de poder precisa de um saber, as *relações de poder estratégico* devem se consumar, ao mesmo tempo, em dispositivos de poder (disciplinas, governamentalidade) e em saberes (métodos de observação, técnicas de registros, procedimentos de investigação e pesquisa), se quiserem "governar" o comportamento de maneira relativamente estável e previsível. Paralelamente ao poder exercido sobre e na família, constitui-se um "saber médico-psiquiátrico" que não depende dele, mas que sem ele não teria eficácia. O saber médico-psiquiátrico é apropriado a essa "função psi", que se estende continuamente na segunda metade do

---

29 M. Foucault, *O poder psiquiátrico*, op. cit., p. 103.

século XIX, operando no interior de cada dispositivo de poder: "Se vocês veem aparecer psicólogos na escola, na usina, nas prisões, no exército, etc., é porque eles intervieram exatamente no momento em que cada uma dessas instituições se encontrava na obrigação de fazer a realidade funcionar como poder ou, ainda, de fazer a realidade valer como o poder que se exercia no interior delas".[30]

Esse poder do saber se apresenta como o princípio de realidade a partir do qual o indivíduo se institui como sujeito e o sujeito se institui como "efeito-objeto" de um investimento analítico que o leva a esposar um sistema diferencial de *desenvolvimento* referente a uma norma universal, cuja jurisprudência provém de um saber clínico.

Por "guerra civil generalizada" deve-se compreender, portanto, o *continuum* das intervenções que levam da expropriação mais violenta tanto da terra como das liberdades de associação que ela instala para o adestramento disciplinar dos corpos e para as campanhas biopolíticas pela família restrita, comunicando a sujeição soberana da mulher e a promoção da mãe de família com a constituição dos novos saberes educativos e médico-psiquiátricos, que restringem o governo pela família ao governo das famílias. Entre a formação da força de trabalho e sua sangrenta repressão quando dos tumultos e revoluções que eclodiram ao longo do século XIX, as instituições de disciplina, de segurança e de soberania prolongaram a guerra civil por outros meios, que bipolarizam a individuação das populações ao favorecer a conexão *estratégica* (*e não ideológica*) da família popular pelo molde da família burguesa.

---

30 Ibid., pp. 236–37.

[6]
A NOVA GUERRA COLONIAL

Esta guerra não se parece com nenhuma outra,
tudo que os europeus aprenderam em matéria
de tática é inútil, quando não prejudicial.

ALEXIS DE TOCQUEVILLE, "Relatório
sobre a Argélia", outubro de 1841.

As luzes se extinguem ao redor de nós.

ALEXIS DE TOCQUEVILLE, "Relatório de
24 de maio de 1847 sobre a Argélia".

Entre as guerras napoleônicas e as guerras totais do século XX, uma nova onda de guerras de colonização se espalha pelo planeta. A timidamente chamada "segunda expansão europeia", que deveria se chamar *englobamento capitalista da Terra,*[1] está diretamente ligada à revolução industrial e à industrialização

---

1 Alguns números: em 1800, as potências europeias controlavam 35% da superfície do globo; em 1878, 67%; em 1914, 84%. Lembremos a célebre frase atribuída a Cecil Rhodes, fundador da companhia

do espaço e do tempo, à supremacia militar que elas multiplicam,[2] ao desenvolvimento do capitalismo financeiro (o "novo banco") e às primeiras crises de superprodução... Tem ainda uma relação com os problemas da governamentalidade postos pela colonização interna, que se mostra incapaz de conter a intensificação da luta de classes e os tumultos do "populacho". Renan concluirá que "uma nação que não coloniza está irremediavelmente destinada ao socialismo".[3]

A guerra de conquista da Argélia travada pela França entre 1830 e 1871, embora anteceda a fase culminante do imperialismo, gera especial interesse em nós, pois nela se cruzam, direta ou indiretamente, por diversas vias, a "questão social" e as lutas dos movimentos revolucionários na metrópole. Além dessa política de "assimilação" pós-escravagista e de colônia de povoamento, que encorajou a expatriação de classes perigosas, a estreita imbricação entre a guerra e a guerra civil em uma guerra colonial requalificada como "pequena guerra", e travada na África do Norte contra os "árabes", fornece à "República" as técnicas militares necessárias para sufocar a insurreição de junho de 1848. O coronel Charles Callwell não se engana quando afirma, em seu livro, que a "repressão" de "sedições" e "insurreições" em "países civilizados" por tropas regulares abre o caminho para a aplicação das *small wars*, que, à primeira vista, se limitam às campanhas de conquista ("já que uma grande potência anexa o território de raças bárbaras") e expedições punitivas "contra tribos que habitam nas proximidades de colônias distantes".[4] Mas sua definição como "guerra *partisan*" (*partisan warfare*) desfaz essa aparência e reestabele a ordem das guerras em *Civilizados, bárbaros e selvagens*. E não surprende que a con-

---

diamantífera De Beers e da Rodésia (após ter sido governador da província do Cabo): "Se eu pudesse, anexaria os planetas".

2 Canhoneiras, armas de fogo com espoletas de percussão recarregadas pela culatra, metralhadoras etc.

3 Ernest Renan, "La Réforme intellectuelle et morale de la France". Paris: Michel-Lévy Frères, 1871.

4 Charles E. Callwell, *Small Wars: their Principles and Practices*. [1896] London: Harrison & Sons, 1906, p. 22.

quista francesa da Argélia tenha lugar de destaque nesse tratado *late Victorian* da contrainsurreição.

Desautorizando toda nostalgia pelo que Hannah Arendt chamou de "idade de ouro da segurança" (que não seria rompida até o fim do século XIX, pelo pensamento racial dos bôeres),[5] tais guerras de conquista põem em relevo o caráter contínuo da acumulação primitiva, prolongando o racismo colonial em plena era industrial. Isso vai contribuir rapidamente para o desenvolvimento "científico" da fórmula imperialista *"Expansion is everything"*, no corolário que o persegue como sua sombra desde meados do século XIX!: *"Race is everything"*. O que confirma a nossa hipótese: o capitalismo é, consubstancialmente, um "mercado" da subsunção mundial que inclui, em sua própria realidade, a criação contínua e racialmente baseada da acumulação "colonial". O próprio conceito de "modo de produção industrial" deve necessariamente incluir como suas "forças produtivas" a violência da predação imperialista e a do racismo colonial, burocratizadas no "governo das raças submetidas",[6] junto com o trabalho, o capital e os novos bancos, que financiam o conjunto da operação (sob a proteção do Estado). Essa afirmação é, de fato, bem pouco arendtiana, tendo em vista que, para a autora, "a normal evolução capitalista" enceta "a morte natural de uma sociedade racista".[7] Problema: a expansão imperialista depende (economicamente) do primeiro, incluindo (historicamente) o segundo em uma tanatopolítica racial, e assim poderíamos dizer, como sugere Olivier Le Cour Grandmaison, que ela é a "tentativa de chegar aos objetivos da biopolítica por outros meios"...

A nova guerra colonial abala a fundo o conceito e a realidade da guerra tal como praticada na Europa. Na esteira

---

5 Hannah Arendt, *Origens do totalitarismo*, op. cit., p. 72. E o capítulo 3 da parte II, sobre a sociedade racial dos bôeres e seu valor como modelo para a elite nazista.
6 Ver Lord Cromer, "The Government of the Subject Races". *Edinburgh Review*, 1908.
7 H. Arendt, *Origens do totalitarismo*, op. cit., p. 229.

de Rosa Luxemburgo, Carl Schmitt descreve perfeitamente o imperialismo como uma "apropriação de terras" (e menciona consequentemente a expansão colonial), mas com isso não leva em consideração as modalidades de guerra colonial que antecipam e preparam a "guerra total". Do mesmo modo, Foucault vê na "guerra das raças" um meio de restabelecer, contra o saber jurídico-político das filosofias da soberania, a singularidade histórica da guerra no horizonte do que ele chama de "guerra fundamental"; mas não se interessa pelo elemento colonial da "guerra das raças". A guerra de civilizações, que leva o "progresso" e o "esclarecimento" aos "selvagens", é uma velha prática europeia. Adquire feições novas, universalistas, republicanas e liberais, com a *missão civilizadora* empreendida pela França pós-revolucionária contra o "despotismo oriental", a barbárie dos árabes e o fanatismo marcial da "religião maometana" (a religião "da cimitarra" denunciada por Montesquieu é colocada a serviço da luta colonial entre "duas civilizações").[8]

Tanto do lado do colonizado como do colonizador, a guerra de conquista e pacificação não poderia ser uma guerra "convencional", visando à rendição do soberano e à capitulação de suas armas. O colonizado não é um inimigo organizado em torno de um exército regular que obedeça ao comando centralizado de um Estado à maneira europeia, que tenha *monopolizado* a máquina de guerra: furtando-se a todo poder central, as tribos árabes (nômades) e os agricultores (essencialmente berberes e cabilas) sempre portaram armas e protegeram possessivamente o direito de exercer a força a serviço da "independência". Apresentado como um criminoso nato, o "indígena" argelino estaria particularmente bem equipado para praticar o que passou a se chamar, a partir da Guerra Peninsular, de guerrilha, da qual muitos oficiais franceses que haviam servido na Argélia estavam a par por terem combatido essa "verdadeira praga, causa primeira dos malogros da França" (segundo Napoleão ao conde de Las Cases).

---

8   Olivier Le Cour Grandmaison, *Coloniser, exterminer: sur la guerre et l'État colonial*. Paris: Fayard, 2005, pp. 128, 85–89.

Diante da ameaça de que algo similar viesse a se repetir na Argélia, o exército francês na África decide em 1840 "enfrentar a guerrilha com seus próprios meios", uma espécie de contraguerrilha que saberá aproveitar a declaração de Abd el-Kader, emir dos "árabes" ("um Cromwell muçulmano", segundo Tocqueville), a Thomas-Robert Bugeaud, governador da colônia: "Quando vosso exército avançar, nos retiraremos, mas tereis de vos retirar, e então voltaremos. Só entraremos em batalha quando julgarmos conveniente. Seria tolice nos opormos às forças que trazeis convosco. Mas poderemos exauri-las, destruí-las nos pequenos detalhes".[9]

Como enfrentar, dentro das regras do direito da "guerra entre nações", um inimigo furtivo, uma população mobilizada contra um exército de conquista e ocupação? Os limites do espaço e do tempo, típicos da guerra convencional, estendem-se à totalidade do território ocupado e da sociedade, alterando profundamente a natureza desta e colocando em xeque o princípio de uma paz duradoura com os "árabes", que jamais poderia ser decretada. (Frantz Fanon: "Como que para ilustrar o caráter totalitário da exploração colonial, o colono faz do colonizado uma espécie de quintessência do mal".)[10] Uma vez derrotados, trata-se de exercer uma "dominação total", para explorar e tornar irreversível a conquista, de acordo com a recomendação de Tocqueville, esse ilibado liberal, em um relatório que redigiu como deputado encarregado de assuntos coloniais. "Dominação total" é o nome biopolítico de um *novo estado de guerra permanente*.

Como sugere Tocqueville no "Relatório sobre a Argélia" (1841) – que deveria ser leitura obrigatória para os que insistem que o "problema do liberalismo é a defesa do mínimo governo possível" –, a guerra colonial deve pôr em prática tudo o que o "direito das gentes" da guerra convencional proíbe, arrasar a economia do território ocupado, "destruir

---

9 Carta de Abd el-Kader a Bugeaud, citada por Yves Lacoste, *La Question post-coloniale: une analyse géopolitique*. Paris: Fayard, 2010, p. 297.
10 Frantz Fanon, *Os condenados da terra* [1961], trad. José Laurênio de Melo. Rio de Janeiro: Civilização Brasileira, 1968, p. 30.

tudo o que se assemelhe a uma agregação permanente de populações, ou seja, a uma cidade", praticar saques, incendiar vilarejos, tomar os rebanhos, "capturar homens desarmados, mulheres e crianças", ignorar a distinção entre civil e militar (sem, entretanto, executar sistematicamente os prisioneiros). Como explica Bugeaud, que se apresenta como um defensor responsável do caminho do meio, a atuação do governo sobre as populações "não pode separar a dominação da colonização, e vice-versa"; e prossegue: "o objetivo não é correr atrás dos árabes, o que seria inútil, mas impedir que eles semeiem, colham e distribuam, [...] que gozem do fruto de seus campos [...]; é preciso, por isso, todo ano, queimar suas plantações [...] ou então exterminá-los diretamente".[11] Se Tocqueville se opõe a essa medida extrema e prefere "pressionar os árabes", ele concorda com Bugeaud que é necessário adaptar o exército a novos gêneros de combate de tipo contrainsurrecional e preconiza procedimentos que prefiguram, inclusive, a organização modular do exército, que se generalizou na década de 1960. Se é necessário manter as "grandes incursões", para mostrar "aos árabes que não há em seu país obstáculo que possa nos deter", não se deve esquecer que "é mais importante ter numerosas unidades móveis, agitando-se incessantemente em torno de pontos fixos, do que um grande exército". O que requer a "criação na África de um exército especial", único capaz de voltar contra os "bárbaros" os seus próprios métodos.[12]

A aprovação da estratégia militar de Bugeaud (incluindo as *"enfumades"*, técnica de sufocar com fumaça)[13] não implica, porém, a aceitação do seu plano de colonização paramilitar

---

11 Mencionado por François Maspero, *L'Honneur de Saint-Arnaud*. Paris: Plon, 1993, pp. 177–78.

12 Alexis de Tocqueville, "Travail sur l'Algérie" [1841], in *Œuvres complètes*. Paris: Gallimard, "Bibliothèque de la Pléiade", 1991, pp. 706, 710, 716. Ver Olivier Le Cour Grandmaison, op. cit., pp. 98–114.

13 Conforme o texto de Tocqueville: "Ouvi [...] de homens que respeito, mas com os quais não concordo, que é errado queimar plantações, esvaziar silos, capturar homens desarmados, mulheres e crianças. Essas são, do meu ponto de vista, necessidades infelizes,

da Argélia (colonização de veteranos inspirada no modelo romano, com vista à formação de um *exército de trabalhadores*).[14] Para Tocqueville, todos os meios coercitivos necessários à "dominação dos árabes, sem o que não haverá segurança para a população europeia nem progresso da colonização",[15] têm por objetivo incluir a exceção colonial por meio da "normalização" da situação argelina (a *pacificação*), sob a regra geral do liberalismo ("que as condições econômicas sejam tais [na Argélia] que se possa encontrar facilidades e chegar com frequência à riqueza") e do "livre comércio" com a França.[16] Tal é o princípio de uma *governamentalidade colonial liberal* em que a "liberdade" exclusiva dos colonos (a população europeia substitui o "elemento indígena" ao reprimi-lo ou destruí-lo)[17] repousa sobre dispositivos que depois serão típicos das *guerras de segurança*. Estas prolongam (no exterior), recorrendo a esses meios de exceção, a arte liberal de governar (no interior), em estreita relação com "a formidável quantidade de intervenções governamentais" e com as "estratégias de segurança que são", como Foucault apontou, "o inverso e a própria condição do liberalismo".[18] Pode-se agora compreender a afirmação de Tocqueville segundo a qual "não é que a organização social da África precise ser excepcional apesar de algumas coincidências, ao contrário: as coisas na África devem ser conduzidas tal como na França, salvo por algumas

---

mas às quais qualquer um que queira guerrear contra os árabes deve se submeter". "Travail sur l'Algérie", op. cit., p. 704.

14 O marechal de Bugeaud publicou, em 1838, *De l'Établissement de légions de colons militaires dans les possessions françaises de l'Afrique*, retomando o argumento dessa peça em 1842, no opúsculo *L'Algérie: des moyens de conserver et d'utiliser cette conquête*.

15 Carta de Bugeaud para Genty de Bussy, 30 mar. 1847.

16 "Rapport fait par M. de Tocqueville sur le projet de loi portant demande d'un crédit de 3 millions pour les camps agricoles de l'Algérie" [1847], in Alexis de Tocqueville, *Œuvres complètes*, op. cit., p. 404.

17 Há um consenso em relação ao extermínio de praticamente metade da população da Argélia, que entre 1830 e 1850 passa de 4 milhões a 2,3 milhões de pessoas.

18 M. Foucault, *Nascimento da biopolítica*, op. cit., pp. 88–89.

exceções".[19] Entre essas exceções, a interdição do comércio feito pelos "árabes", que é, na avaliação do liberal Tocqueville, "o meio mais eficaz para submeter as tribos".[20]

Quando a Revolução de Fevereiro de 1848 se transforma em guerra civil, na qual pela primeira vez a "classe operária" se manifesta como sujeito político de *combate de classe* ("Ai da Insurreição de Junho!"),[21] quem melhor que generais veteranos da África para combater não um exército, mas os "beduínos da metrópole", que não têm *gritos de guerra, nem chefe, nem flâmulas*? Quem poderia gerenciar não um campo de batalha, mas uma cidade, em que os combates se dão rua a rua, casa a casa, senão os que haviam travado contra os "árabes" uma guerra "total"? O mesmo Bugeaud, responsável pela repressão aos levantes de 13 e 14 de abril de 1834, terá o comando da "Guerras das ruas e casas" [*La Guerre des rues et des maisons*, título de um manuscrito de Bugeaud sobre o período], promovendo a reorganização da própria cidade, doravante pensada como campo de batalha no front interno da luta de classes. Quem melhor para enfrentar os "bárbaros domésticos", senão os que haviam combatido os "bárbaros" das colônias em situação semelhante? Quem melhor para aniquilar "essa corja rebelde", esses "animais brutos e ferozes" do populacho revoltado do que o "Cavaignac Africano", nomeado governador da Argélia em fevereiro de 1848 e ministro da guerra em 17 de maio do mesmo ano, preparado para "atuar em Paris" com seu exército de guerra civil tal como fizera nas montanhas de Cabília? Tocqueville, de início reticente ("mais por instinto do que por reflexão") em relação à "ditadura militar" instaurada sob Cavaignac, termina por apoiar incondicionalmente a *destruição programada*

---

19 A. de Tocqueville, "Travail sur l'Algérie", op. cit., p. 752.

20 Ibid., pp. 705–06. A "devastação do país", para Tocqueville, é o "segundo meio mais eficaz".

21 Se faz necessário citar os *Souvenirs* de Tocqueville: "A insurreição de junho não foi, a bem da verdade, uma batalha política (no sentido que atribuíamos a esse termo até então), mas uma luta de classes, um tipo de guerra servil". A. de Tocqueville, *Souvenirs*. Paris: Gallimard, 1978, pp. 212–13.

do inimigo interno por meio de táticas militares "coloniais" (mil mortos em combate; 3 mil prisioneiros executados). No opúsculo sobre "as jornadas de junho de 1848", Engels – que ocasionalmente podia repetir o refrão racial sobre o "baixo nível [...] moral" dos cabilas e árabes, mas não o racismo de classe que assombrava a França dos anos 1840 – se refere nada menos que três vezes à guerra da Argélia, para mostrar que os trabalhadores parisienses, malgrado sua experiência militar, não estavam preparados para enfrentar o emprego de "meios argelinos" e da "barbárie argelina". Como poderiam imaginar que se travasse, "em plena Paris, uma guerra como na Argélia", submetendo a população inteira a uma "guerra de extermínio"? Explica-se: é que "a burguesia declarou os trabalhadores não como inimigos ordinários, mas como inimigos da sociedade como um todo, que é preciso exterminar".[22] Os generais do exército da África definirão para sempre a "natureza" da República por meio do massacre da insurreição popular argelina, na qual "as mulheres [...] ocuparam tanto espaço quanto os homens". Daí as palavras de Bugeaud: "Tereis uma república democrática, isto é certo; mas uma república social, jamais! Tomai nota do que vos digo".[23] Longe de ser contrário à política de emigração colonial para fazer do proletário um proprietário colonial (*o sabre e o arado*), o ódio racial dos generais da campanha africana identifica de imediato o fio vermelho que une os "indígenas do interior" aos indígenas das colônias, ao contrário da esquerda francesa, eternamente às voltas com seu ardor republicano.

Resta dizer que a dominação exercida pelo modelo majoritário/minoritário (colonizador/colonizado) "beneficia" também os operários europeus. Apesar da exploração que sofrem na metrópole, também compartilham com os capitalistas dos dividendos da colonização, o que os aburguesa, na expressão de Engels, que sublinha, em carta de 1882 a Kautsky, o

---

22 Friedrich Engels, "Les Journées de juin 1848" [1848], in Karl Marx, *Les Luttes de classes en France*. Paris: Éditions Sociales, 1981, p. 184.
23 A. de Tocqueville, *Souvenirs*, op. cit., p. 213. Ele enxerga "o levante de uma população contra a outra".

seguinte: "Qual a opinião dos trabalhadores ingleses sobre a política colonial? Ora, exatamente a mesma que a dos burgueses [...]. Os trabalhadores participam do monopólio colonial e comercial da Inglaterra, e vivem alegremente de seus frutos".[24] Será preciso esperar até 1920 para que Lênin, em seu relatório ao II Congresso da Terceira Internacional Comunista, venha explicar que a luta contra o imperialismo só será vitoriosa quando a ofensiva "dos trabalhadores explorados e oprimidos se reunir à ofensiva revolucionária de centenas de milhões de pessoas que, até o presente, permaneceram fora da história e foram consideradas como meros objetos".[25]

As políticas "raciais" trazem à tona a força das divisões no interior do proletariado mundial e expõem a fraqueza do internacionalismo operário, que sofre, no fundo, das mesmas limitações que seu "irmão" liberal quanto à aplicação universal de seu princípio. Curiosamente, os primeiros congressos socialistas que ocorreram na Argélia, em fins do século XIX e início do XX, defendem a "mão de obra francesa" contra a italiana, considerada estrangeira, e, enquanto os colonizadores franceses se dizem "argelinos", os nativos são "indígenas" ou "muçulmanos".[26]

Nesse caso, como no das hierarquias sexuais, o poder passa pelos dominados, que o reproduzem e se conformam a ele. Os operários, objeto de um racismo de classe que se estende pelos séculos XVIII e XIX, voltam-no contra os colonizados. Encontra-se aí, mais uma vez, o cruzamento entre a exploração de classe e a dominação do modelo majoritário militarista. Que se pense, por exemplo, no cidadão-soldado napoleônico como modelo *popular* de uma virtude cívica masculina, que, nos anos 1840, retoma os trabalhos num lado mais republicano (aquele dos *colonos-operários* e *colonos-*

---

24 Ver *Marxisme et Algérie*, textos de Marx e Engels apresentados e traduzidos por R. Gallisot e G. Badia. Paris: UGE, 1976, p. 394. Engels retoma a mesma tese em seu prefácio à segunda edição de *A situação da classe trabalhadora na Inglaterra* (1892).

25 Id., *Marxisme et Algérie*, op. cit., p. 285.

26 Ibid., p. 265.

-*lavradores*) da Argélia francesa. A guerra colonial é também uma "guerra de subjetividade", pois o estabelecimento da relação de dominação entre colonizador e colonizado é, igualmente, uma relação de sujeição que condicionará, por um bom tempo, a subjetividade tanto dos colonizadores como dos colonizados.

Além disso, a descolonização política deve ser acompanhada por uma descolonização subjetiva, uma conversão da subjetividade que, para criticar o economicismo marxista, impedirá que se projetem o capitalismo e seus atores dialéticos, a burguesia "moderna" *e* "as classes operárias dos países civilizados", em um "progresso da civilização" – de acordo com o sintagma modernista usado por Engels a propósito da conquista da Argélia, no momento da captura do "chefe árabe" (a qual ele comemora).[27]

---

27 Ver F. Engels. "The Northern Star", 22 jan. 1848, in *Marxisme et Algérie*, op. cit., p. 25: "No âmbito geral, é, em nossa opinião, uma boa sorte o chefe árabe ter sido levado. Não havia esperança na luta dos beduínos e, apesar de a guerra ter sido travada de forma muito censurável por soldados brutais, como Bugeaud, a conquista da Algéria foi um fato importante para o progresso da civilização". Sobre essa questão do "modernismo" eurocêntrico marxiano, ver Peter Osborne, *Marx*. London: Granta, 2005, caps. 7 e 10.

[7]
LIMITES DO LIBERALISMO DE FOUCAULT

[Vocês conhecem] a citação de Freud: "Acheronta movebo".[1] Pois bem, gostaria de situar o curso deste ano sob o signo de outra citação, menos conhecida, que foi feita por alguém menos conhecido, bem, de certo modo, o estadista inglês Walpole, que dizia, a propósito da sua maneira de governar: "Quieta non movere", "não se deve tocar no que está quieto". É o contrário de Freud, em certo sentido.

MICHEL FOUCAULT, aula de 10 de janeiro de 1979, in *Nascimento da biopolítica*.

Assombrado pelo pensamento de 1848 e pelo projeto de uma "República que ou seria democrática e social ou não seria

---

1 Foucault se refere à epígrafe de *A interpretação dos sonhos* (1900) de Freud, "*Flectere si nequeo superos, Acheronta movebo*", "Já que no céu nada alcanço, recorro às potências do Inferno", extraída de Virgílio, *Eneida*, VII, 312, trad. Carlos Alberto Nunes. São Paulo: Editora 34, 2014. Ou, na tradução de Paulo César de Souza de *A interpretação dos sonhos* (São Paulo: Companhia das Letras, 2019): "Se não posso dobrar os poderes celestiais, agitarei o Inferno". [N. T.]

nada" (na fórmula dos revolucionários de então), o século XIX é o do triunfo do liberalismo, com seu espetáculo de crises e de miséria da classe operária, ambas engendradas pela "liberdade de comércio". Esta última teria supostamente substituído a guerra e o controle ilimitado de um Estado que se *limitará* a garantir a segurança dos bens e das pessoas que *os possuem*, segundo o raciocínio de sabor bastante lockiano de Benjamin Constant, que conclui pela garantia dos direitos políticos apenas "aos que dispõem do tempo livre indispensável à aquisição de esclarecimento".[2] Indicação suficiente de que a gestão liberal da liberdade só se firmará inabalavelmente no horizonte das sociedades democráticas quando começar por opor, à perspectiva da subversão da sociedade burguesa, a realidade da guerra civil contra os "beduínos internos". É uma característica intrínseca à ordem liberal das coisas que os sobreviventes das Jornadas de Junho de 1848 e suas famílias sejam deportados aos milhares para a Argélia, com a aprovação, entre outros, de Tocqueville – que explicará esses eventos evocando o que se tornará um *leitmotiv* no argumento liberal: o *crescimento desenfreado* do Estado, em decorrência das Revoluções, em detrimento da sociedade, a qual, para ser efetivamente *defendida*, deve ser deixada por sua própria conta (*"laisser faire"*)...

Mas não é apenas em razão de sua negação da história da colonização e do papel dos mais ilustres liberais, que associam a ela a questão social, que não podemos subscrever a abordagem do liberalismo proposta por Foucault no curso do Collège de France dedicado ao *Nascimento da biopolítica* (1978–79). Esse curso foi muitas vezes tomado como uma análise do neoliberalismo, o qual, para Foucault, não passa de um *gênero particular* dessa *espécie comum* designada por ele como "arte liberal de governar" e que remonta ao século XVIII.

---

2   Ver Benjamin Constant, *Principes de politique applicables à tous les gouvernements représentatifs et particulièrement à la constitution actuelle de la France*. Paris: A. Eymery / Impr. de Hocquet, 1815. O motivo é enunciado de maneira ainda mais clara no título do capítulo 8: "Apenas a propriedade torna os homens aptos a exercer direitos políticos".

Na análise da governamentalidade liberal, cujas primeiras manifestações se encontrariam nos Fisiocratas, que ele toma ao pé da letra (o *laissez-faire* como meio de pôr fim à escassez de grãos), Foucault descarta a guerra como "cifra" das relações de poder, adotando a hipótese disciplinar, que vem substituir o desenvolvimento de uma teoria dos limites que a economia política impõe à governamentalidade. "O liberalismo é, num sentido mais estrito, a solução que consiste em limitar ao máximo as formas e domínios de ação do governo."[3] Na economia de mercado, a forma moderna da governamentalidade , "em vez de se chocar contra limites formalizados por jurisdições, [...] se [atribui] limites intrínsecos". O limite deixa de ser externo (direito, Estado) e torna-se imanente, sob a forma de uma "autolimitação da razão governamental, característica do 'liberalismo'", que será estudada no "quadro geral da biopolítica".[4] Nesse novo quadro, o filósofo privilegia a correlação entre a "mão invisível" e o *homo œconomicus*, inscrevendo-a no coração do liberalismo como desqualificação das derradeiras formas de *soberania*: soberania econômica (pois o mundo econômico é de uma multiplicidade arredia à totalização na própria medida em que garante espontaneamente a convergência dos pontos de vista) e soberania política (uma razão de governamentalidade na qual coincidem, como para os Fisiocratas, a liberdade dos agentes econômicos e a existência do soberano). Ao nos pautarmos por Foucault, com Adam Smith a economia torna-se uma "disciplina ateia", "sem totalidade", que ataca o próprio princípio da totalização, submetendo-o a uma verdadeira "crítica da razão do governo". Ele explica, ainda, que é preciso tomar essa crítica "no sentido próprio e filosófico do termo",[5] ou seja, no sentido kantiano, de autolimitação (transcendental) da razão. A mesma Crítica, portanto, que, um ano antes, fora tema de uma conferência ("O que é a crítica?"), minis-

---

3 M. Foucault, *Nascimento da biopolítica*, op. cit., p. 28.
4 Ibid., pp. 29–30.
5 Ibid., p. 385. Ver o longo comentário sobre a "mão invisível" na última parte da aula de 28 de março de 1979, pp. 379–89.

trada sob o signo da *arte de não se deixar governar demais* e que, anos depois, será complementada por outra conferência, "Resposta à pergunta: o que é o esclarecimento?".[6] Foucault adota o mesmo título que um opúsculo de Kant de 1784 sobre a *Aufklärung*, situando assim o filósofo alemão em relação ao grande movimento bascular do liberalismo. Em *Nascimento da biopolítica*, cabe a Adam Smith, como não poderia deixar de ser, emitir o veredito liberal acerca de toda *Aufklärung*, passada, presente ou futura, e atribuir à arte de governar, "que tem por objetivo sua própria autolimitação [...] indexada à especificidade dos processos econômicos", um campo de referências novo, indissociável do *homo œconomicus*, que é, obviamente, a *sociedade civil*.[7]

Centradas na história do modelo do *homo œconomicus*, as duas últimas aulas do curso têm importância "estratégica" na obra de Foucault, na medida em que nelas o liberalismo é identificado à problemática do governo da "sociedade". É "em nome da sociedade" que será interrogada a necessidade do governo, "em que se pode prescindir dele e sobre o que é inútil ou prejudicial que ele intervenha".[8] A questão orienta a investigação, no sentido de reparar uma ruptura entre a prática de governo e o direito, como princípio da "limitação externa" da razão de Estado.

Retomemos e resumamos, em linhas gerais, a demonstração de Foucault nessas duas aulas. Elas oferecem um plano coerente do curso como um todo, que começa analisando uma nova concepção de "razão governamental crítica", na qual se objetará não "ao abuso da soberania", mas "ao excesso do governo".[9]

O capitalismo traz à tona uma heterogeneidade irredutível entre o sujeito econômico (*homo œconomicus*) e o sujeito de direito. Enquanto este último se socializa mediante a renúncia de seus direitos, transferindo-os a uma autoridade supe-

---

6 Id., *Qu'est-ce que la critique? Suivi de La culture de soi* [1978]. Paris: Vrin, 2015.

7 Id., *Nascimento da biopolítica*, op. cit., p. 404.

8 Ibid., p. 433.

9 Ibid., p. 18.

rior, o sujeito econômico se socializa pelo que Foucault chama de "multiplicação espontânea" de seus interesses, processo tão irredutível que torna a arte de governar essencialmente incapaz de "dominar a totalidade da esfera econômica". O "campo de imanência indefinido" de um sujeito movido pelo interesse destrona a soberania, tornando-a cega para a totalidade do processo econômico. A questão que se põe então é esta: onde encontrar "um princípio racional para limitar de outro modo que não seja pelo direito", nem pela "ciência econômica", uma governamentalidade que se encarrega da irredutível heterogeneidade do econômico ao jurídico?

Definindo uma tecnologia de poder "que administrará a sociedade civil, que administrará a nação, que administrará a sociedade, que administrará o social",[10] Foucault se põe a reconstruir a história do conceito de sociedade (civil) sobre a qual o governo deverá se exercer a partir de um "ponto de inflexão" que ele situa na segunda metade do século XVIII e compreende como uma ruptura com a filosofia lockiana da sociedade civil. Pois esta última seria ainda caracterizada pelo primado da estrutura jurídico-política ("Da sociedade política ou civil"...), ao passo que a nova concepção de sociedade civil consiste em conceder um lugar privilegiado para o sujeito econômico, enquanto portador de uma nova forma de racionalidade, de todo desprovida de transcendência.

Foucault aproxima de *A riqueza das nações*, de Adam Smith, o *Ensaio sobre a história da sociedade civil*, de Adam Ferguson ("a palavra 'nação' em Adam Smith tem mais ou menos o sentido de sociedade civil em Ferguson"),[11] pois, no seu entender, é com esse filósofo que se expressa em definitivo uma posição, já difusa, que afirma um princípio de continuidade entre a sociedade civil e o sujeito econômico. A exemplo do vínculo econômico, o vínculo social se formaria espontaneamente, sem que seja preciso instaurá-lo ou que ele se instaure por si mesmo. Assim como na economia, a sociedade civil garante a síntese espontânea dos indivíduos,

---

10 Ibid., pp. 398–403.
11 Ibid., p. 405.

sem ter de recorrer a um "contrato explícito", a um "pacto de união voluntária" ou a uma "renúncia dos direitos" situada nos primórdios da vida civil.

As relações de poder não têm a forma jurídico-política do *pactum unionis* e do *pactum subjectionis*, pois o fundamento do poder (e das relações de subordinação que o animam) se encontra em um "vínculo de fato que vai ligar entre si dois indivíduos concretos e diferentes".[12] A estrutura político-jurídica é posterior a relações de poder espontaneamente formadas pelo jogo de diferenças entre os indivíduos. A cumplicidade entre sujeito econômico e sociedade civil é, com isso, claramente estabelecida, pois, em ambos os casos, a força de socialização reside no interesse: no caso da sociedade civil, "interesses desinteressados" (simpatia, compaixão, repugnância etc.) e, no do *homo œconomicus*, "interesses egoístas".

Interesses egoístas não produzem "territorialidade, localização, agrupamento singular" (o mercado desterritorializa, universaliza, suas relações são "abstratas"). Já interesses desinteressados produzem laços comunitários e, logo, conjuntos demarcados territorialmente, localizados, singulares. "A sociedade civil é muito mais que a associação dos diferentes sujeitos econômicos", pois não é um simples sistema de trocas de direitos ou de trocas econômicas. Portanto, "o egoísmo econômico poderá representar nela o seu papel" (fixando-se territorialmente, instalando-se em grupos singulares), e esse papel é positivo, de ruptura de inovação, enquanto agente de mudança da sociedade. A síntese espontânea de "interesses egoístas" (o *mercado*) ameaça constantemente a outra síntese, igualmente espontânea, dos "interesses desinteressados" da sociedade civil, agindo "como princípio de dissociação dos equilíbrios espontâneos da sociedade civil".[13] Mas o vínculo econômico, "dissociativo", já que egoísta, abstrato, desterritorializado e desterritorializante, constitui, ao mesmo tempo, um princípio positivo de "transformação histórica" ou de "transformação perpétua" da sociedade civil. Para falarmos

12 Ibid., p. 412.
13 Ibid., pp. 409–15.

com Adam Smith, "todo homem subsiste por meio da troca, tornando-se de certo modo comerciante".[14] A sociedade civil e o sujeito econômico fazem parte de um mesmo conjunto, dotado de "realidade transacional".[15] "A sociedade civil", conclui Foucault, "é o conjunto concreto no interior do qual é preciso recolocar esses pontos ideais que são os homens econômicos, para poder administrá-los convenientemente."[16]

Compreende-se agora por que o liberalismo, reconfigurado a partir de um utilitarismo cuja imanência remete a uma nova tecnologia de governo, interessa tanto a Foucault. Entrecruzam-se aí de maneira profunda todas as temáticas que lhe são mais caras: crítica da forma jurídico-política, crítica da soberania, genealogia não jurídica do poder, constituição de "unidades coletivas e políticas, sem ser por isso vínculos jurídicos: nem puramente econômicos, nem puramente jurídicos".[17] Se a sociedade civil existe, com seus fenômenos de poder espontâneos, antes da forma jurídico-política, o problema que determina toda *nova arte de governar* é, simplesmente, "o de saber como regular o poder, como limitá-lo no interior de uma sociedade em que a subordinação já atua",[18] desqualificando assim a razão política "indexada ao Estado", inclusive em sua versão não despótica.

Foucault vai se deter na diferença entre a Alemanha, onde o valor da sociedade civil está em sua capacidade de "suportar um Estado" (numa linha que leva de Kant a Hegel), a França, que, após a Declaração dos Direitos do Homem, viu-se cindida entre "a ideia jurídica de um direito natural, que o pacto político tem por função garantir" (a partir de Rousseau), e as condições que a burguesia impõe ao Estado, e, por fim, a Inglaterra, que *desconhece o problema do Estado* em razão da "governamentalidade interna à sociedade civil",[19]

---

14 A. Smith, *A riqueza das nações*, v. I, op. cit., p. 81.
15 M. Foucault, *Nascimento da biopolítica*, op. cit., p. 404.
16 Ibid., p. 403.
17 Ibid., p. 417.
18 Ibid., p. 419.
19 Ibid., pp. 420–21.

que faz do governo um *perigoso suplemento*... À guisa de ilustração da mão invisível, em que os interesses se combinam espontaneamente, Foucault toma de Ferguson uma análise comparada dos modos de colonização inglês e francês. "Os franceses chegaram com seus projetos, sua administração, sua definição do que seria melhor para suas colônias na América", e estas fracassaram, mostrando assim a falta de recursos de seus "homens de Estado". Ao que acrescenta Foucault-Ferguson (um Ferguson purgado de toda ideia de *virtude republicana* para melhor ser *liberalizado*): "Os ingleses chegaram para colonizar a América [...] com 'vistas curtas'. Não tinham nenhum outro projeto senão o proveito imediato de cada um, ou antes, cada um tinha em vista unicamente a vista curta do seu próprio projeto. Com isso, as indústrias foram ativas e os estabelecimentos floresceram".[20] Assim, é graças ao "esclarecimento" de Adam Smith que "a economia política denuncia, no meado do século XVIII, o paralogismo da totalização política do processo econômico".[21] Mas Foucault não ignora que o Tratado de Viena (1815) sela o domínio político-militar da Inglaterra, cujo poderio econômico e domínio dos mares permitirão que imponha a livre circulação marítima, fazendo do mar o espaço de uma livre concorrência que ela, no entanto, *controla*, promovendo, em benefício próprio, uma "planetarização comercial" *irrestrita*, que implica "a própria *totalidade* do que pode ser posto no mercado, no mundo".[22] Em suma, essa suposta "Europa do enriquecimento coletivo", região "de desenvolvimento econômico ilimitado em relação a um mercado mundial", que Foucault qualifica de liberal, sem, contudo, jamais examinar seu caráter imperial, mereceria algumas considerações adicionais, acerca da exata natureza do papel da Inglaterra de "mediador econômico entre a Europa e o mercado mundial".[23]

---

20 Ibid., p. 382.
21 Ibid.
22 Ibid., pp. 75, 80, grifos nossos; e, ainda, pp. 82–83, sobre a posição da Inglaterra; e p. 78, sobre o caráter ilimitado do mercado externo.
23 Ibid., pp. 75, 82, 83.

Ao longo de suas aulas sobre o nascimento da biopolítica, Foucault tem em mente as formas de governamentalidade mais significativas do pós-Segunda Guerra, o ordoliberalismo alemão e o neoliberalismo americano, os quais analisa pelo prisma da governamentalidade da sociedade. No entanto, a esse respeito, sua leitura é altamente problemática e, se nos permitem dizer, *acrítica.*

Pois essa ideia, essa *ideação* de uma "sociedade civil" que neutraliza, com um mesmo golpe, o Estado, a guerra (e a guerra civil) e o Capital não vai além da segunda metade do século XIX. Foucault não interroga nem as razões de seu fracasso nem as catástrofes que ela trouxe consigo. Tudo o que fora rejeitado pela doutrina liberal (guerra, Estado e Capital) retorna com uma força destrutiva inaudita. No entanto, Foucault reconhece que é assim: "com o século XIX, entra-se na pior época da guerra, das tarifas aduaneiras, dos protecionismos econômicos, das economias nacionais, dos nacionalismos políticos, das [maiores] guerras que o mundo já conheceu, etc.".[24] Mas, como projeta tudo isso em um plano estritamente histórico, o das crises de economia do capitalismo, a guerra se torna a demonstração *ad absurdum* da "incompatibilidade de princípio entre o desenrolar ótimo do processo econômico e uma maximização dos procedimentos governamentais".[25] Essa tese, cujo conteúdo e tom se inspiram em Hayek, marca a fundo a análise que Foucault propõe dos "clássicos" (Locke, Smith, Ferguson, Hume) em *Nascimento da biopolítica.*

O comentário sobre o texto de Kant, *À paz perpétua: um projeto filosófico* (1795), expurgado de suas referências à guerra, para melhor assegurar a paz perpétua somente por meio da globalização comercial, é ao mesmo tempo necessário e... problemático em seu próprio objetivo.[26] Necessário pois se

---

24 Ibid., p. 80.
25 Ibid., p. 435.
26 Ibid., p. 80. Mas é no início das guerras que se dão, segundo Kant, o povoamento de regiões inospitaleiras e o estabelecimento de vínculos jurídicos.

trata de afirmar, com Kant e os liberais em bloco, a incompatibilidade entre o *espírito comercial* e a guerra. Do que se deduz um curioso republicanismo, que Foucault chama de "*república fenomenal dos interesses*", destacando que o novo regime da governamentalidade liberal é "uma coisa que já não tem de ser exercida sobre sujeitos e sobre coisas sujeitadas através desses sujeitos",[27] como seria próprio de um Estado policial. Mas trata-se, como dissemos, de uma leitura problemática do texto de Kant, na medida em que pretende fundamentar *a irredutibilidade das crises do liberalismo às crises da economia do capitalismo* para com isso pôr em relevo uma "crise do dispositivo de governamentalidade"[28] para a qual o liberalismo ofereceria, sob o nome de "autolimitação da razão governamental", a primeira e única resposta até aqui conhecida: uma sociedade "em que é a troca que determina o verdadeiro valor das coisas" e que problematiza, por conseguinte, "o valor de utilidade" do governo.[29] A essa explicação, que poderia ser chamada de *transcendental*, no sentido de uma economia transcendental do liberalismo, mobilizada e sustentada por ele, a história do século XIX contrapõe uma nova questão e desenha um retrato radicalmente diferente do liberalismo. A "multiplicidade não-totalizável" de que fala Foucault será destruída e substituída por uma centralização em monopólios, sob a pressão da forma mais abstrata do capital, o capital financeiro, que, efetivamente, deslocará todos os "limites" ao tornar impossível a "síntese" dos interesses e ao abrir caminho para as guerras imperialistas e coloniais. A guerra efetuará o acabamento do *tableau économique*,[30] coisa de que nenhuma "autorregulação" seria capaz. A totalização, que não pode ser realizada pela soberania, o será pelo "inverso" desta, a guerra e a máquina de guerra do

27 Ibid., p. 63.
28 Ibid., p. 95.
29 Ibid., p. 64.
30 Referência ao *Tableau économique* do filósofo e economista francês François Quesnay, texto seminal da economia política publicado pela primeira vez em 1758, que Foucault conhecia bem e comenta em diversas ocasiões em sua obra. [N. T.]

Estado. De tal maneira que, se a concorrência econômica substitui a guerra, como querem os liberais, é para melhor conduzi-la de maneira inexorável.

Foucault tampouco se pronuncia sobre a continuidade entre o regime liberal da sociedade civil e a realidade de sua "pré-história" lockiana, no momento mesmo em que o liberalismo se projeta, ao longo do século xix, sobre a *sociedade civil dos proprietários-acionários*. Note-se a propósito a formulação de Tawney, que explica que, para Locke, "*a sociedade é uma companhia de acionistas*", que dela participam para "garantir os direitos que lhes foram concedidos pelas leis imutáveis da natureza" e na qual o Estado, "uma questão de comodidade, e não de sanções sobrenaturais, [...] assegura livre carreira ao exercício de tais direitos"[31] – o lucro mercantil assentado na intensificação das guerras de acumulação. Nessa via, reencontraremos, na arte da guerra liberal de Adam Smith, isso que Marx chama, no fim do livro I de *O capital* (e da seção VIII sobre "a acumulação primitiva"), e que localiza sob a insígnia de "A teoria moderna da colonização", o "segredo que a economia política do Velho Mundo descobre no Novo Mundo e proclama bem alto". Eis o segredo: "o modo capitalista de produção e acumulação – e, portanto, a propriedade privada capitalista – exige o aniquilamento da propriedade privada fundada no trabalho próprio, isto é, a expropriação do trabalhador".[32] O colonialismo reconduz, assim, *em última instância*, à verdade da guerra de classe como vetor de uma "governamentalidade" liberal cuja crítica ignora, desta vez, o caráter moderno da "dupla missão, destrutiva e regenerativa", da burguesia nos países colonizados.[33] Que nos encontremos aqui diante do que pode parecer a *versão original colonial* da

---

31 R. H. Tawney, *La Réligion et l'essor du capitalisme*. Paris: Marcel Rivière, 1951, p. 177.

32 K. Marx, *O capital*, livro I, op. cit., p. 844.

33 Ver K. Marx, "The Future Results of British Rule in India". *New York Daily Tribune*, 8 ago. 1853: "A Inglaterra tem a realizar na Índia uma missão dupla, de destruição e criação: a destruição da antiga ordem social, e a criação dos fundamentos materiais de uma ordem ocidental na Ásia".

célebre fórmula de Schumpeter sobre "a destruição criadora" do capitalismo indica suficientemente as consideráveis lacunas do discurso de Foucault acerca do liberalismo.

Retomemos o momento em que Foucault vê emergir, a partir da corrente liberal, dois princípios heterogêneos de governamentalidade: "o da axiomática revolucionária, do direito público e dos direitos do homem, e o caminho empírico e utilitário que define, a partir da necessária limitação do governo, a esfera de independência dos governados".[34] Se ele reconhece uma "série de pontes, de passarelas, de junções" entre os dois princípios, cabe somente ao último redefinir a questão da governamentalidade a partir do critério de utilidade (ou de sua inutilidade), no horizonte de um radicalismo utilitarista indexado unicamente a esse princípio, que, uma vez adequado à troca, se torna tal que o mercado determina, de saída, em um complexo jogo de interesses individuais e coletivos, a utilidade individual e a coletiva.

A questão "Por que governar?" é posta por qual realidade concreta da governamentalidade? Governam-se, no século XIX, as terras de predileção do liberalismo segundo os princípios da "independência dos governados em relação aos governantes"?

Em uma célebre polêmica entre liberais de ambas as costas do Atlântico, os ingleses zombam da palavra "liberdade" na boca de escravistas. Os "liberais" americanos respondem que na Inglaterra os trabalhadores, os pobres, os indigentes são tratados com mais crueldade que os escravizados. O que é, *de parte a parte*, totalmente acertado. Os liberais nunca adotaram o princípio de "independência dos governados em relação aos governantes" para "governar" as massas de despossuídos mantidas em estado de servidão, exploração e miséria. Essa humanidade, indigna de ser considerada como tal (o liberal Sieyès imagina um cruzamento entre "macacos e negros" para criar uma nova raça de serviçais), é submetida a uma governamentalidade de guerra civil que é o exato con-

---

34 M. Foucault, *Nascimento da biopolítica*, op. cit., p. 59.

trário do mínimo possível de governo, pois exerce uma dominação sem limites. Objeto da governamentalidade de um Estado policial que não se extingue com o "mercantilismo" de Locke, a população é, nesse sentido, um eufemismo, parte do *doux commerce* de Montesquieu denunciado por Marx. A independência dos governados em relação aos governantes diz respeito unicamente aos proprietários e seu objetivo principal é que o poder soberano jamais venha a limitar o gozo da liberdade de proprietários de exercer poder sobre escravizados ou semiescravizados – os pobres, os operários, suas mulheres e filhos...[35]

Em *Contra-história do liberalismo*, Domenico Losurdo pacientemente enumerou as definições propostas pelos historiadores para apreender a natureza do sistema liberal de poder relacionado à sua infraestrutura colonial: "plantocracia branca", "democracia dos plantadores", "*Herrenvolk democracy*" (democracia para o "povo dos senhores"), "liberalismo segregacionista", "republicanismo aristocrático", "democracia helênica" (construída sobre a escravidão), "democracia branca" ou, por fim, simplesmente uma "aristocracia".[36] Losurdo observa que a própria definição de "'individualismo proprietário' ou 'possessivo'" (C. B. Macpherson) mal dá conta dos contornos desse liberalismo que, no século XIX, opera por meio de expropriação, confisco, alistamento forçado e intervenções que trazem as marcas da mais feroz guerra civil contra os despossuídos, em continuidade direta com práticas que não ferem o "sentimento liberal", pois, desde Locke, nelas assenta o autogoverno da sociedade civil.

---

35 Notemos, de passagem, que a revolução exemplar de independência de governados diante de governantes, a saber, a Revolução Americana, não aboliu a escravidão (a maioria dos 39 delegados que assinaram a Constituição eram proprietários de escravizados); sem mencionar a ratificação, em duas ocasiões, de um dos mais infames subprodutos da instituição concreta do liberalismo clássico: a lei de fuga dos escravizados (Fugitive Slave Act em 1793, Fugitive Slave Law em 1850).

36 Domenico Losurdo, *Contra-história do liberalismo* [2005], trad. Giovanni Semeraro. São Paulo: Ideias & Letras, 2015, pp. 117–19.

Em *Nascimento da biopolítica*, Foucault conecta diretamente os problemas da governamentalidade dessa "sociedade civil" pós-lockiana ao governo da "sociedade" pelo liberalismo alemão (e pelo neoliberalismo da Escola de Chicago), arriscando-se, com isso, a obliterar um século de história. A "sociedade" do pós-guerra é radicalmente diferente da "sociedade civil" do século XIX, pois é o resultado de um processo duplo, que Foucault não reconstitui. Em primeiro lugar, ela resulta da luta dos escravizados, dos operários, dos pobres e das mulheres para destruir a "liberdade" dos proprietários, que se efetua como "liberdade" de exploração e dominação por meio da exclusão dos direitos civis e políticos. Ao longo do século XIX, os despossuídos farão tremer os muros da "democracia" censitária que protegem os proprietários e reivindicarão igualdade e liberdade *para todos*. O sufrágio "universal" (que exclui as mulheres) é a primeira reivindicação do nascente movimento operário. Será conquistado nas barricadas de junho de 1848 na França, contra as posições dos liberais que defendiam o voto censitário (lembremos que, na Inglaterra liberal do início do século XX, são proibidos de votar os indigentes, os trabalhadores domésticos, os operários não "domiciliados" e as mulheres). As liberdades de imprensa, de reunião e de associação são, igualmente, conquistadas por meio de lutas. E deve-se lembrar ainda que a "sociedade" do pós-guerra foi gerada por duas guerras mundiais que mobilizaram a "população" como um todo e reverteram a reivindicação de igualdade dos movimentos revolucionários do século XIX à igualdade do envolvimento de *todos* na guerra. Sem essa dupla ruptura com a sociedade civil dos proprietários, é impossível compreender a realidade da "sociedade" e do novo liberalismo que a "governará".

Em abril de 1983, Foucault retorna ao liberalismo. A liberdade dos liberais, conquistada contra o domínio da monarquia absoluta e contra a burocratização e os "excessos de poder" dos "Estados administrativos" do século XVIII, serve para que o filósofo problematize a burocratização e os excessos do poder administrativo contemporâneo, principalmente do *welfare*. Foucault propõe assim uma reavaliação não tanto do pensamento liberal, mas de sua própria problematização a respeito deste. "Creio estar recuperando um pouco esses problemas não para retomá-los nos mesmos termos em que foram formulados, voltando a John Stuart Mill, mas para reencontrar questões colocadas por Constant, por Tocqueville", questões que cabe "aplicar a todo regime socialista".[37]

Mas não seria melhor responder antes à crítica feita por Josiah Tucker a Locke e aos colonos americanos em rebelião contra a Inglaterra, crítica que pode ser aplicada ao liberalismo de Constant e de Tocqueville? "Todos os republicanos antigos e modernos [...] não sugerem outro esquema que não seja o de abater e igualar todas as distinções acima deles; usando de tirania ao mesmo tempo com os seres miseráveis que, desafortunadamente, estão colocados abaixo deles."[38] Tal é a razão pela qual a teoria da limitação da política pela economia voltada contra o soberano e o Estado, a partir do princípio "crítico" de que "todo governo é necessariamente excessivo", parece-nos incapaz de dar conta da ação histórica do liberalismo, ou seja, de sua *prática*, nos termos em que Foucault a enuncia e a reivindica para si.

Por trás de Locke e da sociedade civil liberal, encontramos sempre a figura de Hobbes, do Estado e de sua máquina de guerra, uma vez que a "sociedade" é sempre regida pela manutenção de profundas divisões. A partir de 1977, Foucault parece ter posto de lado as análises desenvolvidas no curso de 1972–73 (*A sociedade punitiva*), voltadas *contra* o conceito de "sociedade", em nome do qual o governo liberal se interroga sobre sua própria utilidade. Mas é preciso recuperar essas páginas, pois elas mostram que a governamentalidade se efetua não sobre a sociedade em geral, como depois afirmará Foucault, mas por meio da sua divisão.

---

37 M. Foucault, em diálogo inédito por ocasião de uma conferência em Berkeley, *Ethics and Politics*, em abril de 1983; apud Serge Audier, *Penser le "néolibéralisme": le moment néolibéral, Foucault et la crise du socialisme*. Lormont: Le Bord de l'Eau, 2015, p. 433.

38 Apud D. Losurdo, op. cit., p. 120.

Da relação entre hábito, disciplina, propriedade e sociedade, Foucault extrai uma crítica radical do liberalismo e do conceito de "sociedade civil" – crítica que, infelizmente, será depois *esquecida*. A filosofia política do século XVIII, como ele observa, subverte a tradição da soberania ao tomar o hábito como fundamento. É por hábito que obedecemos à lei e às instituições, e é por hábito que respeitamos a autoridade. Hume vê o hábito não como origem, mas como resultado, por mais que ele tenha algo de irredutivelmente artificial e, portanto, de fabricado. O século XVIIII serve-se dessa noção "para afastar tudo o que poderia ser obrigações tradicionais, baseadas numa transcendência, e substituí-las pela pura e simples obediência contratual".[39] Mas o uso que se fará no século XIX é completamente distinto. O hábito "torna-se prescritivo, é aquilo a que as pessoas devem se submeter". O hábito se transmite e aprende-se, e constitui, assim, o princípio de aplicação das técnicas de disciplina. O aparelho de "sequestro temporal" fixa os indivíduos ao aparelho de produção, ao mesmo tempo que forja "novos hábitos, por meio de um jogo de coerção e punição, de aprendizado e castigo" – instituindo normas cuja função é produzir "os normais".

No século XIX, o hábito e o contrato são concebidos como complementares e ao mesmo tempo excludentes, na medida em que implicam uma desigualdade essencial no que diz respeito à propriedade.

> O contrato, nesse pensamento político do século XIX, é a forma jurídica por meio da qual aqueles que possuem se vinculam uns aos outros [...]. Em compensação, hábito é aquilo por cujo intermédio os indivíduos estão vinculados não à sua propriedade – pois esse é o papel do contrato –, mas ao aparelho de produção. É aquilo por cujo intermédio aqueles que não possuem serão vinculados a um aparelho que eles não possuem; aquilo por cujo intermédio eles estão vinculados entre si num

---

39 M. Foucault, *A sociedade punitiva*, op. cit., p. 216.

pertencimento que supostamente não é um pertencimento de classe, mas um pertencimento à sociedade inteira.[40]

A propriedade liga os indivíduos na "sociedade civil", enquanto o hábito (ou a disciplina) os liga na "sociedade como um todo", submetendo-os a uma "ordem das coisas", a "uma ordem temporal e política" que apaga as divisões e pertencimentos de classe. Pode-se dizer que a principal função das ciências sociais é neutralizar essa divisão entre os que possuem e os despossuídos, por meio dos conceitos de "social" e de "sociedade". Nesse sentido, a sociologia de Durkheim representa o acabamento do trabalho, insidioso, cotidiano, habitual, das disciplinas e da norma de que fala Foucault: "Esse sistema de disciplinas como meio de poder é aquilo por cujo intermédio o poder é exercido, mas de maneira que se esconde e se apresenta como a realidade que agora deve ser descrita e estudada, aquela que se chama sociedade, objeto da sociologia".[41]

A partir dos trabalhos sobre a governamentalidade (1977––78), a diferença entre a sociedade dos proprietários, regida por contrato, e a sociedade dos despossuídos, regida pelo hábito das disciplinas, desaparece e, com ela, desaparece também a divisão da sociedade. A "sociedade" torna-se agora uma ordem dita "natural" e "espontânea" de homens que se relacionam uns com os outros quando trocam, produzem e coabitam. A governamentalidade é aplicada a essa "naturalidade intrínseca" à sociedade; "o Estado tem a seu encargo uma sociedade, uma sociedade civil, e é a gestão dessa sociedade civil que o Estado deve assegurar".[42] E isso de um modo tão *naturalmente imanente* que se buscaria em vão, nos cursos de Foucault sobre o liberalismo clássico, por vestígios da ideia de "gestão" das divisões sociais e da troca desigual que elas promovem (entre proprietário de terras e diarista, manufator e operário, entre mercado e público) – circunstâncias para as quais Adam Smith, entretanto, chamara a atenção, ao

---

40 Ibid., p. 216.
41 Ibid., p. 218.
42 Id., *Segurança, território e população*, op. cit., p. 470.

estipular uma diferença entre "o interesse geral da sociedade" e a expressão pura e simples dos interesses privados das classes dominantes.[43]

É verdade que, entre 1972 e 1977, Foucault passou da análise das disciplinas à das técnicas de segurança. Desapareceriam com isso a propriedade privada e a "sociedade" configurada por ela? As técnicas de segurança vão administrar o mesmo problema, mas apenas de outro modo e em outro contexto. Elas vão governar não a sociedade, mas as divisões produzidas pela propriedade. Vão produzir, incitar, solicitar e reproduzir a existência dos que possuem e dos despossuídos. São técnicas que, até hoje, gerenciam uma guerra civil que adquiriu uma forma mais abstrata, mais desterritorializada: a dos credores e devedores.

---

43 Ver A. Smith, *A riqueza das nações*, v. I, op. cit., p. 272.

[8]
O PRIMADO DA APROPRIAÇÃO: ENTRE SCHMITT E LÊNIN

Para concluir a análise dos anos 1870–1914 e da virada que eles representaram, confrontaremos as leituras do imperialismo feitas por Lênin e por Carl Schmitt, a fim de complementá-las pelo princípio de uma crítica mútua. Essa abordagem encontra respaldo em fontes de análise econômico-políticas do imperialismo moderno compartilhadas por Schmitt e por Lênin, a saber: a teoria de Engels a respeito da economia de guerra na longa duração da história do capitalismo (até a sua crise final),[1] o livro de Hobson, *Imperialism: a Study* (1902), que situa a economia global do colonialismo no cerne da crítica do imperialismo,[2] e, por fim, de Rudolf Hilferding, *O capital financeiro* (1910).

---

1 Ver F. Engels, *Anti-Dühring* [1877], trad. Nélio Schneider. São Paulo: Boitempo, 2015, seção II, "Economia política", caps. II–IV, "Teoria do poder".

2 Hobson foi correspondente do *Manchester Guardian* na guerra dos boêres e estava em posição privilegiada para denunciar a "missão civilizadora" em relação às "raças inferiores" e suas consequências "políticas e morais" para uma raça de senhores cujos "interesses" são, desde sempre e acima de tudo, econômicos. Se Hobson produziu a primeira crítica econômica do imperialismo, ele também destacou a importância da "educação popular" na formação da mentalidade imperialista,

A nos fiarmos por Carl Schmitt, tomando-o a meio caminho em sua trajetória, marcada pelo abandono forçado do pensamento soberanista, e retomando sua obra maior e última, que é, na verdade, a primeira (*O nomos da Terra* começou a ser escrito em meio aos bombardeios anglo-americanos), em fins do século XIX o imperialismo adquire formas econômico-mundiais de "'englobamento' do nacional pelo internacional"[3] que, ao se apoderarem do Estado-nação, põem a nu sua verdadeira economia histórica: *liberalizar para melhor monopolizar*. Essa liberalização passa pela "imbricação entre a soberania individual do Estado e a economia livre supraestatal", numa "ordem transnacional do mercado, da economia e do direito",[4] dispensando todos os antigos limites da ordem espacial global que se baseavam na apropriação [*Nahme, prise* em francês] territorial interestatal do Novo Mundo e na sua distinção em relação ao *theatrum belli* em solo europeu. Para Schmitt, não apenas o Novo Mundo é a condição real da guerra limitada no espaço europeu (o "grande reservatório que permite aos povos europeus equilibrar seus conflitos por meio de compensações e punições"),[5] mas o imperialismo é *o meio eurocêntrico de superar a guerra*

---

sob uma base que chama de "geocêntrica": "a Igreja, a imprensa, a escola e a universidade, a máquina política, que são os quatro principais instrumentos de educação popular, são postos a serviço dessa mentalidade. Especialmente graves são os constantes esforços de se apoderar do sistema escolar e submetê-lo ao imperialismo travestido de patriotismo". *Imperialism: a Study* (1902), parte 2, cap. 4. Um pouco antes, no capítulo 3, ele afirma: "Mais importante ainda que o apoio de que o militarismo se beneficia no seio das forças armadas é o papel imperialista da guerra no corpo não combatente da nação".

3   Carl Schmitt, "A revolução legal mundial: superlegalidade e política", trad. Gabriel Cohn. *Lua Nova: Revista de Cultura e Política*, n. 42, 1997, pp. 99–117. O termo "englobamento" [*englobement*] – também usado por Deleuze e Guattari – foi tomado emprestado de François Perroux por Carl Schmitt.

4   Id., *O nomos da Terra*, op. cit., p. 254.

5   Id., "Raum und Großraum im Völkerrecht" [1940], in *Staat, Großraum, Nomos: Arbeiten aus der Jahren 1916–1969*. Berlin: Duncker & Humblot, 1995, p. 242.

civil por meio da "guerra em forma" interestatal.[6] Se a colônia se define como "o fato espacial fundamental [*raumhafte Grundtatsache*] do direito internacional europeu, tal como este veio a se desenvolver",[7] pois garante uma diferença de regime essencial entre a guerra interestatal intraeuropeia e as guerras coloniais extraeuropeias, o renascimento das companhias coloniais em pleno século XIX significa, aos olhos de Schmitt, o advento de uma economia mundial da guerra ilimitada, em que se misturam o regime da mais-valia e a transformação da política universal (*Weltpolitik*) em polícia universal (*Weltpolizei*). Essa expressão se encontra no último texto que ele publicou em 1978 ("A revolução legal mundial: superlegalidade e política"), como uma "mais-valia política" que precisa ser usufruída como corolário do "novo *nomos* da Terra",[8] que não pode mais escapar de referências marxistas. Ainda assim, são referências que se colocam em contínuo confronto, o que faz com que ele mude a terminologia original ao longo das premissas retroativas de *O nomos da Terra*. Como mostra Céline Jouin, Schmitt utiliza de maneira sistemática os escritos de Carl Brinckmann[9] sobre a questão do imperialismo, nos quais se afirma abertamente o caráter inevitável das análises marxistas sobre a questão das relações entre o imperialismo e a guerra (Hilferding, Luxemburgo). A crítica de *Zur Soziologie der Imperialismen*, de Schumpeter, que conclui *O conceito do político* (1932), confirma esse ponto: um "imperialismo de fundamentos econômicos" é tão pouco

---

6   Id., "A superação da guerra civil pela guerra em forma estatal", in *O nomos da Terra*, op. cit., p. 149.

7   Id., "Völkerrechtliche Großraumordnung mit Interventionsverbot für raumfremde Mächte: ein Beitrag zum Reichsbegriff im Völkerrecht" [1941], in *Staat, Großraum, Nomos*, op. cit., p. 310.

8   É o título da quarta e última parte de *O nomos da Terra*, op. cit.

9   Schmitt se refere sistematicamente a seu colega Carl Brinkmann sobre a questão do imperialismo em 1937, depois em 1953 (no texto "Nehmen/teilen/weiden") e em 1978 (em "The Legal World Revolution). Céline Jouin, "Carl Schmitt, penseur de l'empire ou de l'impérialisme". Disponível em: juspoliticum.com/carl-schmitt-penseur-de-l-empire.html.

estranho à política quanto à guerra. A partir do momento em que a economia se tornou um fenômeno político, torna-se um erro "acreditar que uma posição política conquistada com o auxílio da superioridade econômica [...] seria 'essencialmente imbele'".[10] A melhor prova é a Primeira Guerra e o que Schmitt chama, em *O nomos da Terra*, de "mudança de significado da guerra". Lênin, por sua vez, compreende a política de "paz imperialista", que se perfila no horizonte das negociações secretas, como uma *continuação da guerra imperialista por outros meios*,[11] invertendo a fórmula clausewitziana de que ele vinha se servindo até então.

Em um artigo de 1953 intitulado "Nehmen/teilen/weiden: ein Versuch, die Grundfragen jeder Sozial- und Wirtschaftsordnung vom Nomos her richtig zu stellen" [Apropriar/partilhar/explorar: uma tentativa de determinar as questões básicas de ordem social e econômica a partir do *nomos*], no qual pela primeira vez se refere *explicitamente* a Lênin, Schmitt sublinha o caráter à primeira vista estratégico do capitalismo, na medida em que o imperialismo, com seu programa de expansão colonial, manifesta o primado da apropriação (*nehmen*) em relação à partilha/divisão (*teilen*) e à exploração/produção (*weiden*). A apropriação imperialista é uma "apropriação de terras" (*Landnahme*), uma apropriação colonial (a "apropriação territorial de um Novo Mundo"), favorecida pela "apropriação marítima" (*Seenahme*), que se exerce por meio de conquista, ocupação e pilhagem e se expande em escala *planetária* como *apropriação industrial* (*Industrienahme*). Schmitt critica não apenas o primado atribuído pelos liberais à "produção" como também a crença dos marxistas em sua natureza "progressista". De acordo com sua demonstração, o

---

10 C. Schmitt, *O conceito do político/Teoria do partisan* [1932/1962], trad. Geraldo de Carvalho. Belo Horizonte: Del Rey, 2009, pp. 84–85. Na edição de 1933, ano em que Schmitt torna-se membro do partido nazista, as referências marxistas desaparecem da obra.

11 Lênin, "Pacifisme bourgeois et pacifisme socialiste", 1 jan. 1917. *Œuvres complètes*, v. 23, 1928, p. 212.

socialismo e o liberalismo estão de acordo, no fundo, quanto à ideia de que "o progresso e a liberdade econômica consistem em liberar as forças produtivas de modo a incrementar a produção e a massa dos bens de consumo, de tal maneira que a apropriação tenha fim e a partilha não seja mais, em si, um problema".[12] Schmitt refere-se aos debates travados na Alemanha pelos ordoliberais a respeito de uma "economia social de mercado" a partir do polo oposto ao da interpretação de Foucault. Schmitt propõe que "desviar o olhar da apropriação e da partilha e voltá-lo para a pura produção"[13] é uma característica da economia e do liberalismo, que desde sempre tentaram relegar as modalidades violentas e marciais de expropriação a uma pré-história – ou a uma acumulação muito "primitiva" e originária, que as novas regulações do capitalismo social poderiam apagar da memória dos homens. O capitalismo só se apropriaria do que ele mesmo criou ou contribuiu para produzir. É um ponto de vista idêntico ao dos marxistas, incluindo Lênin, desde que se acrescente a apropriação, pelo capitalista, da mais-valia produzida pelo trabalhador. Concebida como "estado contraditório da partilha", a apropriação se resolverá pela dialética da História, com o pleno desenvolvimento das forças produtivas e a expropriação dos expropriadores que limitam o seu usufruto. Essa produção, duplamente pura, põe em questão um "imperialismo dos mais intensos, porque dos mais modernos",[14] que começou por rebaixar a um estado "medieval, atávico, reacionário, contrário ao progresso" pelo próprio fato "de a partilha e a produção serem precedidas de uma expansão imperialista e, portanto, de uma apropriação, em particular da terra". Contra um "inimigo tão reacionário, que tomava dos homens tudo o que fosse", Lênin não via outra arma além "de tentar liberar

---

12 C. Schmitt, "Appropriation / Distribution / Production: an Attempt to Determine from *Nomos* the Basic Questions of Every Social and Economic Order" [1953], in *The Nomos of the Earth*, trad. ing. G. L. Ulmen. New York: Telos, 2006, p. 331.

13 Ibid., p. 335.

14 Ibid., p. 334.

as forças de produção e como que eletrificar a Terra".[15] É preciso lembrar que ainda hoje o problema político da "questão social" é remetido à palavra mágica "crescimento", conjugada à crença no "princípio do progresso tecnológico", tanto pelos liberais quanto por boa parte dos marxistas, que também esqueceram de ser engelsianos? De forma mais concisa, Schmitt não deixa de salientar que "Marx retoma, acentuando-a, a ideia essencial do liberalismo progressista, de crescimento ilimitado da produção".[16]

A pilhagem, o roubo, a rapina, a conquista, ou seja, a apropriação não mediada da "produção" por meio da força, não são anacronismos, vestígios de épocas passadas, destinados a serem obliterados pela modernização do aparelho de captura, com o desenvolvimento tecnológico, a organização racional do trabalho e a ciência. A apropriação não acontece apenas "no início", ela também é praticada, inclusive em suas formas mais "medievais", no capitalismo mais desenvolvido.

Em uma conferência ministrada em Düsseldorf em 1957, Kojève (que se dirige aos representantes do "capitalismo do Reno") – também mencionada por Schmitt em um dos comentários que adiciona, no mesmo ano, ao republicar, em uma coletânea, seu ensaio "Nehmen/teilen/weiden") – propõe duas definições do capitalismo que podem nos ajudar a entender melhor o sentido do "primado da apropriação", na medida em que põem em relevo as ambiguidades e mal-entendidos que o "fordismo" introduz na compreensão da natureza do capital. Referindo-se a "um dos mais brilhantes artigos" que já leu,[17] o filósofo hegeliano e alto funcionário do governo francês propõe uma quarta raiz do *nomos* moderno, uma espécie de "dádiva", que identifica como "raiz da lei econômica e sociopolítica do mundo ocidental moderno", que permite distinguir (crítica à posição de Schmitt) entre um "capitalismo que se apropria" e um "capitalismo que doa". Este último é o capitalismo "moderno, fordista e esclarecido,

---

15 Ibid., p. 331.
16 Ibid., p. 334.
17 Trata-se de "Nehmen/teilen/weiden".

voltado para o aumento do poder de compra dos trabalhadores", enquanto o primeiro, que o precedeu (o "capitalismo primitivo", o "capitalismo clássico", que dá o mínimo possível às massas trabalhadoras), teria sido ultrapassado por vias fordistas, em uma *Aufhebung*" que marcou, de direito e de fato, o Fim da História, ou a americanização planetária do mundo.[18] Entende-se agora o título sugerido pela revista *Commentaire*, de alinhamento liberal, para o artigo de Kojève: "Capitalismo e socialismo. Marx é Deus, Ford é seu profeta". No raciocínio de Kojève, Ford teria sido o único marxista autêntico do século xx, pois, graças a ele, o capitalismo teria suprimido suas contradições internas em uma via "pacífica e democrática" que substituiria a "apropriação" (do "capitalismo da apropriação") pela "partilha" (do "capitalismo da dádiva")... Exceto pelo socialismo soviético, que sugeria que a derrubada revolucionária de um Estado policial de administração da miséria conduziria ao mesmo fim, o terreno último do marxismo da "apropriação" seria o do colonialismo econômico, ao qual Kojéve, aplicando a mesma receita, dá o nome "*colonialismo da dádiva*" (!), inspirado no presidente Truman: os Estados industrializados devem contribuir para o desenvolvimento dos países não industrializados.

No comentário em que alude a essa conferência de Kojève, Schmitt se põe no lugar de um interlocutor ficcional e retruca "que nenhum homem poderia dar sem ter, de alguma forma, tomado. Apenas Deus, que criou o mundo a partir do nada, poderia fazê-lo, e mesmo assim somente neste mundo, que foi criado do nada".[19] Como, para Schmitt, é impossível dar sem tomar, é preciso insistir, contra os economistas, que separar a guerra da economia é uma tentativa de mascarar "ideologi-

---

18 Conferência inédita publicada em dois fascículos da revista *Commentaire* com títulos dados pela redação: Alexandre Kojève, "Capitalisme et socialisme: Marx est Dieu, Ford est son prophète", *Commentaire*, n. 9, 1980; "Du Colonialisme au capitalisme donnant", *Commentaire*, n. 87, 1999 (precedida da tradução do artigo de Schmitt, "Prendre/Partager/Paître").

19 C. Schmitt, "Appropriation/Distribution/Production", op. cit., p. 345.

camente" a realidade desta última como continuação da primeira por outros meios. Quanto à distribuição e redistribuição adotadas pelo *welfare* (cuja versão ordoliberal se diz em bom alemão: Estado administrativo da proteção social das massas [*Verwaltungsstaat der Massen-Daseinsvorsorge*]), trata--se de uma "posição de poder que, em si mesma, é objeto de apropriação e de partilha".[20]

Para articular melhor o primado da apropriação em relação à partilha e à produção, retomemos a análise leninista do imperialismo. Ela nos permite concluir que o dito "capitalismo da dádiva" foi um breve parêntese estratégico na longuíssima história do "capitalismo de apropriação", que retorna, a partir dos anos 1970, com o neoliberalismo.

Para Lênin, o imperialismo é inseparável do capital financeiro que se impõe como direção e liderança do capital industrial e comercial a partir da década de 1860. O capital financeiro não é uma perversão ou anomalia da natureza pretensamente industrial do capitalismo, é a realização desta e só se efetiva plenamente quando sua hegemonia D-D' se traduz na realização de todas as "mais-valias políticas". A peculiaridade do aparelho de captura do capital financeiro é que ele não se "limita" a exercer a "apropriação" sobre a "produção" propriamente capitalista e o trabalho assalariado, pois não distingue entre as formas de produção (modernas, hipermodernas, tradicionais ou arcaicas). Ele se apropria, indistintamente, da produção dos trabalhadores ditos "cognitivos" e da dos escravizados da indústria têxtil sob "contratos por prazo determinado" por suas ações mais "imateriais".

Apesar da notável inversão da lógica econômica operada por Schmitt, ele permanece adepto de uma concepção industrialista do capitalismo. O derradeiro "*nomos* da Terra" é a indústria, e sua apropriação é uma "apropriação industrial", sob a qual a guerra econômica se torna "guerra total", já que

---

20 Ibid. Kojève explica de sua parte que "quando *tudo* já se encontra expropriado, só é possível partilhar ou repartir se alguns derem o que outros receberão com a finalidade de consumir" ("Du Colonialisme au capitalisme donnant", op. cit., p. 562).

são justamente o capital financeiro e a especificidade englobadora de sua apropriação em escala mundial que estão no centro de uma acumulação continuada do capital desde o fim do século XIX. Tal é o sentido último da análise leninista, a partir da qual devem ser compreendidas as afirmações de Schmitt para fazer jus à sua observação de que o novo marco decisivo se situa entre as pessoas credoras e as pessoas devedoras.[21]

A história do capitalismo confirma inequivocamente a perspectiva de Schmitt sobre a apropriação, bem como a nossa hipótese sobre a hegemonia do capital financeiro. Se os três grandes momentos que marcaram o desenvolvimento do capital no século XX começaram sempre com uma apropriação, o "sujeito" dessa apropriação é o capital financeiro, não o industrial, que já se encontrava fundido a ele. A sequência imperialista se abriu com as "apropriações de terras" coloniais e desdobrou-se em "apropriações industriais" em escala planetária e sob a dominação do capital financeiro, que controlou e monopolizou, até a crise de 1929, a "livre economia mundial" como governo do capitalismo industrial e ciência política do Estado de direito do Capital.

Em relação a essa hegemonia político-financeira, o New Deal do "fordismo" é, duas vezes, a *exceção que confirma a regra*, a título de "experimentação racional dentro do quadro do nosso sistema social existente", explica doutamente Keynes.[22] Mas seu raciocínio só vale se houver no horizonte uma *guerra econômica* que ameace os fundamentos de todas as instituições, tanto em nível nacional como internacional,[23] como confirma a extensão da crise de 1929, que ressuscita o

---

21 Id., "Les Formes de l'impérialisme dans le droit international" [1932], in *Du Politique: "légalité et légitimité" et autres essais*. Puiseaux: Pardès, 1990, pp. 83–84.

22 John Maynard Keynes, "An Open Letter to President Roosevelt", *New York Times*, 31 dez. 1933. [Ed. bras.: "Uma carta aberta ao presidente Roosevelt, ou: Para curar os males da Depressão", in *O grande teatro do mundo / O Estado de S. Paulo*. Disponível em: www.teatrodomundo.com.br/carta-aberta-ao-presidente-roosevelt-para-curar-os-males-da-grande-depressao/.]

23 Congressional Record, 7 jun. 1933.

fantasma da Revolução de Outubro e da "guerra civil final".[24] É necessário, portanto, reestruturar o capitalismo americano por completo,[25] a partir da perspectiva de Keynes em *A teoria geral do emprego, do juro e da moeda*: "encaminhar a teoria monetária no sentido de se tornar uma teoria da produção como um todo".

Isso explica por que a "apropriação" ou a "tomada" [*prise*] fordista, cujo objeto é o próprio capital financeiro, é acompanhada de uma tutela mais que provisória das indústrias, dos bancos e das seguradoras, no quadro do *welfare state*. A eutanásia keynesiana do rentista, levada a cabo com a expropriação da renda e da finança, permite que se instale, em contexto de "bancarrota" e crise "sistêmica", por meio da política (o "virtuosismo oportunista" de Roosevelt),[26] uma sequência capitalista muito breve no centro da qual não há somente as grandes empresas, mas também, e principalmente, a constituição acelerada de uma nova forma-Estado, o Estado planificador [*État-plan*].[27] Apenas ele é capaz de promulgar, como uma certidão de nascimento, um National Industrial Recovery Act (1933), selando sua liderança sobre o empreendedorismo privado, os bancos (Emergency Banking Act, com moratória dos pagamentos bancários) e a bolsa (Securities Act).

---

24 Prognosticada por Keynes já em 1919 como devastadora consequência do Tratado de Versalhes para a Alemanha e, por extensão, para o equilíbrio conjunto do mercado capitalista integrado. Ver J. M. Keynes. *Economic Consequences of the Peace*. London: 1919, p. 251.

25 Congressional Record, 26 maio 1933.

26 Richard Hofstadter, *The Age of Reform: from Bryan to F.D.R.* New York: Knopf, 1955, p. 319.

27 O Banking Act de 1933 separa os bancos de investimento dos bancos de depósito, cujo lastro é garantido pelo Estado Federal. O Securities Exchange Act de 1934 submete a Bolsa ao controle da Security and Exchange Commission (SEC). Essas medidas foram retomadas quando da crise financeira de 2008, com as consequências que todos conhecemos: os impostos e os depósitos refinanciaram as perdas dos "investidores".

A arma estratégica do fordismo não é mais a finança, mas a *administração produtiva* da moeda gerada pelo imposto, gerenciada sob a tutela do National Resources Planning Board: essa é a sequência que, iniciada com o abandono do padrão-ouro em 1933, conduzirá, após a Segunda Guerra Mundial e os acordos de Bretton Woods, à supremacia do dólar, que, como moeda do New Deal / *New Liberalism*, passa a dominar o capitalismo mundial: Pax Americana, Plano Marshall. Determinada não pelas leis imanentes da acumulação do capital, mas pelo que Ortega y Gasset chamou de "*la rebelión de las masas*" e pelas relações estratégicas entre as classes (no quadro do National Labor Relations Act, promovendo os sindicatos e sua representatividade nas negociações salariais), a subordinação da finança ao princípio constitucional de um *social welfare* (formalizado pelo Social Security Act) será, entretanto, temporária: coincidindo com o que David Greenstone chamou de "período proletário da política de classes". O estado social do capital, ou seja, o reformismo, respondeu a isso reconhecendo as demandas trabalhistas como motor da socialização da produção, em uma exploração fundamentada na recuperação pelo consumo. Negri o define como "dolorosa interiorização da classe operária na vida do Estado", que pode agora "embeber-se na sociedade".[28] Mesmo nos Estados Unidos, as cartas foram embaralhadas de maneira singular com a entrada na guerra e com a instauração de um *capitalismo de guerra* (encabeçado pelo War Production Board e pelo War Labor Board) que emprega a violência necessária à realização do projeto de uma *sociedade-fábrica*, ao mesmo tempo que oportunamente suprime toda expectativa em relação a uma nova depressão.[29] Mais uma vez, a razão cabe a Keynes: "Parece

---

28 Antonio Negri, "John M. Keynes e a teoria capitalista do Estado em 1929" [1968], trad. Jefferson Viel e Homero Santiago. *Cadernos de Ética e Filosofia Política*, n. 37, v. 2, 2020, p. 224.

29 O ano de 1938 foi, efetivamente, muito ruim para o capitalismo americano: queda de 5,3% do PIB, alta do desemprego entre 14% e 19%. Ver Ira Katznelson, *Fear Itself: the New Deal and the Origins of Our Time*. New York: Liveright, 2013, p. 369.

politicamente impossível para uma democracia capitalista organizar as despesas na escala necessária para realizar o grande experimento que provaria minha tese – salvo em condições de guerra".[30]

---

30 J. M. Keynes, "The United States and the Keynes Plan", *The New Republic*, 29 jul. 1940, apud A. Negri, op. cit., p. 243. Lembremos que Keynes entrou no Tesouro britânico em 1940, em um contexto em que todos os recursos eram mobilizados para uso militar. O sistema de trabalho obrigatório sairá de um plano de previdência social, que surge em 1943, sob a liderança de Lord Beveridge, no National Health Service (NHS).

[9]
AS GUERRAS TOTAIS

O essencial não é aquilo pelo que lutamos, mas como lutamos.

ERNST JÜNGER, *A guerra como experiência interior*, 1922.

A guerra mundial foi uma das guerras mais populares que já existiram.

ERNST JÜNGER, "A mobilização total", 1930.

A guerra é a saúde do Estado.

RANDOLPH BOURNE, *The State*, 1918.

Nas palavras de Jünger, "a primeira e a segunda guerras mundiais estão ligadas entre si como se fossem dois continentes em chamas, conectados por uma cadeia de vulcões".[1] Prece-

---

1 Ernst Jünger, "La Paix" [1945], in *Journaux de guerre*, v. II: 1939–1948. Paris: Gallimard, "Bibliothèque de la Pléiade", 2008, p. 49.

didas de guerras que serviram às potências europeias como observatórios – África do Sul (1899–1902), conflito russo-japonês (1904–05), Guerras dos Balcãs (1912–13) –, as guerras totais da primeira metade do século xx constituem, malgrado as interrupções, uma guerra mundial única, com profundas implicações para o Capital e o Estado na *totalização ilimitada da guerra*. A função soberana do Estado ("impor limites à guerra interestatal e suprimir a guerra civil", na definição de Carl Schmitt), mediante o monopólio legítimo da força, não pode mais operar como nos séculos xviii e xix. A guerra dita total suprime toda distinção entre guerra civil (interna) e grande guerra (externa), entre grande guerra e pequena guerra (colonial), entre guerra militar e guerra não militar (econômica, de propaganda, subjetiva), entre combatentes e não combatentes, entre guerra e paz.

A tese é bem conhecida e reconhecida no entrecruzamento da guerra com a revolução. Mas sua semântica histórica se distribui de maneira incerta entre a Alemanha, à qual costuma ser atribuída, e a França. Foi Léon Daudet que contribuiu, em 1918, pronunciando-se em nome da Action Française, para forjar o termo "guerra total", que Ludendorff, comandante geral das forças armadas alemãs, retomará em 1935, por ocasião da formulação da "política racial" do Reich.[2] "O que é a guerra *total*?", pergunta-se Daudet, não enquanto polemista, mas como historiador em busca de uma demonstração convincente. "É a extensão da luta, tanto em suas fases agudas como nas crônicas, aos domínios político, econômico, comercial, industrial, intelectual, jurídico e financeiro. Não apenas os exércitos se enfrentam, mas também as tradições, as instituições, os cos-

---

2 Léon Daudet, *La Guerre totale*. Paris: Nouvelle Librairie Nationale, 1918; Erich Ludendorff, *La Guerre totale* [1935]. Paris: Flammarion, 1937. Se, para Daudet, a Revolução Russa é o resultado de uma campanha de "desorganização material e moral" conduzida pela Alemanha, aos olhos de Ludendorff ela é o resultado da propaganda revolucionária que, por ter sido responsável pela derrota da Alemanha – com o auxílio dos judeus, da Igreja Católica, e dos maçons – ameaça de longa data toda a Europa.

tumes, os códigos, as mentalidades e, sobretudo, os bancos".[3] O autor é obcecado pelo "ouro alemão" e pelas operações de "dissociação interna" que ele possibilita atrás do front (Ludendorff também se ocupava da "mobilização financeira" e do "armamento financeiro alemão").[4] De nossa parte, preferimos introduzir o ponto de vista do Capital e da máquina de guerra como perspectivas constitutivas da guerra total.

O que comanda a totalização das duas guerras mundiais, cujas consequências põem em xeque o próprio capitalismo, é a apropriação da máquina de guerra pelo Capital, que *reformata* o Estado como uma de suas partes componentes. Essa apropriação e essa integração, sem as quais não seria possível pensar a guerra como *estado* e a guerra total como *estado de uma nova governamentalidade*, são levadas a cabo sob a pressão de três processos que se intensificam ao longo dos séculos XIX e XX. São eles: o surgimento da luta de classes (1830–48) e das repetidas tentativas do proletariado de construir uma máquina de guerra própria para transformar em revolução a "guerra civil generalizada"; o fracasso do liberalismo, cujo princípio de livre concorrência, longe de ter produzido uma autorregulação, desemboca na concentração e na centralização do poder industrial (monopólios), o que leva os imperialismos nacionais ao confronto armado pela dominação dos mercados mundiais; e, por fim, a intensificação da colonização, que termina por recobrir, no século XIX, boa parte do planeta (é a "corrida pela partilha do mundo"). No que diz respeito à ascensão do extremismo no front da guerra de subjetividade, desde a Grande Guerra, a *nacionalização das massas* tornou-se o princípio da gestão totalizante das sociedades cujas forças só podem ser inteiramente mobiizadas na guerra pela "dissociação" da solidariedade internacional do proletariado. A comunidade nacional do soldado de trabalho da guerra industrial passa, assim, pela *desproletarização do povo* e de um "operário" que, antes de receber seu sentido totalitário jüngeriano (*Der Arbeiter*,

---

3 L. Daudet, *La Guerre totale*, op. cit., p. 8.
4 E. Ludendorff, *La Guerre totale*, op. cit., p. 38.

1932),[5] é submetido a uma reversão da tendência destinada a anular uma história pensada na linguagem de Marx. Como explica Ludendorff, "a introdução do trabalho de guerra a título de serviço obrigatório teve *o grande mérito moral* de colocar todos os alemães a serviço da pátria em tempos de emergência nacional".[6]

Estes três processos vão constituir a tríplice matriz das guerras totais:

1. A guerra e a produção se sobrepõem de maneira tão absoluta que a *produção* e a *destruição* se identificam em um mesmo processo de racionalização, o da grande indústria, que desponta como desfio lançado à economia política e ao marxismo.

2. A guerra total, por não ser uma questão exclusiva das forças armadas, mas de nações inteiras e de povos cuja existência é ameaçada, significa o retorno, sobre os colonizadores, da violência extrema da "pequena guerra" colonial, que foi, desde sempre, uma guerra contra a população.

3. A guerra total é ao mesmo tempo uma guerra civil, o que explica por que a luta entre imperialismos se dá no entrecruzamento da guerra com a luta de classes antes de ser "sobredeterminada" pela Revolução Soviética, que se propõe a transformar a guerra imperialista em *guerra civil mundial*. Ela será rapidamente manobrada *pelos outros* na forma de um considerável efeito colateral da "revolução".

---

5   Pensamos aqui nos trabalhos pioneiros de Jean-Pierre Faye a partir de *Langages totalitaires* (1972).

6   E. Ludendorff, *Urkunden der obersten Heeresleitung über ihre Tätigkeit, 1916–18* [1920], apud Jean Querzola, "Le Chef d'orchestre à la main de fer: léninisme et taylorisme", in L. Murard e P. Zylberman (org.), *Le Soldat du travail: guerre, fascisme et taylorisme – Recherches*, n. 32–33, 1978, p. 79.

9.1 A guerra total como reversibilidade entre colonizações interna e externa

A guerra total estabelece uma reversibilidade entre guerra colonial e guerra interestatal, na medida em que as características da primeira redefinem, em um *continuum* de violências extremas, as realidades da segunda, até então incompatíveis com o "pesadelo da pura destruição" (Jünger), recusando aos civis toda espécie de *jus in bello*.

Não é fortuito que Ludendorff comece sua obra a respeito da guerra total com uma refutação de Clausewitz, "o mestre da arte da guerra", mostrando que ele se *restringe* à "aniquilação das forças militares", contrariando assim seu próprio entendimento da novidade trazida pelas forças napoleônicas, as "forças populares" mobilizadas pela Revolução Francesa e integradas a uma primeira "guerra popular" (*Volkskrieg*, com seus "*levantes em massa*" e seu exército cidadão, exército de soldados-cidadãos). É verdade que o próprio Napoleão não se propunha mais que a destruição do exército adversário em batalha decisiva. Tampouco "a guerra atingira sua forma *abstrata* ou *absoluta*"[7] – como a da guerra mundial, em que "é difícil distinguir onde começa a força armada e onde termina a do povo. O povo e o exército eram um só" na "guerra dos povos". Do que se segue que "as teorias de Clausewitz devem ser substituídas". Isso se evidencia pela influência maligna que guardaram por muito tempo no seio do estado-maior alemão, onde contribuíram para essa noção ultrapassada da guerra como "instrumento da política externa" dos Estados. Agora é *a política que deve servir à guerra*, em uma transformação radical[8] na qual o interno e o externo são fundidos, tornando obsoleta a distinção entre combatentes e não combatentes *na política e na guerra totais*.[9]

---

7   Por essa "abstração", Ludendorff confunde a forma "absoluta" da guerra de Clausewitz com a guerra "total".

8   Ver E. Ludendorff, *La Guerre totale*, op. cit., pp. 5–14. O capítulo 1, dirigido contra Clausewitz, tematiza a política a serviço da guerra.

9   Ludendorff emprega de fato o termo "política total" (*totale Politik*).

"Sem a guerra total", explica doutamente Daudet, "o bloco com o qual as nações aliadas pretendiam – ao menos até a deserção russa – cercar e fagocitar a Alemanha não passava, na verdade, de uma palavra".[10] Em resposta, houve a "guerra total submarina" contra as embarcações mercantes dos Aliados – e mesmo "aquelas de bandeira neutra –, tão disputada quanto o bombardeio de populações civis, já que ambos se adequavam "às exigências da guerra total", no dizer de Ludendorff.[11] O general italiano Giulio Douhet, ao qual se deve a primeira teoria dos bombardeios estratégicos, acrescenta que "a distinção entre beligerantes e não beligerantes deixou de existir, pois todos trabalham em prol da guerra, e a perda de um operário é talvez mais grave que a de um soldado".[12] Ele especifica que "os alvos aéreos, portanto, serão geralmente superfícies sobre as quais estão construções normais, habitações, estabelecimentos etc. e uma dada população". Pois "não pode mais haver zonas em que a vida corra normalmente, em segurança total e relativa tranquilidade. O campo de batalha é ilimitado: sua única circunscrição são as fronteiras da nação em luta; todos se tornam combatentes, porque todos estão expostos aos ataques diretos do inimigo".[13]

Para conquistar a vitória, é preciso mirar as fontes materiais e "morais" (ou subjetivas)[14] da nação e da população como um todo. Em se tratando de uma guerra industrial, é preciso mobilizar a indústria e a classe operária, garantindo a adesão

---

10 L. Daudet, *La Guerre totale*, op. cit., p. 11. Estima-se em mais de 750 mil o número de alemães mortos pela fome durante a Primeira Guerra Mundial. O bloco aliado foi mantido após o armistício, entre 1918–19, período em que a penúria de víveres foi maior. O que terá impacto na política de autarquia "absoluta" levada a cabo pelo Terceiro Reich.

11 E. Ludendorff, *La Guerre totale*, op. cit., p. 96.

12 Giulio Douhet, "La grande offensiva aerea" [1917], apud Thomas Hippler, *Le Gouvernement du ciel: histoire globale des bombardements aériens*. Paris: Les Prairies Ordinaires, 2014, p. 100.

13 Id., *La Maîtrise de l'air* [1921]. Paris: Economica, 2007, pp. 72, 57.

14 É o que Ludendorff chama de "forças anímicas do povo", misturando, a essa gramática, o jargão da "conservação da raça".

subjetiva da população ao projeto nacionalista da economia de guerra total na qual, como afirma Ludendorff sem pudor, "a lei do mais forte decide o que é ou não 'da lei e dos costumes'".[15]

Compreende-se agora por que Ludendorff se interessa pelas "guerras coloniais" (entre aspas) no primeiro capítulo, consagrado às "Características da guerra total", por mais que elas "não mereçam, de modo algum, o nobre e sério título de *guerra*". Pois, "para que possa haver guerra total, é preciso que o povo se sinta ameaçado como um todo e decida assumir a responsabilidade pela guerra".[16] Tal é o caso da guerra colonial, *do ponto de vista dos colonizados*. Nas colônias, esse tipo de guerra "total" é praticado desde sempre, e confunde-se com a própria colonização enquanto condição de realidade. Para combater a atuação irregular das guerrilhas (e dessa "guerra popular [...] que acontece pelas costas de um exército vitorioso", a qual Ludendorff defende no único teatro europeu),[17] é preciso atacar, segundo a argumentação de Tocqueville, cidades, vilas, vilarejos e casas, pois... a população presta auxílio aos combatentes. E, como as colônias nunca se beneficiaram do direito de guerra vigente entre os Estados europeus, fundado na exigência estratégica da preservação do poderio das nações, pode-se submetê-las, sem mais, a um regime de "guerra total" – bem *avant la lettre* de sua mobilização em um dispositivo de verificação que se impõe a todos os europeus na Primeira Guerra Mundial e às "batalhas do material" que eles mesmos salientam. ("É que somos material prioritário", escreve Jünger em *A guerra como experiência interior*.) Pois, afinal, "a guerra colonial não é uma guerra contra uma entidade superintendente chamada governo, é uma guerra contra todos e contra cada um. Precisamente por essa característica, a guerra colonial é a matriz histórica da evolução da guerra".[18]

---

15 E. Ludendorff, *La Guerre totale*, op. cit., p. 98.
16 Ibid., p. 9.
17 Ibid., p. 98.
18 T. Hippler, *Le Gouvernement du ciel*, op. cit., p. 102.

As distinções entre paz e guerra, entre guerra regular e guerra irregular, entre o militar e o civil, abolidas nas guerras totais em um verdadeiro processo de "descivilização" (Norbert Elias), nunca existiram nas colônias. A colônia era o espaço *desumanizado* em que os Estados, submetidos no teatro europeu de operações ao "direito das gentes", podiam e mesmo deviam se entregar à mais selvagem e mais racional brutalidade, sem nenhum limite "antropológico", sem nenhum "senso guerreiro de honra" ou de heroísmo individual. A passagem de um terreno a outro se dá por meio de *expedições* que Ludendorff qualifica como "as ações mais indecentes", "provocadas pelo amor ao lucro", que "não merecem, de modo algum, o nobre e sério título de guerra"... em uma guerra total, em suma, que absorve, em suas *máquinas de guerra*, todas as práticas de guerra, possibilitando sua mundialização.

Para vencer as resistências que se opõem à aplicação das técnicas de *small wars* à guerra europeia, é necessário que o próprio Estado se transforme em máquina de guerra econômica e que o comando militar seja transferido das mãos da aristocracia dos generais de carreira para um estado-maior mais coeso cuja principal tarefa é desenvolver uma tática para a guerra industrial de massa gerenciada pelo Estado. O tenente-coronel J. F. C. Fuller será duramente criticado em janeiro de 1914 por ter publicado um documento em que afirma que a tática deve se basear não na história militar, mas no poder de fogo (*weapon-power*), e que é preciso, portanto, repensar a estratégia como um todo. A ofensiva, caricaturada por seu "*adiante, com baionetas*", deve dar lugar ao canhão de tiro rápido e, principalmente, à metralhadora, ainda pouco utilizada na Europa – exceto pelo exército alemão.[19] Portanto, como diria o inventor americano do primeiro modelo "funcional" de metralhadora (*the Gatling Gun*), "ela possui com outras armas a mesma relação que a máquina de costura tem

---

19 Ver John Ellis, *The Social History of the Machine Gun* [1975]. London: Pimlico, 1993, p. 60 e o cap. 3 como um todo: "Officers and Gentlemen".

com a agulha".[20] *Morte industrial, morte em massa*, confirmada pela lei dos grandes números (mais de dois terços dos mortos em combate da Primeira Guerra Mundial foram atingidos por tiros de metralhadoras) e também pela "experiência interior". Em *A guerra como experiência interior*, do combatente Ernst Jünger: "É, no entanto, lastimável. Se os preparativos não estraçalharem tudo, se ainda houver uma única metralhadora intacta do lado de lá, esses homens esplêndidos serão alvejados como um bando de cervos ao se lançarem na terra de ninguém. [...] Uma metralhadora, essa cinta banal que se desenrola em poucos segundos, e aqueles 25 homens, com os quais poderíamos arar um bom pedaço de terra, estendem-se no arame farpado como um punhado de trapos...".[21] O imaginário continental e protocolonial de Jünger se encarrega de nos lembrar que a colonização da África fora feita, no final do século xix, *com metralhadoras. Making the Map Red*. Na batalha de Omdurmã, no Sudão, travada em 2 de setembro de 1898, o general Kitchner perdeu 48 homens, enquanto os sudaneses contaram 11 mil mortos e 16 mil feridos em campo de batalha.[22] A Ásia tampouco é poupada, como se vê em uma expedição inglesa punitiva ao Tibete: não cabe falar em batalhas, mas em execuções em massa para o melhor custo/benefício dos... executores. Aplicada ao teatro europeu, a experiência se reduz à defensiva pelo fracasso das ondas de assalto. "É simples assim: "três homens e uma metralhadora são capazes de deter um batalhão de heróis".[23]

Aimé Césaire repetidamente afirmou: excluída da arte ocidental da guerra, a violência colonial termina por se voltar contra as populações europeias. Após ter saqueado o planeta inteiro, a Europa desencadeia contra si mesma os métodos aplicados às colônias. A lista é longa: do duplo genocídio das Américas à ordem de "solução final" dada em 1904 pelos ale-

---

20 Ibid., p. 16.
21 Ernst Jünger, *La Guerre comme expérience intérieure* [1922], trad. fr. François Poncet. Paris: Christian Bourgois, 1997, pp. 122–23.
22 Segundo o relato de Winston Churchill em *The River War* (1899).
23 Testemunho citado por J. Ellis, op. cit., p. 123.

mães contra os hererós em sua colônia do sudoeste africano, ou aos campos de concentração inventados pelos ingleses na Guerra dos Bôeres; do primeiro bombardeio improvisado sobre uma colônia italiana na Líbia ao uso massivo de metralhadoras, sem as quais a British South Africa Company teria perdido a Rodésia... A força destinada a civilizar os bárbaros se volta contra o "Norte" capitalista, aplicando com *a mesma ciência* a racionalidade da produção à produção da destruição. E, se isso é plena e tecnicamente possível, é porque as colônias foram, até o início da Primeira Guerra, o laboratório dos novos sistemas que imporiam a teoria "quantitativa" da guerra industrial contra as nações inimigas e a *nova barbárie* que elas encarnam em cada um dos campos. "Um bárbaro destrói nossas igrejas", dizia-se na França em 1914. Se a representação racista ou racial alimenta o tema do "bárbaro" que deve ser metralhado, bombardeado ("bombardeio de aniquilação") e gaseado, a industrialização fomenta a ameaça de uma guerra civil cujos perpetradores (o "populacho", na linguagem da Action Française, ou a "massa de insatisfeitos", segundo o eufemismo de Ludendorff, bolcheviques e sindicalistas resistentes ao esforço de guerra) são submetidos ao mesmo regime.[24] *O alvo principal são os operários, combatentes ou não.* "Da mesma maneira, a antiga separação espacial entre o centro (espaço da paz e do direito) e a periferia (espaço da violência e da guerra) tende a desaparecer. A fronteira entre o interior e o exterior deixa de ser geográfica."[25]

Em meio à paz inviável do entreguerras, dominada pelo Tratado de Versalhes, pela ameaça comunista e pela instauração da luta anticolonial no coração da Europa, entre os Aliados ocidentais,[26] Carl Schmitt se detém na distinção, cara à "ideologia liberal", entre economia e política. Se é verdade que

---

24 O que também é confirmado pela invenção da metralhadora durante a Guerra Civil Americana. Ela é o carro-chefe não apenas do capitalismo industrial associado à supremacia da civilização ocidental e da raça, sendo empregada, ainda, nos Estados Unidos, contra grevistas em Pittsburgh ou no Colorado. Ver J. Ellis, op. cit., p. 42–44.
25 T. Hippler, *Le Gouvernement du ciel*, op. cit., p. 126.
26 A guerra de independência eclode em 1919 na Irlanda.

os "antagonismos econômicos se converteram em antagonismos políticos", conforme escreve ele em *O conceito do político*, "foi errôneo acreditar que uma posição política conquistada com o auxílio da superioridade econômica [...] seria 'essencialmente imbele'".[27] Pois o que está em questão na "produção" (no sentido em que os economistas a entendem) não é tanto a economia quanto a luta de classes. Isso significa que, do ponto de vista revolucionário, a *guerra de classe* ocupa o lugar da crise econômica (e da luta parlamentar). Ainda com Schmitt – mas desta vez em um texto do pós-guerra, *Teoria do partisan*, cujo subtítulo é *Um parêntese ao conceito do político* –, veremos que a luta de classes é, como afirmou Lênin, "inimizade absoluta" (contra o *inimigo* de classe), confronto estratégico que, mediante a introdução de formas de combate "irregular", subverte a configuração limitada da guerra e dos equilíbrios políticos que ela até então garantia em solo europeu. "A irregularidade do combate de classes coloca em dúvida [...] toda a construção da ordem política e social [...]. A aliança da filosofia com o *partisan*, firmada por Lênin, desencadeou forças inesperadamente novas e explosivas. Ela causou não menos que o rompimento de todo o mundo eurocêntrico que Napoleão esperara salvar e que o Congresso de Viena esperara restaurar".[28]

Se Carl Schmitt sublinha que o capitalismo ocidental e o bolchevismo oriental "fizeram da guerra um fenômeno global e total", transformando a "guerra estatal convencional do Direito Internacional europeu" em "guerra civil mundial",[29] ele não leva em consideração o fato de que a "pequena guerra" contra as populações colonizadas foi a primeira forma de guerra total – e, nesse aspecto, Lênin apresenta o caráter generalizado da luta de classes, que não é apenas herança "clausewitziana" da guerrilha espanhola contra os exércitos de ocupação napoleônicos. E Schmitt não está longe de admi-

---

27 C. Schmitt, *O conceito do político / Teoria do partisan*, op. cit., p. 84.
28 Ibid., pp. 201–02. Schmitt se refere a um ensaio de Lênin, "O combate dos *partisans*", publicado em 1906 na revista russa *O proletário*.
29 Ibid., p. 243.

ti-lo quando afirma que, "com relação ao *partisan*, são especialmente importantes dois tipos de guerra [...]: a guerra civil e a guerra colonial".[30]

Lênin é certamente aquele que interpreta de maneira mais acertada a matriz colonial da Primeira Guerra. Em 1915, ele define a guerra em curso como "a guerra entre os maiores proprietários de escravizados pelo sustento e aprofundamento da escravidão". É um aspecto da Primeira Guerra que costuma ser silenciado, embora tenha consequências importantes, que se fazem sentir até hoje – seja para o restabelecimento da ordem mundial, seja, ao contrário, para as possibilidades de novas iniciativas revolucionárias:

> Seis potências escravizam mais de quinhentos milhões [...] de habitantes das colônias. Para cada quatro habitantes das "grandes" potências, há cinco habitantes nas "suas" colônias [...]. A burguesia anglo-francesa engana o povo ao dizer que faz a guerra pela liberdade dos povos e da Bélgica: na realidade ela faz a guerra para conservar as colônias que rouba desmesuradamente. Os imperialistas alemães libertariam imediatamente a Bélgica etc., se os ingleses e franceses partilhassem "amigavelmente" com eles as suas colônias. A singularidade da situação consiste em que nesta guerra a sorte das colônias se decide pela guerra no continente.[31]

Com o fim da guerra, as potências imperiais vitoriosas (França e Inglaterra) dividem entre si o "bolo" dos países e das populações colonizadas. Os bolcheviques, embora fiéis ao axioma marxista segundo o qual a revolução *deve* ocorrer no ponto mais avançado do capitalismo, veem-se obrigados

---

30 Ibid., p. 158. Sobre a importância da conferência do Congo (1885) como "derradeira apropriação de terra da Europa em conjunto" e "cruzada digna de um século de progresso" (nas palavras de Leopoldo, rei da Bélgica e fundador da Companhia Internacional do Congo), ver *O nomos da Terra*, op. cit.

31 Lênin, "O socialismo e a guerra" [ago. 1915], in *Obras escolhidas em seis tomos*, v. 2, trad. Álvaro Pina. Lisboa: Edições Avante!, 1986. Disponível em marxists.org/archive/lenin/works/1915/s-w/index.htm.

a se interessar por uma parte do mundo – o "Oriente" – que, a exemplo da Rússia, é "atrasada". Com isso, promovem um deslocamento importante em relação ao ponto de vista eurocêntrico do marxismo oficial.

A Primeira Guerra é um momento fundamental na história política mundial, como destaca o próprio Lênin, pois agora os povos colonizados entram na luta contra o imperialismo e o capitalismo. O acontecimento da descolonização se prolongará pelo século XX, e ainda está longe de se esgotar no século que se inicia.

> Devido precisamente a esta primeira guerra imperialista, [o Oriente] foi arrastado para o turbilhão geral do movimento revolucionário mundial [...]. O desenlace na luta depende, em última análise, do fato de que a Rússia, a Índia, a China etc., constituem a gigantesca maioria da população. E é precisamente esta maioria da população que, nos últimos anos, integra-se com inusitada rapidez na luta pela sua libertação.[32]

A Internacional Comunista se reuniu em Moscou no verão de 1920, mas os delegados que participavam eram, em sua maioria, europeus. Em setembro do mesmo ano, é convocado em Bacu o "I Congresso dos Povos do Oriente", que Zinoviev, então presidente da Internacional Comunista, chama de "a outra metade da Internacional". Participam 1 891 delegados de diferentes países do dito "Oriente oprimido" (entre os quais 100 georgianos, 157 armênios, 235 turcos, 192 persas, 82 tchecos, 14 indianos e 8 chineses), dos quais 1 273 se declaram comunistas. Uma testemunha ocular descreve a sala como "pitoresca ao extremo; as vestimentas orientais formavam um quadro de estonteante riqueza".[33]

---

32 Id., "É melhor menos, mas melhor" [mar. 1923], in *Obras escolhidas em três tomos*, v. 3, trad. Álvaro Pina. Lisboa: Edições Avante!, 1977. Disponível em marxists.org/portugues/lenin/1923/03/03.htm.

33 As citações e os dados referentes ao Congresso dos Povos do Oriente são extraídos do artigo de Ian Birchall, "Un Moment d'espoir: le congrès de Bakou 1920" [1920]. *Contretemps – Revue de Critique Communiste*, n. 15, 2012.

Por mais que se trate de uma reunião, e não de um congresso, o propósito estratégico é inegável: a questão colonial e a questão muçulmana ocupam o centro das discussões. Dirigindo-se a delegados em sua maioria muçulmanos, Zinoviev [que, de resto, era judeu] tenta falar na língua deles e, levado pelo entusiasmo, afirma que o objetivo político é "convocar uma verdadeira guerra santa (*jihad*) contra os capitalistas ingleses e franceses". Que cena!

Ainda que não se traduza adequadamente em programa político, a previdência de seus enunciados merece ser salientada. Zinoviev vê a descolonização como destino: "A intenção mais alta da revolução que ora começa no Oriente não é expulsar da mesa os cavalheiros imperialistas ingleses para que ricos muçulmanos [...] ocupem o seu lugar. Queremos que o mundo seja governado pelas mãos calejadas dos trabalhadores".

A intervenção de uma delegada turca representa particularmente bem as mutações engendradas pela revolução, pois revela que há uma "guerra dos sexos" na assembleia revolucionária fortemente impregnada pela cultura patriarcal (55 mulheres entre os 2 mil delegados, com forte oposição à eleição de 3 delas ao bureau do Congresso). Tem ainda o mérito de nos lembrar que certas questões não dizem respeito apenas aos povos colonizados e continuam a incomodar, nos dias de hoje, a boa consciência da "esquerda" republicana francesa, em sua falha de "integração":

> As mulheres do Oriente não lutam apenas pelo direito de não usar o véu, como acreditam os ocidentais. Para a mulher oriental, de elevado ideal moral, a questão do véu é secundária, vem por último. Se as mulheres, que respondem por metade da humanidade, permanecerem adversárias dos homens e não lhes for concedida igualdade de direitos, o progresso da sociedade humana será impossível. [...] Sabemos ainda que, na Pérsia, em Bucara, em Quiva, no Turquistão, nas Índias e em outros países muçulmanos, a situação de nossas irmãs é ainda pior que a nossa. Se quereis vossa própria liberação, dai ouvidos a nossas reivindicações e ajudai-nos de maneira eficaz a implementá-las: total igualdade de direitos entre as mulhe-

res e os homens, direito das mulheres de receber os mesmos diplomas que os homens em todos os estabelecimentos de instrução geral ou profissional, igualdade de direitos no casamento, abolição da poligamia, admissão irrestrita das mulheres em todos os empregos administrativos e funções legislativas, organização em cada cidade e vila de comitês de proteção dos direitos da mulher.

Lênin se convenceu rapidamente de que a revolução fracassara na Europa. As forças imperialistas conseguiram bloquear sua expansão e isolar a Rússia, constatou ele. Mas esse fracasso se devia também à classe operária, pois a aristocracia de trabalhadores nos países capitalistas tornara-se cúmplice dos vencedores: "A aristocracia operária se constitui precisamente ajudando 'sua' burguesia a conquistar e a oprimir o mundo todo com o método imperialista, com o intento de garantir melhores salários".[34] Para que a revolução ganhe força, é preciso que os povos colonizados formem uma aliança.

Esse Congresso dos Povos do Oriente não será efêmero. O "despertar da Ásia", entrevisto por Lênin quando da primeira revolução russa em 1905, constituirá, com efeito, nas palavras de Geoffrey Barraclough, o tema de "mais importância" do século xx, "a revolta contra o Ocidente", que se encontra nas origens do declínio da Europa e do redimensionamento do Ocidente em geral. "Quando o século xx começou [...] o poder europeu na Ásia e na África estava em seu auge [...]. Sessenta anos depois, só restavam os vestígios do domínio europeu."[35] Barraclough considera que a pressão da revolta do Sul contra o Ocidente foi tão importante, senão mais, para a crise, nos anos 1960, do modelo de acumulação do pós-guerra, quanto as lutas

---

34 Lênin, "Discours sur les conditions d'admission à l'Internationale communiste", 30 jul. 1920. Disponível em marxists.org/francais/lenin/works/1920/07/vil19200730.htm.

35 Geoffrey Barraclough, *An Introduction to Contemporary History* [1964]. London: Penguin, 1967, pp. 153–54 (apud G. Arrighi, *Adam Smith em Pequim*, op. cit., p. 17).

salariais da classe operária do Norte. Zinoviev chegara a conclusões similares nos anos 1920: "Quando o oriente despertar, a Rússia e, com ela, a Europa se tornarão um cantinho de um quadro muito mais vasto".[36]

9.2 A guerra total como guerra industrial

O Capital é a segunda matriz das guerras totais em que a guerra e a produção tendem a se sobrepor uma à outra completamente. As guerras totais levam a alterações irreversíveis não apenas no modo de condução da guerra, incluindo a guerra civil, mas também na organização capitalista da produção, nas funções econômicas e políticas do "trabalho" e na governamentalidade das populações. Vencer a guerra deixa de ser uma questão apenas militar: é preciso, *antes de tudo*, vencer a guerra das indústrias, do trabalho, da ciência e da técnica; a guerra de comunicações e de produção de subjetividade... Limitado, até a guerra napoleônica, ao campo de batalha, o espaço-tempo da guerra transborda para a sociedade, englobando-a como as ondas de rádio (transmissão que não requer cabos de energia) que introduzem a guerra no seio da quarta dimensão, abolindo *a fronteira do espaço e do tempo*. Do ponto de vista da produção, o termo "total" remete à subordinação da sociedade como um todo à economia de guerra por meio da qual o capital se *reorganiza*.

Em outras palavras, o que os marxistas chamam de "subsunção real" da sociedade ao capital teve uma antecipação e um precedente na Primeira Guerra. Ou melhor: a subordinação da sociedade à produção passou a ser condicionada por esse novo regime de guerra total, "que exige *a militarização da paz*" por meio de uma nova tecnologia de poder.[37] Ela se

---

36 I. Birchall, op. cit.

37 Hans Speier Alfred Kähler, *War in our Time*. New York: Norton, 1939, p. 13. "O campo de atuação da guerra tornou-se tão amplo quanto o da paz, maior do que este, na verdade, se considerarmos que, dadas as condições atuais, uma guerra eficaz exige a militariza-

conjuga, conforme explicam Hans Speier e Alfred Kähler em seu exílio americano, no limiar da Segunda Guerra Mundial, com a *tecnologização* da máquina de destruição que "aperta o abraço da guerra moderna em torno do homem comum".

O emprego "pacífico" da subsunção real após a derrota do nazismo é uma consequência desse grande experimento que os tempos de "paz" jamais poderiam produzir com a mesma intensidade, a despeito da rápida transformação da economia americana em uma "economia de guerra permanente". Se os capitalistas desde sempre sonharam com a retomada dessa "mobilização geral" para a "produção" (essas "selvagens energias de expansão"), coube aos neoliberais integrar certas modalidades de produção a um programa político (mobilização dos "exércitos" de trabalho livre-obrigatório, aumento exponencial das despesas militares etc.).

Por guerra "total" deve-se entender, portanto, uma guerra que pela primeira vez mobiliza as forças produtivas (trabalho, ciência, técnica, organização, produção), sociais e subjetivas de uma nação, pondo fim ao período em que "era suficiente enviar para combate centenas de milhares de indivíduos que eram recrutados e submetidos a comando férreo".[38]

A guerra total é o modelo da plena utilização de todas as forças produtivas mobilizadas no sentido de uma *extensão do domínio da produção*. É a obsessão de Ludendorff, para quem "a guerra exige que valorizemos e empreguemos ao máximo as forças humanas".[39] Terminada a guerra, diz Jünger, "não havia atividade – nem mesmo a de um empregado doméstico em sua máquina de costura – cuja produção não fosse dirigida, ao menos indiretamente, à economia de guerra".[40] Mas a guerra total é também uma oportunidade para que *a produção seja intensificada e racionalizada*. Com ela vem a pri-

---

ção da paz". Speier e Kähler estiveram entre os fundadores da New School for Social Research (University in Exile).

38 E. Jünger, *La Mobilisation totale* [1930]. Paris: Gallimard, 1990, pp. 102–03.

39 E. Ludendorff, *Urkunden*, op. cit., p. 79.

40 E. Jünger, *La Mobilisation totale*, op. cit., p. 107.

meira planificação da organização do trabalho e do controle da produção em escala nacional. Lênin percebe que a dialética da história é intensificada por uma guerra que acelera "a transformação do capitalismo monopolista em capitalismo monopolista de Estado", que ele considera "a preparação material mais completa do socialismo".[41] A Rússia, que se tornara soviética em meio a uma guerra civil globalizada de catorze países, inspira-se na economia de guerra alemã, teorizada e posta em prática pelo industrial Rathenau, mestre de obras do planejamento alemão de produção armamentista, para organizar as *campanhas de produção* em "planos" quinquenais. Escreve Lênin em 1918: "O imperialismo alemão dá mostra de seu caráter economicamente progressista ao instituir, antes de outros Estados, o serviço de trabalho obrigatório".[42] É assim que acontecem as realizações de Moellendorf, engenheiro mecânico por formação, conselheiro técnico do exército no Ministério da Guerra e braço direito de Rathenau; a mobilização industrial é o corolário de um projeto de planificação global do qual a "Comissão do Trabalho", encarregada do controle da totalidade da mão de obra do Império, é o órgão central. "Todas as atividades dependiam obrigatoriamente das ordens da Comissão do Trabalho."[43] Os historiadores contestaram a eficácia econômica dessa militarização *absoluta* da produção, que, na Alemanha, dependia de uma estrutura corporativa e autocrática para inverter a tendência e ganhar a guerra quando Ludendorff obteve, em julho de 1917, plenos poderes. Seja como for, esse será o modelo de Estado planificador, baseado na mobilização total da população, que as demais potências europeias terminarão não por adotar, mas por *adaptar* ao promover o "soldado do trabalho". Este se impõe como verdadeiro *sujeito coletivo* da guerra total

---

41 Lênin, "La Catastrophe imminente et les moyens de la conjurer" [set. 1917], in *Œuvres complètes*, v. 25, apud J. Querzola, op. cit., pp. 73-74.

42 Lênin, "Première variante de l'article 'Les Tâches immédiates du pouvoir des soviets'" [abr. 1918], in *Œuvres complètes*, v. 42, apud J. Querzola, op. cit.

43 J. Querzola, op. cit., p. 75.

na produção de massa que ela promove e que vai modificar a gestão da força militar, tomando como modelo o controle "científico" da produção voltado à militarização da sociedade civil.

Com a introdução de linhas de montagem nas indústrias de armamento e de construção mecânica (sobretudo de automotores), a economia de guerra estimula e aprofunda os *princípios* de organização taylorista do trabalho ligado à padronização e à fabricação em série. Esta havia sido bastante limitada antes da guerra, graças à destruição das estruturas industriais e à resistência operária contra a lei do cronômetro e a remuneração por desempenho características da nova disciplina fabril.[44] Na França, o aumento de produtividade na metalurgia chegou a 50% graças ao taylorismo; na Grã-Bretanha, privilegiam-se as *national factories*, por volta de 70 em 1915 e mais de 200 ao fim da guerra; nos Estados Unidos, após a introdução do "sistema Taylor" no arsenal de Watertown (1909–11), a construção naval é racionalizada e desenvolvida para fazer frente às necessidades dos Aliados (contando com montagem de navios de carga a partir de peças pré-fabricadas). George Babcock, membro da Society to Promote the Science of Management e tenente-coronel durante a guerra, declara em Boston, em 1919, diante de uma plateia de engenheiros: "A maior lição que a guerra nos ensinou é que a expansão e o aprofundamento dos princípios da organização científica encontram sua justificativa prática no fardo mais pesado que já tiveram de suportar".[45]

A começar pelos Estados Unidos, onde "a administração científica foi adotada desde o início da Primeira Guerra: novos sistemas de cálculo automático dos salários, o registro detalhado da produtividade, a padronização e a organização do trabalho em torno de contramestres 'funcionais' são adotados em todos os estabelecimentos militares e industriais,

---

44 Pensemos aqui nas lutas operárias contra a "racionalização" das fábricas Renault nos anos 1912–13.

45 Apud Jean Querzola, op. cit., pp. 63–64.

sob os auspícios do governo federal".[46] O fenômeno se torna ainda mais amplo no pós-guerra, que se caracteriza pelo desenvolvimento do consumo de massa e pela regulação disciplinar das lutas operárias com um anticomunismo furioso, sem o qual Taylor e seu regime gerencial de imposição não teriam se tornado os heróis da "nova indústria".[47]

Mas a derrota do movimento operário após o fim da Primeira Guerra é também uma consequência da "colaboração entre capital e trabalho". Ela presidiu, em toda a Europa, a incorporação negociada do operário no Estado nacional da guerra total. Antes de sua reconfiguração ítalo-fascista e teuto-nazista, a França reformista de Albert Thomas (deputado socialista e favorável à "União Sagrada" cuja missão, como ministro das Munições, era armar a França) e de Léon Jouhaux (à época secretário geral da Confederação Geral do Trabalho – CGT) privilegia as novas formas de organização do trabalho e de disciplina social, aos quais cabe substituir a

---

46 Maurizio Vaudagna, "L'Américanisme et le management scientifique dans les années 1920", *Recherches*, n. 32–33, 1978, p. 392. Em 1918, um terço dos membros da Taylor Society era empregado pela Ordnance Department (Direção Geral de Armamento), o que mostra o papel pioneiro desta. Lembremos que a Guerra de Secessão e as primeiras fábricas de armamentos, combinadas à construção de linhas ferroviárias, estavam no ímpeto inicial da potência americana. Como diz Benjamin Coriat, "a fecundidade recíproca entre a guerra e a indústria não chega a ser nova, o que muda é sua escala, com o alinhamento de ambas sob o capital". Ver também Benjamin Coriat, *L'Atelier et le chronomètre*. Paris: Bourgois, 1979, p. 69.

47 "A única maneira de obter o aumento do ritmo de trabalho é pela imposição de uma padronização dos métodos, a adoção obrigatória de melhores ferramentas e condições de trabalho e a cooperação obrigatória. Ora, cabe unicamente à direção impor a adoção de padrões e de cooperação." Frederick W. Taylor, *The Principles of Scientific Management*, 1911, p. 83, apud David Montgomery, *Workers' Control in America: Studies in the History of Work, Technology, and Labor Struggles*. Cambridge: Cambridge University Press, 1979, p. 114. Sobre a resistência operária à introdução do taylorismo nos Estados Unidos, ver também, além da obra de David Montgomery, Gisela Bock, Paolo Carpignano e Bruno Ramirez, *La formazione dell'operaio massa negli USA, 1898–1922*. Milano: Feltrinelli, 1972.

luta de classes pela unidade nacional em nome do progresso econômico. Promovendo-se "por todos os meios a aproximação" entre "industriais e operários", propõe-se que "o esforço de guerra sirva também, na medida do possível, para armar o país para as lutas pacíficas no terreno industrial".[48] No início da década de 1920, no contexto mais liberal dos Estados Unidos, de "concorrência colaborativa", percebe-se que esta não é mais que "a variante americana dos esforços europeus para transcender a luta de classes e edificar uma 'democracia funcional'".[49] Pelo fato mesmo de que o trabalho mostrou-se, na reconstrução do pós-guerra, um vetor e um instrumento da guerra de subjetividade (ou, no vocabulário usado pelos socialistas e sindicalistas franceses – do "espírito da guerra", que é também uma "guerra do espírito"), os "progressos" consideráveis da aplicação científica das técnicas disciplinares à guerra do trabalho se mostram dependentes de sua extensão e intensificação biopolítica no conjunto da sociedade, engajando também um *front doméstico*.

A abertura desse front doméstico foi empreendida pela feminização do trabalho, engendrada pela Primeira Guerra (as "*munitionnettes*"). A guerra das mulheres contribui assim à nova gestão taylorista da força de trabalho (qualificada e não qualificada), renovando por completo a velha prática manufatureira de empregar o trabalho feminino apenas na falta de braços masculinos ("vagabundagem" e instabili-

---

48 Extratos, respectivamente, do discurso de Clémentel diante da Association Nationale d'Expansion Économique (26 mar. 1917) e das minutas de 10 de novembro de 1917 de uma sessão do Comité Permanent d'Études Pelatives à la Prévision des Chômages Industriels (apud Martin Fine, "Guerre et réformisme en France, 1914–1918". *Recherches*, n. 32–33, 1978, pp. 314, 318).

49 Ellis W. Hawley, "Le Nouveau corporatisme et les démocraties libérales, 1918–1925: le cas des États-Unis", *Recherches*, n. 32–33, 1978, p. 343; sobre as negociações que, durante e após a guerra, levaram à introdução do taylorismo, sob supervisão em "cooperação" dos sindicatos e da gestão, ver também Hugh G. J. Aitken, *Scientific Management in Action: Taylorism at Watertown Arsenal, 1908–1915* [1960]. Princeton: Princeton University Press, 1985, pp. 237–41.

dade operária, períodos de semeadura e monções, convocação militar). Não se deve esquecer que nos anos 1960 havia menos mulheres empregadas na força de trabalho do que durante a guerra. (No caso dos Estados Unidos, além do meio milhão de mulheres mobilizadas pelas forças armadas, mais 5 milhões foram empregadas nas indústrias de defesa, totalizando por volta de 6 milhões de mulheres trabalhadoras.) O pleno emprego da época fordista é, principalmente, coisa de homens. Rosie *the Riveter* [Rosie, a Rebitadora], do cartaz célebre de Howard Miller, perdera lugar. E em mais de um sentido, já que sua premissa remonta à Primeira Guerra. E às primeiras derrotas para a guerra do movimento feminista.

As lutas de emancipação das mulheres que se encontravam na "linha de frente", muitas das quais se tornaram viúvas,[50] tiveram início na França do pós-guerra, com a frustração – a despeito da força do movimento feminista francês em 1914 – pela recusa do direito ao voto. Aprovado na Assembleia Nacional, seria rejeitado pelo Senado em 1922, sob a alegação de que as mulheres poderiam levar ao poder um "novo Bonaparte" ou, ainda, favorecer uma "revolução bolchevique". (O direito ao voto feminino viria apenas em 1944, por decreto do Comitê Francês de Libertação Nacional, pelos serviços prestados à Resistência.) Mesma desventura na Itália, que entrementes se submetera a Mussolini. Na Bélgica, poderiam votar apenas as mães ou esposas de soldados caídos no front: o *sufrágio dos mortos*, estabelecido em 1920. A situação mais interessante é a da Inglaterra, em que a recompensa pelos serviços prestados à nação é mencionada na aprovação do direito feminino ao voto de 1918, condicionado ao do marido e a uma idade mínima (mais de trinta anos), excluindo as jovens que haviam colaborado nas fábricas de munições (*women war workers)* ou no exército... De resto, a questão do voto feminino foi um "acréscimo tardio" a um projeto que visava à ampliação do eleitorado masculino e que fora a única proposição na *Speaker's Conference* a não obter

---

50 Ao final do primeiro conflito mundial, contavam-se 600 mil viúvas na França, outras tantas na Alemanha e 200 mil na Inglaterra.

unanimidade. "A mulher, mesmo dotada do direito ao voto, permanece, antes de tudo, mãe e esposa (já que se trata de uma mulher de mais de trinta anos), ao passo que as jovens que se tornaram mais independentes com a guerra, conhecidas como '*flappers*', não serão ouvidas na reconstrução do país".[51] Somente em 1928 a idade mínima para o voto feminino se alinhará à dos homens, na Inglaterra. Como disse a feminista alemã Helene Lange em 1896, "os homens só concederão às mulheres o direito ao voto quando isso lhes for conveniente". E isso implica também seus *interesses de classe.* (Com a revolução de 1918 e a nova constituição da República de Weimar, o direito feminino ao voto é assegurado na Alemanha.) Numerosos estudos feministas apresentaram o princípio de uma "dupla hélice", em que a integração social das mulheres durante a guerra foi um parêntese breve, que rapidamente se fechou com o retorno dos homens, pois a luta de gêneros fora largamente suspensa no *homefront* durante o conflito. "As mulheres, *quando passam a ser denominadas pelo seu sexo*, não podem, de acordo com as formulações de políticas sociais, escapar à encarnação do gênero, enquanto trabalhadoras sem *status* ou temporárias, sendo também percebidas como portadoras da ameaça de uma maternidade sempre possível."[52] A guerra reconduz, assim, *ao trabalho da guerra contra as mulheres* até mesmo em sua servidão à ordem de produção. Na versão capitalista ou socialista.

As guerras totais dão ensejo, na Europa, a uma ideologia produtivista que se espalha até a União Soviética, onde se desenvolve o ideal de um *taylorismo proletário* que se transforma em "stakhanovismo", considerado por Lênin um "imenso progresso da ciência". Ciência esta que ele pretende dissociar da função de exploração capitalista, que limitava a

---

51 Véronique Molinari, "Le Droit de vote accordé aux femmes britanniques à l'issue de la Première Guerre mondiale: une récompense pour les services rendus?", *Lisa*, v. 6, n. 4, 2008.
52 Denise Riley, "Some Peculiarities of Social Policy Concerning Women in Wartime and Postwar Britain", in *Behind the lines*, op. cit., p. 260.

"racionalização" apenas ao processo de trabalho, para expandi-la à sociedade como um todo. Em suma, uma guerra total, que, se Lênin vê sob um prisma "coletivista", é porque não compreende a dinâmica (bio)política real, que se efetiva, entretanto, "na palavra de ordem 'recenseamento e controle', martelada [por ele] durante esse período".[53]

A crítica do trabalho, que marcara as lutas proletárias do século XIX, dá lugar a uma espécie de "santificação", cujos efeitos deletérios no movimento operário são plenamente sentidos após a Segunda Guerra. Separada da "mobilização revolucionária dos trabalhadores", convocada por Lênin, a emancipação depende agora da "disciplina de trabalho", antes de se tornar questão de crescimento e produtividade da economia como objetivo único do movimento operário. A lição é mais uma vez tayloriana.

A guerra total suprime, assim, a ambivalência de Marx, que via no trabalho a essência genérica do homem e o lugar da exploração. A imagem da guerra como "uma ação armada é aos poucos substituída em prol da representação que a concebe como um gigantesco processo de trabalho".[54] O que explica a conversão, praticamente instantânea, do operário internacionalista em soldado nacionalista: a organização da guerra e a organização do trabalho tornam-se homogêneas com o *trabalho de guerra*. No front mais imediato da militarização do trabalho, vê-se, de um lado, "trabalhadores de choque" e, do outro, "operários da destruição", tropas em que nem todos são de choque... Como explica Massimiliano Guareschi, trata-se de uma nova máquina útil na linha de montagem:

> o soldado das trincheiras é um material humano cujas peças podem ser trocadas: pela primeira vez a medicina recorre a próteses para substituir membros destruídos ou reconstruir um rosto desfigurado. Mas o soldado-operário também pode ser trocado por inteiro. Em seu trabalho, seja na fábrica ou

---

53 Robert Linhart, *Lénine, les paysans, Taylor* [1976]. Paris: Seuil, 2010, p. 135.

54 E. Jünger, *La Mobilisation totale*, op. cit., p. 107.

na guerra, é suprimida e aniquilada toda relação com as artes que estão na origem dessas atividades. A fabricação em série, em uma linha de montagem, desenrola-se sob a forma de produção anônima da morte nas batalhas travadas em campos materiais. Em 1930, Friedrich Georg Jünger, na obra *Krieg und Krieger*, e seu irmão Ernst, em *Die totale Mobilmachung*, apontam para o caráter anônimo da produção em série no nível do trabalho de guerra e a definem como uma das características fundamentais da guerra mundial.[55]

No decorrer de um confronto menos interestatal do que inter-imperialista, os fluxos de capital financeiro e os fluxos de guerra perdem cada vez mais seus limites, iniciando assim um novo processo de desterritorialização. A guerra libera a "produção" das necessidades do "mercado", na medida em que sua finalidade deixa de ser a "rentabilidade" ou o "lucro" (mas os capitalistas enriquecem como nunca),[56] voltando-a para a produção ilimitada de "meios de destruição" em torno dos quais a máquina econômica e a sociedade como um todo são mobilizadas em uma disciplina maquínica sob um comando reticular único. (Parafraseando David Noble: *The military term for management is command; the business term for command is management.*)[57] Simultaneamente, a transformação da luta de classes, derrotada no front interno, em guerra civil revolucionária, operada pela Revolução Soviética, expande, em um front invertido, a guerra para além dos limites de espaço e tempo estabelecidos pelo *jus publicum europæum* que enquadrava sua razão de Estado. A guerra total é mundial não apenas em extensão como também *em intensão*, tornando porosas as fronteiras entre espaço civil e espaço militar.

---

55 Massimiliano Guareschi, "La Métamorphose du guerrier". *Cultures et Conflits*, n. 67, 2007.

56 Como faz questão de sublinhar o general Fuller, "os lucros pecuniários da guerra não cabem ao general e a suas tropas, mas aos financistas, aos empreendedores e aos industriais". Ver J. F. C. Fuller. *L'Influence de l'armement sur l'histoire*. Paris: Payot, 1948, p. 159.

57 "O termo militar para gerência é comando; o termo empresarial para comando é gerência." [N.T.]

Ao liberar a guerra e a produção de *todos* os limites, a guerra imperialista e a guerra civil revolucionária engendram a produção e a guerra *totais*, cuja condição de possibilidade é a destruição enquanto tal: destruição do inimigo nacional, do inimigo de classe, mas também, com o nazismo, destruição absoluta, *destruição total*.

No entreguerras, o filósofo alemão Karl Korsch expressou sua desavença em relação aos bolcheviques, alertando para os efeitos destrutivos da guerra total, segundo ele ignorados pelos marxistas. A produção, diferenciada da destruição, teria perdido seu caráter progressista, uma vez que as *forças destrutivas* da guerra moderna mecanizada haviam sido integradas às "forças produtivas" da máquina de guerra do capital. Ou, para colocar em termos ainda mais *econômicos*: "Os ganhos de produtividade e os ganhos de destruição passaram a obedecer à mesma tendência, o custo da destruição decresceu ao longo dos séculos xix e xx. No que se refere ao potencial destrutivo, a tecnologia militar nunca foi tão barata".[58] Tudo se passa como se o consumo e a produção só pudessem tender ao infinito em relação à destruição. É o que a guerra total, e em particular a Segunda Guerra, prelúdio da sociedade do consumo em massa, pode confirmar.

A conversibilidade entre produção/consumo/destruição, implicada na mobilização geral das forças produtivas (trabalho, ciência, técnica, população), põe em questão a capacidade das categorias da economia política, mas também de sua crítica, de apreender a natureza da produção capitalista, mesmo que a ilusão (liberal) de que a guerra seria substituída pela economia tenha sido desmentida pelos fatos e que a guerra não sirva mais apenas para "combater na luta da concorrência [*der Konkurrenzkampf durch Kriege*]". Como definir capital e trabalho na guerra total? Como restringir o conceito de capital a uma definição "econômica"? Seriam as únicas oposições possíveis aquelas entre "capital produtivo" e "capital fictício" ou "capital parasitário"? Que sentido

---

58 Christophe Bonneuil e Jean-Baptiste Fressoz, *L'Événement Anthropocène*. Paris: Seuil, 2013, p. 141.

teria, na era da guerra total, a disputa acadêmica sobre a distinção entre trabalho produtivo e trabalho improdutivo? Como definir a enorme quantidade de trabalho envolvido na "mobilização geral"? Como explicar o fato de que os maiores avanços da ciência e da tecnologia foram estimulados pela pesquisa militar e postos a serviço de "enérgicos programas de equipamento" que não se distinguiam dos *meios de destruição*, exceto por terem um poder ignorado por qualquer outra "civilização"?

A guerra total põe em xeque a concepção marxiana do capitalismo e das forças produtivas que ele libera (trabalho, ciência, técnica) como forças do "progresso" que *favorecem* a criação de condições de extinção do próprio capitalismo e de implantação do comunismo. A função progressista da burguesia e do empreendedor se extingue ao mesmo tempo que a "educação elétrica das massas", na expressão de Lênin [no VIII Congresso dos Sovietes de Toda a Rússia, 1920]. Sem a introdução de *relações estratégicas de poder* no nível constitutivo mais profundo do capital, a própria natureza deste escapa a seus adversários mais resolutos. A guerra se torna um parêntese, uma interrupção do curso normal das atividades (econômicas) e, uma vez encerrada, o capital retoma seu caminho e sua história "produtiva" como "condição de emancipação" da humanidade – que ocorrerá quando "*o proletariado [tiver] desaparecido*" (de acordo com a célebre frase de Lênin, que continua a valer fora do contexto soviético de 1921). O choque na geração da guerra é expresso por Walter Benjamin, para quem a *própria possibilidade* de crença no progresso, na ciência, na técnica e na disciplina do trabalho assalariado tinha sido destruída pelas "tempestades de aço" e pelos gases de combate da Primeira Guerra, depois reconvertidos em pesticidas.

De maneira surpreendente, após a Segunda Guerra, que viu o crescimento da indústria americana com uma rapidez sem precedentes, pelo financiamento (como após o primeiro conflito) da mobilização dos Aliados, a produção será novamente separada da destruição e o capitalismo, da guerra, como se sua relação tivesse sido conjuntural. Prova, como se necessário fosse, da dificuldade que o marxismo tem de abandonar a concepção progressista do capital, do trabalho assalariado, da técnica e da ciência, a despeito da trágica constatação de sua função destrutiva nas guerras totais. Essa concepção continua a alimentar o marxismo, em suas variantes ortodoxa e heterodoxa, até a formulação da teoria da aceleração, que recicla, em registro *techno*, a sensibilidade progressista do socialismo do século XIX e sua substituição dialética pela planificação (neo)leninista de uma "administração (pós-)proletária".

De maneira menos cômica, no longo pós-guerra do fordismo, as teorias mais heterodoxas retomam a definição marxista do Capital, como se as guerras totais não tivessem existido, como se, com suas metralhadoras, já não tivessem efetuado a subsunção mais real da sociedade inteira à máquina de guerra do capital. "Até o nervo mais tenso" e até a "criança no berço", é toda "uma física e uma metafísica das trocas" que serão mobilizadas, tanto "nos tempos de guerra como nos de paz": pois a "guerra dos trabalhadores", que mobiliza "automotores e aviões, conglomerando milhões de seres nas metrópoles", mostra que "não existe mais sequer um átomo que seja *alheio ao trabalho*".[59]

9.3 A guerra e a guerra civil contra o socialismo (e o comunismo)

A matriz mais importante da guerra total foi sem dúvida a guerra civil entre o capitalismo e o socialismo. As "pequenas guerras" contra os operários parisienses em 1848 e os *communards* ("os beduínos internos") em 1871 são insuficientes, agora que o socialismo se apresenta como uma alternativa global ao capitalismo. Ora, desde a revolução russa de 1905, reprimida com sangue, "que introduz em cena atores que serão os protagonistas de 1914",[60] até as vésperas do conflito,

---

59 E, Jünger, *La Mobilisation totale*, op. cit., pp. 108–13.
60 Luciano Canfora, *1914*. Paris: Champs Flammarion, 2014, p. 31. [Ed. bras.: *1914*, trad. Aurora Fornoni Bernardini. São Paulo: Edusp, 2014.]

o socialismo faz o capitalismo tremer. O sinal de alerta foi ouvido também nos Estados Unidos, em razão da crescente popularidade do Socialist Party entre o movimento sindical.[61]

Em seu precioso *1914*, Luciano Canfora cita uma passagem do historiador inglês Herbert Fisher, extraída de *História da Europa* (1936): "Uma greve de operários de São Petersburgo que começa em 8 de julho de 1914, que erguerá barricadas e fará combates de rua, parece mostrar que, na corrida entre a guerra e a revolução, esta chegará primeiro". Em outra passagem, ele também cita Braudel: "sem exagerar a força da Segunda Internacional, podemos afirmar que em 1914 o Ocidente se encontra à beira do socialismo, que está prestes a se apoderar do poder e construir uma Europa moderna, talvez mais moderna que a atual. Uns poucos dias e horas bastarão para arruinar essas esperanças".[62]

É um axioma: quando a "política" beira a guerra civil se voltando contra o capital, este responde pela guerra. Nesse sentido primeiro ou "original", a guerra civil (virtual-real) precede a guerra total *que ergue as massas contra si mesmas*. Segue-se o corolário: incitados pelo capital financeiro, apoiados pelos liberais e pelos dirigistas, os impérios e os Estados mergulharão, sem pensar duas vezes, a Europa no massacre da Primeira Guerra Mundial. Quando os "beduínos internos" se contam aos milhões e o socialismo deixa de ser um espectro para se tornar um horizonte em toda a Europa, é preciso que a "grande guerra" assuma o caráter exterminador da "pequena", erradicando-os. Sua violência extrema é *massificada* mediante a mobilização industrial de nações transformadas em "gigantescas fábricas de produção em série de

---

61 Ver D. Montgomery, *Workers' Control in America*, op. cit., cap. 3. Com a multiplicação das greves, a agitação socialista nos Estados Unidos se estenderá até a depressão da década de 1920.

62 Herbert A. L. Fisher, *History of Europe*. Cambridge, MA: Houghton Mifflin, 1936, p. 1113; Fernand Braudel, *Grammaire des civilisations* [1963]. Paris: Champs Flammarion, 1993, p. 436. [Ed. bras.: *Gramática das civilizações*, trad. Antônio de Pádua Danese. São Paulo: Martins Fontes, 1989], apud Luciano Canfora, *La Démocratie: histoire d'une idéologie* [2004]. Paris: Seuil, 2006, p. 281.

armamento, a fim de poderem enviá-lo nas 24 horas de cada dia, em um processo mecanizado de consumação sangrenta que faz as vezes do mercado".[63] Escusado lembrar que "cabe às democracias liberais o mérito de ter mergulhado o século xx nas profundezas do inferno".[64] Tendo percebido que a guerra não conseguira liquidar com o socialismo e que o perigo do comunismo tomara corpo com a Revolução Soviética que se embrenhara pelos fronts interno e externo, as elites liberais não hesitaram em aderir completamente à era das *grandes guerras* europeias. A *guerra civil mundial* começa com a investida contra a Revolução (russa) daquilo que Schmitt chamará (para reservar o termo aos Estados Unidos!) *o conceito discriminatório de guerra* (a guerra contra um inimigo total).[65] A emergência tardia da noção de *Weltbürgerkrieg* na literatura conservadora e contrarrevolucionária se deve, não por acaso, a um *desvio* [*détournement*] (e a uma reversão [*retournement*]) da "guerra civil revolucionária" leninista...

Põe-se no entreguerras a questão do sentido das transformações trazidas pela "guerra total" em relação à guerra civil vencida pelos soviéticos e que ameaça mergulhar a Alemanha na tormenta revolucionária. Na Itália, Mussolini promete barrar o contágio. Exceto pela União Soviética, o ímpeto da "ideologia militante produtivista" é contido pela multiplicação de greves operárias, enquanto o rearmamento está na ordem do dia. A distinção de princípio entre guerra e guerra civil tende a se tornar fluida, a ponto de dissolver-se. Ernst Jünger oferece um testemunho precioso: "Existe entre estes dois fenô-

---

63 E. Jünger, *La Mobilisation totale*, op. cit., p. 114.
64 L. Canfora, *La Démocratie*, op. cit., p. 283.
65 Ver C. Schmitt, "Changement de structure du droit international" [1943], *La Guerre civile mondiale*, op. cit., p. 48: "Pois, como o governo dos Estados Unidos tem o poder de discriminar os demais governos, também lhe cabe, sem dúvida, o direito de voltar os povos contra seus próprios governos e transformar a guerra interestatal em guerra civil. Com isso, a guerra mundial discriminatória ao estilo americano se transforma em guerra civil mundial de caráter global e total. Tal é o ponto da união, à primeira vista improvável, entre o capitalismo ocidental e o bolchevismo oriental".

menos, a Guerra mundial e a guerra civil, uma imbricação profunda que não se mostra à primeira vista; pois são os dois lados de um mesmo acontecimento de envergadura planetária".[66] No outro polo do espectro ideológico, Hannah Arendt também liga a guerra interimperialista à revolução e à guerra civil: "uma guerra mundial aparece como consequência da revolução, uma espécie de guerra civil se alastrando por todo o mundo, tal como a própria Segunda Guerra Mundial foi vista por uma parcela considerável da opinião pública".[67] O que justifica o sentido que Lênin dá à guerra total, quando mostra, já em 1914, que, no quadro do capitalismo mundial, só há uma "guerra justa": a guerra civil contra a guerra (imperialista).

Ponta de lança da União Sagrada em torno da qual os partidos socialistas europeus se reuniram, o nacionalismo, que constitui a força subjetiva de mobilização pela guerra é, ao lado do racismo, a primeira resposta à intensificação do conflito social e à ameaça de guerra civil. Como observa Thomas Hippler, "a guerra só é nacional na medida em que as nações beligerantes conseguem deter o conflito social subjacente a ela, e o problema social é absorvido na questão nacional", quer dizer, "a guerra entre nações dissimula a guerra de classes [...], guerra latente que corrói as nações por dentro".[68]

Foucault teve o mérito de mostrar que o poder não é apenas repressão, mas produção, incitação, solicitação, "ação sobre ações", na fórmula consagrada. Mas é preciso lembrar, como *matter of fact*, que, quando a existência política do Capital foi posta em questão, pelo socialismo e pelo comunismo, o capitalismo respondeu com a repressão, a "brutalização" das populações e a guerra. Somente depois da vitória da Europa contra a revolução é que pôde ser implementado o New Deal (o mesmo, em linhas gerais, nos Estados Unidos democráticos, na Itália fascista e na Alemanha nazista). Foi preciso, portanto, uma guerra total, a crise de 1929 e as guerras civis

---

66 E. Jünger, *La Mobilisation totale*, op. cit., p. 99.

67 H. Arendt, *Sobre a revolução* [1961], trad. Denise Bottmann. São Paulo: Companhia das Letras, 2011, p. 43.

68 T. Hippler, op. cit., pp. 132, 130.

europeias para que o Capital consolidasse, por algum tempo, uma resposta "econômico-política" a nível global e o poder mostrasse uma faceta mais democrática, sem, no entanto, perder de vista a mobilização para a guerra. "Para ir adiante", declara Roosevelt em seu discurso de posse em 1933, "devemos nos comportar como um exército coeso, leal, pronto a se sacrificar pelo bem de uma disciplina comum [...]. Não hesito em assumir a frente desse grande exército, formado por nosso povo, que faz todos os esforços para atacar, com disciplina os problemas que temos em comum". Enunciação cristalina de que o New Deal é a continuação da guerra por outros meios... reconduzindo o National Recovery Act (NRA) para o War Industries Board estabelecido por Wilson em 1917, que lhe servira de modelo.

O envolvimento do proletariado industrial e da população na guerra total foi seguido pelo desenvolvimento crescentemente desordenado do capitalismo, desfazendo a organização (taylorista-fordista) do trabalho, culminando no colapso do capitalismo financeiro americano (a Grande Depressão de 1929). Esse processo sela a falência do liberalismo e traz de volta os riscos da guerra civil, constrangendo os regimes "democráticos" e os regimes fascistas a assumirem responsabilidade pela "questão social" com o reforço e a *universalização* do Estado na gestão econômica e no controle da sociedade. Cabe dizer, portanto, que "o Estado nacional, tal como se constitui a partir do século XIX, evolui progressivamente para um Estado nacional-*social*".[69] Atrairá com isso as críticas tanto dos liberais como dos marxistas americanos, em razão das similaridades entre o New Deal, o Estado corporativo de Mussolini e o Estado totalitário de Hitler – a essa lista, os liberais acrescentam "socialismo de Estado".[70] Pois, como o "fascismo" era, então, mais ou menos sinônimo de economia dirigida e *Estado*

---

69 Ibid., p. 131.

70 Ver os extratos reunidos por Wolfgang Schivelbusch, *Three New Deals: Reflections on Roosevelt's America, Mussolini's Italy, and Hitler's Germany, 1933–1939* [2006]. New York: Picador, 1986, pp. 26–32.

forte, o New Deal será com frequência assimilado, nem sempre criticamente, a um *fascismo econômico*.[71]

O intenso debate que acontece quando da redação da nova constituição alemã no pós-guerra em torno da definição do que seria um Estado "social", que será avaliado, de maneiras diferentes, tanto por Schmitt quanto por Foucault, é inseparável do grande problema da descontinuidade das *políticas social-democráticas* em relação às medidas tomadas na década de 1930 nos Estados Unidos e também na Itália e na Alemanha. Podemos pensar também no último diálogo franco-alemão – o "colóquio Walter Lippmann" – que ocorreu em Paris em 1939, no qual alguns oradores fugidos da Alemanha ou forçados ao silêncio colocam sob o signo do *liberalismo social* a ideia (intervencionista) pela qual "o Estado deve dominar o devir econômico" (Franz Böhm).[72]

Excedendo o princípio disciplinar da *sociedade-fábrica*, as políticas sociais aplicadas transversalmente na democracia americana, no nazismo e no fascismo ultrapassam a definição de biopoder (controle de natalidade, administração sanitária, segurança do trabalho etc.). Elas não se limitam à vida "biológica" das populações e à garantia de sua "segurança", mas estendem-se ao *equipamento da vida moderna* como um todo, abrindo caminho para o consumo de massa como nova forma de controle: programas de "motorização" na Alemanha (criação da primeira malha de autoestradas e lançamento do "carro do povo": *Autobahn* e *Volkswagen*) e de "eletrificação" nos Estados Unidos (programa hidráulico do Tennessee Valley Authority [TVA], incluindo a melhoria das terras em um verdadeiro projeto de organização do território, o *New Deal Landscape*), invenção (e taylorização) dos "lazeres", do *dopolavoro* (Opera Nazionale Dopolavoro) e da Kraft durch Freunde (a Força pela Alegria), a utilização maciça do rádio ("Éden elétrico, onde o eu é absorvido na tecnologia!", na famosa frase de McLuhan) e do cinema, desenvolvimento da propaganda e do controle etc.

---

71 O que mudará com a colonização italiana da Etiópia em 1935 e o envolvimento de Mussolini e Hitler na Guerra Civil Espanhola.

72 Ver M. Foucault, *Nascimento da biopolítica*, op. cit., p. 184.

Sobre isso, deve-se mencionar a Blue Eagle Campaign do NRA, decalcada da mobilização de guerra dos anos 1917–18, por intermédio da qual cada cidadão, cada consumidor, cada empregado, cada empregador se engajou tanto quanto os membros do NRA para apoiar *pessoal e publicamente* o conjunto de medidas emergenciais do New Deal: *"WE DO OUR PART"*, *"Those who are not with us are against us!"*.[73] Sabendo que Hitler rapidamente compreendeu que a pauperização material e mental da classe operária, liberta de seus "monges" (*Bonzen*) e de seus sindicatos marxistas, não jogava a favor do novo regime e do novo espírito de unidade nacional e social, qualquer semelhança com o "povo" (*the people, the common American*) com a *Volksgemeinshaft* não era... por acaso. Sublinhemos o óbvio: por intermédio de elementos que não são diplomáticos, em alguns anos, antes que a história se acelerasse decisivamente no sentido de um expansionismo "axial", foram constantes as *trocas* entre o fascismo de Mussolini, o New Deal de Roosevelt e o nazismo de Hitler.

O objetivo das políticas sociais dos anos 1930 era afastar o perigo do "coletivismo" bolchevique e pôr sob tutela o individualismo suicida do "capitalismo" liberal e financeiro. O New Deal, o fascismo e o nazismo eram então considerados por "observadores" americanos e europeus como três tipos de *governamentalidade pós-liberal* que tinham por objetivo a planificação da economia sob a direção do Estado, ao qual incumbiria *proteger – e proteger os interesses do capital contra o próprio capital e contra o povo, nacionalizando ambos* após a morte violenta do *laissez-faire*. (Ele não havia levado à Grande Guerra, e dela à Grande Depressão?) Um Estado *nacional-social*, portanto. "O que deveríamos chamar de nacional-socialismo" – sublinha um respeitável professor da Universidade de Chicago e autor de uma volumosa obra intitulada *The Pursuit of Power* – "se Hitler não tivesse se apoderado do termo, emergiu dos quartéis e dos escritórios das forças armadas europeias e, com a ajuda de uma coalizão de

---

73 "Nós fazemos a nossa parte", "Aqueles que não estão conosco estão contra nós!". [N. T.]

elites administrativas provenientes do mundo dos grandes negócios, das grandes centrais sindicais, da universidade e do círculo íntimo do poder, ganhou rapidamente a sociedade europeia".[74] E mesmo o stalinismo, com a ideia de edificação do socialismo em um só país e a renúncia, a partir de 1924, à internacionalização do proletariado, poderia ser chamado de nacional-socialismo *avant la lettre*. Para além do combativo interesse por seus experimentos de planificação, Stuart Chase, famoso jornalista dos Democratas a quem se atribui a criação do termo *"New Deal"*, concluiu sua coluna chamada *"A New Deal for America"* com uma tirada de humor bem britânico: *"Why should we let the Russians have all the fun of remaking a world?"*.[75]

9.4 O paradoxo do biopoder

As duas guerras mundiais, as guerras civis e a crise de 1929 promoveram uma generalização e uma totalização sem precedentes das técnicas biopolíticas e disciplinares. Introduziram uma ruptura radical em sua evolução, da qual Foucault nem de longe dá conta. No entreguerras, o biopoder e as disciplinas foram completamente reconfigurados em relação às lutas de classe e às guerras civis que se desenrolavam na Europa. A importância delas é tal que cabe dizer, a propósito da série histórica entre 1914–45, que ela forma uma mesma "guerra civil europeia".[76]

---

74 William H. McNeill, *The Pursuit of Power: Technology, Armed Force, and Society since A.D. 1000.* Chicago: University of Chicago Press, 1982, p. 337.

75 No *The New Republic*, alguns anos antes do discurso pronunciado por Roosevelt no Congresso (apud Wolfgang Schivelbusch, op. cit., p. 101). ["Por que deveríamos deixar com os russos toda a diversão de reconstruir um mundo?"]

76 Luciano Canfora contesta a autoria dessa frase atribuída a Ernst Nolte em *La Guerre civile européenne: national-socialisme et bolchévisme (1917–1945)*, publicado na Alemanha em 1987, atribuindo-a a Isaac Deutscher, vinte anos antes – e inserida em uma problemática muito

Foucault descreve perfeitamente a generalização dos novos mecanismos de poder que encontram no nazismo o seu paroxismo: "Não há sociedade a um só tempo mais disciplinar e mais previdenciária", afirma ele. O desenvolvimento dessa "sociedade universalmente previdenciária, universalmente provedora de segurança, universalmente regulamentadora e disciplinar" é explicado como a realização de uma tendência "inscrita no funcionamento do Estado moderno".[77] Mas como dar conta da generalização do biopoder e das disciplinas sem problematizar a "máquina de guerra" do Capital na aurora de sua nova *organização*, quando sobressai, energicamente, o seu caráter *social*? Mencionamos que na Primeira Guerra a extensão das disciplinas dependia estritamente da economia de guerra e da difusão não somente disciplinar, mas também biopolítica, do *valor-trabalho* como princípio de organização da "mobilização total". O inesperado êxito da Revolução Russa e o fracasso das revoluções na Europa, aliados à crise financeira de 1929, tornam indispensável a completa reconfiguração do biopoder para neutralizar a "luta de classes" e a guerra civil mundial. Esse quadro estratégico é a condição de inteligibilidade do fascismo, do nazismo e da generalização das técnicas de poder, com o "direito de matar" que as acompanha.

Na última aula de *Em defesa da sociedade*, Foucault explica que a generalização do biopoder produz um paradoxo: o poder que se ocupa da administração da vida pode também suprimi-la, suprimindo-se assim a si mesmo enquanto biopoder. O paradigma dessa situação paradoxal é o poder atômico, pois a bomba pode aniquilar a população que o biopoder está encarregado de proteger. Nesse estágio, o velho privilégio do poder soberano de decidir sobre a vida ou a morte de seus súditos ("o direito de matar") é revogado (como um poder que garante a vida poderia ordenar a execução capital?). Ora, segundo Foucault, a única saída para esse paradoxo é o cha-

---

diferente! –, durante as palestras realizadas na Universidade de Cambridge, quando do cinquentenário da Revolução Russa. L. Canfora, *La Démocratie*, op. cit., pp. 278 ss.

77 M. Foucault, *Em defesa da sociedade*, op. cit., pp. 309–10, 312.

mado "racismo de Estado". "Apenas o nazismo, é claro, levou até o paroxismo o jogo entre o direito soberano de matar e os mecanismos do biopoder. Mas tal jogo está efetivamente inscrito no funcionamento de todos os Estados".[78]

O biopoder leva populações inteiras "à destruição mútua em nome da necessidade de viver" e, nesse sentido, "os massacres se tornaram vitais". Mas por que introduzir a raça como fator determinante da "questão nua e crua da sobrevivência"?[79] Não seria uma maneira de se furtar à presença esmagadora da luta de classes (da qual, a partir da acumulação primitiva, podemos considerar a guerra de raças como uma das articulações), que ameaça sabotar a guerra imperialista pela conquista dos mercados mundiais e na qual os beligerantes podem permanecer como inimigos "políticos", em meio à guerra total mais desenfreada? Eles só se tornam "inimigos biológicos" em certas condições, como na Alemanha nazista, que, para serem dadas (inegavelmente com ajuda da colonização), não dependem *exclusivamente* da atuação do "biopoder".

Alguns anos mais tarde, Foucault criticará sua própria teoria do "paradoxo". Pois a maior "carnificina" da história, promovida na Segunda Guerra, é sucedida, em todos os países que dela participaram, de "grandes programas de proteção social" (Foucault se refere ao plano Beveridge, a "previdência" da Inglaterra). "Enormes máquinas de destruição" passam a coexistir com "instituições dedicadas à proteção da vida individual". Embora identifique na "natureza" do capitalismo um "modo de produção" e um modo de destruição, Foucault só encontra essa dupla dimensão no século xx, com o Estado do *welfare*: "Poderíamos resumir essa coincidência pelo slogan: deixem-se massacrar e nós lhes prometemos uma vida longa e agradável. A garantia da vida faz dupla com uma sentença de morte".[80] É então que Foucault introduz o conceito

---

78 Ibid., p. 312.
79 Id., *História da sexualidade I: a vontade de saber*, op. cit., p. 147.
80 Id., "A tecnologia política dos indivíduos", in *Ditos e escritos*, v. v: *ética, sexualidade, política* [1994], trad. Elisa Monteiro e Inês Autran Dourado Barbosa. Rio de Janeiro: Forense Universitária, 2004, p. 303.

de *tanatopolítica*, como o "avesso da biopolítica". Pois como a população, que é o objeto do biopoder, é "apenas aquilo de que o Estado cuida, visando, é claro, ao seu próprio benefício, o Estado pode, ao seu bel-prazer, massacrá-la".[81]

Os conceitos forjados por Foucault parecem fraquejar ante essa terrível sequência da história do Ocidente, pois, suprimido o "paradoxo", o racismo permanece sem explicação. Como se o direito de matar, próprio do biopoder, tivesse sido levado pelo nazismo a um ponto extremo de coalescência. É interessante notar que Foucault, ao se debruçar sobre o nazismo em *Nascimento da biopolítica*, a propósito do ordoliberalismo, o remete à "organização de um sistema econômico em que a economia protegida, a economia de assistência, a economia planificada, a economia keynesiana, formavam um todo, um todo solidamente amarrado [...] pela administração econômica implantada".[82] Daí a proximidade transversal entre os três *New Dealers* (Roosevelt, Hitler e Mussolini), à qual Foucault acrescenta a Inglaterra da mobilização total contra o Terceiro Reich dando voz à crítica ordoliberal: "O trabalhismo inglês levará vocês ao nazismo de tipo alemão. O plano Beveridge é uma coisa que levará vocês ao plano Göring, ao plano quadrienal de 1936".[83] Dito isso, ele mesmo reconhece que "o nazismo como solução extrema não pode servir de modelo analítico à história geral ou, em todo caso, à história passada do capitalismo".[84]

9.5 Máquina de guerra e generalização do direito de matar

As guerras totais e as guerras civis europeias que as integram e que elas ameaçam *desintegrar* são marcadas por uma luta feroz entre a máquina de guerra do capital e as máquinas de guerra revolucionárias mobilizadas contra o capitalismo. Sem combate impiedoso, as elites, os capitalistas industriais

---

81 Ibid., p. 316.
82 Id., *Nascimento da biopolítica*, op. cit., p. 149.
83 Ibid., p. 151.
84 Ibid., p. 150.

e os financistas privaram de crédito, aos poucos, os partidos democrático-liberais, optando, após a Primeira Guerra, pelo fascismo, constatando a impotência da democracia parlamentar para fazer frente ao perigo "bolchevique" que se instaura na Alemanha após 1918 com a facção espartaquista do Partido Social-Democrata da Alemanha (SPD). Eles vão, portanto, favorecer as máquinas de guerra fascistas, que parecem responder melhor que as democracias liberais ao duplo desafio da crise política (a Revolução Russa) e da crise econômica que culminou em 1929, mesmo com o risco de que elas se tornem autônomas e persigam seus próprios objetivos, em contradição com os interesses do capital. É preciso analisar a transformação das técnicas disciplinares / securitárias (ou biopolíticas) e a generalização do "direito de matar" no quadro da *guerra civil europeia*, pois respondem às necessidades estratégicas da luta de classes *em plano mundial imposta pelo Capital*. Foucault, ao contrário, concebe o biopoder como se ele fosse animado por uma lógica interna que impõe seus "paradoxos" às forças estratégicas.

Para tentar resolver esse impasse, recorreremos à relação que Deleuze estabelece entre capital, guerra e fascismo, em um curso paralelo à redação de *Mil platôs* no qual é feito amplo uso dos conceitos de Clausewitz.

Deleuze, ao contrário da *doxa* liberal, não considera o fascismo por "natureza" alheio ao capitalismo. A relação entre eles é mais que instrumental, de repressão ou de um "serviço prestado" aos capitalistas: é uma cumplicidade dupla, que não conhece limite. Isso explica a generalização das disciplinas do biopoder e a genealogia do "direito de matar". Este último é, com efeito, uma consequência direta e imediata da apropriação da guerra pelo capital, que transmite à guerra o infinito que anima a produção, eliminando todo limite do "direito de matar".

> Pode-se atribuir uma tendência à guerra total a partir do momento em que o capitalismo se apodera da máquina de guerra e dá a ela [...] um desenvolvimento material fundamental [...]. Quando a guerra se torna total, seu objetivo e sua

finalidade tendem a entrar em contradição: pois então o objetivo, que é, na expressão de Clausewitz, a derrota do adversário, deixa de ter limites, desconsiderando o que o Estado pretende com essa derrota. Torna-se impossível identificar o adversário, ele não se deixa assimilar a uma fortaleza a ser tomada, um exército a ser vencido – agora, trata-se de um povo inteiro, em seu hábitat. O objetivo é ilimitado: isso é a guerra total.[85]

Na guerra pré-industrial, a finalidade e o objetivo coincidiam, pois a máquina de guerra pertencia ao Estado: o objetivo militar era subordinado à finalidade política perseguida pelo Estado (a guerra continuava a política por outros meios para assegurar sua potência). Com a guerra total, o objetivo militar (derrotar o adversário) se torna ilimitado (destruir a população e seu meio), e o Estado não pode mais impor uma "finalidade política" pois ele é apenas um dos componentes das máquinas de guerras totais, apesar de não ser "sua mecânica" (Foucault) o que explica a totalização biopolítica das disciplinas e a generalização do "direito de matar". Os fascismos propõem uma solução para a contradição entre objetivo ilimitado e finalidade limitada, retomando por conta própria a lógica da produção pela produção e traduzindo-a em um "direito de matar" e uma destruição ilimitados, ao mesmo tempo que constroem uma máquina de guerra voltada para a realização desse objetivo. Mas então surge um novo problema: a máquina de guerra fascista, autônoma em relação ao Estado, pode se tornar autônoma em relação ao Capital, mesmo que este não seja apenas um modo de produção, mas também um modo de "destruição": destruição de "parte" do capital constante e do capital variável, nas crises "econômicas", e destruição física de uma "parte" da população, nas crises "políticas". O "massacre", como mostra Foucault, é um modo de governo de uma parte da população que se verifica, *dentro de certos limites*, em toda a história do capitalismo e que, das colônias, transferiu-se progressivamente à metrópole.

---

85 G. Deleuze, "Appareils d'État et machines de guerre: année universitaire, 1979–1980", sessão 13 [1980]. Disponível em: youtu.be/kgWaov-IUrA.

Deleuze se apropria da tese de Hannah Arendt e a aplica ao fascismo, que ele distingue do totalitarismo – apesar do foco do grande livro da autora, *As origens do totalitarismo* (1951) –, considerado um *conceito ruim*.[86] "O que define o fascismo não é um aparelho de Estado, mas a ativação de um movimento cujo único fim é o movimento e que, portanto, não tem um objetivo delimitado. Ora, um tal movimento cujo único fim é se mover e que, portanto, tem como único fim a própria aceleração é um movimento de destruição absoluta."[87] Esse diagnóstico do fascismo "retoma os textos de Hitler e de seu círculo, que evocam um movimento sem destinação, sem finalidade. Tal é o movimento da pura destruição, da guerra total. É então que a máquina de guerra adquire autonomia em relação ao aparelho de Estado, tanto é assim que o fascismo não é um aparelho de Estado".[88]

A generalização e a intensificação do direito de matar provêm do "movimento pelo movimento", da "destruição pura" sem limites, conforme a máquina de guerra nazista se tornou autônoma. Mas isso quer dizer apenas que o nazismo exacerba, com a guerra *em ato*, a produção ilimitada em nome da produção, dando uma consistência definitiva à economia de sua tolice racional, em um puro *destrutivismo*: é assim que o nazismo, quando morre, leva consigo um simulacro de aparelho de Estado, que vale unicamente para a destruição. Foucault identifica, a propósito do nazismo, uma guerra "sem limites", mas não se dá conta de que a ausência de limites não é própria do biopoder, é uma "lei" do capital, que introduz o infinito na produção e, a partir daí, na própria guerra,

---

86 Para uma perspectiva crítica do conceito arendtiano de "totalitarismo", ver Roberto Esposito, "Totalitarisme ou biopolitique", *Tumultes*, v. 1, n. 25, 2006.

87 G. Deleuze, "Appareils d'État et machines de guerre", sessão 13. Ver H. Arendt, *Le Système totalitaire* [1951]. Paris: Seuil, 1972, p. 72: "Sua ideia de dominação não poderia ser realizada nem por um Estado nem por um simples aparelho de violência, apenas por um movimento em constante movimento, a saber, a dominação permanente de todos os indivíduos em todas as esferas da vida".

88 G. Deleuze, "Appareils d'État et machines de guerre", sessão 13.

instituindo não tanto um "direito" (emanando de um poder soberano), mas um *poder de matar*. É esse movimento que aflora no fascismo e constitui seu mapa de afloramento. Essas mesmas forças ativam o "racismo de guerra" a que Foucault se refere. Como poderia o Estado se desincumbir de sua própria *conservação política* em um *despovoamento* tão radical quanto aquele executado em nome da raça pelos nazistas? Citemos a derradeira aula de *Em defesa da sociedade*:

> pelo fato de a guerra ser explicitamente posta como um objetivo político – e não meramente, no fundo, como um objetivo político para obter certo número de meios, mas como uma espécie de fase última e decisiva de todos os processos políticos –, a política deve resultar na guerra, e a guerra deve ser a fase final e decisiva que vai coroar o conjunto. Em consequência, não é simplesmente a destruição de outras raças que é o objetivo do regime nazista. A destruição de outras raças é uma das faces do projeto, sendo a outra face expor sua própria raça ao perigo absoluto e universal da morte. O risco de morrer, a exposição à destruição total, é um dos princípios inseridos entre os deveres fundamentais da obediência nazista, e entre os objetivos essenciais da política. É preciso que se chegue a um ponto tal que a população inteira seja exposta à morte. Apenas essa exposição universal de toda a população à morte poderá efetivamente constituí-la como raça superior e regenerá-la definitivamente perante as raças que tiverem sido totalmente exterminadas ou que serão definitivamente sujeitadas.[89]

A posição de Deleuze a esse respeito pode parecer próxima à de Foucault, mas um abismo os separa. Para Deleuze, o que explica o nazismo e sua reorganização suicida da disciplina do biopoder é de fato a máquina de guerra e sua tendência a subordinar o Estado. É impossível explicar o nazismo sem recorrer ao movimento infinito transmitido à guerra pelo capital, que sua maquinação mais "pura" transformará em fluxo de destruição absoluta na "exposição universal à morte".

---

89 M. Foucault, *Em defesa da sociedade*, op. cit., p. 310.

O biopoder, com suas disciplinas e o "direito de matar", é uma componente, entre outros, das estratégias da máquina de guerra fascista em seu movimento de totalização por meio da destruição sem limites de um inimigo tão absoluto que impossibilita toda espécie de integração de uma finalidade política *e da política em si* na guerra, *inclusive sob os auspícios da inversão da fórmula clausewitziana*. O que contém, *in nucleo*, a diferença de natureza entre a máquina de guerra e o Estado quando esta encampa, sob o nome genérico de "fascismo", toda concepção de nazismo.

> Nos regimes totalitários propriamente ditos, os militares muitas vezes ocupam o poder, mas nem por isso se trata de regimes de guerra: são, ao contrário, regimes totalitários no sentido de um Estado mínimo. Mas o Estado fascista é diferente e, não por acaso, os fascistas não eram militares. Um estado-maior que tome o poder pode instituir um Estado totalitário. O que não é garantido no caso de um regime fascista. Um regime fascista é uma ideia de pessoas estúpidas, não de militares. O estado-maior alemão quis tomar o poder, mas Hitler os enganou [...], e seria um erro dizer que o nazismo foi emanação dos militares alemães. Ele emanou de outra coisa, bem diferente. É aí que se vê uma máquina de guerra que se tornou autônoma em relação ao Estado: daí a fórmula acertada de Paul Virilio, o Estado fascista é um Estado suicida. Claro, trata-se de matar os outros, mas sua própria morte também está em questão, o tema fascista é viver a própria morte como coroamento da morte alheia. Isso acontece em todos os fascismos. O totalitarismo é outra coisa. É mais pequeno-burguês e muito mais conservador.[90]

Relacionar as técnicas biopolíticas e disciplinares à "industrialização" ou à "economia", como faz Foucault, é diferente de relacioná-las às "leis" do Capital e à máquina de guerra

---

90 G. Deleuze, "Appareils d'État et machines de guerre", sessão 13. O tema do "Estado suicidário" é encontrado também em M. Foucault, *Em defesa da sociedade*, op. cit., p. 310.

(distinta da natureza do Estado), como propõe Deleuze. O desenvolvimento do racismo após a Primeira Guerra se acelera e ganha autonomia não a partir das *técnicas* de biopoder,[91] mas da *máquina de guerra mundial* do nazismo, que, ao se tornar autônoma em relação ao Estado e ao Capital leva para a solução final a ausência de limites da aniquilação do inimigo contida na guerra total.

Se desponta aí "algo desconcertante", que leva o biopoder à coexistência fascista da vida com a morte, esse "algo" não advém da continuidade, na história do Estado, de sua racionalidade e de seus dispositivos próprios, mas está submetido à contingência das "relações estratégicas" (que devem ser distinguidas das relações entre governantes/governados e das *técnicas de poder* as gerenciam),[92] às descontinuidades da luta de classes e à incerteza dos resultados do confronto entre capitalismo e socialismo. Recordem-se aqui as palavras do líder da oposição trabalhista inglesa, George Lansbury, a propósito do *acting out* de Churchill, tomando o "gênio romano" de Mussolini como guia:[93] "Não vejo outro método de combate [ao desemprego] além dos definidos por Mussolini: obras públicas e subsídios [...]. Se eu fosse um ditador, faria como ele".[94] Tais medidas biopolíticas – comuns, na década de 1930, aos Estados Unidos, à Itália fascista e à

---

91 Ver M. Foucault, *Em defesa da sociedade*, op. cit., p. 309: "Eu creio que é muito mais profundo do que uma velha tradição, muito mais profundo do que uma nova ideologia, e outra coisa. A especificidade do racismo modemo, o que faz sua especificidade, não está ligado a mentalidades, a ideologias, a mentiras do poder. *Está ligado à técnica do poder, à tecnologia do poder*" (grifos nossos).

92 Retornaremos mais à frente à importante distinção introduzida por Foucault em seus últimos escritos e que utilizamos em nossa própria análise do capitalismo atual.

93 Por ocasião de seu discurso diante da Liga Britânica Antissocialista, em 18 de fevereiro de 1933, Churchill declara: "Com o fascismo, Mussolini deu um sinal que os países diretamente envolvidos na luta contra o socialismo não devem hesitar em tomar como guia". O Estado corporativo é "via a ser seguida por toda nação governada de maneira corajosa".

94 Apud L. Canfora, *La Démocratie*, op. cit., p. 286.

Alemanha – divergirão depois radicalmente, devido às estratégias político-militares que comandarão suas respectivas economias. Trata-se sempre do primado das relações entre Capital, Estado e máquina de guerra.

Isso, no entanto, se torna cada vez menos perceptível nos escritos de Foucault do fim da década de 1970. A rica articulação teórica da realidade do capitalismo e da exploração econômica a partir de dispositivos de disciplina, segurança e normalização de governamentalidade da população não dá conta da dimensão do conflito de classes que conduziu às guerras civis europeias. O marxismo, por sua vez, extraiu as classes sociais da população e do povo, e delas os bolcheviques extrairão a vanguarda do partido, para edificar uma máquina de guerra própria, a partir da "ditadura do proletariado" como *declaração permanente da revolução*.[95] Para se opor a essa politização da população segundo uma lógica de classes mais marcial do que militar, a guerra total primeiro constrói, por meio da militarização da sociedade, o *welfare* e, em seguida, uma "população", mobilizando assim os recursos de um povo nacionalista, que recebe bem "o antídoto racial aos efeitos destrutivos dos elementos hostis à comunidade popular".[96]

Nesse ponto, Marx continua a ter razão, a despeito de Foucault. Sobretudo porque este último é levado, em sua inversão da fórmula de Clausewitz, a impor um *social-racismo* a um socialismo que se recusa a renunciar ao "problema da luta, da luta contra o inimigo, da eliminação do adversário no próprio interior da sociedade capitalista".[97] Esse programa permanece atual; trata-se apenas de extrair da (categoria de) população as condições (não de possibilidade, mas) de realidade de uma *estratégia* política que, no entanto, não poderá ser exclusivamente de classe, no sentido marxista mais estrito.

---

95 Na expressão de Marx em *As lutas de classes na França de 1848 a 1850* [1850]. [Tradução dos autores, N. E.]

96 E. Ludendorff, *La Guerre totale*, op. cit., p. 69.

97 M. Foucault, *Em defesa da sociedade*, op. cit., p. 314.

9.6 *Warfare* e *Welfare*

Se a generalização das técnicas de biopoder tem, como objetivo prioritário, proteger e garantir a vida da população enquanto a expõe à morte, o "paradoxo" da "coexistência entre a vida e a morte" apontado por Foucault encontra seu ponto de aplicação, explicação e resolução na relação entre as tecnologias biopolíticas do *welfare* e as técnicas do *warfare*.

"*From warfare state to welfare state*" ou "*how the warfare state became the welfare state*".[98] Rigorosamente, deve-se entender disso que a matriz do *welfare* é o *warfare* das guerras totais, o que torna inseparáveis essas noções; *o "welfare" como continuação do "warfare" por outros meios*. Daí a importância da Primeira Guerra: a resposta à questão "Qual a novidade do New Deal?" remete à tentativa de construir uma *nova economia de guerra em tempos de paz*. Como diz Marc Allen Eisner: "O melhor meio de compreender o New Deal é a partir de uma história mais longa, que começa com a entrada dos Estados Unidos na Primeira Guerra".[99]

As guerras mundiais que abrigam a Grande Guerra civil europeia determinam uma transformação profunda do biopoder, e uma análise sobre o Estado providencialista como a de François Ewald, inspirada em Foucault, é apenas parcialmente capaz de apreendê-la. Pois, se "o Estado-providência realizou o sonho do biopoder",[100] o *welfare* moderno nasce, entre o econômico e o social, de um direito à *segurança* que estende à sociedade como um todo uma lógica "assistencialista" contra todo os "riscos" inerentes à atividade produtiva (acidentes de trabalho, desemprego, doença, aposentadoria etc.). Mas também da guerra total, como compensação ao envolvimento da população e do proletariado industrial no

---

98 Essas expressões remetem, respectivamente, a Marc Allen Eisner, *From Warfare State to Welfare State: World War I, Compensatory State-Building, and the Limits of the Modern Order*. University Park: Pennsylvania State University Press, 2000; e Barbara Ehrenreich, "The Fog of (Robot) War" [2011]. Disponível em: tomdispatch.com/blog/175415.

99 M. A. Eisner, op. cit., pp. 299–300.

100 François Ewald, *L'État-providence*. Paris: Grasset, 1986, p. 374.

esforço de guerra. Como observa Grégoire Chamayou, "O Estado social foi em parte produto das guerras mundiais, o preço pago pela bucha de canhão, a contrapartida ao imposto do sangue, arrancada pela luta. O 'custo' a ser posto na balança das armas para os 'decisores políticos' se calcula também implicitamente com base nesse tipo de despesas".[101] Na França, pode-se pensar no decreto de 4 de outubro de 1945 e na lei de 22 de maio de 1946, sobre a generalização da seguridade social, "que garante os trabalhadores e suas famílias contra riscos de qualquer natureza suscetíveis de reduzir ou suprimir sua capacidade de ganho. Ela cobrirá igualmente os custos da maternidade e as despesas de família". O mesmo ocorre nos Estados Unidos, onde o Social Security Act, promulgado em 1935, é parte integrante do New Deal. Ouçamos Barbara Ehrenreich: "Os modernos 'Estados-providência' são, em grande parte, produtos da guerra – ou seja, são esforços dos governos para apaziguar soldados e suas famílias. Nos Estados Unidos, por exemplo, criaram-se as pensões atribuídas às viúvas dos soldados que lutaram nas guerras civis".[102] Poderíamos acrescentar que as primeiras pensões por invalidez foram concedidas aos soldados da Guerra de Independência e que as primeiras aposentadorias surgiram após a guerra civil, incluindo no primeiro *social welfare system* os membros da família.[103] Antes da Primeira Guerra, o sistema de pensões militares funcionou como um regime de aposentadoria para trabalhadores (*the "respectable" working class*).[104] Não é à toa que a constituição de um "Estado fiscal", que encontra suas longínquas origens na guerra civil, acompa-

---

101 Grégoire Chamayou, *Teoria do drone* [2013], trad. Célia Euvaldo. São Paulo: Cosac Naify, 2015, p. 213.

102 B. Ehrenreich, "The Fog of (Robot) War", op. cit.

103 Megan J. McClintock, "Civil War Pensions and the Reconstructions of Union Families", *Journal of American History*, n. 83, set. 1996, p. 466.

104 Charles R. Henderson, *Industrial Insurance in the United States* [1908]. Chicago: University of Chicago Press, 1909, p. 277.

nhou uma série de guerras antes de propriamente se estabelecer para financiar a Primeira Guerra Mundial.[105]

O *welfare* é ainda uma condição fundamental à produção material e subjetiva de soldados para as guerras do capital, pois é preciso que os nascimentos compensem as mortes e que os alistados estejam aptos a combater! Estrutura-se uma nova *economia da vida*, que se conjuga ao direito do cidadão à morte, em uma relação de forças a princípio mais favorável do que a que presidira à primeira constituição da força de trabalho. O Estado deve agora associar a "quantidade" da população à sua qualidade, a começar pelo recrutamento das mulheres numa política (natalista) da maternidade como *serviço nacional* e *trabalho social* que merece – sob uma forma ou outra – "alocações" que tornam a mãe que aleita o bebê o equivalente ao soldado que arrisca a vida pela *pátria*. "É uma mudança que se deve à valorização utilitária em termos militares. Quando um país entra em guerra ou se prepara para entrar [...], ele deve se ocupar de suas provisões, a começar pelos soldados sacrificados ao canhão".[106] Desnecessário acrescentar que nem a igualdade nem a diferença dos sexos, e tampouco a igualdade na diferença, serão reconhecidas enquanto tais. Entretanto, não é apenas na lógica (masculina) do biopoder que se deve buscar pela lógica paradoxal de uma "coexistência" pouco pacífica como essa, mas nas estratégias do capital, de seus exércitos e de sua máquina de guerra.

Durante a Primeira Guerra, os especialistas em saúde pública constataram chocados que um terço dos alistados foram rejeitados por inaptidão física ao serviço: eram muito fra-

---

105 Ver Elliot Brownlee, *Federal Taxation in America: a Short History* [1996]. Cambridge: Cambridge University Press, 2004, p. 2: "O imposto sobre ganhos não passou de uma simples experiência, e das mais tateantes, até 1916, quando os Estados Unidos se preparavam para entrar em guerra".

106 Sara Josephine Baker, *Fighting for Life*. New York: Macmillan, 1939, p. 165. Em 1908, Baker foi nomeada para dirigir a Divisão de Higiene Infantil da cidade de Nova York. Trata-se do primeiro serviço destinado exclusivamente à saúde infantil.

cos e não tinham vigor ou estavam feridos devido a acidentes de trabalho. [...] Ideias de justiça e equidade social ou ao menos o medo de insurreições operárias tiveram, por certo, um papel no desenvolvimento do Estado social [*welfare state*] no século XX; mas havia também uma motivação pragmática de ordem militar: para que os jovens pudessem se tornar soldados eficientes, deveriam ter boa saúde, ser bem nutridos e relativamente educados.[107]

Se não há dúvidas de que a genealogia do *welfare* incorpora as lutas por segurança no trabalho industrial e pelo direito à vida fora da linha de montagem ao "cálculo de riscos" de guerra civil, caberá à mobilização total da sociedade no trabalho de guerra impor a "universalização" do *welfare* ao conjunto da população. Mas "de onde vem essa população?", indaga Carole Pateman, fazendo eco às autoras feministas críticas de Foucault, que poderiam se permitir aqui diatribes como as de Roosevelt ou de Beveridge a respeito da *mãe, soldado da vida*. Ela mostra ainda como o *welfare* tende a substituir o marido que sustenta a família, ausente por conta da mobilização (a lei sobre a alocação das esposas de homens mobilizados, *separation allowances*): é o *salário do soldado*, transferido a seu *depositário* (a mulher como *indivíduo privado*) – o que substitui, efetivamente, o reconhecimento social da mulher como "cidadã" de pleno direito, nem sempre previsto nas leis de segurança social promulgadas com o advento da Segunda Guerra.[108] No Relatório Beveridge de 1942, que expõe a filosofia por trás do Family Allowance Act, primeiro decreto do *welfare state* britânico e do que, em 1946, se tornará o National Insurance Act, o liberal keynesiano explica: "Deve-se considerar que a grande maioria das mulheres casadas realiza um trabalho vital, ainda que

---

107 B. Ehrenreich, "The Fog of (Robot) War", op. cit.
108 Carole Pateman, "Equality, Difference, Subordination: the Politics of Motherhood and Women's Citizenship", in G. Bock, S. James (org.), *Beyond Equality and Difference: Citizenship, Feminist Politics and Female Subjectivity*. London: Routledge, 1992.

não remunerado, sem o qual seus maridos não poderiam trabalhar e o país deixaria de existir".[109] Voltamos com isso à reivindicação fundamental das sufragistas inglesas, que em 1914 declaravam, no *La Française*, "enquanto durar a guerra, o inimigo das mulheres será também o inimigo".[110] O mesmo na França, onde Marguerite de Witt-Schlumberger, presidente da Union Française pour le Suffrage des Femmes, declara em 1916 que as mulheres que se recusassem a ceder um filho para a pátria deveriam ser consideradas "desertoras" (quatro anos mais tarde ela publica um libreto intitulado *Mères de la patrie, ou traîtres à la patrie?* [Mães da pátria ou traidoras da pátria?]). É inegável, no entanto, que o feminismo materno corresponde a uma estratégia de tempos de guerra.[111] No país que contava com a maior porcentagem de mulheres trabalhadoras, essa estratégia precisava combinar, necessariamente, com medidas tomadas pelo Comitê do Trabalho Feminino, colocado sob a tutela do Ministério da Guerra. E as lutas sindicais nas fábricas propiciavam o desenvolvimento de um "feminismo social" no quadro do *welfare state* durante a *welfarização* acelerada

Nos Estados Unidos, a criação do National War Labor Board durante a Primeira Guerra antecipa, quanto ao funcionamento, o National Labor Relation Act do New Deal (a "lei Wagner") e estimula a participação dos sindicatos no esforço de guerra (sobretudo o American Federation of Labor).[112] O número de sindicatos quase dobra entre 1916 e

---

109 Ibid., p. 22. Beveridge reclama consecutivas vezes que a campanha de alocações familiares era demasiado marcada por "manchas de feminismo" [*taint of feminism*].

110 Apud G. Bock, *Women in European History* [2000]. Oxford: Blackwell, 2002, p. 144.

111 Como mostra a declaração de Maude Royden em plena Primeira Guerra: "O Estado quer crianças, e dá-las a ele é um serviço a um só tempo perigoso e honorável. Assim como o soldado, a mãe aceita um risco e dá prova de uma devoção que o dinheiro não poderia compensar". Apud C. Pateman, op. cit., p. 26.

112 Os sindicatos estão igualmente presentes no corpo das administrações de guerra: Council of National Defense, Food Administra-

1919, enquanto a renda média do trabalhador aumenta de 765 dólares para 1272 dólares. Outros elementos, como salário mínimo, a equiparação salarial entre homens e mulheres e a jornada de oito horas de trabalho contribuem para garantir "a subsistência do trabalhador e de sua família em condições mínimas de saúde e de conforto", em troca de um *control of strikes* pela parte dos sindicatos (pois as greves explodiam em um ambiente de emprego pleno), da limitação do direito de greve e da convocação de trabalhadores pelas indústrias estratégicas. Com o fim da guerra, o AFL, em posição de negociação bem menos favorável, assume a defesa da repartição de lucros da taylorização e do *scientific management* que tão bem haviam servido aos "soldados do trabalho". Contra a palavra de ordem do controle operário, contra a "ideologia bolchevique",[113] o AFL adota uma política de aliança entre os "sindicatos domésticos" que propõem uma "divisão de lucros, participação acionária, garantias coletivas, pensões de aposentadoria, acomodações funcionais e cuidados de saúde"[114] (*welfare capitalism*). Um sindicalista dispara: "Não haveria aí um grande paralelismo com o sindicalismo fascista instaurado por Mussolini na Itália? Não se anuncia, assim, na América, uma ditadura industrial e política?".[115]

Com as guerras totais fundadas no recrutamento em massa do proletariado, o orçamento destinado ao salário dos soldados e a outros fundos sociais, que envolvem os soldados e os veteranos num *welfare state* corporativista, tem evidente função política: trata-se de impedir a possibilidade, sempre presente, de insubordinação armada e de contestação social, à qual os recrutas, mobilizados ou não, poderiam se reunir.

---

tion, Fuel Administration, Emergency Construction Board etc.

113 Como explica Samuel Gompers, presidente do AFL, à guisa de motivação para organizar um comitê *"All-American"* de líderes sindicais responsáveis. *The Taylor*, 8 abr. 1919.

114 Cf. M. E. Eisner, op. cit., p. 177, cap. 5: "From Warfare Crisis to Welfare Capitalism".

115 A. J. Muste, "Collective Bargaining – New Style", *Nation*, 9 mai. 1928, apud M. E. Eisner, op. cit., p. 176. Muste era presidente do Brookwood Labor College.

A guerra civil se encontra sempre à espreita, e os amotinados têm um papel predominante nas revoluções da primeira metade do século xx. "Com a introdução dos exércitos em massa na Europa no século xvii, a maioria dos governos compreendeu que pagar mal e não alimentar adequadamente os soldados é correr o risco de ver as armas apontarem para o lado oposto ao indicado pelos comandantes."[116]

Isso vale integralmente para o caso particular da organização do *welfare* americano – a organização mais poderosa que poderíamos conceber (*"organization to the ultimate"*) –, a partir da integração colaborativa do "trabalho" no modelo de totalização da Primeira Guerra. Quanto a essa modelização, o conselheiro de Roosevelt, Bernard Baruch, afirma em discurso de maio de 1933 que "um guia para atravessarmos a presente crise pode ser encontrado com os métodos de organização do War Industries Board", presidido por ele entre 1917 e 1918. Do lado do trabalho, cujos direitos serão formalizados na seção 7 do National Industrial Recovery Act,[117] a conclusão é:

> Dada a nova configuração, os sindicatos devem existir não tanto como organizações militantes de trabalhadores, como foram no passado, mas a título de simples mecanismos necessários para que os acordos celebrados pelas lideranças dos trabalhadores, sob os auspícios do governo central, sejam acatados pelos milhões de sindicalistas de base. [...] Não é difícil discernir, nessa evolução, as premissas de uma tentativa de instituir uma arbitragem universal obrigatória cujos mecanismos estão em desenvolvimento. A força de trabalho deve ser alimentada e domesticada. É preciso lhe dar uma jaula confortável, sem esquecer de cortar suas unhas e escovar seus dentes.[118]

---

116 B. Ehrenreich, artigo citado.

117 "The Right to Organize and Bargain Collectively through Representatives of their Own Choosing..." (17 jan. 1935). O texto completo se encontra disponível em www.ssa.gov/history/pdf/fdrbill.pdf.

118 Herbert Rabinowitz, "Amend Section 7-A", *Nation*, 27 dez. 1933, apud M. A. Eisner, op. cit., p. 334.

A "democratização da indústria" deve ser lida como a nova *arte de governar uma disciplina industrial*,[119] exercida prioritariamente sobre os trabalhadores, pois o *business*, que de início deveria ser "disciplinado", logo é chamado a contribuir com formas menos coercitivas de *cooperative self-government* em benefício das grandes empresas, abundantemente representadas nas agências de governo de um Estado menos antitruste que compensatório... "O NRA", conclui Marc Ellen Eisneer, "foi um experimento na tentativa de construir um Estado compensatório, de erigir um sistema de autorregulação subordinado ao governo e um sistema, ao que tudo indica, calcado no modelo do War Industries Board".[120] O programa "keynesiano" *forte* do segundo New Deal, adotado em definitivo a partir de 1938, chegou tarde demais para preencher as lacunas de um programa de guerra adotado em tempos de paz. Caberá à Segunda Guerra resolver o problema ou, em bom inglês, *to provide the engine for economic recovery* (ela ativará o motor da recuperação econômica). Desnecessário acrescentar que a transferência do Legislativo a uma administração executiva dedicada durante a Primeira Guerra (*warfare*) e durante o New Deal (*welfare*) favorece "ao extremo a delegação de poderes a organizações dominadas pelos negócios e pelos *dollar-a-year men*".[121] O "pleno emprego" será obtido sob os auspícios de Roosevelt, que deixou de ser o "Sr. New Deal" para se tornar o "Sr. Venceremos a Guerra", do War Production Board, agora dominado por *businessmen* mais preocupados com o controle dos salários do que com a contenção dos custos de produção, e da drástica redefinição dos objetivos de redistribuição social do *Welfare State*. No período final da guerra, em 1944, o "GI

---

119 Evocamos o título da obra de Rexford Tugwell, *The Industrial Discipline and the Governmental Arts*. New York: Colombia University Press, 1932. Escrito antes que Tugwell se juntasse à administração Roosevelt, esse livro (em particular o último capítulo) serviu de inspiração ao NRA.

120 M. A. Eisner, op. cit., p. 320.

121 Ibid., p. 357. Os *dollar-a-year men* são os milionários (hoje, os bilionários) que recebem um salário simbólico de um dólar por ano por suas atividades nas estruturas estatais, para estatais, ou... privadas.

Bill of Rights" propõe uma extensão efetiva do New Deal – em benefício exclusivo dos "veteranos" e sob o governo da Veteran's Administration, que contribui, com seu "americanismo 100%", para a transformação do *welfare state* em *National Security State*, cuja principal característica é suprimir as diferenças entre tempos de paz e de guerra. Garantindo a proteção dos interesses econômicos, políticos e militares americanos ao redor do mundo (a "Pax Americana"), a segurança nacional se torna o princípio de governamentalidade da sociedade e de comando de uma planificação industrial voltada para R&D.[122] O proclamado autogoverno industrial (*industrial self-government*) será em grande medida pilotado pelo Pentágono (que privilegia as indústrias aeronáutica e eletrônica)[123] e sua modalidade de "governo por meio de contrato". "Militarizar é governamentalizar", declara Harold Lasswell em um artigo de 1941 sobre o "Estado militar" (ou "Estado-guarnição", *garrison state*), anunciando que o Estado por vir será muito menos "rígido" que os do passado, devido à cadeia tecnológica que liga o soldado ao administrador.[124]

Pensar a constituição do ciclo econômico não apenas a partir do Capital, mas também da relação constitutiva entre ele e a guerra, o exército e o Estado nos leva a propor uma hipótese de apreensão das funções econômico-políticas do *welfare* pós-guerra.

---

122 Entre 1954 e 1964, os militares controlaram mais de 70% do orçamento federal destinado à pesquisa e ao desenvolvimento. Este que está em expansão contínua uma vez que o Estado fiscal se adapta às necessidades do complexo militar-industrial.

123 Cf. Gregory Hooks, *Forging the Military-Industrial Complex: World War II's Battle of the Potomac*. Chicago: University of Illinois Press, 1991, cap. 7.

124 Harold D. Lasswell, "The Garrison State", *American Journal of Sociology*, v. 46, n. 4, January 1941, p. 466, p. 458. A expressão "*To militarize is to governmentalize*" se encontra em artigo publicado por Lasswell dez anos mais tarde, "Does the Garrison State Threaten Civil Rights?", *Annals of the American Academy*, n. 275, mai. 1951, p. 111.

As guerras totais exigiram um alistamento em massa em quase todos os países da Europa: "60 milhões de europeus foram mobilizados. A vida social em conjunto se viu subordinada às necessidades dos militares".[125] Entre 1914 e 1945, as sociedades europeias se militarizam por completo. Portanto, deve-se conceber o projeto americano de *welfare capitalism* no pós-Segunda Guerra como nova totalização, com vistas a integrar a imensa militarização das sociedades ocidentais em um novo ciclo econômico que se inicia com as maiores greves da história dos Estados Unidos (4,6 milhões de grevistas em 1946).

Em outra escala, encontraremos aí uma situação análoga à do "tirano Cípselos", que mencionamos na abertura deste livro e que, para capturar e transformar a máquina de guerra hoplita em força de Estado, realiza uma "territorialização" do exército, integrando-o ao circuito econômico e transformando os soldados em assalariados. A construção do circuito econômico nos Estados Unidos não se faz mais, como antes, pela distribuição de terras aos soldados, mas pela atribuição de poder de compra (salários, auxílios, pensões) e de direitos sociais (*welfare*) a uma população militarizada (proletariado industrial e proletariado militar), em troca de controle total sobre o direito de greve pelos sindicatos (Taft-Hartley Act, 1947),[126] pela escolha de não taxar grandes fortunas em vez de aliviar o peso dos impostos pagos pelos pobres (construção e modernização do Estado fiscal, *mass tax*), pelo perdão de dívidas (especialmente as da Alemanha), pelo desenvolvimento de complexos militares e industriais, pelo financiamento do *Big Business* etc. O pleno emprego dos anos 1950 é fruto dessa reterritorialização da desterritorialização produzida pelas guerras totais que compõem a guerra civil mundial, levando a economia americana, em modo de destruição criadora, à

---

125 T. Hippler, op. cit., p. 98.
126 Série de emendas restritivas ao Wagner Act. Criação do sistema "*open shop*", que permite a contratação de empregados não sindicalizados; redução das competências dos sindicatos à mera função de negociar salários e de garantir o respeito aos contratos de trabalho; proibição de qualquer "politização" das fábricas (os delegados sindicais precisam declarar não serem membros do Partido Comunista).

"maior expansão de capital de sua história". Se o *welfare* é a transformação do *warfare* que o engendrou, este se mantém como a matriz ativa daquele, impondo uma *recapitalização social* do Estado antes de absorver, no biopoder, o complexo militar-industrial, "revigorado pelo tipo de construção estatal adotado durante a Segunda Guerra e pela concomitante transformação dos processos econômicos".[127]

O Plano Marshall é conduzido pela reapropriação de máquinas de guerra (fascistas, revolucionárias, imperialistas) com o objetivo, por um lado, de instaurar um novo regime de acumulação e, por outro, de construir uma nova máquina de guerra *made in USA*, tanto potência militar quanto grande gerente e credor do mundo.

9.7 Keynesianismo de guerra

O economista marxista polonês de origem judaica Michal Kalecki, que, segundo Joan Robinson, teria tratado do tema da *Teoria geral* antes de Keynes, é autor de dois artigos particularmente importantes a esse respeito: um de 1935, sobre a política econômica da Alemanha nazista, o outro de 1943, sobre o "ciclo político" do capital.[128] Tomados em conjunto, eles esclarecem de maneira impressionante a passagem para Trinta Anos Gloriosos da economia do pós-guerra e explicam a subordinação das técnicas biopolíticas e disciplinares aos interesses estratégicos dos capitalistas e de sua máquina de guerra.

A obra de Kalecki filia-se à de outra judia polonesa, Rosa Luxemburgo, cuja concepção da guerra como "um meio pri-

---

127 G. Hooks, op. cit., pp. 38–39. Os gastos militares representavam 36% do orçamento federal em 1940, indo a 70% um ano mais tarde. Entre 1942 e 1945, cresceram mais de 90%.

128 Michal Kalecki, "Stimulating the Business Upswing in Nazi Germany" [1935] e "Political Aspects of Full Employment" [1943], in *The Last Phase in the Transformation of Capitalism*. New York / London: Monthly Review Press Classics, 2009. [Ed. bras.: "Aspectos políticos do pleno emprego", trad. José Carlos Ruy. *Jacobin Brasil*, 30 set. 2020.]

vilegiado de realizar a mais-valia"[129] Kalecki tomará como elemento fundamental da economia política da Guerra Fria.[130]

Em "Aspectos políticos do pleno emprego" (1943), ele enumera as razões da aversão do "grande capital" pelas políticas de despesa pública financiadas por dívida e voltadas para a retomada econômica através do sustento do consumo e do emprego. Entre as duas guerras, a extrema reticência do patronato em relação às políticas keynesianas se manifestou em todos os países capitalistas, dos Estados do New Deal à França da Frente Popular. A única exceção foi a Alemanha nazista. E, no entanto, ele adverte nas linhas finais de seu artigo que "a luta das forças progressistas pelo emprego é, ao mesmo tempo, um meio de *impedir* o retorno do fascismo".

A oposição dos capitalistas só terá fim quando as despesas públicas forem direcionadas para a produção de armamento nos preparativos para a Segunda Guerra. Até lá, uma parte importante do grande capital ficará no caminho da intervenção do Estado, alegando que ela reduziria sua autonomia e que as despesas voltadas para o consumo e o emprego engendram relações de força mais favoráveis aos assalariados. Formulada nesses termos, a hostilidade não é econômica – pois os lucros são maiores no regime de pleno emprego que no do *laissez-faire*. Ela é inteiramente política – daí uma impressionante descrição do "ciclo político" da acumulação capitalista, impressionante pois dominada por um ponto de vista estratégico. Kalecki é um raro caso de economista não economicista.

Para explicar o fenômeno, ele recorre a três razões encadeadas. *Primeira*: o financiamento do "consumo de massa", mesmo não sendo um entrave, mas um estímulo à atividade empresarial, solapa as bases da ética do capital que exige que cada um ganhe "seu pão com seu suor". *Segunda*: em condições de pleno emprego, a licença deixa de ser uma medida

---

129 Ver Rosa Luxemburgo, *A acumulação do capital*, op. cit., p. 399, cap. XXXII, "O militarismo como campo da acumulação do capital".
130 Ver M. Kalecki, "The Economic Situation in the United States as Compared with the Pre-War Period" (1956), in *The Last Phase in the Transformation of Capitalism*, op. cit.

disciplinar usada pelo capitalista para ter o destino dos funcionários em suas mãos. E todos sabem que, quando os trabalhadores se tornam recalcitrantes, os industriais devem "ensinar-lhes uma boa lição". *Terceira*: "'disciplina nas fábricas' e 'estabilidade política' são mais apreciadas do que os lucros pelos líderes empresariais. Seu instinto de classe diz-lhes que o pleno emprego duradouro não é bom do ponto de vista do capital, e que o desemprego é parte integrante do sistema capitalista 'normal'".[131] Kalecki era, portanto, abertamente pessimista em relação à capacidade do sistema capitalista de sustentar de maneira duradoura uma política *democrática* do pleno emprego "através da experimentação racional dentro do quadro do nosso sistema social existente", nas palavras de Keynes (na carta aberta a Roosevelt de dezembro de 1933). Coube à Alemanha nazista remover essas objeções e adotar o pleno emprego como modelo para o grande capital. A rejeição do financiamento do consumo foi contornada pelo aumento – até então inigualado em tempos de paz – das despesas públicas com armamento, o que permite deslanchar a produção industrial e ao mesmo tempo controlar a alta do consumo com a alta dos preços. A disciplina industrial e a estabilidade política são *completamente* garantidas pelo novo regime fascista (em uma gama de intervenções que vão da dissolução dos sindicatos aos campos de concentração, uma vez que o aparelho de Estado é submetido ao controle direto da nova aliança entre o grande capital e o partido nazista.[132] A nova máquina de guerra nazista subordina, assim, o Estado aos seus fins, por meio da aplica-

---

131 Id., "Aspectos políticos do pleno emprego", op. cit. Kalecki dá prosseguimento a essa primeira intervenção com três artigos sobre o mesmo tema: "Three Ways to Full Employment" [1944], "Full Employment by Stimulating Private Investment?" [1945], "The Maintenance of Full Employment after the Transition Period: a Comparison of the Problem in the United States and United Kingdom" [1945]. 132 Id., "Stimulating the Business Upswing in Nazi Germany", op. cit. Ver as considerações surpreendentemente próximas sobre o nacional-socialismo de Franz Neumann em *Behemoth: the Structure and Regime of National-Socialism, 1933–1944*. Chicago: Irvan R. Dee Publisher, 2009, p. 359.

ção de novas técnicas de poder – nas quais a pressão política substitui a pressão econômica do desemprego.

O regime nazista é o primeiro a implementar com êxito um "keynesianismo de guerra" *stricto sensu* (embora *ante litteram*). O rearmamento desempenha um papel político e econômico central, promovendo o pleno emprego e estimulando um ciclo cujo único "desfecho" possível é a guerra. Adaptado, na "escala total" preconizada por Keynes em "Como pagar a guerra",[133] pelos americanos no segundo New Deal (1937–38), o keynesianismo militar-industrial é acionado quando o país finalmente entra na guerra; e será amplamente utilizado durante toda a Guerra Fria (com referência explícita à Alemanha dos anos 1930 por parte de alguns economistas ligados ao stalinismo, como Eugen Varga). Mas, na realidade, a política de rearmamento já havia possibilitado a saída da depressão que ameaçava a economia-mundo depois da crise financeira de 1907, cuja origem já deveria ter sido procurada no "*laissez-faire*" do sistema financeiro americano. A retomada econômica pelo rearmamento foi o que levou à Primeira Guerra Mundial.

A Alemanha nazista instaura uma economia permanente do armamento – que acabará apenas em 1945 e que deve ser compreendida, nos termos de Franz Neumann, como uma verdadeira "revolução industrial" (baseada na indústria química) financiada pelo Estado nacional-socialista em troca de uma monopolização / cartelização / oligarquização sem precedentes[134] – e, em paralelo com ela, reduzindo a zero os direitos do trabalhador,[135] instaura também o desenvolvimento, em

---

133 Estão incluídos no programa poupança compulsória (*forced saving*), racionamento, controle de preços e salários.

134 F. Neumann, op. cit., pp. 277–92. Neumann insiste no fato de que ela obedece a uma lógica estritamente capitalista (parte 2, cap. 4: "The Command Economy").

135 Ibid., p. 337: "O trabalhador não tem direito algum". Ver toda a discussão que se segue sobre a realidade do "mercado de trabalho livre" que se supõe definir o capitalismo. Essa ausência de direitos do trabalhador explica ainda a generalização da remuneração por desempenho (*Leistungslohn*) e um aumento do retorno, que, por

escala nunca antes vista, do Estado de *welfare* – que é, efetivamente, sua melhor arma de propaganda interna.[136] Como explica Götz Ally, "durante a Segunda Guerra, o Reich gasta, em auxílio familiar, a quantia considerável para a época de 27,5 bilhões. As alocações destinadas a famílias de soldados alemães antes da guerra respondem por 72,8% dos gastos do Estado, ou seja, quase o dobro destinado ao mesmo fim pelos americanos (37,6%) ou pelos ingleses (38,1%)". O orçamento destinado a "medidas de política demográfica" dobra entre 1939 e 1941 e, nesse mesmo ano, "as pensões têm alta média de 15%". O ensino superior era gratuito, assim como os cuidados médicos. Poderíamos citar aqui o surpreendente relato de um oficial britânico quando de uma visita à Alemanha, em abril de 1945: "a condição das pessoas não reflete a destruição do país. Parecem saudáveis, bem nutridas e bem vestidas. Vemos aí os resultados de um sistema econômico sustentado, de uma ponta a outra, por milhões de marcos espoliados de mãos estrangeiras e pela pilhagem de um continente inteiro".[137]

Mas é preciso não esquecer o caráter efêmero e suicida do capitalismo nazista, calcado na guerra total, e pôr em escala a devastação da maioria das cidades alemãs, onde se viam apenas mulheres-fantasma e silhuetas sombrias carregando fardos... De resto, as reportagens realizadas por Victor Gollancz na zona inglesa no outono de 1946 não combinam com a descrição citada do oficial inglês, refletindo a destruição de todo um continente submetido às formas extremas de "acumulação primitiva" instauradas – insiste Frank Neumann – por uma germanização e arianização da qual as democracias ocidentais foram cúmplices – antes de decidirem que era neces-

---

maior que seja, representa apenas a metade dos ganhos de produção (a começar pelo número de horas trabalhadas) entre 1932 e 1938 (ibid., pp. 434–36).

136 Como destaca mais uma vez Franz Neumann: "A seguridade social é o único slogan de propaganda respaldado em uma verdade e, provavelmente, a única e poderosa arma dessa máquina de propaganda" (op. cit., p. 432).

137 Götz Aly, *Comment Hitler a acheté les allemands*. Paris: Flammarion, 2005, pp. 60, 305.

sário, nas palavras de Churchill em 1942, para aniquilar a Alemanha, "bombardear sua população civil, de modo a destruir a moral do inimigo, em particular dos trabalhadores civis". O que explica a descrença dos alemães na democracia liberal do *status quo*. Ao apelar simultaneamente à "ação política consciente das massas oprimidas", à formulação de uma política não autoritária "tão eficaz quanto o nacional-socialismo" e ao evocar "o potencial de uma Europa unificada" que promovesse o *welfare* para todos os seus habitantes, a conclusão do *Behemoth*, de Franz Neumann, não deixa de ser inquietante.[138] Pois sabemos que o *warfare* foi e continuará sendo a condição fundamental do consumo em massa, para o qual tanto contribuíram os programas de desenvolvimento do Reich, como o de fabricação de automóveis e construção de autoestradas (*the Nazi landscape*). Vai nesse mesmo sentido uma afirmação de Kalecki no início dos anos 1960: "a experiência mostrou que o fascismo não é um sistema indispensável para que a indústria armamentista possa desempenhar o papel que lhe cabe na redução do desemprego em massa".

---

138 F. Neumann, op. cit., pp. 475–76.

[10]
OS JOGOS ESTRATÉGICOS DA GUERRA FRIA

Whatever happens, the show must go on.
And the United States must run the show.

ANÔNIMO

Costuma-se definir a Guerra Fria pela "corrida armamentista", como se fosse uma particularidade do período e dessa fase do desenvolvimento capitalista. A isso se poderia objetar que o keynesianismo militar é, de uma forma ou outra, condição contínua para o sustento do capitalismo. Ou, em outros termos: "A" guerra tem uma função estratégica diretamente econômica que a Guerra Fria torna mais evidente, acrescentando a ela a função de controle social.

A partir de um estudo detido da conjuntura econômica americana antes e depois da Segunda Guerra, Michal Kalecki afirma que a militarização da economia é parte essencial da "demanda efetiva" keynesiana.[1] Seguindo o ensinamento de Rosa Luxemburgo, Kalecki afirma que os investimentos

---

1 Ver Michal Kalecki, "The Economic Situation in the United States as Compared with the Pre-War Period" [1956]; "The Fascism of

militares são o meio mais eficiente para resolver a contradição posta pela realização da mais-valia, com a regulação da divergência entre o desenvolvimento das forças produtivas e a capacidade do mercado de absorvê-las. O rearmamento permite resolver a contradição, controlando-a politicamente com a guerra. Durante a *Golden Age* do capitalismo, os investimentos militares possibilitaram que o aumento de produtividade,[2] acarretado pela explosão industrial do pós-guerra, não se traduzisse em consumo de massa nem em aumento no nível de vida dos trabalhadores e da população em geral. Ao contrário, tais investimentos controlaram essa expansão e, quando necessário, reduziram-na em prol do lucro da "parcela" do *Big Business*. O "pleno emprego", insiste Kalecki, foi alcançado *graças ao emprego em massa de militares e de assalariados na indústria militar*. Sem a "guerra", quente ou fria, não há pleno emprego. Keynes confirma esse ponto da análise marxista de Kalecki, que inclui o porão militar do Plano Marshall (e, mais genericamente, todos os tipos de "ajuda econômica externa": a *base* e seu contingente jamais estão muito longe). O "keynesianismo" e a militarização "liberal" da sociedade que o sustenta são aplicados na Alemanha e no Japão, as duas potências vencidas (e oficialmente "desmilitarizadas") da Segunda Guerra, com os mesmos objetivos e os mesmos resultados. Nessa perspectiva global, durante toda a Guerra Fria o crescimento da receita nacional vem, antes de mais nada, do aumento das despesas militares, enquanto a repartição dos lucros joga a favor da intensificação, em todas as frentes, da indústria armamentista. Assim, a grande narrativa dos Trinta Anos Gloriosos (1945–1975) faz parte de uma crônica de guerra, pois é preciso considerar que a "militarização" da Guerra Fria é o vetor principal do desenvolvimento e do controle da "pesquisa científica". Como veremos, a *Big Science* é o traço que reúne o militar e o industrial, que compõem um único *complexo de pesquisa operacional* para todos

---

Our Times" [1964]; "Vietnam and US Big Business" [1967], in *The Last Phase of the Transformation of Capitalism*, op. cit.

2   Quase 60% entre 1937 e 1955.

os sistemas "homens-máquinas" do capitalismo mundial integrado da Guerra Fria. O *"General Intellect"*, como criação da Guerra Fria, não é fruto do desenvolvimento generalizado da comunicação, da ciência e da tecnologia, mas de enormes investimentos militares que o moldam como cérebro do Capitalismo Mundial Integrado / Integrador.

Giovanni Arrighi extrai conclusões ainda mais gerais sobre a corrida armamentista, censurando o marxismo, a começar pelo próprio Marx, por ter negligenciado a função "econômica" e "tecnológica" da guerra. É uma dupla limitação "economicista" e "tecnologista" custosa à apreensão do capitalismo que se reproduzirá na longa duração da história do marxismo, mesmo em suas metamorfoses mais agudas (operaísmo). A insistência de Marx na "superioridade competitiva da produção capitalista" relativamente a outros modos de produção econômica o leva à fórmula – tantas vezes citada – de que "os baixos preços de seus [da burguesia] produtos são a artilharia pesada que destrói todas as muralhas da China". Não fosse, objeta Arrighi, pelo fato de que, "no que diz respeito à China, a força militar real, mais do que a artilharia metafórica das mercadorias baratas, foi a chave para a subjugação do Oriente ao Ocidente", e conclui: "Ao se concentrar exclusivamente na ligação entre capitalismo e industrialismo, Marx acaba não dando nenhuma atenção à ligação íntima entre esses fenômenos e o militarismo".[3]

A corrida armamentista marca, desde as origens, o desenvolvimento do Capital. "O assim chamado 'keynesianismo militar' – prática pela qual os gastos militares promovem a renda dos cidadãos do Estado que pagou a despesa, aumentando assim a receita tributária e a capacidade de financiar novas rodadas de gastos militares –, assim como o capital financeiro e a empresa comercial transnacional, não são novidades do século xx. [...] as cidades-Estado italianas já praticavam em pequena escala um tipo de keynesianismo militar."[4]

---

3 G. Arrighi, *Adam Smith em Pequim*, op. cit., p. 89.
4 Ibid., p. 274.

239

O mesmo keynesianismo de guerra está, igualmente, no fundamento do equilíbrio dos poderes entre potências europeias que se seguiu ao Tratado da Vestfália (o que Schmitt foi incapaz de ver em sua análise do "equilíbrio europeu"). Forçando os Estados à concorrência militar, obrigou-os a aprimorar constantemente o rendimento de seus empreendimentos e técnicas militares, ampliando a diferença de poder com as outras partes do mundo. Esse fenômeno constitui, assim, uma das chaves essenciais para a compreensão da acumulação colonial, cuja condição *sine qua non* é a acumulação de força militar. Capitalismo e militarismo se reforçam mutuamente, a expensas das outras economias. "[...] a sinergia entre capitalismo, industrialismo e militarismo, impulsionada pela competição interestatal, gera realmente um círculo virtuoso de enriquecimento e de aumento de poder dos povos de origem europeia e um circulo vicioso correspondente de empobrecimento e perda de poder para a maioria dos outros povos."[5]

Arrighi tem razões, portanto, para conceber a guerra como fonte das inovações tecnológicas que se multiplicam e estimulam a "produção" e o comércio. Não é a guerra o primeiro maquinário social a fazer, bem antes das fábricas, largo uso das máquinas tecnológicas? O exército foi a primeira instituição a introduzir, desde o início do século XVII, a "gestão científica", padronizando os gestos dos soldados, a marcha, o carregamento e a utilização das armas (como, aliás, Foucault percebeu). A "destruição criadora", apesar de Schumpeter, é posta em movimento não tanto pela inovação empresarial quanto pela guerra – com as consequências dramáticas que se conhecem.

A inovação tecnológica e científica depende da máquina social e, sobretudo, da máquina de guerra. Ela pode eclodir segundo a lógica "autônoma" do *phylum* maquínico, mas sua seleção e implementação, seu aperfeiçoamento e sua aplicação em grande escala à produção e ao consumo se devem largamente à máquina de guerra. Nossa análise das duas

---

5   Ibid., p. 105. Arrighi remete esse raciocínio a Adam Smith.

guerras totais e do que será realizado, por novos meios, na Guerra Fria, corrobora o sentido das observações de Arrighi a respeito da Revolução Industrial: "[a] demanda militar na economia britânica durante as Guerras Napoleônicas [...] possibilitou o aprimoramento dos motores a vapor e inovações muito importantes, como as ferrovias e os navios de aço, numa época e sob condições que simplesmente não existiriam sem o impulso que a guerra deu à produção do ferro. Nesse sentido, a Revolução Industrial nos setores realmente importantes, ou seja, os de bens de capital, foi, em boa parte, subproduto da corrida armamentista europeia".[6]

A corrida armamentista que marca o século xx como um todo é, assim, o resultado irreversível da guerra industrial que se instala no âmago de um modo de produção que se manifesta, de modo também irreversível, como "modo de destruição". As guerras "industriais" não são, de modo algum, um parêntese cruento no desenvolvimento econômico,[7] mas, por serem industriais, são como que o *precipitado* deste e o desfecho mais coerente do modo de produção capitalista. Nesse sentido, a Guerra Fria apenas continua e intensifica a imbricação entre a guerra e o Capital na forma extrema do liberalismo keynesiano. "Sob o novo sistema, a capacidade militar global tornou-se na verdade um 'duopolio' dos Estados Unidos e da União Soviética, mas a corrida armamentista continuou ainda mais intensa, impulsionada mais pelo 'equilíbrio de terror' que pelo equilíbrio de poder."[8] O poderio destrutivo atômico não se detém em Hiroshima, que representa, isto sim, o *technological breakthrough* da Guerra Fria, levando à instalação, na década de 1960, de centenas de mís-

---

6   Ibid., p. 276.

7   Essa versão, disseminada pela administração Roosevelt durante a guerra, foi resumida de maneira particularmente ácida por Philip Wylie num best-seller dos anos 1940, *Generation of Vipers* (1942): "Muitos não querem se dar ao trabalho de lutar pela vida enquanto não estiverem convencidos de que também viverão com eles o coador, o carro, o cobertor sintético e as fraldas descartáveis" (P. Wylie, *Generation of Vipers*. New York: Rinehart, 1955, p. 236).

8   G. Arrighi, *Adam Smith em Pequim*, op. cit., p. 280.

seis nucleares de longo alcance, voltados contra as metrópoles mais importantes da Europa e da União Soviética. Longe de pôr fim à corrida, as Conversações sobre Limites para Armas Estratégicas (Strategic Arms Limitation Talks – Salt), assinadas em 1972, favorecem "outros tipos de arma não mencionados no tratado, pela simples razão de que *ainda* não existiam".[9] O princípio de sustentação da Guerra Fria só será enfraquecido com a bancarrota da União Soviética, a partir da qual os recursos militares, industriais e científicos são centralizados nas mãos dos Estados Unidos.

A história da Guerra Fria é uma *história americana*, escrita do começo ao fim pela superpotência que sai vencedora das duas guerras mundiais. Os Estados Unidos, alimentados pelo pleno emprego e pela inovação tecnológica decorrentes da economia da Guerra Fria, que leva também ao aumento de produtividade e de consumo e à consequente militarização logística da sociedade (*subsunção militar*), afirmam-se como potência *fiadora* da nova ordem global produzida pela socialização e pela capitalização da guerra total. Seu poder adquire a forma de um imperialismo a *tal ponto desterritorializado* que teríamos de considerá-lo "anti-imperialista", pois propicia a desintegração do imperialismo clássico.[10] Ocorre uma desterritorialização da expansão e uma *desterritorialização da guerra* que subjazem à descolonização neocolonial e à geopolítica da ajuda econômica: ambas salientam a importância do investimento do capital excedente na proteção do mercado em escala mundial promovida pela Pax Americana. Mas a Guerra Fria é mais que uma desterritorialização da guerra interestatal contra o "imperialismo soviético" e a "escravidão comunista": é também, *at home* e *abroad*, um novo regime biopolítico de *endocolonização* do conjunto da população, doravante subme-

---

9 William McNeill, apud G. Arrighi, op. cit., p. 281 (grifos nossos).

10 Ver G. Arrighi, *O longo século xx: dinheiro, poder e as origens de nosso tempo*, op. cit., p. 70: "Se designarmos o impulso principal da economia britânica como 'imperialista', não teremos alternativa senão designar o impulso principal da hegemonia norte-americana como anti-imperialista".

tida ao *American way of life* – que definitivamente se inscreve nas engrenagens da máquina de guerra do capital. Ouçamos, a respeito disso, Henry Kissinger: "a palavra globalização é outro nome que se dá ao papel dominante dos Estados Unidos".

É nos Estados Unidos, portanto, que se jogará o destino histórico da "luta de classes". A classe operária – econômica e politicamente fortalecida pelo "pleno emprego" da segunda guerra industrial – será, no entanto, derrotada no ponto de encontro entre o sujeito operário e um novo fundamentalismo político, que recoloca as regras da guerra econômica ao voltar-se contra *a própria ideia do comunismo*, tal como anunciada pela Revolução Soviética. Nem Marx nem Lênin, que marcaram presença nas grandes greves de 1946, poderão deter o desfecho desse acontecimento que assinala a primeira vitória da Guerra Fria imediatamente após a guerra. Mas o ciclo de lutas que se inicia nos Estados Unidos na década de 1950, e do qual 1968 será a cifra em escala mundial, soletra o fim da força política das "classes". No confronto mortal Capital-Trabalho, em meio ao desenvolvimento do consumo de massa e contra a institucionalização gerencial do *General Intellect*, encontramos as lutas dos colonizados internos, dos negros, das mulheres, dos proletários que não foram absorvidos pelo "sistema de empresas", dos estudantes, enfim, das novas subjetividades. Essas lutas, que não se dão a partir de uma contradição central nem contam com uma mediação geral, são as primeiras a explorar as condições de realidade de uma nova máquina de guerra anticapitalista cujas modalidades presentes não são mais, ao que tudo indica, determinadas pelo confronto entre "movimento" e "organização" que perpassa os anos 1960.[11]

---

11 Ver, por exemplo, Frances Fox Piven e Richard A. Cloward, *Poor People's Movements: Why They Succeed, How They Fail*. New York: Vintage Book, 1979. Os autores, ativistas envolvidos no Welfare Rights Movement, recuperam no livro a importância do conflito entre "organização" e "movimento" na década de 1960 e para além.

10.1 Cibernética da Guerra Fria

A Guerra Fria não apenas marca a entrada na era ciborgue da comunicação e do controle cibernéticos. Ela mesma é uma espécie de ciborgue, na medida em que abriga em sua zona cinzenta a Grande Transformação da máquina de guerra do capital por meio do *feedback* de todas as "informações" da guerra total organizada industrial e cientificamente e que se torna, com isso, o modelo do desenvolvimento da economia de (*não*) *paz*. Estudos sobre o sistema de controle de disparo e a automação da artilharia antiaérea conduzem à ideia de retroalimentação (e de servomecanismo), até as simulações computadorizadas necessárias à construção da bomba atômica; o pensamento cibernético não apenas nasceu da guerra – ele a prolonga *por todos os meios* na gestão de uma guerra planetária virtual-real, permitindo a mobilização e a modelização permanentes do conjunto da sociedade submetida ao cálculo de otimização (em bom americanês: *to get numbers out*). Não vai aí nada de ficção científica,[12] lembrando que a fábrica automatizada é, juntamente com o computador que "calcula" a melhor estratégia para vencer uma guerra atômica, a entidade complementar do cenário cibernético. A relação constitutiva entre a máquina-de-fazer-a-guerra e a máquina-de-produção dá à cibernética o seu sentido mais moderno (construído a partir do grego *kybernētikē*) de máquina-de-governar e de *maquinação capitalística do governo dos homens*. Ela comanda a gestão de guerra como comanda a gestão industrial de toda a sociedade (incluindo os sistemas de saúde pública, de desenvolvimento urbano, de organização do espaço doméstico etc.), cuja "dinâmica, acredita-se, é compreendida e controlada por meio desses novos instrumentos derivados das ciências formalizadas da engenharia" e

---

12 Pensemos aqui na advertência de Norbert Wiener: "Por mais que a noção de cibernética nos atraia, com seu nome romântico e atmosfera de ficção científica, faríamos bem em nos manter longe dela". Norbert Wiener, "Automatization", in *Collected Works*, v. IV. Cambridge/London: MIT Press, 1985, p. 683.

das técnicas de administração (entendidas no sentido logístico mais amplo, pois não há mais diferença "real" entre técnica e logística, entre *hardware* e *management*).[13] A máquina de guerra do capital é o motor dessa *ciência da organização* e *das pesquisas operacionais* que tendem a abolir as fronteiras disciplinares, produzindo híbridos entre matemáticas "puras" (que se *fundamentalizam*), ciências duras (com seus monumentais equipamentos que precisam ser partilhados: nascimento da *Big Science*), *engineering* e ciências sociais (dependentes das "ciências comportamentais" e da psicologia cognitiva: *behaviorismo*). Promovida pela guerra das ciências aplicadas que acaba de ser vencida,[14] a engenharia da complexidade passa entre as (ciências da) Natureza e (da) Sociedade, com a invenção de instrumentos polimórficos construídos a partir da matemática, da lógica e dos computadores.[15] As abordagens modalizadas e altamente formalizadas assim produzidas trazem nomes como "pesquisa operacional, teoria geral dos sistemas, programação linear e não linear, análise sequencial, matemática da decisão, teoria dos

---

13 Dominique Pestre, "Le Nouvel univers des sciences et des techniques: une proposition générale", in A. Dahan e D. Pestre (dir.), *Les Sciences pour la guerre* (1940–1960). Paris: Éditions de L'Ehess, 2004.

14 Ver Vannevar Bush, *Modern Arms and Free Men: a Discussion on the Role of Science in Preserving Democracy*. New York: Simon & Schuster, 1949, p. 27: "A Segunda Guerra foi [...] uma guerra da ciência aplicada". Durante a guerra, o autor foi diretor do Office of Scientific Research and Development (OSRD), que promovera a integração, mediante contrato militar – sem, no entanto, integrá-los ao exército – da "classe científica" americana e dos mais prestigiosos laboratórios de pesquisa universitária (MIT, Princeton, Columbia etc.). E eles avançaram como nunca.

15 Ver Warren Weaver, "Science and Complexity", *American Scientist*, v. 36, 1947. Matemático, *science manager* e diretor desde a fundação em 1942, do Applied Mathematical Pannel (AMP), departamento do National Defense Research Committee (NDRC), Warren Weaver está estreitamente associado à criação da RAND Corporation (acrônimo de Research and Development), primeiro *think tank* do pós-guerra, fundado pela US Air Force. John Von Neumann tem papel central em sua constituição

jogos, teoria matemática da otimização, análise de custo-benefício".[16] Segue-se uma primeira forma de *transdisciplinaridade* (entre lógicos, matemáticos, estatísticos, físicos, químicos, engenheiros, economistas, sociólogos, antropólogos, biólogos, fisiologistas, geneticistas, psicólogos, teóricos dos jogos e pesquisadores operacionais vindos diretamente da área militar), que será promovida e financiada pelo exército americano (*think tanks* como a RAND Corporation, com toda razão considerada "a pedra de toque institucional da Guerra Fria nos Estados Unidos",[17] *Summer Studies*, universidades) em constante conjunção com as grandes empresas que ela contrata, pautando assim seu desenvolvimento (economia da inovação). Trata-se, portanto, de uma *transdisciplinaridade empreendedora*, na qual os pesquisadores, embora diretamente subvencionados pelo aparelho militar,[18] são levados a promover o agenciamento de "redes tecnológicas, de financiadores e de administradores capazes de levar a bom termo seus projetos".[19] Segue-se, igualmente, um novo modo de *governamentalidade transversal* que incide no conjunto da sociedade e não faz mais que "comunicar" a produção da ciência e a ciência da produção na fábrica sem fabricação dos cidadãos-consumidores, segundo o mesmo procedimento de otimização do controle (mediante a regulação de um sistema aberto que leva em conta o fator de incerteza) e de extensão do domínio de circulação das "informações". De tal maneira que, nesse duplo nível, que mobiliza a constituição do *Gene-*

---

16 Dominique Pestre, op. cit., p. 30.

17 R. Leonard, "Théorie des jeux et psychologie sociale à la RAND", in *Les Sciences pour la guerre*, op. cit., p. 85. Sobre a função matricial da RAND na montagem e manutenção da Guerra Fria, ver ainda Alex Abella, *Soldiers of Reason: the RAND Corporation and the Rise of the American Empire*. Boston/New York: Mariner Books, 2009.

18 O Office of Naval Research (ONR) tornou-se rapidamente, no pós-guerra mais imediato, o principal órgão de financiamento de pesquisa nos Estados Unidos.

19 Fred Turner, *From Counterculture to Cyberculture: Stewart Brant, the Whole Earth Network, and the Rise of Digital Utopianism*. Chicago: Chicago University Press, 2006, p. 19.

ral Intellect do Capital pela imposição da "cibernética" como metafísica de uma *"Theory of Everything"* (Andy Pickering) informada pelo computador, a Guerra Fria não dá azo apenas à sua experimentação em escala planetária em uma epistemologia global do inimigo soviético baseada na *simulação*: *ela é a estratégia mais intensiva que poderia haver de continuação racional da guerra total* definida pela indivisibilidade do "produto interno total" entre os domínios militar e civil, assim como pela incompatibilidade com toda espécie de *laissez-faire*. O que significa dizer que a Guerra Fria é um projeto americano de globalização do controle social animado por uma cibernética da população.

Porque essa "produção interna", esse "interior" que dá mostra de sua capacidade de projeção mundial, pertence à potência vitoriosa na Segunda Guerra de maneira desproporcional, seja no plano militar, seja no industrial, no financeiro ou no tecnológico, impondo o fim da supremacia europeia e das formas clássicas de imperialismo expansivo. O mundo do pré-guerra está em ruínas. Se a vaga de descolonização que atinge uma Europa em plena ebulição social ("A propriedade é colaboracionismo") estimula as novas formas que serão as da potência americana em sua função de dominação global, ao mesmo tempo tem de se haver, *at home*, com a questão da desmobilização e da reconversão da economia em face do poder operário que desponta com o "pleno emprego" da Guerra. Concomitante à emergência da questão "negra" e das "minorias" (*guerras raciais* da *descolonização interna*) e com o "problema" do lugar das mulheres na sociedade após sua maciça presença nas fábricas (*guerra dos sexos* pela equiparação salarial que ameaça a própria economia doméstica),[20] a multiplicação das greves põe de maneira aguda a questão da transdução do *warfare* em *welfare* anticomunista. Para realizar a reconversão das "forças destrutivas" mobilizadas pelas ciências e pelas indústrias da morte nas "forças produtivas" do

---

20 *"Women demand much more than they used to do"*, nas palavras de Selma James. "A Woman's Place" [1952], in *Sex, Race and Class: a Selection of Writings (1952–2011)*. Oakland: PM Press, 2012.

American way of life (o *welfare-mundo* do consumo em massa que desencadeia o círculo virtuoso da riqueza e da potência), será preciso incorporar ao *welfare* a conversão subjetiva da população militarizada e socializada pela experiência da guerra total em trabalhadores individualistas que, supõe-se, conduzirão a maximização egoísta do *homo œconomicus* ao ponto ótimo de tangência entre consumidores e produtores. A questão da produção social e do trabalho de reprodução do próprio trabalhador se instala, assim, no âmago das novas estratégias cibernéticas da máquina de guerra do capital. Ela promoverá como nunca a "célula familiar" e a "condição feminina", que, não por acaso, são o *tema* do famoso "*Kitchen Debate*" entre Richard Nixon e Nikita Kruschev, ocorrido em 1959 em Moscou, no contexto de uma feira internacional em que o pavilhão americano era formado por uma casa-modelo de seis cômodos inteiramente equipada e sobre a qual reinava uma mulher de perfil particularmente "feminino"... A guerra dos mísseis ("*the missile gap*") tem paralelo numa guerra de "gêneros" das mercadorias ("*the commodity gap*"), que a retórica de Nixon traz para o primeiro plano: "Para nós, a diversidade e o direito de escolha [...] são o que há de mais importante. Para nós, isso de tomar uma decisão do alto, a partir de um único funcionário [...], simplesmente não faz sentido. Temos diversas fábricas diferentes e inúmeras variedades de máquinas de lavar, *então as donas de casa têm uma escolha*. Não seria melhor que a concorrência se desse unicamente nesse plano, e não no da disputa entre mísseis?".[21] A teoria da "escolha racional" passa, portanto, pelo consumo, que não é mais a fronteira de um futuro de paz e prosperidade, mas o *limiar* do presente desenhado, *designado*, no front doméstico da Guerra/Paz Fria, pela linha branca dos eletrodomésticos.

A importância da comunicação está ligada à necessidade de "vender" esse projeto *Characteristically American* – segundo o título do best-seller de Ralph Barton Perry, filósofo

---

21   *New York Times*, 25 jul. 1959 (grifos nossos); citado e comentado por Elaine Tyler May, *Homeward Bound: American Families in the Cold War Era* [1988]. New York: Basic Books, 2008, pp. 20 ss.

de Harvard, publicado em 1949 – como um empreendimento de consolidação, a começar do casal, um "agregado de espontaneidades" num "individualismo coletivo" (como diz Perry) cuja verdade é um "humanismo científico" que vale por *engenharia social da própria liberdade* (na expressão de Lyman Bryson em outra obra acadêmica de sucesso publicada dois anos antes e sobriamente intitulada *Science and Freedom*).[22] A corrida armamentista que permite sustentar um keynesianismo de guerra contra a URSS reconfigura o *welfare* como *guerra de comunicação* que contribui, por sua vez, para colocar o *General Intellect* como "instrumento da causa nacional, parte integrante do 'complexo militar-industrial'",[23] cujo poderio também se deixa medir, por que não, pela qualidade de suas máquinas de lavar.

O desenvolvimento do *capital humano* encontra aí sua fonte, mediante a integração entre recursos civis e recursos militares, num complexo militar-industrial científico-universitário que eleva A Ciência à condição de *endless frontier*, como no título-manifesto do relatório de Vannevar Bush (*Science, the Endless Frontier*). O lema não demora a ser adotado pelo general Eisenhower num memorando de 1946:

> As forças armadas jamais poderiam, por si mesmas, vencer a guerra. Cientistas e homens de negócios contribuíram com técnicas e armas que nos permitiram suplantar o inimigo em matéria de inteligência, esmagando-o. Esse esquema de integração deve se traduzir num equivalente, adaptado aos tempos de paz, que não somente permitirá ao exército se manter a par dos progressos das ciências e da indústria, *como absorverá, em nossa planificação de segurança nacional, todos os recursos civis que possam contribuir para a defesa do país*. O êxito dessa empreitada depende, em boa medida, da disposição da nação

---

22 Cf. F. Turner, *The Democratic Surround: Multimedia and American Liberalism from World War II to the Psychedelic Sixties*. Chicago/London: University of Chicago Press, 2013, pp. 157–59.
23 Clark Kerr, *The Uses of University*. Cambridge: Harvard University Press, 1963, p. 124

como um todo à cooperação. De todo modo, as forças armadas, enquanto uma das principais instâncias responsáveis pela defesa da nação, têm o dever de tomar a iniciativa e promover o reforço dos elos entre os interesses civis e os interesses militares. *Cabe a elas implementar políticas bem definidas e promover uma liderança administrativa que permita que a ciência, a tecnologia e a administração possam contribuir de maneira ainda mais decisiva do que durante a guerra anterior.*[24]

A guerra tecnológica permanente, militar-civil e civil-militar, favorece apenas uma abordagem global e sistemática que integre as novas técnicas de gestão administrativa do social ao *software* do *public welfare* comandado por um Estado que não é tanto administrativo quanto "pro-ministrativo" ("*a pro-ministrative state*", segundo o conceito de Brian Balogh).

O golpe de gênio sistêmico da Guerra Fria que dita a sua *racionalidade C³I* (*command, control, communications and information*), passando pela "fissão do átomo social",[25] foi a invenção de uma "estranha zona cinzenta que não é nem a paz nem totalmente a guerra",[26] *situação* extrema em que todas as formas de sujeição social passam a depender *diretamente* de uma servidão maquínica ao sistema como tal, enquanto este afirma sua imanência na axiomatização de todos os seus modelos de realização segundo relações puramente funcionais que os tornam, de direito, infinitos. Poderíamos dizer, com Deleuze e Guattari, que a axiomática é imanente na medida em que ela "encontra, nos campos que atravessa, *modelos ditos de realização*".[27] Não existe, portanto, em nosso entender, nenhuma "tensão" entre a vontade de axiomatização característica da Guerra Fria e "suas práticas iniciais desenvolvidas no calor da hora, múltiplas e pragmáticas, e que depois tiveram de

---

24 Dwight D. Eisenhower, *Memorandum for Directors and Chiefs of War Department, General and Special Staff Divisions and Bureaus and the Commanding Generals of the Major Commands* (1946). *Subject: Scientific and Technological Resources as Military Assets.*

25 Na expressão de Talcott Parsons.

26 Carta de W. D. Hamilton a Georges Price, 21 mar. 1968.

27 G. Deleuze e F. Guattari, *Mil platôs*, v. 5, op. cit., p. 164.

ser prolongadas, ampliadas, formalizadas, teorizadas".[28] Ao contrário, alcançamos com isso o *motor axiomático* das práticas transdisciplinares postas em prática nos laboratórios da Guerra Fria (uma *transdisciplinaridade fria*). A máquina de guerra do capital pode desenvolver, assim, com a Guerra Fria, a axiomática imanente de um novo capitalismo, o dos "sistemas homens-máquinas", que impõe um sistema de servidão generalizado que se encarrega da sujeição por meio de "processos de normalização, de modulação, de modelização, de informação, que se apoiam na linguagem, na percepção, no desejo, no movimento etc., e que passam por microagenciamentos".[29] A Guerra Fria é, nesse sentido, desde o início e antes de mais nada, uma *guerra de subjetivação*, portadora do que muito justamente foi designado como verdadeira "revolução comportamental". Ela é sinônimo de uma intervenção estatal sem precedentes, de uma *desterritorialização do Estado*, que desterritorializa, mediatiza e axiomatiza o próprio Estado ao inseri-lo na rede do conjunto do *socius*, promovendo assim *a identificação da paz à guerra* na "retroalimentação" da epistemologia do inimigo externo sobre a ontologia do inimigo interno, que estende o campo imaginário da proposição global da Guerra Fria. Assim, o *"sitcom"* (*situation comedy*) televisionado invade as salas de estar americanas na mesma época em que uma série de salas de operação (*situation rooms*) cada vez mais perfeitas são construídas no subsolo da Casa Branca. Esse estado de coisas se enraíza também nas ciências comportamentais americanas emergentes, ligadas à "racionalidade da Guerra Fria"[30] e à explosão de *experts*. Doravante, será possível reunir em um mesmo termo – *containment* – a psicologia das classes médias ("conter" suas emoções, "proteger" suas salas de estar: *domestic containment*) e a estratégia de "contenção" da potên-

---

28 Cf. Amy Dahan, "Axiomatiser, modéliser, calculer: les mathématiques, instrument universel et polymorphe d'action", in *Les Sciences pour la guerre*, op. cit., p. 51.

29 G. Deleuze e F. Guattari, *Mil platôs*, v. 5, op. cit., p. 170.

30 Judy L. Klein et al., *Quand la Raison faillit perdre l'esprit: la rationalité mise à l'épreuve de la Guerre froide*. Bruxelles: Zones Sensibles, 2015, p. 148.

cia soviética.[31] Os pormenores da situação remetem às palavras antecipatórias de Warren Weaver, eminência parda das pesquisas operacionais, "Grandmaster Cyborg" e "criador de redes de pesquisa interdisciplinar": "A distinção entre o militar e o civil na guerra moderna é mínima, e pode até ser que a distinção entre guerra e paz tenha sido obliterada".[32]

10.2 A montagem da Guerra Fria

"Os problemas dos Estados Unidos podem ser traduzidos em dois lemas, *Russia abroad, labor at home*",[33] declara Charles E. Wilson em 1946. Ex-vice-presidente executivo do War Production Board, depois encarregado do War Department Comitee on Postwar Research e, durante a Guerra da Coreia, diretor do Gabinete de Defesa e Mobilização,[34] Wilson era presidente da General Electric (GE) em 1946, ao pronunciar essa fórmula cuja concisão estratégica se explica, sem dúvida, pelas múltiplas qualidades do sujeito que a enuncia, e que, ao que tudo indica, sabe muito bem do que fala. A tal ponto que poderíamos nos arriscar a evocar aqui um "General Electric"[35] a propósito da montagem militar-industrial do sujeito da enunciação, que se apressa a declarar uma guerra simétrica, travada no duplo front externo e interno, no horizonte da Guerra Fria que a programa enquanto tal. Fomentada por uma das

31 Cf. E. Tyler May, *Homeward Bound*, op. cit., cap. 1.

32 Warren Weaver, apud Philip Mirowski, *Economics Become a Cyborg Science*. Cambridge: Cambridge University Press, 2002, pp. 210, 169 ss, sobre "Warren Weaver, Grandmaster Cyborg".

33 Cf. David F. Noble, *Forces of Production: a Social History of Industrial Automation*, Oxford / New York: Oxford University Press, 1984, p. 3.

34 Adquirindo assim controle de toda a política econômica federal.

35 "Electric Charlie" recrutara como vice-presidentes da GE dois outros membros de alto escalão do War Production Board: Ralph Cordiner, que o sucede à frente da GE, e Lemuel Boulware. A mais prestigiosa publicação da GE chama-se *General Electric Forum, Defense Quarterly*, com o subtítulo *"For National Security and Free World Progress"*.

empresas líderes em pesquisa científica industrial, num setor altamente estratégico para as forças armadas, a economia da Guerra Fria como um todo exige uma redefinição: "*Russia abroad, labor at home*". Em perspectiva tão pós-comunista quanto pós-cibernética, difícil não concordar com a ideia de que o papel da Guerra Fria foi "da vantajosa perspectiva de agora [...] realmente secundário" em relação ao "New Deal para o mundo", que emprega seu poder na transformação pós-colonial do terceiro mundo "menos pelas armas pesadas dos militares e mais pelo dólar".[36] Mas seria o New Deal assim *tão* dissociável da Guerra Fria, tendo em vista as novas formas de afirmação do poder americano e da revolução gerencial que Orwell associa a uma "*cold war*", na expressão que forja em 1945? O argumento é o seguinte: "É mais provável que o fim das guerras em grande escala se dê ao preço do prolongamento indefinido de uma 'paz que não é a paz' (*a peace that is no peace*) privando as classes e os povos explorados de toda capacidade de se revoltar e, ao mesmo tempo, tornando iguais, no plano militar, os que possuem a bomba". Dupla dissuasão, interna/externa, cuja articulação dita os termos da Guerra Fria como novo modo global de gestão do "conflito" constitutivo desse "período". A Guerra Fria é constitutiva da (e não coextensiva à) globalização da guerra civil – que tende a tirar sua autonomia (pois tanto as classes exploradas como os povos que se gostaria de privar de qualquer poder se revoltam pelo mundo todo) – e de seu "gerenciamento", de uma forma sem precedentes em relação à segurança militar, produzida por um "acordo tácito de que as partes envolvidas nunca usarão a bomba umas contra a outras".[37] Esse entendimento de fundo ecológico detém o controle da "escalada aos extremos", na qual a extremidade não é mais o limite (no sentido político de Clausewitz), mas a delimitação de um jogo imperial e planetário que tende ao *duelo* e à invenção de um novo tipo de

---

36 M. Hardt e A. Negri, *Império*, trad. Berilo Vargas. São Paulo: Record, 2001, pp. 263 ss.
37 George Orwell, "You and the Atomic Bomb", *Tribune*, 19 out. 1945.

governo das populações (*1984*).[38] A clarividência dessa análise – não há algo de orwelliano em Paul Virilio? – poderia levar a esquecer que a primeira bomba atômica soviética (Bomba A) foi testada em 1949, ou seja, quatro anos *após* a publicação do artigo de Orwell e dois anos *após* a imposição da expressão *cold war* pela "doutrina Truman" do *containment*. Isso contribuiu para relativizar a suposta iminência e *realidade* do perigo soviético (Stálin não tinha dúvidas a respeito da hegemonia econômico-militar americana, compreendeu bem a "mensagem" de Hiroshima [e Nagasaki] e adotou após a guerra uma posição *defensiva*), ao menos a nos fiarmos pelos elementos de linguagem oferecidos pelo presidente Truman em seu discurso ao Congresso em março de 1947: "Estou convicto de que a política dos Estados Unidos deve ser a de apoiar os povos livres que resistem à submissão que minorias armadas e pressões estrangeiras tentam impor a eles". A disjunção – "minorias armadas ou pressões estrangeiras", "agressão direta ou indireta" etc. – funciona aqui como verdadeira síntese *inclusiva*: não se fecha sobre seus termos, anuncia e enuncia o caráter *não limitativo* da estratégia da Guerra Fria como princípio de transformação e *(re)produção do inimigo* por uma transferência totalizante e *totalitária*. É a tese do comunismo como novo fascismo: "Os regimes totalitários, impostos aos povos livres por meio de uma agressão direta ou indireta, minam os fundamentos da paz internacional e, logo, da segurança dos Estados Unidos".[39] *Hot Hitler* e *Cold Stalin*.

Numa série de artigos intitulada "The Cold War", publicada também em 1947, Walter Lippmann pretende dar outro sentido à política de contenção. Ele questiona a referência exclusiva à "revolução comunista" e à "ideologia marxista" como capazes de explicar a suposta conduta expansionista do "governo

---

38 Publicado em 1948, *1984* (1948 "invertido") combina de maneira tão violenta o americanismo e o socialismo que o livro terá o raro privilégio de ser denunciado nos Estados Unidos e censurado na URSS.

39 "President Harry S. Truman's Address before a Joint Session of Congress", 12 mar. 1947. Disponível em avalon.law.yale.edu/20th_century/trudoc.asp.

soviético" no pós-guerra, que, na verdade, respeita os acordos de Ialta, fundados nas conquistas do Exército Vermelho e na importância deste para a derrota da Alemanha e do Japão. "O extraordinário poder do Exército Vermelho, e não a ideologia de Karl Marx, permitiu ao governo russo a ampliação das fronteiras do país", e isso, como ele observa, num sentido *essencialmente limitado* à restauração da esfera de influência "tsarista" e a título de "compensação" por perdas territoriais sofridas entre 1917 e 1921.[40] A União Soviética se comporta, portanto, como o faria qualquer outra grande potência continental, enquanto os Estados Unidos desenvolvem uma estratégia tão pouco ortodoxa ("uma aberração estratégica") que as vias diplomáticas que poderiam levar a uma *pax vera* parecem fechadas de antemão. Daí a solução proposta por um "célebre publicitário americano"[41] para levar a um equilíbrio de potências (*balance of power*) no sentido clássico: reorientar "a lógica e a retórica do poder americano" no sentido da retirada de *todas* as forças armadas não europeias que estivessem na Europa, a fim de assegurar o respeito ao compromisso assumido por Stálin quanto à não integração dos países do Leste à União Soviética. Lipmann destaca assim a *defasagem* da estratégia americana da Guerra Fria, se o único problema a ser levado em consideração for a questão *Russia abroad*. Com a dissolução do Komintern em 1943, do Partido Comunista americano em 1944 (depois de os membros do PCEUA deixarem de defender posições pró-greve em favor das posições antigreve para apoiar o esforço de guerra),[42] com

---

40 Cf. Walter Lippmann, *The Cold War: a Study in US Foreign Policy*. New York/London: Harper & Brothers, 1947. A demonstração poderia se apoiar sobre o famoso "informe de Moscou" enviado por George Kennan, que destacava o "sentimento de insegurança" do Kremlin e a importância do "nacionalismo russo".

41 Segundo a apresentação de Léon Rougier na abertura do colóquio Walter Lippmann, que aconteceu em Paris entre 28 e 30 de agosto de 1938. Esse colóquio costuma ser representado como cena primitiva do "neoliberalismo" (o termo foi usado por Rougier, mas não é aceito de forma unânime).

42 "O comunismo é o americanismo do século XX", declara Earl Browder, presidente do Partido Comunista americano.

a pressão de Stálin sobre os comunistas gregos e iugoslavos para que preservassem as monarquias de seus países e com os protestos dos comunistas ingleses contra a dissolução do governo de coalização imediatamente após a guerra, ninguém mais poderia ignorar que, nas palavras de Eric Hobsbawm, Stálin dera "um adeus permanente à revolução mundial".[43]

Malgrado a retórica de uma guerra comum e o tom apocalíptico adotado pelos Estados Unidos, a principal característica da Guerra Fria, lembra o historiador britânico, se deixa definir, paradoxalmente, pela ausência objetiva de risco iminente de guerra mundial e pela rapidez com que se dá o reconhecimento mútuo de *certo* "equilíbrio de forças", *grosso modo* segundo as demarcações feitas entre 1943 e 1945. De 1951 – quando Truman demite de suas funções o general MacArthur, defensor (mesmo que isso envolvesse o uso de armas nucleares) da extensão da Guerra da Coreia para o território chinês (que em 1949 se torna República Popular da China) – até os anos 1970, passando pela supressão da insurreição operária em Berlim Oriental em 1953 (ano em que a URSS adquire, nove meses após os americanos, a bomba de hidrogênio) e, posteriormente, pelas revoltas de 1956 na Hungria e de 1968 na Tchecoslováquia, ambas sufocadas pela intervenção soviética, a Guerra Fria entre as duas superpotências adquire cada vez mais os ares de uma *Paz Fria*[44] mantida pelo equilíbrio (de resto, relativo) do terror nuclear que paira sobre populações constrangidas a "escolher um lado" (*"two world camps"*, bipolaridade).[45] Pensemos aqui nos anátemas soviéticos contra o general Tito na Iugoslávia, ou nos benefícios recíprocos advindos da repressão de toda espécie de

---

43 Eric Hobsbawm, *A era dos extremos: o breve século XX (1914–1991)*, trad. Marcos Santarrita. São Paulo: Companhia das Letras, 1995. A revolução socialista mundial é abandonada em prol da independência nacional.

44 Ibid., ("Até a década de 1970, esse acordo tácito de tratar a Guerra Fria como uma Paz Fria se manteve"). O termo *cold peace* foi empregado pela primeira vez nos anos 1950.

45 Apenas em meados dos anos 1960 o arsenal nuclear soviético veio a representar uma ameaça tecnologicamente crível ao território americano.

"democracia vinda de baixo" nos países do Leste,[46] sem esquecer a estratégia da Guerra Fria como meio de imposição da hegemonia americana sobre seus aliados pelo viés da reorganização da economia-mundo rumo a uma *globalização* que não mais se contenta com a restauração das formas político-militares "clássicas" do *balance of power*. Com o fracasso da "política-fantasma" que tinha por objetivo o esgotamento da União Soviética, cercada por todos os lados, a corrida armamentista em seu nível mais *high-tech* (bomba H, Strategic Air Command) passa a ser orientada por uma estratégia de "represálias maciças" (*massive retaliations*) (1953–1960). Supostamente para eliminar a possibilidade de um ataque limitado com meios convencionais, ela visa, sobretudo, a limitar os riscos atinentes às expedições militares neocoloniais *americanas* na zona mais quente da primeira Guerra Fria: "A manutenção de forças terrestres permanentes na Ásia não é uma boa estratégia militar, pois isso nos priva de toda reserva estratégica. É imperativo alterá-la, se quisermos adquirir a *estamina* necessária para garantir uma *segurança permanente*".[47] Reterritorialização soviética, desterritorialização americana. A administração americana pretende com isso decidir, "de uma vez por todas", entre seus interesses (e seus componentes) "nacionalistas", i.e., estritamente *geopolíticos*, situados na Ásia, e suas ambições "internacionalistas", *globais*, centradas na Europa, assentando, com isso, a lógica da Guerra Fria em bases (exclusivamente) *estratégicas*. Embora tenha se mostrado incapaz de fazer essa "escolha", a administração americana adotou uma direção clara: cabe ao *great-power management* coordenar a geopolítica do novo imperialismo.

Nessa transição da "Defesa", na qual a doutrina original da contenção ainda poderia se basear, para a "Segurança Permanente", vemos a mudança de paradigma trazida pela Guerra / Paz Fria: qual seja, a prorrogação indefinida de uma

---

46 Como escreve Castoriadis em 1976, "não há dúvida de que Reagan e Brejnev estavam de acordo em relação à Hungria". Cornelius Castoriadis, "La Source hongroise", *Libre*, n. 1, 1977.

47 Discurso do secretário de Estado John Foster Dulles diante do Council on Foreign Relations (12 jan. 1954), grifos nossos.

paz que não é paz a partir da *ameaça estratégica* de uma guerra tão ontologicamente absoluta para o conjunto das populações civis (a destruição *total*, a morte *universal*) que a economia de guerra permanente que ela promove é sinônimo (no Ocidente, que conduz o jogo) de um trabalho de *reprogramação* da vida social como um todo. Isso que Paul Virilio chama de *endocolonização*[48] e que devemos relacionar à obsessão pelo *controle* de uma sequência histórica na qual o suprematismo capitalístico americano se encontra, de início, menos ameaçado *abroad* pelo risco de uma globalização da ameaça soviética do que *at home*, no coração do "sistema internacional do capital", com a explosão das lutas operárias e da guerra racial, atiçadas pela tumultuosa desmobilização do outono de 1945.[49]

10.3 A Detroit da Guerra Fria

Em 1946, ano das primeiras reconversões de indústrias de armamento em indústrias de paz e bem-estar (das quais as mulheres são amplamente excluídas)[50] e do abandono da política do controle de preços (pela administração Truman), as lutas operárias coroam, da forma mais perturbadora, o impressionante crescendo do número de greves, paralisações (das quais participaram mais de 8 milhões de americanos e americanas) e tumultos raciais (Detroit, Harlem, Baltimore, Los Angeles, Saint Louis...) durante o "New Deal de guerra". Segundo os números de Mario Tronti, que não foi o único a detectar a presença de *Marx em Detroit*: em 1946, nada menos

---

48 Paul Virilio e Sylvère Lotringer, *Pure War*, nova edição ampliada. Los Angeles: Semiotext(e), 2008, p. 68.

49 A ameaça de motins acelera a desmobilização. Os 10 milhões de soldados desmobilizados representam 20% da força de trabalho americana em 1945.

50 Mais de 2 milhões de trabalhadores são enviados de volta para casa entre 1945 e 1947. Nesses mesmos anos, as mulheres que restavam nas fábricas, nos escritórios e em empregos comerciais sofrem uma baixa salarial de 25% em relação aos anos de guerra.

que 4985 greves ou paralisações mobilizam 4,6 milhões de operários, 16,5% da força de trabalho, que conta, na época, com 15 milhões de trabalhadores sindicalizados.[51] Começa-se a dizer (e a ler) que o fenômeno é "tão alarmante para o mundo das finanças quanto o aumento da influência soviética no exterior". Manchete da revista *Life*: "*A Major US Problem: Labor*".[52] Há um consenso de que se trata da mais séria crise industrial da história americana (a Grande Depressão pertence a outro tipo de registro) e de que a onda de greves, que se espalha também pela Europa e pelo Japão, é a mais volumosa da história do capitalismo. O articulista de economia de um boletim patronal chega a evocar "uma guerra civil catastrófica".[53] Um ano antes, em 1945, Schumpeter anunciara "o declínio da sociedade capitalista", que não estaria à altura dos desafios do pós-guerra. Nesse contexto, ocorre a primeira greve da história da General Electric ("Pela primeira vez na história da empresa, todas as fábricas do país estão fechadas por um movimento de greve"), encerrada depois de três meses de piquetes, ocupações e reuniões em massa, depois de numerosas greves solidárias com o apoio de todos os coletivos locais direta ou indiretamente envolvidos, com a capitulação da diretoria em face da reivindicação salarial que motivara a paralisação. A contraofensiva, estimulada pelo governo, não tarda e se volta sem misericórdia contra o sindicato e sua liderança "comunista" (convocada a depor diante do Comitê de Atividades Antiamericanas)[54] e contra o sistema de nego-

---

51 Mario Tronti, *Ouvriers et capital* [1966]. Paris: Christian Bourgois Éditeur, 1977, p. 348. O Bureau of Labor Statistics contabiliza 116 milhões de dias de greve no ano de 1946. Detroit, capital mundial do automóvel, ou seja, da principal indústria do pós-guerra, é um dos locais de nascimento do "complexo militar-industrial". Antes da guerra, chegara a ser chamada de "bastião da democracia".

52 As citações das revistas *Time* e *Life* são extraídas de D. F. Noble, *Forces of Production*, op. cit., pp. 22, 27.

53 Whiting Williams, "The Public is Fed Up with the Union Mess", *Factory Management and Maintenance*, v. 104, jan. 1946.

54 O sindicato das "elétricas" – United Electrical, Radio and Machine Workers of America (UE) – tinha, efetivamente, a direção mais acen-

ciação coletiva, resultando no Taft-Hartley Act, aprovado pelo Congresso em 1947[55] após lobby da GE junto aos senadores e intensa campanha sem precedentes junto à opinião pública. Concomitante a isso, a disciplina volta à linha de montagem, acompanhada de um *"Job Marketing"* (o *boulwarism*)[56] muito eficiente cujos eixos serão a instalação de novo maquinário e a implementação de um programa de automação a longo prazo (Norbert Wiener é abordado pela GE em 1949, mas recusa o convite). Se a automação é por si mesma agente da mobilidade do capital e o libera dos bastiões de concentração operária (de acordo com a estratégia da Ford e da GE para conter os custos do trabalho e enfraquecer o poder dos sindicatos), no caso da GE se privilegia, sobretudo, o *"comando numérico"* (N/C: *Numerical Control System*). Mesmo sendo mais caro, mais complicado e mais difícil de aplicar que tecnologias de programação analógica (*"Record – Play Back"*), tem a vantagem de retirar completamente a máquina-ferramenta das mãos dos operários mais qualificados e organizados, dando à administração total poder / controle sobre o processo de produção – "e por que nos privaríamos de controlá-lo?".[57] Grande patrocinadora da pesquisa de máquinas-ferramentas e incansável promotora da fábrica automatizada (*computer-*

---

tuadamente comunista dos Estados Unidos. De acordo com Ronald W. Schwartz em sua análise das audiências perante o Comitê de Atividades Antiamericanas, "se alguém era visado àquela época, definitivamente eram os dirigentes da UE". Ver Ronald W. Schwartz, *The Electrical Workers: a History of Labor at General Electric and Westinghouse (1923–60)*. Urbana / Chicago: University of Illinois Press, 1983, pp. 175 ss.

55 Além da cláusula "anticomunista", a lei Taft-Hartley punha fim ao sistema de *close shop*, de adesão compulsória ao sindicato. Impunha ainda 80 dias de antecedência às notificações de greve, em nome do "interesse nacional".

56 Batizado em homenagem a Lemuel Boulware. Ou, como conquistar a lealdade dos trabalhadores e lutar contra a influência dos sindicatos (antes de fagocitá-los): uma mão de ferro (*"take it or leave it"*, em tradução sindical) numa luva de veludo (*"the Silk Glove of the Company"*). Retornaremos mais tarde ao tema do *boulwarism*.

57 Ver D. F. Noble, *Forces of Production*, op. cit., cap. 7, pp. 155–67, 190–92.

-*integrated automatic factory*) da "segunda Revolução Industrial", a US Air Force usou o peso de seus contratos com a GE para impor o caminho da informatização. Diante da ameaça de uma nova revolução social via luta de classes que viesse a impor o controle operário como condição do *welfare state* e do "pleno emprego",[58] a única resposta possível ao seu domínio drástico (Taft-Hartley Act), à sua liberalização (Employment Act)[59] e à ameaça de sua reorientação para os veteranos (brancos) do *warfare state*,[60] o controle técnico-gerencial da produção, tornou-se, assim, em nome do mundo livre e da livre iniciativa, o principal objetivo da cruzada anticomunista do "General Electric".

O ano de 1946 se encerra com a declaração do presidente Truman de que a multiplicação das greves "nos impede de decretar o fim definitivo da guerra" (12 de dezembro de 1946). Mas cabe à Guerra Fria desativar o inimigo interior (*war at home*) para associar as forças ativas da economia americana a uma guerra virtual-real (um estado permanente de *virtual emergency*), altamente lucrativa do ponto de vista material e estratégico, que permite, inclusive, a capitalização dos "conflitos locais" mediante a adoção dos mais tradicionais esquemas do keynesianismo de guerra. "Fomos salvos pela guerra da Coreia", reconhece um dos arquitetos da Guerra Fria, que propõe e consegue um aumento de 300% dos gas-

---

58 Qual o significado da exigência dos trabalhadores americanos em relação à *abertura dos livros de contas das empresas*, senão o *poder operário*? Tronti o enuncia numa fórmula: "Ler Marx nas coisas".

59 O projeto de lei sobre o Full Employment, de 1945, que dava direito a um "emprego útil, remunerado, regular e pleno", tornou-se o Employment Act de 1946. Afirma-se aí que é da "responsabilidade do governo promover a livre iniciativa, pois, sob o regime desta, todos os que desejarem trabalhar poderão encontrar um emprego". Como disse um senador democrata denunciando a pressão dos republicanos no Senado para esvaziar o conteúdo da lei de 1945, "no final, isso equivale a dizer que qualquer um que não tenha trabalho tinha o direito de procurar por um emprego!".

60 Mas os números do mundo operário são eloquentes: entre 1940 e 1945, contam-se, em decorrência de acidentes de trabalho, 88 mil mortos e 11 milhões de feridos.

tos militares (50 bilhões de dólares ao ano). Preocupava-se, certamente, com o risco de recessão, mas também com a garantia da liderança americana em escala mundial, a ser preservada no quadro dos acordos de Bretton Woods (1944), da instituição da ONU e da Unesco (ambas em 1945), da promoção do Plano Marshall (a partir de 1947) e da Aliança do Atlântico (1949). Como explica Truman em declaração de 12 de março de 1947: "Se vacilarmos em nossa liderança, pode ser que coloquemos em risco a paz mundial – mas certamente estaremos colocando em risco o bem-estar [welfare] de nossa nação". É em nome do welfare americano que Truman apresenta ao Congresso um projeto de auxílio financeiro aos regimes grego e turco, depois que a Grã-Bretanha suspende seu apoio às forças "anticomunistas" (às voltas com o que se definia nesse mesmo discurso como "atividades terroristas"): "Os Estados Unidos gastaram 341 bilhões de dólares para vencer a Segunda Guerra, um investimento na liberdade e na paz mundial. [...] Ora, é natural que queiramos assegurar os resultados desse investimento e garantir que ele não tenha sido em vão" (12 de março de 1947).

A partir do momento em que as instituições militares e financeiras da nova ordem mundial se tornam "complementares como as lâminas de uma tesoura",[61] fica clara a incompatibilidade entre essa aliança e a visão de Roosevelt de um mundo unido por um desejo de paz universal e pelo "anseio das nações pobres de independencia e posterior igualdade com as ricas".[62] Impulsionada por um ideal de descolonização e desenvolvimento, a ONU impõe um novo direito internacional no qual se desenha a ideia da instituição de um governo mundial – e desponta como a encarnação supranacional do ideário político americano definido por Roosevelt em seu primeiro "New Deal" em escala mundial, por ocasião de seu famoso discurso sobre "As quatro liberdades", de janeiro de

---

61 Segundo Henry Morgenthau, secretário do Tesouro americano no governo de Franklin D. Roosevelt, em 1945.

62 Segundo o resumo da doutrina de Roosevelt proposto por G. Arrighi, *Adam Smith em Pequim*, op. cit., p. 260.

1941, em que a entrada dos Estados Unidos na *guerra se dava em nome da paz civil e da paz internacional*.[63] A governamentalidade do mundo seria, assim, unificada (*"one world"*) não contra a União Soviética, mas pela superação do modelo imperialista e colonialista britânico,[64] mediante a ampliação do New Deal que, tendo trazido a *segurança social* aos americanos, seria a garantia da *segurança política e comercial* para os povos do mundo.

> O auxílio à Rússia e a outros países pobres terá o mesmo efeito que os programas de auxílio social nos Estados Unidos, garantindo a segurança necessária para que evitem o caos e se furtem à violência revolucionária. Tais países serão, ao mesmo tempo, integrados no mercado mundial renovado. Como parte desse sistema geral, se tornarão responsáveis por suas ações, assim como os sindicatos americanos durante a guerra.[65]

Já em 1941 é claro, e se tornará ainda mais claro em 1946, que a globalização reformista de Roosevelt não tem como se efetivar e dará lugar à política do "mundo livre" preconizada por Truman. O comunismo será, com isso, assimilado a uma forma de "terrorismo" mundial, o que permite integrar à

---

63 "As quatro liberdades" de Roosevelt, que enunciou, antes mesmo do ataque de Pearl Harbour, os princípios e as urgências de um New Deal de guerra no plano interno bem como no externo, gira em torno desta frase pivô, em torno da qual se articula todo o discurso: "Não se trata com isso de entrever um milênio distante, mas de oferecer a base concreta para a efetivação de um mundo em nossa época, e em nossa geração".

64 Michael Howard insiste no fato de que durante a guerra, "aos olhos de muitos americanos, o verdadeiro obstáculo à instauração de uma nova ordem mundial era a Grã-Bretanha, com sua própria zona econômica imperial, na qual circulava a libra esterlina, sua maquiavélica habilidade no campo da *power politics*, e um império que detinha o jugo de milhões de pessoas de cor". *War and the Liberal Conscience*. London: Temple Smith, 1978, p. 118.

65 Franz Schurmann, *The Logic of World Power: an Inquiry into the Origins, Currents, and Contradictions of World Politics*. New York: Pantheon Books, 1974, p. 67.

estratégia da Guerra Fria o elemento de indeterminação nas fronteiras entre guerra e paz, entre guerra e política, entre interior e exterior, endocolonização e (controle da) descolonização (ou neocolonização)... A transformação da guerra civil mundial em guerra global pelo interesse do novo imperialismo americano traz para o primeiro plano da política mundial a *política interna*, com *suas guerras de classes, de raças e de sexos*. O que nos leva à observação de Arrighi, de que "o Congresso e a comunidade empresarial norte-americana eram 'racionais' demais em seus cálculos do custo pecuniário e dos benefícios para a política externa americana para liberar os meios necessários para realizar plano tão irreal" como o New Deal de Roosevelt em escala mundial.[66]

Os primeiros obstáculos com que Roosevelt se deparou vieram de senadores de seu próprio partido, os democratas dos estados americanos do Sul (o *Black Belt*), que, com plena convicção, administravam as leis segregacionistas ("*the rule of Jim Crow*") e dos quais o presidente dependia para ter maioria no Congresso.[67] A multiplicação de episódios racistas ou tumultos racistas / raciais nas cidades americanas a partir de 1943 (incluindo Detroit, à qual Roosevelt envia tropas),[68] com particular intensidade no pós-guerra,[69] põe a questão de saber se "os habitantes negros do sul dos Estados Unidos têm ou não o direito de viver protegidos do medo".[70] Publicados entre 1944

---

66 G. Arrighi, *Adam Smith em Pequim*, op. cit., p. 261. Ver também *O longo século XX*, op. cit., p. 169.

67 Em textos de 1939, C. L. R. James chamava de "vil" a política do *welfare* em relação aos negros, em especial a do Partido Democrata, "partido de Franklin Roosevelt e que controla o sul dos Estados Unidos".

68 Ver, também de C. L. R. James, "Le Pogrome racial et les Nègres" [1943], in *Sur la Question noire aux États-Unis (1935–1967)*. Paris: Syllepse, 2012.

69 Após os "*hate strikes*" dos anos de guerra e a guerra racial (*race war*) que eles desencadearam, veio a onda da "morte branca" orquestrada pela Ku Klux Klan (KKK), que visou, prioritariamente, os veteranos negros de guerra de retorno aos estados do Sul.

70 Thomas Borstelmann, *The Cold War and the Color Line: American Race Relations in the Global Arena*. Cambridge: Harvard University Press, 2001, p. 29. A "liberdade de viver protegidos do medo [*free-

e 1945, os livros de W. E. B. Du Bois (*Color and Democracy*), Walter White (*A Rising Wind*) e Rayford W. Logan (*What the Negro Wants*) põem em relevo o caráter internacional, isto é, *imperialista e colonialista*, da "desigualdade entre raças", mostrando que uma questão de política interna/externa estava longe de se restringir ao sul da nação. Implicava, ao contrário, a *dupla deslegitimação* da construção racial da identidade americana e das potências coloniais europeias. Triste confirmação do argumento afro-americano, a Carta da ONU alia ao princípio da não discriminação (aprovado por uma delegação americana dividida) o respeito pela soberania nacional, que impedia a condenação do colonialismo como tal, reservando à política interna americana (nas mãos dos "Estados") a aplicação da legalidade internacional e da jurisdição federal.[71] Portanto, na prática, a segregação racial não precisava das leis "sulistas" para ser praticada no conjunto do território americano (em particular quanto ao emprego e à habitação, que eram motivo de luta de operários negros sindicalizados durante a guerra). Mas é às leis Jim Crow que se deve o fracasso da Operação Dixie, lançada em 1946 pelo Congress Industrial Organization (CIO) na tentativa de estender às indústrias têxteis do Sul as conquistas sindicais obtidas no Norte. A realidade da luta do "mundo livre" contra a "escravidão" comunista (*freedom versus slavery*, no discurso de Truman) adquire ares de pura propaganda diante de uma situação conhecida de todos, onde a "cortina de ferro" dividia Norte e Sul dos Estados Unidos pela *colorline* [linha de cor]. O argumento do relatório final do presidente da Comissão de Direito Civis apresentado em outubro de 1947 repousa inteiramente sobre o princípio de que as "falhas" do governo americano em relação a questões de direitos civis representam uma

---

dom from fear]" é a quarta "grande liberdade" rooseveltiana, ao lado daquelas de expressão, de crença religiosa e de "viver ao abrigo da necessidade [*freedom from want*]".

71 A delegação do Council on African Affairs (CAA), única organização afro-americana a participar da conferência de fundação das Nações Unidas, não deixou de apontar que a única representação dos Estados-nações na Assembleia Geral voltava a excluir as pessoas colonizadas e todo grupo étnico que fosse discriminado pelo seu Estado.

"séria ameaça" para o país na arena mundial. Na versão dada por Truman a esse argumento, a supremacia americana em um mundo em vias de acelerada descolonização (Ásia, Oriente Médio) preside abertamente *at home*, relembrando a guerra entre raças nos termos de "imperfeições derradeiras" a serem "corrigidas"[72] para que a democracia do capital não enfraqueça sua posição moral e *não forneça com isso armas ao inimigo comunista*, fragilizando a *posição moral* dos Estados Unidos. Por custoso que seja, e com o risco de desestabilizar o próprio princípio da defesa liberal e anticomunista dos direitos civis (que será assumida por numerosos líderes do movimento afro-americano),[73] o eixo Leste-Oeste tem de integrar o Norte-Sul das potências coloniais europeias (e de seus satélites), cada vez mais embrenhadas sobre... a África. Quanto maior o envolvimento dos interesses econômicos americanos, maior o receio a respeito dos riscos de uma "independência prematura". Entre outros méritos, a Guerra da Coreia permite pôr fim ao tímido e totalmente estratégico reformismo racial da administração americana,[74] iniciado com a proibição de discriminação nas forças armadas (julho de 1948),[75] que tiveram de ser remobilizadas com as ideias de liberdade expressas na Declaração Universal dos Direitos Humanos (promulgada em dezembro desse mesmo ano). Ela é, no sentido mais americano do

---

72 "Devemos corrigir as últimas imperfeições que nossa prática democrática ainda apresenta", afirma Truman em seu discurso de 2 de fevereiro de 1948 sobre os direitos civis. Ele não encontrou ninguém melhor do que Charles E. Watson, o presidente da General Eletric, para... presidir o comitê encarregado da questão dos direitos civis.

73 Incluindo-se aí Walter White, secretário executivo da National Association for the Advancement of Colored People (NAACP), já mencionada por nós neste livro. Du Bois se demitirá da NAACP em 1948, em consequência desse posicionamento.

74 Truman, por exemplo, se recusara a autorizar o endosso, pelo governo federal, de uma lei contra o linchamento.

75 "President's Committee on Equality of Treatment and Opportunity in the Armed Service". O processo segue até meados dos anos 1950. O exército se torna o laboratório de integração de uma sociedade dividida pela segregação.

termo, a representação "liberal" de Cípselos. É contemporânea da virada anticomunista da maior parte do mundo sindical e do abandono de uma agenda cívica e internacionalista em prol da adesão ao Plano Marshall.[76] No Sul, e em particular no Alabama, um ano após endossar o Plano Marshall, a CIO é encarregada de colocar na linha os elementos mais radicais dos sindicatos, com o auxílio de pessoas próximas à KKK. O problema não é mais a segregação racial, mas os movimentos negros, que se tornam uma ameaça à "segurança nacional".[77]

Difundida por incansáveis esforços de comunicação para moldar a *percepção mundial* a respeito da questão racial nos Estados Unidos (pela Voice of America e pelos programas de *Cultural Affairs, Psychological Warfare, and Propaganda*), a representação bipolar só será interrompida pela crescente força e radicalização dos movimentos de direitos civis ao longo da década de 1950 (*Montgomery Bus Boycott*, 1955). Coincidindo com o nascimento do Movimentos dos Não Alinhados (Conferência de Bandung, 1955) e com uma nova onda anticolonialista (Gana, Congo, Guiné), esse crescimento ocupa o lugar das lutas operárias e dá continuidade à guerra de classes primeiro com a *underclass* no Sul, depois no território americano como um todo.[78] Na assembleia das Nações Unidas em Nova York, em 1960, Fidel Castro celebra uma aliança com Malcolm X contra o "poder branco", alinhando o Terceiro Mundo à insurreição dos negros americanos. Anos depois, Stokely Carmichael declara, em nome do Student Non-Violent Coordinating Committee (SNCC) e

---

76 Em seu discurso à convenção da CIO em 1947, o secretário de estado Marshall condicionara o plano de ajuda à expulsão dos elementos "subversivos" pelos sindicatos. O que de fato acontecerá com os expurgos anticomunistas de 1949. O anticolonialismo é tolerado, desde que se alinhe à "política externa" da Guerra Fria.

77 George Kennan, por exemplo, integra em 1952 a questão racial à da "segurança nacional".

78 Em 1960, 41% da população negra de Detroit estava desempregada e tinha pouco acesso ao *welfare*, cuja aplicação restritiva visava à manutenção de um "exército de reserva" da *underclass*, explorado sem escrúpulos.

à guisa de explicação para a infindável onda de protestos,[79] que, "nos Estados Unidos, os negros têm uma relação colonial em relação à sociedade como um todo". Retoma assim, após Martin Luther King, o mote da *colonização interna*, formulado por Frantz Fanon (curiosamente jamais citado por Foucault), inclinando-o em prol da causa *Black Power*. Para a geração do *baby boom*, e em particular para o movimento estudantil, a questão da colonização interna é um meio de re-historicizar e repolitizar o racismo, que até então fora considerado pelo sistema como assunto de administração interna, em termos de "polícia", sem entrar na análise do "sistema" que relaciona as competências individuais do "capital humano", antes de ser submetido a uma abordagem puramente economicista dos "custos-benefícios".[80] Os programas de combate à pobreza elaborados pela administração Kennedy-Johnson (a *"Great Society"*) no quadro de uma reforma política (e eleitoral) dirigem-se exclusivamente aos efeitos mais ameaçadores da *guerra contra os pobres*.[81] Sem alterar a mecânica de produção de guetos que alimenta o racismo comum com suas alegações de supostas "deficiências morais" inerentes à comunidade negra americana, melhoram-se as condições básicas de vida (Aid to Families with Dependent Children [AFDC]) ao mesmo tempo que se busca desarmar a *direct action* e bloquear a crítica da economia (bio)política do poder imperialista americano por ativistas a serem "integrados" na máquina de distribuição local da assistência social (*community action*, visando obter a "participação social dos pobres, cuja esmagadora maioria é negra). Lembremos que,

---

79 Apud T. Borstelmann, *The Cold War and the Color Line*, op. cit., p. 205. Ver os discursos em homenagem a Stokely Carmichael feitos por C. L. R. James em 1967 na Grã-Bretanha (de onde o ativista fora banido): "Black Power", in C. L. R. James, *Sur la Question noire aux États-Unis*, op. cit.

80 Gary Becker, *The Economics of Discrimination*. Chicago: University of Chicago Press, 1957.

81 O essencial dos programas que formam a Great Society, elaborados no início dos anos 1960, são aqueles dedicados ao combate da "delinquência juvenil" e das gangues.

no período imediatamente subsequente à guerra, os porta-vozes da causa afro-americana se viram forçados a abandonar a crítica do capitalismo e a adotar um discurso *gradualista*, mais "domesticado" e mais alinhado ao credo da livre iniciativa. Entre as principais vítimas da Guerra Fria e do macarthismo estiveram as grandes vozes do anticolonialismo dos anos 1940 (Du Bois, Robeson e Hunton...). O que explica, por seu turno, a renovação internacionalista do anticolonialismo nos anos 1960, que coincide com o "retorno" à cena dos excluídos pelo *welfare* (Welfare Rights Movement) e de todos aqueles deixados para trás pelo *American way of life*. Podemos pensar no filme de Stanley Kubrick, *Dr. Fantástico*, que descarrilhou o princípio da realidade masculina branca da Guerra Fria ao atacar o consenso doméstico sobre sua faceta mais *sexuada*.

Retomemos. O "sujeito" da Guerra Fria é o capitalismo globalizado, que, com sua estrutura militar-financeira, se confunde com a máquina de guerra do capital. É esta que, no pós-guerra, exerce controle sobre a moeda e o poderio militar, que são os dois principais instrumentos da dominação americana, e inaugura assim a chamada idade de ouro do capitalismo, começando por "dar o maior susto no povo americano" (assim o diz a comitiva de Truman sobre a finalidade real de sua intervenção na Coreia). O objetivo da empreitada é a "reestruturação sistemática da sociedade civil",[82] indissociável dos novos procedimentos de regulação (de classe), de controle e divisão (sexual e racial) do *welfare*. Fazendo as vezes de um "New Deal para o mundo", é esse *containment* pela Guerra Fria que determina um regime de biopoder tal que leva o complexo militar-industrial a assumir um sentido *nuclear* que poderíamos dizer, precisamente, *"militar-vital"*.[83]

---

82 P. N. Edwards, "Construire le Monde clos: l'ordinateur, la bombe et le discours politique de la guerre froide", in *Les Sciences pour la guerre*, op. cit., p. 224.

83 Ver M. Hardt e A. Negri, *Multidão*, trad. Clóvis Marques. Rio de Janeiro: Record, 2005. Mas a Guerra Fria é, aos olhos de Hardt e Negri, excessivamente "estática" e "dialética" para se tornar "produtiva" no sentido "ontológico".

Isso é duplamente confirmado pela realidade do represamento da guerra racial na Guerra Fria *at home* ("domesticação do anticolonialismo") *and abroad* (*"os Negros são Americanos"*) –, bem como pelo fracasso da Guerra do Vietnã ("uma guerra em dois fronts"), que dá ensejo a uma insurreição civil em que serão exploradas todas as facetas da *descolonização interna*. Alguns anos antes, durante a administração Kennedy, uma passeata de 50 mil mulheres na frente do Capitólio, *Women Strike for Peace*, rompera com o *consenso reprodutivo* das classes médias brancas, interpelando "o intrépido combatente da Guerra Fria que é também um pai de família amoroso".[84]

Renovada pela perspectiva antibélica e pela recusa à disciplina familiar pelas primeiras ofensivas da Guerra Fria, a posição reformista defendida pelas mulheres alinhava-se à perspectiva de Betty Friedan no best-seller *A mística feminina* (1963), que dava o nome de "carreira" ao "problema sem nome", desfazendo assim o caráter de fatalidade atribuído ao trabalho doméstico (*housework*). Mas esse reformismo que desmistificava a condição da dona de casa logo seria confrontado pela apropriação feminista da guerra de classe em sua versão *mais negra*.[85] De tal modo que o ativismo feminista se reunirá, a partir de meados dos anos 1960, com o dos movimentos de liberação negra, no front das lutas econômicas.[86] "Lideradas

---

84 E. Tyler May, *Homeward Bound*, op. cit., p. 208. Trata-se da marcha das mulheres de 1 de novembro de 1961. Sobre o fato de o governo americano ter fagocitado as mobilizações pela paz promovidas pelas organizações de mulheres (e a repressão das militantes e dos grupos recalcitrantes), ver também Helen Laville, *Cold War Women: the International Activities of American Women's Organization*. Manchester: Manchester University Press, 2002.

85 J. Edgar Hoover se endereçou às *"career women"* em 1956, num discurso diante do National Council of Catholic Women intitulado "Crime and Communism". E explica: "Se falo em mulheres 'de carreira' é porque não me parece haver carreira mais importante do que a de erguer um lar e criar filhos", apud Elaine Tyler May, *Homeward Bound*, op. cit., p. 132.

86 Ver F. F. Piven e R. A. Cloward, *Poor People's Movements*, op. cit., cap. 5. O capítulo começa comentando a "miopia" das histórias dos

por afro-americanas inspiradas no movimento dos direitos civis, essas mulheres se mobilizaram a fim de reivindicar do Estado um salário pelo trabalho de educar as crianças".[87] Como explicam Maria Rosa Della Costa e Selma James em um manifesto de 1972, "as mulheres, mesmo quando não são donas de casa, são *produtoras vitais*, e a mercadoria que produzem é, à diferença de todas as outras, própria do capitalismo: o ser vivo humano, o 'próprio trabalhador' (Marx)", cujo condicionamento reforça a reprodução social da família e o *poder social* das mulheres.[88] Com essa inversão da filosofia doméstica da Guerra Fria, o tema da "fábrica social" é deslocado, na medida em que as relações sociais só podem se transformar *efetivamente* em relações de produção se a questão da *reprodução social* estiver no seio do sistema, que é assim visado, em seu âmago, pelas organizações feministas como Wages for Housework. É interessante que James insista na origem americana do movimento e no fato de que sua estratégia de guerra de classes se inspira nas lutas dos negros, que a seu ver *redefinem o sentido da ideia de classe, projetando-se no "ponto mais avançado" ("the most advanced working-class struggle") da luta de classes, quando esta se dá na fábrica, mas, principalmente, fora dela*, rejeitando, assim, a assimilação precipitada desse movimento a uma versão feminista do autonomismo italiano – de resto, encorajada por Della Costa, que participa ativamente das jornadas de Pádua no verão de 1972.[89]

---

movimentos de direitos civis diante da componente econômica que, no entanto, sobredetermina as manifestações dos anos 1964–68.

87 S. Federici, *O ponto zero da revolução: trabalho doméstico, reprodução e luta feminista*, trad. Coletivo Sycorax. São Paulo: Elefante, 2019, p. 24.

88 S. James, *The Power of Women and the Subversion of the Community* (1972), retomada em *Sex, Race and Class*, op. cit., pp. 50–51.

89 Ver as observações de S. James por ocasião das reedições de *The Power of Women and the Subversion of the Community*, op. cit., p. 43. Dito (e relembrado) isso, reconhecemos de bom grado que é preciso ambos os pontos de vista para dar conta da importância política do reencontro entre o movimento americano e o movimento italiano (indiscutivelmente a luta de classes mais "avançada" de toda a Europa).

10.4 O outro lado do *American way of life*

A promoção do *American way of life*, sinônimo de democracia em oposição ao totalitarismo, encontra-se no centro da *declaração de Guerra Fria* feita pelo presidente Truman, que explica as implicações históricas, em escala global, do novo conflito: "No momento presente da história mundial, toda nação ou quase toda tem o direito de escolher entre modos de vida reciprocamente excludentes" (12 de março de 1947). Declaração banal (e mera continuação da guerra total), se não estivesse envolvida aí, na ideia de modo de "vida", a guerra de subjetividade em uma nova forma de governamentalidade, que leva o *social engineering* da psicologia de massas da democracia militar-industrial para além do *containment* cultural do "comunismo", operação de que se encarrega a Voice of America. *At home* e *abroad*, a engenharia psicossocial se torna o vetor da economia de controle por meio do consumo, integrado à revolução tecnológica permanente do complexo militar-industrial científico-universitário, bem como ao mercado. Tais são os fiadores da democracia política do Capital: "segurança e desafio, de um mesmo fôlego", disso que não pode se apresentar como um "capitalismo do povo" (ou *capitalismo das gentes*: *people's capitalism*),[90] necessariamente oposto às chamadas democracias "populares" (ou à democracia do povo: *people's democracy*),[91] somente porque o primeiro produto da Guerra

---

90 "People's Capitalism" é o título de uma "campanha da verdade" lançada em 1955–56 por um conselheiro do presidente Eisenhower, Theodore S. Repplier, que tomará a forma de uma exposição internacional. Ela será apresentada na América do Sul e no Ceilão. Ver Laura A. Belmonte, *Selling the American Way: US Propaganda and the Cold War*. Philadelphia: University of Pennsylvania Press, 2008, pp. 131–35. A citação *"security and challenge in the same breath"* foi tirada de um artigo na revista *Collier's*, "People's Capitalism – This IS America". O tema (e a expressão) *"people's capitalism"* está no seio da contribuição nixoniana no *Kitchen Debate* com Kruschev.

91 O termo teria sido propagado como um desvio e uma reversão do papel do povo na "democracia burguesa" promovida pelos "capitalistas de Wall Street". Do lado americano, explica-se que é preciso

Fria é um *povo do capitalismo*. Visando o comunismo "imperialista" e "totalitário", o presidente Truman poderia declarar já em abril de 1950, às vésperas da Guerra da Coreia: "Acima de tudo, é uma luta para conquistar a mente dos homens".[92] A parte mais interessante de seu discurso, porém, é o momento em que convoca os sindicatos *at home* a testemunhar *abroad* sobre a realidade do trabalho remunerado (= trabalho livre) nos Estados Unidos: "Nossos sindicatos já fizeram um bom trabalho de comunicação com trabalhadores da Europa, América Latina e outros lugares. A história dos trabalhadores americanos livres, contada por nossos sindicalistas americanos, é uma arma mais eficaz contra a propaganda comunista direcionada aos trabalhadores de outros países do que qualquer discurso que os funcionários do governo possam elaborar". Mas, para que os sindicatos se tornassem os melhores agentes do *people's capitalism* e para que o "*labor*" deixasse de ser um problema *at home*, Marx teve que ser expulso de Detroit. Em princípio, isso foi feito com a assinatura, na General Motors, do Tratado de Detroit (1950), que forjou a relação "fordista" entre produção e consumo de massa ao vincular as negociações salariais aos aumentos de produtividade – o sindicato renunciou a qualquer reivindicação em matéria de distribuição de salários (ajustados de acordo com um índice de custo de vida) e repartição de lucros. Ao mesmo tempo, a "produtividade" tornou-se o "lubrificante *essencial* para reduzir o atrito entre classes e grupos", como proclamou o diretor do Comitê de Desenvolvimento Econômico em 1947.[93] A revista *Fortune*

---

se reapropriar da palavra "povo" (*peuple*), "sequestrada" pelos russos: não é ela a palavra americana por excelência, que abre a Constituição dos Estados-Unidos ("*We, the people*") e que está no centro da definição de democracia estabelecida por Lincoln ("*government of the people, by the people and fot the people*")? Ver discurso de T. S. Repplier, 27 out. 1955, apud L. A. Belmonte, *Selling the American Way*, op. cit., p. 131.

92 Harry S. Truman, "Address on Foreign Policy at Luncheon of the American Society of Newspapers Editors", 20 abr. 1950.

93 Apud Charles S. Maier, *In Search of Stability: Explorations in Historical Political Economy*. Cambridge: Cambridge University Press, 1987, p. 65.

encontrou boas razões para elogiar um acordo "que põe por terra as teorias de determinação política dos salários e do lucro como 'mais-valia'". O sindicato também aceitou que o controle das oficinas de trabalho passasse à administração (*management's control*), recebendo em contraparte a contribuição da empresa para o *welfare* (contribuições previdenciárias, seguro saúde) – que, desse modo, entrava em *acelerado processo de privatização (private welfare plans)*, não sem aumentar simultaneamente as disparidades do mercado de trabalho.[94] Ao mesmo tempo, o poder dos sindicalistas e militantes trabalhadores foi transferido para a direção nacional do sindicato, que passou a negociar diretamente com o *top management* da empresa. As negociações geralmente terminavam com um compromisso contratual de não haver greve (no caso da General Motors, por um período de cinco anos). Presa a um produtivismo corporativista em que os interesses objetivos da classe operária com mais "garantias" tendiam a se identificar com a política patronal (*business unionism*)[95] e em que os sindicatos adotaram o refrão da "segurança" ao seguir um keynesianismo "comercial", em detrimento de seu aspecto redistributivo, deixado às margens de um Estado compensatório, a paz social (*labor peace*) tornou-se o modelo de sindicalismo *at home* e *abroad*. Coube ao Plano Marshall "vender" o Tratado de Detroit para exportação, como um modelo de relações sociais (apaziguadas) e um modo de transição da conflituosa austeridade europeia, ameaçada pela revolução social, para uma *sociedade de (controle por meio do) consumo à moda americana*. Em suma, "o que é bom para a General Motors" passava

---

94 Ver Nelson Lichtenstein, "From Corporatism to Collective Bargaining: Organized Labor and the Eclipse of Social Democracy in the Postwar Era", in S. Fraser e G. Gerstle (org.), *The Rise and Fall of the New Deal Order (1930–1980)*. Princeton: Princeton University Press, 1989, pp. 140–45.

95 Em 1956, um ano depois da fusão de dois sindicatos, o presidente da AFL-CIO declarou: "Em última instância, não há muita diferença entre o que eu defendo e o que a National Association of Manufacturers defende" (apud F. F. Piven e R. A. Cloward, op. cit., p. 157).

a ser "bom para o mundo",[96] numa nova ordem global em que a "reconstrução" do desenvolvimento intensivo e sem fronteiras dependia da acumulação capitalista que implementava o consumo em massa como princípio de regulação social.

Na *americanização do mundo*, uma vez que o processo de produção é submetido ao controle de produtividade, é a "modernização" pelo consumo enquanto colonização da vida cotidiana que orienta a pressão social inflacionista do "pleno emprego" na direção da aceleração da produção e da circulação mercantil (pelo planejamento da demanda). O "New Deal mundial", portanto, está *contido* na mercantilização / privatização da "vida", que se torna *sujeito* das políticas expansivas de *containment* durante a Guerra Fria, das quais os sindicatos (especialmente a AFL-CIO) tornaram-se os melhores agentes[97] depois que o Taft-Hartley Act fez o seu "trabalho". Nesse sentido, a Guerra Fria foi uma "guerra psicológica", na qual a modernidade se media pelo anticomunismo que teria permitido à (guerra de) subjetividade suplantar a noção de (luta de) classe. A "importância do indivíduo", ideia que está na raiz dos valores americanos e que é apresentada por um dos principais documentos da Guerra Fria como "*mais vital que a ideologia, combustível do dinamismo soviético*",[98] será ideologicamente traduzida nos termos de um *welfare de propaganda*, que associa "a livre concorrência entre empresas, o sindicalismo livre e a limitação da intervenção do Estado" com "o fato de que as classes estão gradualmente sendo apagadas em nossa sociedade [*growing classlessness of our*

---

96 Leo Panitch e Sam Gindin, *The Making of Global Capitalism: the Political Economy of American Empire*. London / New York: Verso, 2013, p. 84.
97 Em um artigo de 1956, Michal Kalecki considera os sindicatos como "parte e parcela do arranjo império-armamentista". "The Economic Situation in the United States as Compared with the Pre-War Period", in *The Last Phase of the Transformation of Capitalism*, op. cit., p. 96.
98 NSC-68. Relatório n. 68 do Conselho de Segurança Nacional sob a presidência de Harry S. Truman (14 abr. 1950, definitivamente aprovado em 30 set. 1950). Redigido por Paul H. Nitze, o relatório carrega a marca do anticomunismo geoestratégico da RAND Corporation.

society]".[99] Nessa hipérbole, a sociedade sem classes se torna a tendência de uma economia posta a serviço não do Estado, mas do povo, que se apropria dos lucros do capitalismo ao apoiar-se nas forças "militantes e responsáveis" dos *sindicatos livres*. "Em uma democracia, o capitalismo utiliza suas forças não de maneira negativa, para rebaixar as massas ou explorá--las, mas para desenvolver a produção, para criar novas ideias e novas riquezas."[100] O dito *comunismo* do capital toma aqui uma condução auto-móvel, que faz com que se comuniquem ("Tudo se comunica!", como no *leitmotiv* do filme *Meu tio*, de Jacques Tati)[101] as esferas do trabalho, da vida doméstica e do lazer, entre a fábrica e as zonas residenciais, tudo ligado por esse "produto essencial do mercado capitalista" (Debord), que é... o automóvel. Despejado sobre uma malha rodoviária cujo único centro conhecido é o centro comercial, o automóvel foi a ponta de lança da sociedade-fábrica fordista (6,5 milhões de unidades produzidas nos Estados Unidos em 1950, ou três quartos da produção mundial). É o *veículo* da sociedade de consumo, com sua aprendizagem maquínico-mental e o adestramento a seu modo mercantil de socialização. Pois o consumo é o valor privado por excelência, que coloniza o cotidiano, taylorizando o espaço doméstico, mobiliando-o com inovações tecnológicas (desdobramentos civis dos programas de pesquisa e desenvolvimento (R&D) do complexo industrial-militar) e privatizando / financeirizando a moradia. Como sentir-se em casa, *at home*, sem ter casa própria, sem fazer esse *investimento para toda a vida* e redobrar sua função

---

99 United States Information Agency Basic Guidance and Planning Paper n. 11, "The American Economy", 16 jul. 1959, apud L. A. Belmonte, op. cit., p. 120.

100 United States Information Agency (USIA), *American Labor Unions: their Role in the Free World*, apud L. A. Belmonte, op. cit., p. 124 (grifos nossos).

101 Ver as belas análises de Kristin Ross, *Rouler plus Vite, Laver plus Blanc: modernisation de la France et décolonisation au tournant des années 1960* [1995]. Paris: Flammarion, 2006.

econômica por meio de uma "função provedora de segurança [e], logo, de identidade".[102]

Os créditos hipotecários de "Mr. and Mrs. America"[103] tomam o lugar do crédito de consumo e do *welfare* das empresas, impondo a economia do capitalismo doméstico como núcleo afetivo (centrado no casal, no casamento, nos filhos, na *Family Life*) da democracia capitalista. *Democracy Begins in the Home, Home Is What You Make It, Building Community Through Family Life*...[104] Ao som de "I'll Buy That Dream",[105] a família nuclear se torna ao mesmo tempo o refúgio contra a ansiedade ligada à ameaça nuclear soviética (*The Red Target Is Your Home, The Sheltered Honeymoon* etc.)[106] e base doméstica da financeirização da economia. Teriam os bancos de investimento, que haviam maciçamente investido no mercado de seguros privados, de créditos hipotecários e de consumo, dado com isso a prova de seu papel "vital" na economia real e no desenvolvimento do *welfare* para todos?

Esse "para todos" é imediatamente desmentido pelo fato de que esse *welfare* é um *welfare* de guerra civil, que só poderia produzir um sistema majoritário como motor de sua axiomática reproduzindo ao mesmo tempo e incessantemente o sistema de discriminações que a multiplicação de seus axiomas se esforça para controlar e limitar numa sucessão de *Fair Deals* e de medidas jurídico-políticas. "E com isso nasce uma sociedade que dá ensejo a um discurso de abolição das classes, mas permanece fortemente dividida por fronteiras raciais"[107] às quais vem se combinar uma guerra contra os

---

102 Ibid., pp. 146–47.

103 Título de um artigo publicado no *Air Bulletin* do Departamento de Estado (12 set. 1947).

104 Títulos de alguns boletins elaborados e distribuídos pela USIA (United States Information Agency).

105 Música-título do filme *Sing Your Way Home* e grande *hit tune* em setembro de 1945.

106 Com 14 dias de intimidade garantidos pelo abrigo antiatômico onde se passa a lua de mel que é objeto de uma reportagem da revista *Life* (10 ago. 1959).

107 E. Tyler May, *Homeward Bound*, op. cit., p. 11.

pobres que não será suficiente para acabar com a "guerra contra a pobreza". Declarada por Lyndon Johnson, ela será primeiro suspensa e depois revertida pela administração Nixon, em razão de seus "efeitos perversos": *Workfare not Welfare*. Encarnado no Economic Opportunity Act (1964), o princípio da *American Fairness* não seria o de promover a igualdade de oportunidades (Equality of Opportunity) em detrimento da igualdade dos resultados?[108] É o início de uma longa história em plagas americanas.

Há muito que a discriminação racial combina a segregação no emprego com a segregação na moradia, a tal ponto que se percebe, já em 1946, que vinha se formando em Detroit uma verdadeira "bomba-relógio", a qual as grandes migrações interiores (dos negros do Sul rumo ao Norte industrial) e o desenvolvimento urbano pós-guerra vão tornar ainda mais explosiva. O princípio de sua ativação é a *reação em cadeia da pobreza*, que torna o acesso dos negros à moradia cada vez mais difícil e caro em áreas cada vez mais guetificadas, com condições de vida que servem de contraponto a qualquer política de integração. É assim que, depois do Wagner-Steagall Housing Act (renovado por Truman em 1949), o New Deal das políticas habitacionais contribuiu fortemente para o *containment* racial, restringindo os recursos destinados ao deslocamento (novos planos de urbanização) ou à fixação dos negros mais pobres (nos centros urbanos, segundo um princípio de desenvolvimento urbano concêntrico que se irradia de acordo com a condição econômica). Formalizado pela Escola de Chicago, o modelo é reforçado pelos privilégios ligados ao auxílio público para a aquisição de propriedade, que, por um lado, combina o critério de raça ao de classe (*black transitional neighborhoods* reservados aos operários qualificados e à pequena burguesia negra)[109] e, por outro, condiciona

---

108 Cf. Ira Katznelson, "Was the Great Society a Lost Opportunity?", in *The Rise and Fall of the New Deal Order*, op. cit., pp. 202–03.

109 Ver Thomas J. Sugrue, *The Origins of the Urban Crisis: Race and Inequality in Postwar*. Detroit/Princeton/Woodstock: Princeton University Press, 2014, cap. 7.

socialmente o acesso a uma cidadania branco-operária de classe média – *"middle-class"* – baseada na segregação racial de proprietários-consumidores. Este último é incentivado pelos agentes do mercado imobiliário. "ESTA É SUA GUERRA PESSOAL PARA GARANTIR SEUS DIREITOS E SUA PROPRIEDADE", explica um folheto, mesclando o "direito à privacidade" com a mobilização territorial contra o *open housing movement* e a legislação federal, associada a uma insidiosa estatização comunista da sociedade.[110] A migração negra é descrita em termos militares de invasão (*"the Negro invasion"*) contra a qual as assembleias de proprietários e as associações de bairro colocarão em prática verdadeiras estratégias de "resistência", fazendo dos bairros residenciais o "campo de batalha" dos assuntos municipais e familiares. As mulheres da classe operária branca são as primeiras a se mobilizar nessa defesa da "integridade" da vizinhança (*the home front*), associando o componente racial à "placidez" da vida familiar pela qual são responsáveis.[111] O controle das fronteiras raciais e sexuais está alinhado a essa guerra de subjetividade que vem estabelecer o novo modelo doméstico na demarcação entre o interior e o exterior, *integrando* o lar ao conjunto de valores de *self-contained home* (Elaine Tyler May) na grande transformação do mundo do trabalho. A privatização "generificada" de todos os valores corporativos da fábrica exige como contraparte a *gestão doméstica* de uma subjetividade nacional, suplantando em sua lógica espacial de exclusão racial e discriminação sexual[112] a noção de luta de classes. Isso também explica por

---

110 Ibid., pp. 226–27. Uma sondagem realizada em 1964 mostrou que 89% dos habitantes do norte dos Estados Unidos e 96% dos habitantes do sul pensavam que um proprietário não deveria ser obrigado a vender seu bem a um negro se não quisesse.

111 Ibid., pp. 250 ss.

112 Os panfletos da USIA que falavam das atividades das mulheres nos Estados Unidos tentavam justificar as diferenças de salário (homem/mulher) pelo privilégio dado à vida familiar: as mulheres não projetam sua educação com um "plano de carreira em mente" e entram no mercado de trabalho "de maneira periódica". Além disso, a administração da vida doméstica (a mulher no lar supostamente

que os Estados Unidos estão na vanguarda desse movimento que substitui a imagem-paradigma da *sociedade-fábrica* pela *casa-modelo da sociedade suburbana* cuja lógica de segregação no que diz respeito ao lugar dos negros *e das mulheres* ("os confortáveis campos de concentração dos bairros residenciais", aponta Betty Friedan) é indissociável do "consumo produtivo" *e reprodutivo* da modernização capitalista.

Em 1954, ano da decisão da Suprema Corte declarando inconstitucional a segregação racial nas escolas públicas, Ronald Reagan conseguiu seu primeiro papel importante como apresentador de televisão do *General Electric Theater* (o programa televisivo com maior audiência aos sábados à noite) e Embaixador da Boa Vontade do *boulwarismo* nas fábricas do grupo.[113] Eleito presidente, Reagan qualificaria seus anos de GE como um "curso de pós-graduação em ciência política", admitindo nas entrelinhas que Lemuel Boulware fora seu verdadeiro mentor. Vindo da publicidade e da pesquisa de mercado, Boulware foi provavelmente o homem que transformou menos o *American Business* do que a consciência de classe a ele relacionado, associando-a ao trabalhador americano, que ele redefiniu (nesta ordem) como "investidor, consumidor, funcionário, provedor e arrimo de família e vizinho, *or more distant citizen*". Ele conta os pormenores de seu *"Job Marketing"* em um discurso proferido em 11 de junho de 1949 na Harvard Business School. Após repetir o refrão sobre os perigos da espécie "socialista" e sobre como o comunismo, o fascismo e o nazismo não passam de variedades da mesma coisa, ele muda o foco para a audiência de *businessmen*, aos quais se dirige nos seguintes termos:

deve ser "uma boa gestora na casa", o oposto de uma *trabalhadora sem salário*) é apresentada como *hard work*.

113 Há uma documentação abundante em Thomas E. Ewans, *The Education of Ronald Reagan: the General Electric Years*. New York: Colombia University Press, 2006. Elaine Tyler May reconhece no *General Electric Theater* de Reagan o protótipo dos valores do *"model home"* promovido por Nixon no *Kitchen Debate*. E. Tyler May, *Homeward Bound*, op. cit., p. 215.

Um povo verdadeiramente livre só pode viver em termos materiais e espirituais se for encorajado ao trabalho, à criação, à competição, à poupança, aos juros e ao lucro. Uma força deve *impelir* os homens ao trabalho, fazer com que *queiram* trabalhar. [...] O que poderia fazer a gestão para promover um sólido entendimento econômico e a sólida ação pública dele resultante? Cabe-nos simplesmente aprender, pregar e praticar a alternativa correta ao socialismo. Assim, cumpriremos nosso papel e garantiremos que a maioria dos cidadãos compreenda a *realidade econômica* [*economic facts of life* – grifo nosso]. Sejamos ousados e assumamos a liderança que se espera de nós nessa tarefa patriótica".[114]

O ensino de tal "realidade econômica" fornecerá material para uma infinidade de programas de educação econômica (*"How our Business System Operates"*, *"In our Hands"* etc.) destinados a milhões de funcionários de grandes (e pequenas) empresas. Diretamente administrada pela National Association of Manufacturers e pela American Economic Foundation, transmitida por inúmeras universidades que ajudam a treinar palestrantes e supervisores (todos administradores), é uma política de venda de empreendedorismo, na base de um empenho global de subjetivação capitalística, cuja palavra de ordem é "participação". Se é visada com isso principalmente a participação de trabalhadores e empregados (remunerados com a participação nos lucros da empresa), esse esquema não é barrado pelos muros das fábricas nem pelas fronteiras da economia *stricto sensu*. Ele é, com efeito, a peça central da teoria de gestão das "relações humanas", que quer redefinir cada trabalhador e funcionário como um "indivíduo" e um "ser social, em relação com outros seres sociais numa organização social complexa", e que deve ser mobilizado para aumentar a produtividade e, ao mesmo tempo, aliviar a pressão dos trabalhadores sobre os salários e o poder da empresa. O desafio do que foi descrito na década de 1950

---

114 Lemuel Boulware, "Salvation Is Not Free". Harvard University, 11 jun. 1949, apud T. E. Ewans, op. cit.

como a "segunda revolução industrial", ou a revolução das *human relations in industry*", consiste em substituir a consciência de classe pela "consciência corporativa", revestindo as linhas disciplinares da divisão do poder econômico com dispositivos biopolíticos de regulação social ("*the corporate family together*") que poderão, assim, estimular e direcionar a mutação consumidora da reprodução em *welfare capitalism*. Os planos de benefícios sociais de cada empresa não competem somente com o *welfare state*, esvaziando-o de sua substância política e de sua história de classe; eles se espalham por toda a sociedade, dando origem à nova indústria do "lazer corporativo" e a novas relações entre o local de trabalho, a família e a residência (atividades culturais dirigidas às mulheres no lar, creches, recintos desportivos para crianças e adolescentes etc.). A ideia é integrar a economia doméstica/afetiva da família na fábrica e projetar a empresa em todos os "territórios" familiares, investindo nas diferentes formas de coletividades e comunidades vizinhas (municípios, escolas com um programa de educação econômica relevante, igrejas, associações e clubes etc.). Com um único objetivo: "vender os princípios da livre iniciativa como uma força real e viva" e "divulgar a *business story* ao público em geral".[115] É a Guerra Fria como *storytelling*, na qual a proteção das liberdades individuais contra a ameaça "comunista" depende da defesa dos valores do *American Business*, fiador último do "império da liberdade" (na expressão de Thomas Jefferson).

"*Job Marketing*" e "*Patriot's Job*" desenharão, assim, os contornos indistintamente macro e micropolíticos da face gerencial da Guerra Fria, cujo efeito principal é o radical deslocamento da guerra de classes *dos vencidos* para a *guerra de civilização* do povo do capitalismo contra a escravidão comu-

---

115 Segundo um documento, datado de 1946, das Associated Industries de Cleveland, apud Elizabeth A. Fones-Wolf, *Selling Free Enterprise: the Business Assault on Labor and Liberalism (1945–1960)*. Urbana/Chicago: University of Illinois Press, 1994, p. 160–61.

nista.[116] A civilização em questão equivale a impedir todo reformismo do capital que não seja promovido pela "participação" de todos e todas na socialização e individualização das pessoas (*people*) como forças de consumo reprodutoras do capitalismo da guerra total, que dotou os Estados Unidos de um poder empresarial de securitização militar-industrial de vocação ilimitada.

10.5 O *business* da Guerra Fria

Contrariamente ao que reza a lenda dourada do neoliberalismo americano também originária de Detroit (o *Hayek Project*),[117] o capital americano foi objeto de programas de reconversão maciça e intensiva, sustentados pela multiplicação de agências federais responsáveis por coordenar a economia de guerra total e o inédito esforço logístico a ela associado. (*Guerra logística*, na qual os GI americanos serão chamados de *comfort soldiers*, soldados de conforto.) A militarização completa da economia depende da revolução logística (a invenção do contêiner), exigida por uma máquina de guerra essencialmente carburante (petróleo, diesel, gasolina, lubrificantes), que motoriza a logística de um capital sustentado pela geoeconomia do produtivismo de guerra. Esse processo se desenvolve no pós-guerra com o Plano Marshall, a partir de uma integração geopolítica de produção / circulação / distribuição ("*the whole process of business*" se torna uma eco-

---

116 Note-se de passagem que, se a escravidão é a antítese absoluta da democracia, a existência mesma do povo-*demos* é negada nas "democracias populares". De resto, esse nome lhes cai tão mal, que é difícil ver como poderiam se libertar por si mesmas: é a tarefa da qual se encarregarão as duas "superpotências".

117 Trata-se da continuação de uma conferência de promoção de *O caminho da servidão*, ministrada em Detroit em abril de 1945, quando Hayek encontra Harold Luhnow, presidente do Volker Fund que generosamente financiará as duas start-ups do neoliberalismo americano: a Chicago School of Economics e a Société du Mont-Pèlerin, instalada na Suíça em 1947.

283

nomia dos *fluxos* de materiais e de informação), e é acompanhado por um rearmamento sem precedentes em tempos de "paz" e pela integração econômica europeia, que pode ser considerada como um dos principais êxitos da "maior operação internacional de propaganda jamais vista em tempos de paz" (na descrição do Plano Marshall por David Elwood). É um imperialismo que, sob a influência americana, não mais opera pelo controle de territórios, e sim pela regulação do mercado, posto sob controle, e pela atuação de um comando militar integrado (a Otan).[118] Sua "base" europeia (político-militar e *logística*) será a nova Alemanha, onde a disputa *Hayek versus Keynes* atrai multidões, após uma reforma monetária (junho de 1948) que condiciona o plano de auxílio mais importante da Guerra Fria a uma "disciplina social e financeira". O diretor do Banco de Regulações Internacionais e futuro diretor do FMI, Per Jacobsson, constata, em junho de 1948, que o "neoliberalismo começa a ganhar terreno" na Europa,[119] onde a inversão da relação de forças políticas posta em marcha com a intervenção da Agência Europeia de Produtividade,[120] que combina transferências de tecnologia mate-

---

118 Ver Fred L. Block, *The Origins of International Economic Disorder: Study of United States International Monetary Policy from World War II to the Present*, University of California Press, 1977, p. 104: "a forte integração entre as forças militares americanas e europeias [...] é um meio de impedir que a Europa, enquanto região econômica, feche-se para os Estados Unidos".

119 Citada por Leo Panitch e Sam Gindin, *The Making of Global Capitalism*, op. cit., pp. 97–98.

120 O Plano Marshall previa "missões" de produtividade aos Estados Unidos e intervenções de "experts" americanos na Europa, coordenadas pela Organização Europeia de Cooperação Econômica (OECE), instituída em abril de 1948 como condição para a implementação do Plano Marshall. No mesmo ano é criado na França um grupo de trabalho sobre produtividade, ligado ao Comissariado Geral de Planejamento e presidido por Jean Fourastié, e que estabelece o "programa francês de produtividade", a partir do qual surge, em 1953, o Comissariado Geral de Produtividade, síntese institucional da "dialética do mercado e do planejamento" (Giovanni Arrighi). O auxílio técnico americano prevê um montante de 30 milhões de dólares ao ano, desti-

rial e social (dentre as quais a econometria, como tecnologia do controle econômico mediante a estatística assistida),[121] administração de empresas e ciência administrativa, promovida pelos grandes grupos americanos em vias de se tornarem multinacionais (*multinational networks of production and circulation*). Esse modo de organização está nas origens de um novo tipo de empresa capitalista que participa do ciclo americano de acumulação mediante a integração vertical de todas as suas unidades e a internacionalização dos custos de transação (da produção ao consumo: toda uma economia da rapidez). Precipita-se, com isso, a remilitarização da economia, acompanhada da privatização do *warfare*, substituído pela economia de guerra de duração indefinida característica da Guerra Fria. A chave para "o poder a longo prazo" é que *private business must run the Cold War's business*.[122] Ou, para falarmos a língua dos vencedores, que não escrevem a história sem nomear as novas "ciências": não há *logística dos negócios* (*business logistics*)[123] sem *negócios de logística*, o que

———

nados a empréstimos e garantias para empresas privadas dedicadas a "melhorar sua produtividade" e a "estabelecer os arranjos apropriados em vista de uma partilha equânime, entre *consumidores, trabalhadores e patrões* (grifo nosso), dos benefícios resultantes do aumento de produção e produtividade". Esse auxílio é calculado para o "financiamento de projetos suscetíveis a estimular uma economia baseada na livre iniciativa". A criação das primeiras escolas de administração é apoiada pela Agência Europeia de Produtividade, que a partir de 1956 organiza o envio de futuros professores a universidades americanas por um período de formação de um ano. Cf. Luc Boltanski, "America, America... Le Plan Marshall et l'importation du 'management'", *Actes de la Recherche en Sciences Sociales*, n. 38, maio 1981.

121 A econometria se desenvolve em paralelo com a pesquisa operacional à qual está associada no início dos anos 1940 sob a égide do Statistical Research Group (SRG), que, por sua vez, nascera do Applied Mathematical Pannel (AMP) fundado por Warren Weaver. A nos fiarmos por Philip Mirowski, a Escola de Chicago, não é mais que o *feedback* das pesquisas operacionais em economia.

122 "Strength for the Long Run": título de um relatório do Office of Defense Mobilization, abr. 1952.

123 A (nova) disciplina floresce nos Estados Unidos na década de 1960.

implica a militarização intensiva da sociedade de (controle por meio do) consumo.[124]

A Guerra Fria é, portanto, em mais de um sentido, uma questão de cálculo (de custo-benefício) *just-in-time* (JIT). Sob sua fórmula mais genérica, ela se afirma como uma *conteinerização social* de todas as guerras civis que a atravessam (guerras de classes, de raças e de sexos, atreladas à guerra contra os pobres) pela socialização intensiva da guerra total que é reproduzida e ampliada por todos os novos meios dos quais a máquina de guerra do capital é dotada na guerra de subjetivação. A inédita operação de semiotização (significante, assignificante e simbólica) decorrente da roupagem doméstica do consumo do *American way of life* como vetor da Guerra Fria é o sinal mais inequívoco da "centralidade" da questão da reprodução social. Pois, agora, esta não se concentra mais na "divisão do trabalho na produção" (e na guerra única de classe), mas na "divisão social do trabalho", estendida ao conjunto da sociedade e pressupondo todos os componentes do capitalismo do *welfare*. Ora, é precisamente esse arranjo que se fragmentará no front de uma guerra de subjetivação que não passa mais pela fábrica (onde o movimento operário foi derrotado *como classe*, com a cumplicidade dos sindicatos),[125] a não ser para ali aplicar, em vão, a governamentalidade da população tomada em conjunto. *Porque há rachaduras por todos os lados.* É o "*crack-up*" dos anos 1960, que se volta contra as grandes e as pequenas narrativas da Guerra Fria, envolvendo todos os contêineres em que ela se dá: a família nuclear, o casamento e a sexualidade, a dona de casa, a educação das crianças, o consumo, a poupança e o crédito, a *middle-class*, o "fator humano" e suas "motivações", a cultura corporativa, a disciplina da fábrica e do escritório, os sindicatos, o anticomunismo, o socialismo

---

124 Ver Deborah Cowen, *The Deadly Life of Logistics: Mapping Violence in Global Trade.* Minneapolis/London: University of Minnesota Press, 2014.

125 Organizada em 1960 pela International Union of Electrical Workers (IUE), que rompera com a UE em um ímpeto anticomunista, a segunda greve na General Electric em escala nacional (após aquela de 1946) terminou num fracasso retumbante.

real, a solução jurídica e/ou constitucional das guerras sociais, o racismo, a guerra imperialista do Vietnã e todas as formas de colonialismo... A economia real da Guerra Fria é atingida em seu princípio global da endocolonização e vacila em suas bases. Poucos anos separam "*The answer, my friend, is blowin' in the wind*" (que está no disco *The Freewheelin' Bob Dylan*, de 1963) do refrão cantado pelos estudantes em Columbia na primavera de 1968, "*We want a revolution, NOW!*". O canto de revolta dos internos do asilo de Charenton, na cena final do *Marat/Sade*, de Peter Brook, substitui o canto de greve dos operários do grande drama revolucionário americano dos anos 1930, *Waiting for Lefty*. A New Left não está mais esperando para "*give life a chance*" – ou está esperando por outra coisa. Resta, com efeito, apenas uma *crítica política da vida cotidiana*, capaz de "realizar a síntese" do anti-imperialismo, do antimilitarismo, do antirracismo, do feminismo e das lutas homossexuais, ecológicas e do *underground*. Os jovens proletários, agora no novo ambiente dos *campi*, juntam-se às/aos negras/os do gueto na tarefa comum de "*bringing the war home* [trazer a guerra para casa]".

A cifra da revolução mundial é, para a geração nascida durante a guerra e educada na Guerra Fria, 1968. É em nome dela que Silvia Federici escreve na introdução de seu compêndio de artigos sobre a questão reprodutiva:

> Depois de dois conflitos mundiais que, no intervalo de três décadas, dizimaram mais de setenta milhões de pessoas, os atrativos da domesticidade e a perspectiva de nos sacrificarmos para produzir mais trabalhadores e soldados para o Estado não faziam mais parte do nosso imaginário. Na verdade, mais do que a experiência de autoconfiança concedida pela guerra a muitas mulheres – simbolizada nos Estados Unidos pela imagem icônica de Rosie *the Riveter* [Rosie, a rebitadeira] –, o que moldou nossa relação com a reprodução no pós-guerra, sobretudo na Europa, foi a memória da carnificina na qual nascemos.[126]

---

126 Silvia Federici, *O ponto zero da revolução*, op. cit., pp. 20–21.

As feministas marxistas que defendem a remuneração do trabalho doméstico (*wages for housework/salario al lavoro domestico*) fizeram da destruição trazida pela Segunda Guerra a razão primeira de sua ruptura geracional, ou seja, de sua impossibilidade de "adotar uma atitude reformista com relação à casa, à família e ao trabalho doméstico, diferentemente das críticas feministas feitas em um momento anterior".[127] Isso demanda medir o que teve de acontecer e o que podia acontecer – nos Estados Unidos e *just in time* – com relação ao dispositivo da Guerra Fria (*at home* e *abroad*) para suspender as perspectivas de emancipação fomentadas por meio século de guerras totais. E isso até que a geração *baby boom* tenha se rebelado contra as condições de venda nesse supermercado do *American way of life*.

A contraofensiva não tarda. Nixon é eleito presidente em 1968 como porta-voz, contra as "minorias", da "maioria silenciosa" dos "americanos esquecidos" com que a classe operária branca e garantista se identifica em massa. A retomada da iniciativa capitalista, reforçada por um populismo que se volta contra o New Deal (o *"white backlash"*), apodera-se de boa parte de cidades industriais e dos antigos bastiões democratas (a começar por Nova York, mergulhada em crise fiscal) e encontra na moeda uma resposta à crise (a pressão exercida pelas altas de salário) e à guerra cívica e civil que não tem fim. O cenário internacional é igualmente crítico, pois, graças ao Vietnã, o Terceiro Mundo adquire uma autonomia cada vez menos negociada com a potência dominante no condomínio da Guerra Fria, que, igualmente, perde terreno na Europa. O abandono da convertibilidade entre o dólar e o ouro e as medidas de desregulamentação dos movimentos de capital que lhes são associados impõem a fórmula mágica "$1 = $1". Tautologia perfeita da moeda-mundo, a fórmula tem o condão de alavancar o mercado (livre das taxas de câmbio fixo), promovendo a financeirização global da economia sob o *controle transnacional americano*, historicamente associado ao neoliberalismo. Reagan fez dos Estados-Unidos

---

127 Ibid., p. 21.

a nação credora do resto do mundo, que financia sua estratosférica dívida e contribui, assim, com a derradeira escalada da Guerra Fria, levada às estrelas pela Iniciativa de Defesa Estratégica. A União Soviética não consegue acompanhá-los. Xeque-mate.

[11]
CLAUSEWITZ E O
PENSAMENTO 68

Com o fim da Segunda Guerra e a supressão das fronteiras entre tempos de guerra e tempos de paz, os movimentos revolucionários permaneceram tributários da teoria e da prática leninistas no que diz respeito à relação entre "guerra e capital". Transpondo para essa gramática obrigatória o ciclo de lutas que atravessou toda a década de 1960, a hipótese revolucionária falhou, por fim, em produzir um pensamento sobre a guerra à altura do acontecimento "68",[1] colocando em

---

1 A expressão "pensamento 68" (*pensée 68*) nasce do âmago da filosofia francesa contemporânea, desenvolvida a partir de 1968, da reflexão sobre a "estranha" ou "impossível" Revolução de 1968 – estranha e até impossível por uma perspectiva marxista-leninista (isto é, dialética) de "revolução" (centrada na classe operária enquanto sujeito da história). Levando em conta sua emergência nos anos 1960, acreditamos que a referência a 1968 fortalece o conceito de "acontecimento" em Deleuze e Guattari, Foucault, Lyotard, Rancière, Badiou... Para nossos leitores não franceses, vale notar que o ato de "exportar" o pensamento 68 como "teoria francesa" decorre paradoxalmente da dimensão global de 1968 – que pode ser encarado como o primeiro movimento globalizado a existir. Todas essas questões (que também

contato todas as partes do mundo no que se poderia chamar de uma "guerra civil fria".[2]

Problematizar a guerra e sua relação com o capital torna-se um exercício obrigatório para todo revolucionário. De Lênin a Mao, de Mao ao general Giap e à Guerra do Vietnã, a relação estratégica e tática da guerra passa pela obra de Clausewitz.

Na primavera de 1915, Lênin leu e cuidadosamente anotou *Da guerra* (*Vom Kriege*), a grande obra do major-general prussiano, que ele considerava "um dos maiores historiadores militares". Exagerando um tanto, Carl Schmitt vai se referir a essas anotações como "um dos documentos mais grandiosos da história universal e também da história das ideias".[3]

Lênin, de sua parte, encontra a confirmação da teoria marxista na célebre "fórmula" de Clausewitz. "*Proximidade com o marxismo*", ele anota na margem de seu exemplar: Marx e Engels não consideravam "toda guerra uma continuação da política das potências"? Seria preciso que a luta de classes se tornasse a mola propulsora da guerra. Porém, contrariamente ao que pensa Clausewitz (e, com ele, os "sociais-traidores" da Segunda Internacional), a "política" não pode ser reduzida à política do Estado, como se esta representasse os interesses da sociedade como um todo (o interesse geral). Porém, na medida em que a revolução se desenvolve no interior das "guerras imperialistas", a função e a condução destas podem ser inscritas no quadro traçado por Clausewitz. A síntese entre Marx e Clausewitz é proposta por Lênin também nos opúsculos sobre a *autodeterminação dos povos*: "uma guerra se torna nacional, mesmo na época do imperialismo, a partir do momento em que um povo, não importa se numeroso ou não, luta pela liberdade".[4]

---

envolvem o problema dos "limites" do pensamento 68) darão origem a um segundo livro.

2 André Fontaine, *La Guerre civile froide*. Paris: Fayard, 1969.

3 C. Schmitt, *O conceito do político / Teoria do partisan*, op. cit., p. 199.

4 No resumo de Raymond Aron em *Penser la guerre, Clausewitz*, v. II: *L'âge planétaire*. Paris: Gallimard, 1976, p. 75.

Mais importante aos olhos de Lênin é que, com a guerra, "as relações políticas formadas historicamente entre os povos e as classes" não deixam de existir, mas, ao contrário, persistem e continuam por outros meios. A guerra de 1914 é uma guerra imperialista. Quanto à "guerra irregular" travada pela classe operária, poderá ser prolongada e intensificada, tornando-se um movimento de insurreição, com a adoção da teoria clausewitziana da "pequena guerra" (guerra *partisan*, guerrilha) e dos "meios de defesa", que são, assim, os demais *tipos de resistência*. Compreende-se agora por que Lênin continuou a se referir a Clausewitz até a tomada do poder (e mesmo depois, durante o período da guerra civil).

Os escritos "militares" de Mao, com destaque para *Sobre a guerra prolongada* (1938), um clássico do "marxismo-leninismo" sobre a questão da guerra, deram origem a numerosas ramificações, que remetem todas a Clausewitz (por mais que Mao não cite diretamente *Da guerra*, mencionando apenas as brochuras de Lênin). O capítulo "A guerra e a política" abre-se, no item 63, com a fórmula "A guerra é a continuação da política", complementada no item 64, "A guerra é a mera continuação da política por outros meios". Apenas com a publicação recente dos cadernos de Mao, com suas notas de leitura, foi possível confirmar que ele de fato leu o tratado de Clausewitz em 1938, tendo, inclusive, organizado um seminário a seu respeito, do qual participaram altos dirigentes do Partido Comunista.[5] Mesmo assim, sua interpretação retoma a de Lênin, ainda que com tons mais militantes, pois não separa ação política de ação militar. A guerra está estritamente subordinada à política (*"é impossível separar, por um minuto que seja, a guerra da política"*), e a política se objetiva em uma política revolucionária de "classe", que permite diferenciar entre "guerras justas" e "guerras injustas". O princípio supremo da estratégia maoista repousa na *dialética* ofensiva / defensiva e privilegia o ataque na defesa essencialmente

---

5 Ver T. Derbent, "Clausewitz, Mao et le maoïsme", 2013. Disponível em agota.be/t.derbent/articles/MaoClaus.pdf.

(nacional e popular), para obter êxitos táticos "de aniquilação das forças inimigas".

Em suas memórias, o general Giap conta que, entre as batalhas de Hanói e de Dien Bien Phu, sua esposa e seu secretário particular liam para ele, em voz alta, passagens do tratado de Clausewitz:

> Escutando-os, eu tinha a impressão de que Clausewitz estava sentado diante de mim, dissertando sobre os acontecimentos em curso [...]. Agradou-me em particular o capítulo intitulado "O armamento do povo". [...] Sua teoria corresponde às recomendações de nossos antepassados: enfrentar, com os próprios meios, um adversário superior em armamento e em número. Alguns autores militares discutiram a "pequena guerra" em termos de pequenos grupos, capazes de transitar por toda parte e de se sustentar por si mesmos, deslocando--se com prontidão [...]. Ora, o que estávamos fazendo naquele momento não parecia um pouco com a "pequena guerra"?[6]

Estimulados pelas vitórias vietnamitas contra a França colonial (1954) e a máquina de guerra americana (1975), os movimentos revolucionários dos anos 1960–70 retomam o aprendizado das revoluções soviética e chinesa ao incluir, na política revolucionária da "guerra popular" (a *Volkskrieg* enuncia: "a guerra popular é invencível"), as lutas de independência nacional ("a FLN vencerá"). A partir de então, a guerra será compreendida no quadro de referências do pensamento de Clausewitz, traduzido em termos de uma dialética de classes que primeiro se aplicou à "guerra imperialista" enquanto guerra civil interestatal (Lênin) e que prosseguiu até chegar ao Yangtzé (nas palavras de Mao: "o imperialismo é um tigre de papel").

Mas, nos anos 1970, não serão os "revolucionários profissionais" que se engajarão em uma problematização renovada acerca da guerra. Em meio ao florescimento do discurso sobre a "crise" (na era termonuclear, "a hora da verdade é a crise, não a guerra"), ao qual apenas o discurso da guerra

---

6 Apud T. Derbent, *Giap et Clausewitz*. Bruxelles: Aden, 2006, p. 47.

prolongada parece se opor, baseado na tópica maoista de uma "estratégia clausewitziana generalizada",[7] coube a Foucault, de um lado, e a Deleuze e Guattari, de outro, efetuar uma ruptura radical no modo de concepção da guerra em sua relação constitutiva com o capitalismo. Casos únicos no pensamento da época, retomam Clausewitz e invertem sua célebre fórmula: a guerra *não é* a continuação da política (que fixa seus próprios fins), a política, ao contrário, é um elemento, uma modalidade estratégica do conjunto constituído pela guerra. O pensamento 68 declara suas ambições no projeto de não limitar a inversão a uma simples permutação de termos. Trata-se de elaborar uma crítica radical dos conceitos de "guerra" e de "política", tais como pressupostos na fórmula de Clausewitz: a guerra *é/é apenas* a continuação da política por outros meios.

Em perspectiva genealógica, Foucault procura fundamentar as razões dessa inversão por meio de uma reconstrução estratégica do que Marx chama de acumulação primitiva, e aventura-se, ainda que timidamente, pela época das guerras ditas totais, ao contrário de Deleuze e Guattari, que enfrentam diretamente a relação entre guerra e capitalismo no século xx, em especial após a Segunda Guerra Mundial.

11.1 Poder e guerra: distinção e reversibilidade

O pensamento 68 produziu duas versões diferentes, porém complementares, da inversão da fórmula de Clausewitz, que deslocam radicalmente o ponto de vista original, centrado no Estado. Foucault aborda a fórmula a partir de uma problematização absolutamente nova da questão do poder, Deleuze e Guattari o fazem a partir de uma análise da natureza dos movimentos de capital.

Foucault, sem dúvida, é quem foi mais longe na confrontação com Clausewitz, mas também aquele que mais dúvidas

---

7 Ver André Glucksmann, *Le Discours de la guerre* [1967]. Paris: UGE, 1974, p. 389 ("Autour d'une pensée de Mao Tsé-toung").

295

levantou, ao multiplicar as versões de sua inversão, muitas vezes de modo contraditório. A partir de 1971, com uma única, porém importante, exceção, a guerra será sistematicamente integrada à sua reflexão, com diferentes graus de intensidade, até o fim de sua vida. É a *parrhēsia* militante e guerreira do cínico, o "filósofo em pé de guerra", como vemos em seu derradeiro curso, de 1984, a que deu o título de *A coragem da verdade*. Mas a fortuna crítica foucaultiana é quase unânime: após ter "ensaiado", em 1972 (*A sociedade punitiva*) e em 1976 (*Em defesa da sociedade*), fazer da guerra a matriz das relações de poder, logo "abandona" o projeto, em prol do exame do exercício do poder por meio da "governamentalidade".

Entre 1971 e 1976, Foucault problematiza a inversão da fórmula de Clausewitz ao restituir a realidade da "guerra civil" como condição de inteligibilidade efetiva das relações de poder. A renovação da questão do poder a que ele se dedica, concebendo a política como continuação da guerra, se dá, assim, a partir da "mais detestada das guerras, [...] a guerra civil", matriz de todas as estratégias de poder e, por conseguinte, de todas as lutas contra o poder.

A inversão da fórmula de Clausewitz é acompanhada de um distanciamento em relação a três concepções clássicas de guerra. "Nem Hobbes, nem Clausewitz, nem luta de classes", escreve Foucault em uma carta de 1972.[8] Contrariamente ao que pensa Hobbes, autor que nunca tratou de guerras reais,[9] o poder não vem depois da guerra civil, não se sucede ao conflito como pacificação; inversamente, a guerra civil não é fruto da dissolução do poder. Ela é, isto sim, o "estado permanente" do capitalismo. E, portanto, a guerra civil não tem nada a ver com a ficção hobbesiana do individualismo exacerbado da "guerra de todos contra todos" projetada em

---

8 Apud Daniel Defert, "Cronologia", in Michel Foucault, *Ditos e escritos*, v. I, op. cit., p. 37.

9 Foucault explica que, com "a guerra de todos contra todos", encontramo-nos no "teatro das representações trocadas [...], numa relação de medo que é uma relação temporalmente indefinida"; não nos encontramos "realmente na guerra". *Em defesa da sociedade*, op. cit., pp. 103–06.

um estado de natureza. Trata-se, ao contrário, de confrontos entre entidades coletivas qualificadas: "a guerra dos ricos contra os pobres, dos proprietários contra aqueles que não possuem nada, dos patrões contra os proletários".[10] Longe de ser um momento de desagregação atômica que requeira a intervenção de uma mediação constitutiva e pacificadora (o soberano como princípio de instituição do corpo social), a guerra civil é o próprio processo pelo qual são construídas novas coletividades e suas instituições. Ela não se limita a exprimir um poder constitutivo temporalmente limitado, pois permanece em constante atuação. A divisão, o conflito, a guerra civil, a *stasis* estruturam e desestruturam o poder, formam "uma matriz em cujo interior os elementos do poder atuam, reativam-se, dissociam-se".[11]

Monarquia absoluta e liberalismo se unem pela obrigação de negar a existência da guerra civil para afirmar o sujeito jurídico e/ou o sujeito econômico. "A afirmação de que a guerra civil não existe é um dos primeiros axiomas do exercício do poder."[12] A economia política é, por excelência, a "ciência" dessa negação. Ela se pretende uma dupla negação, da guerra e da soberania: o interesse econômico e o egoísmo individual substituem as paixões marciais, enquanto a autorregulação da mão invisível torna o soberano supérfluo e inútil. Na ideologia liberal, o capitalismo não precisa nem de guerra nem de Estado.

A guerra civil de Foucault não tem lugar na guerra interestatal de Clausewitz, pois é irredutível à guerra como puro ato de soberania e instrumento de equilíbrio entre Estados europeus. Ela é, ao mesmo tempo, objeto e sujeito da microfísica do poder e da macrofísica das populações: "O exercício cotidiano do poder deve poder ser considerado uma guerra civil: exercer o poder é de certa maneira travar a guerra civil, e todos esses instrumentos, essas táticas que podem ser distinguidas, essas alianças devem ser analisáveis em termos de

---

10   M. Foucault, *A sociedade punitiva*, op. cit., p. 21.
11   Ibid., p. 250.
12   Ibid., p. 13.

297

guerra civil".[13] Enquanto o ponto de vista de Clausewitz é o do Estado (daí a hegelianização, sempre possível, do Tratado), para Foucault trata-se de realizar uma crítica radical deste ao inverter a fórmula: o Estado não é a origem nem o vetor das relações de poder. O método de Foucault consiste em contornar o Estado, desinstitucionalizar e desfuncionalizar as relações de poder, substituindo-as por estratégias e táticas.[14]

Isso é feito em dois tempos. Foucault começa por avaliar os limites históricos da conceituação de Clausewitz, cujas origens estão na tradição europeia do "direito das gentes" e cujo quadro histórico é a "guerra de Estado, a razão de Estado". Ao enunciar sua fórmula ("a guerra é a continuação da política por outros meios"), "[Clausewitz] não fazia nada mais que constatar uma mutação que, na verdade, havia sido adquirida desde o início do século XVII [com a constituição] da nova razão diplomática, da nova razão política no momento do tratado de Vestefália".[15] Clausewitz conceitua assim, de maneira própria, a expropriação e a captura, pelo Estado, das diferentes máquinas de guerra operantes na época feudal (a "guerra privada"), centralizando-as em um exército e profissionalizando-as. O Estado *estatiza a guerra*, deslocando-a para o exterior das fronteiras e aumentando o seu próprio poderio dentro das regras do direito internacional instituídas pelos Estados europeus. "Vemos como esse princípio de Clausewitz

---

13 Ibid., pp. 30–31.

14 A explicação oferecida por Foucault nessa ocasião é particularmente interessante para nossos propósitos: "Exemplo do exército: pode-se dizer que o disciplinamento do exército se deve à sua estatização. Explica-se a transformação de uma estrutura de poder numa instituição pela intervenção de outra instituição de poder. O círculo sem exterioridade. Ao passo que esse disciplinamento [posto] em relação, [não] com a concentração estatal, mas com o problema das populações flutuantes, a importância das redes comerciais, as invenções técnicas, os modelos [...] de gestão de comunidade, é toda essa rede de aliança, de apoio e de comunicação que constitui a 'genealogia' da disciplina militar. Não são gênese: mas sua filiação". *Segurança, território, população*, op. cit., pp. 160–61, nota.

15 Ibid., p. 404.

[...] teve um suporte institucional preciso, que foi a institucionalização do militar", ou seja, por meio de um "dispositivo militar permanente, oneroso, de vulto, que se instala no interior do sistema da paz".[16] Mas, nessa paz, onde reinam a organização dos Estados e a estrutura jurídica de poder, nessa paz em que "a guerra é expulsa para além dos limites do Estado, centralizada quanto ao controle, ainda que relegada à fronteira", ouve-se ainda o ruído de uma guerra surda, que se torna – "no momento mesmo dessa transformação (ou talvez logo depois)" – objeto de um discurso "muito diferente do discurso filosófico-jurídico que se costumava fazer até então. *E esse discurso histórico-político* [sobre a sociedade] *que aparece nesse momento é, ao mesmo tempo, um discurso sobre a guerra entendida como relação social permanente, como fundamento indelével de todas as relações e de todas as instituições de poder".*[17] O que significa que o poder político não tem início quando cessa a guerra a que ele põe fim, mas que a guerra é o motor das instituições e da ordem política, *e deve se tornar (novamente) o analisador das relações de força.* Daí a inversão a que dá ensejo a inversão da fórmula de Clausewitz: o problema não é mais inverter o princípio de Clausewitz que subordina a guerra à política, mas compreender o princípio que o próprio Clausewitz inverteu em benefício do Estado...[18]

Ainda que Foucault esteja, em meados dos anos 1970, "inesperadamente próximo" do marxismo, nem por isso deixa de apontar para as fraquezas estratégicas deste.[19] No con-

---

16 Ibid., p. 409.

17 Id., *Em defesa da sociedade*, op. cit., p. 56, grifos nossos. Observe-se que esse primeiro discurso sobre a "sociedade" contraria aquele discurso liberal sobre a "sociedade civil" que, em *Nascimento da biopolítica*, o eclipsará totalmente.

18 Ibid., p. 23.

19 Segundo a fórmula cunhada por Étienne Balibar, "Michel Foucault e Karl Marx, L'enjeu du nominalisme", in *Michel Foucault philosophe: rencontre internationale (Paris, 9, 10, 11 janvier, 1988)*. Paris: Seuil, 1989, p. 68. Balibar destaca que "a disciplina, o micropoder, representam ao mesmo tempo o outro lado da exploração econômica e o outro lado da dominação de classe jurídico-política, permitindo, assim, pensar

ceito de luta de classes, diz ele, a ênfase dos marxistas recai sobre a classe, mais que sobre a luta. O que explica a fatal tentação que ameaça enredar o marxismo em uma sociologia das classes sociais ou em um economicismo da "produção e do trabalho". A luta de classes não é, portanto, sinônimo da guerra civil foucaultiana. Esta última é uma "guerra civil generalizada", irredutível à relação capital/trabalho por si só. Diz respeito à sociedade como um todo, envolve múltiplos "sujeitos", domínios e saberes. Trata-se, nesse sentido, de "guerras de subjetividades", irredutíveis, como dissemos, ao molde dialético de uma guerra que se dá "através da história, de um sujeito universal, de uma verdade reconciliada, de um direito em que todas as particularidades teriam seus respectivos lugares", marcada por uma lógica mais totalizante do que contraditória. "A dialética hegeliana e todas aquelas, penso eu, que a seguiram devem ser compreendidas [...] como a colonização e a pacificação autoritária, pela filosofia e pelo direito, de um discurso histórico-político que foi ao mesmo tempo uma constatação, uma proclamação e uma prática de guerra social", conclui Foucault.[20] A irredutibilidade da guerra social à luta de classes *que a pacifica* condiciona, assim, a análise do poder político como guerra.

A nos pautarmos pela *doxa* foucaultiana, o curso de 1977–78 (*Segurança, território, população*) assinalaria um deslocamento maior no pensamento do filósofo, caracterizando-se pelo abandono da hipótese da guerra em prol da ideia de governamentalidade. Esse deslocamento envolvendo o que ele "queria fazer agora" e que modificaria, no sentido de uma "história da 'governamentalidade'", o título da empreitada à qual se dedicaria aquele ano se cumpriu e tomou forma definitiva com o curso no Collège de France em 1978–79: *Nascimento da biopolítica*. Como prova desse fato, costuma-se evocar um texto

---

a unidade; isto é, eles podem ser inseridos naquele ponto exato em que há, em Marx, um curto-circuito entre a economia e a política, a sociedade e o Estado, em sua análise do processo de produção (possibilitando, assim, que o enxerguemos como uma 'prática')".

20 M. Foucault, *Em defesa da sociedade*, op. cit., p. 69.

publicado dois anos antes da morte de Foucault, "O sujeito e o poder", em que ele retoma as etapas de sua pesquisa e que pode ser considerado seu testamento teórico-político. O artigo, de fato, contém afirmações que parecem não dar margem a outras interpretações além daquela que propõe uma mudança radical da "matriz geral" do poder. "O exercício do poder consiste em 'conduzir condutas' e em ordenar a probabilidade. O poder, no fundo, é menos da ordem do confronto entre dois adversários, ou do vínculo de um em relação ao outro, do que da ordem do 'governo'".[21] A célebre definição de governamentalidade como ação sobre uma ação, estruturação "do campo de ação dos outros", implica a recusa a se considerarem as relações de poder a partir de um modelo de guerra (o confronto) ou jurídico (a soberania do Estado).

Esse texto é a primeira vez em que Foucault estabelece uma distinção entre *poder* e *guerra*, que reaparecerá em *A vontade de saber* (publicado em 1976), na conclusão de uma análise estratégica do poder ("nome que damos a uma situação estratégica complexa, em uma situação dada") que reata com a questão de saber se seria preciso recuperar a fórmula de Clausewitz e dizer que "a política é a continuação da guerra por outros meios". Ao que o filósofo responde: "Talvez, se ainda quisermos manter alguma distinção entre guerra e política, devemos afirmar, antes, que essa multiplicidade de correlações de força pode ser codificada – em parte, jamais totalmente – seja na forma de 'guerra', seja na forma de 'política', seriam *duas estratégias diferentes (mas prontas a se transformarem uma na outra)* para integrar essas correlações de força desequilibradas, heterogêneas, instáveis, tensas".[22] Foucault retornará a essa pista para enunciar algo que estava implícito nos cursos de 1972–76 e que ele agora pensa em termos de diferença de natureza entre *rela-*

---

21 Id., "O sujeito e o poder", in H. L. Dreyfus e P. Rabinow (org.), *Michel Foucault, uma trajetória filosófica: para além do estruturalismo e da hermenêutica*, trad. Vera Porto Carrero. Rio de Janeiro: Forense Universitária, 1995, p. 244.
22 Id., *História da sexualidade I: a vontade de saber*, op. cit., p. 89, grifos nossos.

ções *de poder* (disciplinares, de segurança, de governamentalidade) e *confrontos estratégicos*. Largamente ignorada pela literatura dedicada a Foucault, a última parte do artigo de 1982 se intitula: "Relações de poder e relações estratégicas". Logo após propor três definições de estratégia que tendiam a mostrar como é possível "decifrar em termos de 'estratégias' os mecanismos utilizados nas relações de poder", Foucault afirma: "Porém, o ponto mais importante é evidentemente a relação entre relações de poder e estratégias de confronto". Ainda que Foucault não retorne a ela na sequência, a distinção estabelecida nessas páginas nos parece da mais alta importância. Mostra que guerra e poder, embora distintos, estão em uma relação de continuidade e reversibilidade. As relações de poder são do tipo *governantes/governados* e designam relações entre *parceiros*, enquanto os confrontos estratégicos opõem *adversários*. "Uma relação de confronto encontra seu termo, seu momento final (e a vitória de um dos dois adversários) quando o jogo das reações antagônicas é substituído por mecanismos estáveis pelos quais um dentre eles pode conduzir de maneira bastante constante e com suficiente certeza a conduta dos outros."[23]

A fixação de uma relação de poder é, ao mesmo tempo, o objetivo do confronto estratégico e da sua suspensão, na medida em que as relações estratégicas entre adversários são substituídas por relações de tipo governante/governado. O sonho dos liberais é ver os dispositivos de poder funcionando de maneira automática, a partir do modelo de Adam Smith da mão invisível, que se impõe aos indivíduos como uma necessidade, no jogo da liberdade e do poder. Mas esses "automatismos" são *resultados* da guerra e de sua continuação por outros meios, de modo que a guerra está sempre latente nas relações disciplinares, de governo e de soberania. Uma vez que os dispositivos de poder garantam certa continuidade, previsibilidade e racionalidade à conduta dos governados, torna-se possível o processo inverso, que transforma os governados em adversários, pois não há poder sem insubmissão que escape a ele, sem lutas que atuem como constrangi-

---

23 Id., "O sujeito e o poder", op. cit., p. 248.

mento a ele e que reabram a possibilidade de "guerra civil". "E, em troca", acrescenta Foucault, "para uma relação de poder, a estratégia de luta constitui, ela também, uma fronteira", uma passagem que pode ser tomada rumo à guerra. O exercício do poder – disciplinar, de segurança, de governo etc. – pressupõe, assim, 1) a liberdade daquele que o exerce, e 2) que este último seja devidamente "reconhecido e mantido até o fim como o sujeito de ação", vale dizer, como sujeito de luta, de resistência, de insubmissão. Dito isso, "toda extensão das relação de poder" pode submeter, de um lado, a liberdade e, de outro, a subjetividade, e conduz "apenas aos limites do exercício do poder; este encontra então sua finalidade, seja num tipo de ação que reduz o outro à impotência total (uma 'vitória' sobre o adversário substitui o exercício do poder), *seja numa transformação daqueles que são governados em adversários*. Em suma, toda estratégia de confronto sonha em tornar-se relação de poder; e toda relação de poder inclina-se, tanto ao seguir sua própria lógica de desenvolvimento quanto ao se deparar com resistências frontais, a tornar-se estratégia vencedora".

Talvez mais importante seja compreender que o poder e a guerra, as relações de poder e as relações estratégicas, não devem ser pensados como momentos sucessivos, mas como relações que podem a qualquer momento se inverter e que, de fato, coexistem. *"De fato, entre relação de poder e estratégia de luta, existe atração recíproca, encadeamento indefinido e inversão perpétua"*, pois, *"a cada instante, a relação de poder pode tornar-se, e em certos pontos se torna, um confronto entre adversários*. A cada instante também as relações de adversidade, numa sociedade, abrem espaço para o emprego de mecanismos de poder".[24]

Ora, precisamente aquilo que mais interessa à "nova economia das relações de poder" – na expressão proposta por Foucault ao recolocar a questão kantiana (*"Was ist Aufklärung?"* [O que é o Esclarecimento?]) como "O que acontece neste momento?" – é constatar que a reversibilidade determina uma

---

24 Ibid., pp. 248–49, grifos nossos.

"instabilidade" que não é estranha ao capitalismo financeiro contemporâneo. A "crise" não sucede o "crescimento" e a paz não sucede a guerra: são concomitantes, assim como a economia não substitui a guerra, mas institui outro modo de conduzi-la. A "crise" é infinita, e a guerra só conhece repouso ao incorporar os dispositivos de poder que ela *garante*.

Portanto, não se trata mais de inverter a fórmula de Clausewitz, mas sim de mostrar a imbricação da guerra na política e da política na guerra em todos os movimentos do capitalismo. A política não é, como em Clausewitz, política do Estado, mas da economia financeira, imbricada na multiplicidade das guerras que se deslocam e mantêm uma coesão entre a guerra de destruição em ato e as guerras de classes, de raças, de sexos e ecológicas, que fornecem o "ambiente" global de todas as outras guerras.

Em suma, em suas práticas reais, em suas "práticas concretas", como diz Foucault, a *governamentalidade não substitui a guerra, mas organiza, governa e controla a reversibilidade entre as guerras e o poder*.[25] É preciso entender que a governamentalidade é a governamentalidade das guerras, pois, do contrário, o novo conceito, posto a serviço da eliminação de todas as "condutas" de guerra, entraria, inevitavelmente, em consonância com o conceito todo-poderoso, e de forte sabor (neo)liberal, de "governança".

Essa tendência em forma de desventura, da qual são testemunho a maioria dos *governmentality studies*, se cristaliza, no *corpus* foucaultiano, em uma data – 1978–79 – e em um nome – *Nascimento da biopolítica*. O mercado realmente recupera aí seu estatuto de empreendimento de negação da guerra civil, no fio de uma utopia (neo)liberal (enunciada por Hayek e retomada por Foucault) "na qual haveria otimização dos sistemas de diferença, em que o terreno ficaria livre para processos oscilatórios, em que haveria uma tolerância conce-

---

25 Na medida em que capitalizou a totalização da guerra (a guerra total), a Guerra-Paz Fria pode ser vista como o momento fundador dessa estratégia de reversibilidade absoluta, "sem respiro", entre as guerras e o poder.

dida aos indivíduos e às práticas minoritárias, na qual haveria uma ação, não sobre os jogadores, mas sobre as regras do jogo e, enfim, na qual haveria uma intervenção que não seria do tipo da sujeição interna dos indivíduos, mas uma intervenção de tipo ambiental".[26] Estaria Foucault tentado a transpor Deleuze e Guattari a Hayek? Em vista do episódio envolvendo os "novos filósofos",[27] e do florescimento, nas análises sobre o neoliberalismo, do vocabulário da multiplicidade e da diferença, é bem possível que a resposta fosse inesperadamente positiva. É aí, então, que reside, precisamente, o interesse de "O sujeito e o poder", que, em 1982, reata com a veia mais esquerdista da caracterização das lutas ("transversais", contra os efeitos do poder-saber etc.) travadas a partir de 1968, na primeira aula de *Em defesa da sociedade*, dando-lhes agora, como respaldo teórico, a *análise das relações de poder através do confronto das estratégias*.

11.2 A máquina de guerra de Deleuze e Guattari

A inversão da fórmula de Clausewitz por Deleuze e Guattari se inscreve no quadro de uma história universal e da economia-mundo. A estratégia adotada é, portanto, bastante diferente daquela da análise de Foucault, que, embora produza uma crítica radical do Estado, permanece paradoxalmente prisioneira de sua territorialidade (a guerra civil generalizada do/no Estado-nação europeu). Deleuze e Guattari elaboram uma teoria absolutamente original, dissociando Estado e "máquina de guerra".

A máquina de guerra não tem nem a mesma origem, nem a mesma lógica, nem os mesmos fins que o aparelho identitário e a forma de soberania do Estado. Invenção de nôma-

---

26 M. Foucault, *Nascimento da biopolítica*, op. cit., pp. 354–55. Sobre a utopia liberal formulada por Hayek, ver a aula de 14 mar. 1979.
27 Ver Id., "La grande colère des faits" (sobre André Glucksmann, *Les Maîtres penseurs*. Paris: Grasset, 1977), in *Dits et écrits*, v. II, op. cit., p. 204.

des, ligada à sua "experiência do de fora"[28] e à sua "forma de exterioridade" em relação à captura de territórios pelo Estado (a "expropriação da terra", a territorialização do Estado), a máquina de guerra não tem por *objeto* a guerra. Ela só se define pela guerra no sentido de *guerra contra o Estado*. Pois, se a guerra ("dispersiva", "polimorfa", "centrípeta") vem conjurar, por dentro, a formação de um Estado, é também porque a máquina de guerra esteve desde sempre em interação marcial com as formações imperiais e estatais, com as quais depara na "periferia" e nas "zonas mal controladas".[29]

O Estado, de sua parte, precisa de uma burocracia e de uma polícia para assegurar sua soberania, e a guerra não está entre suas funções "régias". Ele deve, assim, apropriar-se da máquina de guerra dos nômades, voltando-a contra eles e transformando-a em algo muito diferente, que passa pela *institucionalização* de um exército, ao qual essa função é associada com exclusividade. É a captura do Estado pela máquina de guerra que faz da guerra objeto de Estado, subordinando-a aos fins políticos do Estado que a monopoliza. O Estado é clausewitziano.

A institucionalização da máquina de guerra pelo Estado impõe uma disciplinarização e uma profissionalização amplamente descritas por Foucault como uma das fontes mais importantes das técnicas disciplinares. Daí a importância do exército como *administração da disciplina* sobre os corpos produtivos e, com a força de trabalho territorializada, ou *sedentarizada* pela força militar, sobre o campo social como um todo. Mas o processo de captura e de institucionalização/profissionalização da máquina de guerra pelo Estado está longe de ser linear. A instituição militar é uma realidade social atravessada por tensões, e inversões são sempre possíveis. A captura da máquina de guerra nunca é definitiva, ela

---

28 Segundo expressão de Foucault em "O pensamento de fora" (1966).
29 Ver G. Deleuze e F. Guattari, *Mil platôs*, v. 5, op. cit., pp. 19–24 e 127–29, para a discussão crítica das teses "evolucionistas" de Pierre Clastres: "*Tudo não é Estado, justamente porque houve Estado sempre e por toda parte*" (p. 128).

sempre pode escapar ao aparelho do Estado, como um corpo de origem estrangeira (um *proletariado militar*).

O processo não linear de "captura da máquina de guerra" se mostra deveras útil para historicizar a relação entre guerra, capital e Estado. Com efeito, se a disjunção inclusiva entre Estado e máquina de guerra é condição de possibilidade da subordinação nazista do primeiro à segunda na forma-partido, alimentando assim a autonomia (e a *ontonomia*) de uma guerra sem fim, o retorno à disjunção excludente entre Estado e máquina de guerra abre a possibilidade de apropriação desta última por forças revolucionárias alheias à forma (leninista) do partido. "A guerrilha, a guerra de minoria, a guerra popular e revolucionária [...] *elas só podem fazer guerra se criam outra coisa ao mesmo tempo*".[30] O que não significa, que fique explicado, ignorar ou negligenciar a guerra real, mas, antes, criar coletivamente a maneira de se opor a ela, de desmembrá-la e vencê-la, travando-a de outro jeito – dado que "*toda criação* [...] *passa por uma máquina de guerra*".[31]

Em cursos ministrados entre 1979–80, contemporâneos à redação de *Mil platôs*, Deleuze leva a cabo a análise da natureza da guerra e de suas transformações a partir da dinâmica do Capital, análise que constitui a condição *sine qua non* de inversão da fórmula de Clausewitz. O filósofo se empenha em mostrar que um mesmo movimento anima o capital e a guerra quando esta se torna guerra industrial. As contradições do capital e as da guerra tendem, então, a entrar em osmose. A demonstração é realizada a partir do estabelecimento de uma engenhosa relação entre Marx e Clausewitz. Mas, como os diferentes momentos desse desenvolvimento não serão retomados em *Mil platôs*, cabe reconstituir aqui a sua lógica.

Deleuze começa retomando a questão dos limites do capital a partir de uma leitura, como fizera em *O anti-Édipo*, do capítulo do livro III de *O Capital* dedicado à "queda tendencial da taxa de lucro". A tese de Marx é conhecida: o Capital

---

30 Ibid., p. 117.

31 G. Deleuze e F. Guattari, *Mil platôs*, v. 3, op. cit., p. 112, grifos nossos.

tem limites, mas estes são imanentes (*immanenten Schranken*). Limites imanentes, isto é, o Capital não os sente como exterioridade, eles não vêm de fora, ele mesmo os produz e os reproduz incessantemente. À medida que o Capital se desenvolve, sua parte constante (investida em meios de produção, matérias-primas etc.) aumenta mais rapidamente do que a parte variável (investida em força de trabalho), o que engendra uma "queda tendencial da taxa de lucro" (pois a mais-valia depende da atividade da força de trabalho). Trata-se de um limite (no sentido matemático e diferencial) do qual o Capital sempre se aproxima, mas do qual permanece separado por uma quantidade também "infinitamente pequena". Em suma, se o Capital se aproxima do limite, é para distendê-lo.

Esse movimento em direção a um limite, que o capitalismo propõe e repõe infindavelmente, é contraditório ao extremo. O capital se define como acumulação *ilimitada* (o "produzir pelo produzir"), ao mesmo tempo que esse processo sem fim se dá em nome do lucro e da propriedade privada ("produção pelo Capital"), embora o movimento *ilimitado* esteja submetido a uma restrição que o torna *limitado*. Os dois movimentos são inseparáveis, pois é o próprio capital que lança a desterritorialização do produzir pelo produzir, bem como a sua reterritorialização na propriedade privada e no lucro. Esse movimento duplo se encontra na origem das "crises" periódicas. Toda tentativa de acelerar o movimento ilimitado na esperança de cortar sua territorialização no lucro está destinada ao fracasso (é a falsa solução "revolucionária" proposta pelo aceleracionismo). Como dar conta dessa contradição? Haveria uma mecânica capitalista capaz de resolvê-la?

A essa altura, Deleuze convoca Clausewitz. O que lhe permite, por um lado, estabelecer a relação que ata a guerra ao capital e, por outro, determinar os *impasses históricos* que fazem a teoria de Clausewitz tropeçar quando a máquina de guerra passa a ser apropriada pelo Capital. Deleuze então se pergunta se seria "por acaso" que sua análise o obriga a retomar os conceitos da teoria de guerra clausewitziana.

"Retomemos uma terminologia que se tornou indispensável para abordar o problema da guerra [...]. Assim como o capital – *e eis aí, sem dúvida, o elo mais profundo entre a guerra e o capital* –, a guerra tem uma finalidade e um objetivo; e eles não são um mesmo".[32] Pois, como lembra Deleuze, Clausewitz distingue, na guerra, a *finalidade política* (o seu *Zweck*) do *objetivo militar* (o seu *Ziel*).[33] O objetivo militar da guerra define-se pela supressão ou aniquilação do adversário; já sua finalidade política é outra, reside naquilo que o Estado se propõe como fim ao entrar em guerra (para produzir, por exemplo, um reequilíbrio da "balança europeia"). Deleuze observa, ainda, que Clausewitz descreve também uma situação particular, anterior à Revolução Francesa e às Guerras Napoleônicas.[34] "Nesse momento, a máquina de guerra estava capturada pelo Estado, e o objetivo militar estava subordinado à finalidade política, ou seja, à finalidade política devido à qual o Estado vai à guerra. Mas o que aconteceu quando a guerra começou a se tornar total?".

A partir de fins do século XIX, o capital não se restringe mais a assumir a forma do Estado e de sua máquina de guerra para realizar as necessidades intrínsecas ao seu desenvolvimento. Ele se engaja em um processo de captura ao qual é indispensável a construção de uma máquina de guerra própria, da qual o Estado e a guerra são meros componentes. É um processo que se acelera com a Primeira Guerra Mundial e que representa uma ruptura radical na história da guerra, na medida em que o Capital incorpora à guerra um novo componente, o infinito, isto é, o movimento ilimitado característico da acumulação, instaurando, com isso, uma "espécie de contradição" entre o objetivo da guerra e a finalidade do Estado.

---

32 As citações que se seguem são extraídas de dois cursos (sessões 12 e 13) de 1979–80. Deleuze: *Appareils d'État et machines de guerre*, disponível em: youtu.be/kgWaov-IUrA.

33 Como citado na seção 9.5, Deleuze se afasta da tradução consagrada (que usamos aqui) para os dois termos clausewitzianos que contrapõem "finalidade" (*Zweck*) política com "objetivo" (*Ziel*) militar. Deve-se ressaltar que, no alemão padrão (não kantiano), *Ziel* é "alvo" e *Zweck* é "objetivo".

34 A subversão napoleônica do equilíbrio interestatal na Europa é acompanhada de uma revolução na arte da guerra.

Pode-se atribuir uma tendência à guerra total a partir do momento em que o capitalismo se apodera da máquina de guerra e dá a ela [...] um desenvolvimento material fundamental [...]. Quando a guerra se torna total, seu objetivo e sua finalidade tendem a entrar em contradição: pois então o objetivo, que é, na expressão de Clausewitz, a derrota do adversário, deixa de ter limites, desconsiderando o que o Estado pretende com essa derrota. Torna-se impossível identificar o adversário, ele não se deixa assimilar a uma fortaleza a ser tomada, um exército a ser vencido – agora, trata-se de um povo inteiro, em seu habitat. O objetivo é ilimitado: isso é a guerra total.

Tornando-se ilimitado, o objetivo militar não está mais subordinado à finalidade política, tende a adquirir autonomia. E, como a máquina de guerra não se encontra mais sob o controle do Estado, instaura-se uma "contradição" que tomará forma nas máquinas de guerra fascista e nazista, que levarão às últimas consequências a abolição dos limites da guerra. "No desenvolvimento do capital, encontra-se um problema que está em consonância com a possibilidade de contradição entre a finalidade política da guerra, que é limitada, e o objetivo da guerra total, que é ilimitado." A finalidade do Capital (produzir para o Capital) é limitada, enquanto seu objetivo (produzir por produzir) é ilimitado. Com isso, é inevitável que a finalidade limitada e o objetivo ilimitado entrem em uma contradição, que foi exposta por Marx no já mencionado capítulo sobre a "queda tendencial da taxa de lucro". "Parte da beleza do texto de Marx é nos mostrar que existe no capitalismo um mecanismo que opera de tal maneira que a contradição entre o objetivo ilimitado e a finalidade limitada, entre produzir por produzir e produzir para o Capital, é resolvida graças a um processo tipicamente capitalista. Esse processo é resumido por Marx como *depreciação periódica do capital e criação de capital novo*". Por meio desse mecanismo, o Capital não cessa de resolver a contradição, ao mesmo tempo que a recoloca em escala ampliada.

A guerra resolve a contradição entre sua finalidade limitada e seu objetivo que se tornou ilimitado da mesma maneira. Tal como o Capital, resolve-a ampliando-a. A máquina de guerra, que quase escapou ao Capital no entreguerras (com a ascensão dos fascismos), não tem mais como objetivo a guerra, mas a "paz". Os nazistas tornaram a máquina de guerra autônoma em relação ao Estado, "mas permaneceu a necessidade de que essa máquina operasse em guerras de fato. [...] *Ou seja, algo da velha fórmula de Clausewitz foi preservado: a guerra é a materialização da máquina de guerra.* Não quero dizer que não continue a ser assim, a máquina de guerra trava guerras, como se vê o tempo inteiro, *mas algo mudou, a máquina precisa da guerra, mas não exatamente da mesma maneira como antes.* Existe uma tendência à seguinte situação: [...] a moderna máquina de guerra não precisa mais se materializar em guerras reais, pois é ela mesma guerra materializada. Ou seja, não precisa mais estabelecer a guerra como objetivo, pois encontrou um objetivo numa paz marcada pelo terror. Conquistou assim seu objetivo máximo, *adequado ao seu caráter total*: a saber, a paz".

A "paz" resolve a contradição, deslocando-a ao impô-la sob uma forma ampliada. Qual é, no entanto, essa forma? Só pode ser a *extensão do domínio da guerra à paz*. A máquina de guerra do Estado, que exercera a gestão e a organização do conjunto de guerras coextensivas / cointensivas à história do capitalismo, torna-se máquina de guerra do Capital ao transformar "a" guerra nisso que Carl Schmitt e Ernst Jünger chamaram, na década de 1940, quando sabiam que a guerra do Reich já estava perdida, de "guerra civil mundial" ou "global", expressões que depois serão retomadas pelo próprio Schmitt e por Hannah Arendt, na década de 1960.[35] *A finalidade política dessa guerra é imediatamente econômica, e seu objetivo econômico é imediatamente político.*

O conceito de "paz total", que se originou na análise de Paul Virilio da "ameaçadora paz da dissuasão nuclear", tornou-se em nossos dias ambíguo. Pois, se a máquina de guerra da paz total consiste na mais absoluta falta de limites da própria

---

35 C. Schmitt, *Changement de structure du droit international* (1943); E. Jünger, *La Paix* (1945); H. Arendt, *Essai sur la révolution* (1961); C. Schmitt, *O conceito do político / Teoria do partisan* (1963).

globalização capitalista, então a ideia de que a paz e a guerra foram *tornadas* indiscerníveis permanece tributária da oposição, feita por Clausewitz, entre a guerra e a paz no quadro europeu que as *desequilibra*. (É verdade que Clausewitz reconhece que a assinatura da paz não necessariamente significa o fim do conflito; "mas, *como quer que seja*, deve-se, em todo caso, considerar que, com a paz, a finalidade foi realizada e a guerra terminou".)[36] Assim, a inversão de sua fórmula implica necessariamente a afirmação da *continuidade* entre guerra e política, entre guerra e economia, entre guerra e *welfare, em meio à multiplicidade constitutiva da guerra e das guerras*, que mobilizam o ambiente social em escala planetária e o submetem a uma *guerra civil total em ato*. Todas as modalidades de máquinas de guerra de que o Estado se apropriou a partir da acumulação primitiva, e capitalizou em um exército e em uma administração próprios, tornam-se, no pós-guerra, responsáveis por uma "guerra civil global" conduzida diretamente pelo Capital, e que vai conduzir à explosão de 1968.

Portanto, a "paz" não apenas "libera tecnicamente o processo material ilimitado da guerra total"[37] – na corrida armamentista, no incremento do complexo militar-científico-industrial –, mas assume também a política da integração na ordem mundial, ou seja, de uma guerra do trabalho, de uma guerra do *welfare*, de uma guerra da colonização interna e da neocolonização externa, e assim por diante. A paz torna-se o *meio* de que a máquina de guerra do capital se vale para se apoderar "de um máximo de funções civis",[38] a tal ponto que a guerra "desaparece", porque houve uma "extensão de seu domínio" como continuidade dos "complexos tecnológicos militares, industriais e financeiros".[39]

A inversão da fórmula de Clausewitz "aparece apenas nesse momento", afirmam Deleuze e Guattari (curiosamente escolhendo a mesma expressão empregada por Foucault,

---

36 C. von Clausewitz, *Da guerra*, op. cit.
37 G. Deleuze e F. Guattari, *Mil platôs*, v. 5, op. cit., p. 182.
38 Ibid., p. 183.
39 Ibid., p. 180.

citada acima), e é enunciada do ponto de vista do poder e do estado político, desses Estados *que não mais se apropriam da máquina de guerra, que reconstituem uma máquina de guerra da qual eles mesmos são apenas os componentes técnicos.*[40] Pois, do ponto de vista dos "explorados", a inversão da fórmula já ocorreu, como uma espécie de "duplo empírico-transcendental" (Foucault) que os define enquanto tais e os sujeita.

A inversão dupla da fórmula de Clausewitz por Foucault, de um lado, e por Deleuze e Guattari, de outro, ocorre em um contexto de mudança de conjuntura que assinala o início de uma nova sequência política, em que a máquina de guerra do Capital domina sozinha toda uma época, por meio de sua "criatividade". Ora, se a nova teoria da guerra e do poder não se confrontou com experimentos políticos reais, nem soube se alimentar deles, foi porque, na virada dos anos 1970 para os 1980, a radicalização que se seguira a 68 (o maio *rampante* italiano) esgotara-se e, finalmente, desagregara-se, dissipando-se sob o peso da repetição das modalidades de guerra civil codificadas pelas revoluções da primeira metade do século, em torno do Outubro bolchevique de 1917. Com a falência dos movimentos de insurreição vêm os "anos de inverno", dos quais ainda não saímos. O elã dessas formidáveis intuições e da "insurreição dos saberes" de que elas fazem parte será quebrado e desaparecerá no vazio político da época.

Passada essa implosão – *implosão do social, à sombra das maiorias silenciosas etc.* –, a iniciativa do capital vem se intensificando cada vez mais, zombando de todo limite com destrutivismo que não faz exceção e que sustenta a lei de ferro do produtivismo. Vencedora no embate com o pensamento-movimento 68, a máquina de guerra neoliberal continua a acumular vitórias. São vitórias acompanhadas da obliteração da memória das guerras, das guerras civis, de classe, de raça, de sexo, de subjetividade, das quais os vencedores extraem a dominação. *É a borracha neoliberal.* Como nos lembra Walter Benjamin, a reativação da memória e da realidade das guer-

---

40 Ibid., p. 182.

ras e das guerras civis pode vir apenas dos "vencidos". Que os "vencidos" da estranha revolução de 68 não tenham sabido fazê-lo, enunciando e contraefetuando a transformação da guerra e das guerras sociais impostas pelo inimigo, demonstra a fraqueza da teoria crítica e constitui uma das causas do desaparecimento da guerra política revolucionária, em meio à incapacidade de *conceber a guerra e multiplicar os confrontos criativos das novas máquinas de guerra*.

O pensamento 68 soube produzir, aos poucos, um saber estratégico adequado ao nível das guerras civis que o Capital torna a lançar sob a forma de uma resposta global à sua desestabilização mundial, que chegou ao ponto crítico em 1968. Prova, se necessário fosse, de que não é suficiente afirmar que a micropolítica tem de atravessar a macropolítica (por mais que se esqueça de fazê-lo) para assim transformá-la: ambas as formas de política devem ser compreendidas sob a multiplicidade das guerras que se desenrolam, sem as quais a micro e a macropolíticas desapareceriam, e as lutas perderiam consistência em um "devir menor", para poucos. *Fazer fugir aquilo de que fugimos*, como dizem Deleuze e Guattari, marcando assim a diferença entre o esquizofrênico e o revolucionário.

[12]
AS GUERRAS FRACTAIS DO CAPITAL

As nações produzem guerras como produzem riqueza.

ARTHUR K. CEBROWSKI e JOHN J. GARSTKA, 1998.

Após os atentados de 13 de novembro de 2015, o presidente da República francês, François Hollande, decretou estado de emergência, aprovado em votação no Parlamento. Como compreender adequadamente os "poderes extraordinários" conferidos ao "poder administrativo", com a restrição das liberdades públicas que daí derivam e a suspensão da divisão de poderes entre Executivo, Legislativo e Judiciário, em benefício do primeiro?

Tomar a via do "estado de exceção" e interrogar, como faz Giorgio Agamben, a relação entre ele e o direito[1] parece-

---

1 Ver Giorgio Agamben, *Estado de exceção* [2003], trad. Iraci D. Poleti. São Paulo: Boitempo, 2004, p. 39: "Se o que é próprio do estado de exceção é a suspensão (total ou parcial) do ordenamento jurídico, como poderá essa suspensão ser ainda compreendida na ordem legal? [...] E se, ao contrário, o estado de exceção é apenas uma situação de fato e, enquanto tal, estranha ou contrária à lei; como é possível o ordenamento jurídico ter uma lacuna justamente quanto a uma

-nos um exercício estéril (e vagamente escolástico), no qual *a árvore* (do direito) *esconde a floresta* (do poder). Deveríamos pensar o estado de emergência permanente no plano exclusivo de sua relação com o direito, no de sua redução (direito de "crise") ou no de sua suspensão fundadora de uma nova ordem jurídica, se ele deixou de ser um *ato de governo* – decretando, em vista de "circunstâncias excepcionais", um período em que o exercício da lei se dá com "plenos poderes" *não enquadrados pela Constituição* – e tornou-se um *princípio constitutivo da governamentalidade*? Ninguém contesta que o estado de emergência possa (e deva) evoluir de forma jurídica para instituir um estado intermediário que permita "tomar, por certo tempo, medidas excepcionais, sem ter de recorrer ao estado de emergência ou comprometer o exercício das liberdades públicas".[2] Em nosso entender, porém, essa inserção do estado de emergência na ordem constitucional mostra outra coisa: *o tempo dos plenos poderes deu lugar a um espaço pleno de poderes* que é necessário interrogar como tal. O "vácuo jurídico" é provavelmente impensável para o direito (tal como o concebe Agamben),[3] embora não para uma prática do poder que, segundo ensina Foucault, incessantemente o contorna e passa ao largo da forma de soberania jurídico-política do poder e do Estado.

Nessa perspectiva, o que entrou em operação, "quase sem interrupção, a partir da Primeira Guerra Mundial, por meio

---

situação crucial?". Segue-se que "a tarefa essencial de uma teoria não é apenas esclarecer a natureza jurídica ou não do estado de exceção, mas, principalmente, definir o sentido, o lugar e as formas de sua relação com o direito" (p. 80).

2 Segundo a declaração do presidente francês diante do Parlamento, reunido em Congresso em Versalhes, em 16 de novembro de 2015. O que outrora foi chamado de "alegado" estado de emergência passou, com isso, a ser instituído em longa duração, nos mesmos moldes do Patriot Act americano promulgado por Bush em 26 de outubro de 2001, após os atentados de 11 de Setembro. Essa suposta alegação é, em si, uma ficção *e, "para si", uma ficção jurídica.*

3 G. Agamben, *Estado de exceção*, op. cit.

do fascismo e do nacional-socialismo, até nossos dias",[4] é menos o estado de exceção que a afirmação da *máquina de guerra do capital*, da qual o estado de emergência é meramente um dispositivo. A partir da Primeira Guerra Mundial/total, o Estado e a guerra tornaram-se componentes de uma máquina capitalista que impôs a eles uma transformação radical das suas funções e relações tradicionais. Os modelos de organização científica do trabalho, o modelo militar de organização e de conduta da guerra penetram a fundo o funcionamento da política do Estado, reconfigurando a divisão liberal dos poderes, enquanto, ao contrário, a política, não mais do Estado, mas do Capital, impõe-se à organização, à conduta e às finalidades da guerra.

A nova máquina de guerra do Capital implica uma imbricação entre poder civil e poder militar, entre a guerra e a política, que tende a torná-los indiscerníveis. No que diz respeito ao Estado, trata-se de uma reconfiguração da divisão de poderes que privilegia, progressivamente, o poder Executivo em detrimento dos poderes Legislativo e Judiciário e que produz uma transformação profunda das funções administrativas e governamentais, que se traduz na promulgação quase cotidiana de leis, decretos e ordenações, de maneira bem mais eficaz que as intervenções pontuais do estado de exceção. Este último é apenas uma das expressões do fortalecimento do poder Executivo sob a impulsão de seu controle capitalista, que, nas novas dimensões da economia-mundo determinadas pela Primeira Guerra Mundial, constitui a condição necessária para que o "governo" possa intervir de maneira eficaz nos dois fluxos estratégicos do Capital, a saber, a *moeda* e a *guerra*.

A rapidez das intervenções e a eficácia das decisões requeridas pelos *fluxos de moeda financeira* e pelos *fluxos de guerra* introduzem uma nova constituição material, em que o poder Executivo, para absorver grande parte dos poderes Judiciário e Legislativo, adota um duplo modelo de organização e de comando: o do *exército militar* e o da *organização científica do trabalho*. De tal modo que, agora, o governo se configura

---

4   Ibid., p. 131.

317

como um poder "político-militar" adjacente ao "complexo militar-industrial".

O Capital se apropria da guerra começando por transformá-la em "guerra industrial", depois em "guerra em meio à população". Esta última, em que concentraremos a nossa atenção, é definida por seus teóricos estrategistas como "antítese" da "guerra industrial", que perdurou ao longo do século XX (ao menos em parte: a "corrida armamentista" da Guerra Fria), e isso a despeito de sua inadaptabilidade às novas condições de conflito ("outros tipos de inimigo, em conflitos de natureza diferente"). As novas condições e as "novas ameaças" fazem da "guerra em meio à população" o dispositivo de controle e de governamentalidade mais adequado à nova composição da força de trabalho mundial, ligada à internalização/externalização do mercado-mundo (a globalização do capital humano, a linha de montagem global).

O novo paradigma implica a integração do político à guerra, de um modo bastante específico, que pode ser definido, na locução de Foucault, como *governamentalidade das populações* – desde que respeitadas as seguintes condições: 1) ao contrário do que postulam a fortuna crítica de Foucault, a guerra não foi excluída das relações de poder, mas passou a moldá-las; 2) a governamentalidade da guerra não é exercida sobre *a* população, mas *sobre* e *através de* suas divisões. O objetivo da guerra é a produção e a reprodução ampliada de divisões na população: de classe, de sexo, de raça e de subjetividade. O paradigma *da* "guerra *em meio à* população" expressa, assim, do ponto de vista das novas formas de militarização/concentração de poder, a concepção e a organização das *guerras nas populações* de que depende a segurança da produtividade do capital. Ou ainda: a multiplicidade de *guerras contra populações* é o "espaço" dessa guerra que supostamente não deveríamos ver na "guerra em meio à população", cuja primeira teorização – no contexto francês das lutas anticoloniais e das guerras revolucionárias arbitradas pela Guerra Fria – foi apresentada como "guerra no meio social". Em um artigo com esse título, o general Jean Nemo explica que podem emergir "ilhotas de combates no território como um todo", pois "o front é, na verdade, determinado menos por uma fronteira do que pelo plano horizontal que corta a opinião, desenhando curvas de nível". Por isso, é necessário preparar a guerra em meio à população em todos os níveis, mesmo nos extratos mais modestos, pois "é um trabalho que se aplica diretamente à massa humana".[5]

O término do processo de concentração de poderes se realiza no neoliberalismo, quando o "governo" e suas administrações passam a *executar* as estratégias do capital financeiro. O processo de total subordinação do Estado e da guerra ao capital é resultado da intensificação da financeirização, quando esta se sobrepõe a todas as mediações / regulações político-econômicas a que estivera submetida desde os acordos de Bretton Woods. (É o que se dá na sequência dos anos 1971–73, marcados pelo fim da convertibilidade do dólar em ouro e pela adoção de um regime de "trocas flutuantes" em função *apenas das forças do mercado*). O verdadeiro poder Executivo não vem da vontade do povo, da Nação ou do Estado, mas das instituições financeiras, que progressivamente o reconstruíram em seu benefício. Não esqueçamos a advertência de Foucault: o neoliberalismo se situa "sob o signo de uma vigilância, de uma atividade, de uma intervenção permanente",[6] que se concretiza na instrumentalização de um Estado forte (é o que Philip Mirowski chama de "doutrina da dupla verdade" do neoliberalismo). Do mesmo modo, a completa subordinação da guerra aos objetivos do capital adquire forma definitiva no fim do século xx, quando o esgotamento da guerra interestatal dá lugar ao paradigma a um só tempo exclusivo e inclusivo da guerra – ou melhor, *das guerras – no seio das populações*, criando assim um *continuum virtual-real* entre as operações econômico-financeiras e um novo tipo de operação militar, que não mais se restringe à "periferia".

Propomo-nos a analisar e intercruzar esses dois processos diferentes e complementares, cuja lógica não é do estado de

---

5 General Jean Nemo, "La Guerre dans le milieu social", *Revue de Défense Nationale*, maio 1956.

6 M. Foucault, *Nascimento da biopolítica*, op. cit., p. 182.

exceção, mas da organização da máquina de guerra do capital, processo que compreendemos como uma "revolução organizacional" da *governamentalidade do capital*.

12.1 O Executivo como dispositivo "político-militar"

A fim de analisar a reconfiguração do modo de atuação do Executivo e de suas administrações, vamos nos concentrar na França. Pois, embora esse país faça parte de um processo geral, é embalado por uma ilusão, bem sua, da afirmação da grandeza do Estado e dos valores da República e da Nação, que teria chegado ao ápice na 5ª República. E, no entanto, a perda da soberania do Estado-nação, sua subordinação incessante às políticas econômicas e financeiras, a redução do Parlamento e da "representação nacional" à condição de capacho do poder Executivo e a governamentalidade de guerra da população que as instituições exercem sobre as divisões desta derivam de mecanismos que existem desde bem antes dos anos 1970. Para compreender a origem dessas mudanças, é preciso retornar à Primeira Guerra Mundial, e à estratégia, que então começa a se desenhar, de apropriação do Estado e da guerra pelo Capital.

O quadro jurídico-político não permite apreender a maneira como a máquina de guerra do Capital reconfigura as modalidades de organização, de comando e de tomada de decisão pelo governo e pela administração do Estado. Seu modelo é a cadeia de comando da nova administração de empresas (taylorismo) da guerra. Apenas a evolução paralela da *empresa*, do *exército* e do *governo* poderia dar conta de um processo que se deixa resumir assim: a guerra industrial afirma o papel do poder civil no universo militar; terminada a guerra, essa experiência de hibridização entre o civil e o militar "retorna" à maneira de pensar e de efetuar as funções de poder do governo.

Analisamos longamente a natureza da guerra industrial ou total. É suficiente aqui encadear algumas observações sobre sua gestão, recorrendo para tanto a uma obra recente de Nicolas Roussellier. A gestão concerne não apenas à "condução de operações" militares, mas, sobretudo, como afirma ele, à "condução da guerra em todas as suas dimensões, econômica, financeira, de comunicação, de gestão da população. São os governos, e não os comandos militares, os mais aptos a mobilizar a nação e a população". Trata-se mais de uma "guerra feita pelo governo" do que de uma "guerra feita pelo exército", pois o conhecimento e a gestão dos recursos a serem mobilizados pertencem ao poder civil. "A guerra é, doravante, uma 'guerra profunda', da população, do trabalho, da indústria e da opinião, mais do que a projeção de um destacamento armado da nação". A guerra industrial depende de uma reconfiguração do poder Executivo que não termina com a suspensão das hostilidades. "Aprendendo a dirigir-se a uma nação em guerra, o Executivo abriu caminho para um 'retorno' do militar no interior da própria definição da natureza e das funções do poder político." O retorno da conduta de guerra no interior da maneira de conceber e organizar o poder Executivo abre caminho para que seja pensado e organizado um "Executivo de natureza político-militar",[7] ou político-militar-industrial.

A condução da guerra integra as técnicas disciplinares e as técnicas de segurança. Um modelo hierárquico e *disciplinar* da organização e da gestão dos homens, um modelo de *segurança* na gestão da guerra como sequência de acontecimentos imprevisíveis (as "brumas da guerra", de que falava Clausewitz). É preciso, portanto, reunir o modelo da *administração industrial* – posto que a guerra constitui um vasto "processo de trabalho" (Jünger) cuja logística diz respeito à sociedade como um todo – ao modelo da *intervenção de segurança*, que, à diferença da planificação industrial, tem de levar em conta o fato de que a guerra é uma "ação", arriscada, imprevisível e que requer, nessa medida, a produção de estratégias inventivas de ataque/resposta, permeadas por uma constante disposição à adaptação (a guerra é, propriamente dizendo, "ação

---

7 Nicolas Roussellier, *La Force de gouverner: le pouvoir exécutif en France, XIXᵉ–XXIᵉ siècles*. Paris: Gallimard, 2015, pp. 346–48.

321

sobre uma ação", "ação recíproca", daí sua programação sempre aleatória).

Com a suspensão das hostilidades, a emergência recai sobre a reconstrução e se torna econômico-financeira. A gestão da moeda, em particular, requer, como o governo da guerra total, poderes centralizados que tomem decisões rápidas e eficazes. Assim como nos primórdios da história do capitalismo, reencontramos exatamente os mesmos fluxos de desterritorialização – o exército e a guerra de um lado, a moeda de crédito de outro, forças constituintes de uma nova fase de seu desenvolvimento.

O pós-guerra não traz uma inversão do processo de concentração de poderes no Executivo em detrimento do Legislativo e do Judiciário, mas, ao contrário, sob pressão econômica (e principalmente financeira), sua aceleração. Isso introduz um elemento novo no debate transversal entre instituições estatais.

A reorganização do funcionamento do governo, juntamente com a organização do exército, toma como modelo a organização científica do trabalho, tal como introduzida pelo taylorismo. A homogeneidade entre a organização do exército e a organização da produção foi apontada por Marx e é confirmada a cada nova fase da estratégia do Capital. O governo e a administração devem estar submetidos às leis e às regras que regem a empresa capitalista. "O governo, considerado uma máquina, deverá, doravante, dar conta de seu 'rendimento'. Situa-se à frente de uma 'produção' cuja cadência lhe cabe assegurar. Como disse Alexandre Millerand após o fim da guerra, 'cabe organizar o governo tendo em vista o plano e o modo industriais'. O governo se torna uma fábrica de leis, de decretos e de regulamentações."[8]

Para dar conta do funcionamento da "máquina de fabricar leis" que o Executivo se tornou sob os auspícios da finança e da guerra, Carl Schmitt adota duas expressões em voga na República de Weimar: "legislador motorizado" e "motorização crescente da máquina de legislar". A Primeira Guerra Mundial, explica ele, contribuiu para "acelerar e simplificar

---

8   Ibid., p. 414.

continuamente o procedimento legislativo, abreviar progressivamente a gênese dos textos das leis e restringir cada vez mais o papel da ciência jurídica".[9]

Se a guerra impõe uma alteração à divisão de poderes, privilegiando o Executivo, por exigir uma eficácia que o Parlamento não tem, a crise econômica, principalmente a financeira, é, de sua parte, sinônimo de uma iniciativa e de uma reação tão velozes que induzem o governo a substituir por decretos as leis que teriam de passar pelo exame do Parlamento. "Mas essa 'motorização' de uma lei que se torna simples decreto não constitui ainda o ponto culminante do processo de simplificação e aceleração legislativa: novas acelerações se darão com a organização do mercado e do dirigismo econômico, de escritórios, associações e outros." Após o decreto vem a ordenação, que expressa bem a próxima etapa de centralização e de esvaziamento da representação parlamentar. "Se o decreto é uma 'lei motorizada', a ordenação pode ser considerada como um decreto motorizado."[10] Schmitt compartilha com Weber a ideia de que o Estado moderno se tornou, sob diversos aspectos, uma grande fábrica.

A Primeira Guerra foi mundial por ter produzido os mesmos efeitos em todo lugar. A necessidade de métodos de ação política mais rápidos e mais eficazes foi sentida em todos os países envolvidos no conflito. Na Itália, a intervenção do Estado na guerra, "desejada e sustentada por todos os banqueiros e industriais", obedeceu, igualmente, a uma marginalização do poder Legislativo, a uma centralização do Executivo e ao reforço da máquina de guerra do Capital. À medida que o Estado ampliou sua intervenção na economia de guerra, estreitaram-se as relações entre esta e a finança, que garante para si "um controle direto, imediato, do aparelho de governo, que foi assim subtraído ao controle parlamentar. Impôs-se a neutralização das instituições democráticas, e surgiu a necessidade de uma profunda mutação do

---

9 C. Schmitt, "La Situation de la science juridique européenne" [1950], in *Machiavel-Clausewitz*. Paris: Krisis, 2007, p. 185.
10 Ibid., p. 189.

regime político".[11] O esvaziamento da representação nacional foi obtido por via administrativa e política muito antes que o fascismo liquidasse as liberdades democráticas.

O modelo de organização da atuação "motorizada" do governo e da administração é fornecido pelo taylorismo, que não deve ser confundido com um prolongamento ou refinamento dos métodos de produção da fábrica de alfinetes mencionados por Adam Smith. O taylorismo *é* uma nova modalidade de comando. "O verdadeiro ponto de impacto do taylorismo não é a técnica, é a *organização* do poder."[12]

O debate e a batalha políticos não dizem mais respeito à alternativa entre monarquia e república, eles são permeados e ditados pela "análise científica do *fato* governamental". Esse processo se inscreve mais na *linguagem da técnica* do que em um domínio constitucional qualquer, pois a administração permite, precisamente, contornar o quadro jurídico-político que permanece sendo o do Estado de exceção de Schmitt e Agamben. "Se a 'reforma governamental' se coloca, assim, sob a égide da técnica, é também porque ela recebe a influência da nova teoria da 'administração científica' do trabalho."[13]

Na França, o debate se desenrola sob a dupla influência de Taylor (traduzido em 1907) e de Fayol. Para este último, o problema é tornar científica não tanto a organização do trabalho, mas sua direção e administração, que reúnem diferentes funções: programação, organização, comando, coordenação e controle. Explica-se abertamente que o crescimento da fábrica industrial exige o reforço das funções administrativas de comando. Estas se destacam e *se sobressaem* das funções clássicas de produção, de comercialização e de gestão contábil, produzindo um novo tipo de funcionários, os *managers*, "encarregados especialmente da coordenação e da sistematização do conjunto de técnicas utilizadas no seio da empresa".[14]

---

11 Pietro Grifone, *Il capitale finanziario in Italia.* Roma: Einaudi, 1971, p. 24.

12 N. Roussellier, op. cit., p. 414.

13 Ibid., p. 413.

14 Ibid., 414.

Administração industrial e geral é o título da grande obra de Fayol, esse engenheiro de minas cujo principal mérito consistiu em estender os princípios da administração da fábrica a outros tipos de organização, principalmente a administração do Estado. Nessa época, "seu modelo é apresentado, deliberadamente, como transponível ao âmbito da administração do Estado e à própria organização do governo político".[15]

Paul Virilio estabelece uma forte relação, que ele chama de tecno-lógica, entre o exército, a fábrica e seus *managers*. Ele não restringe a *"military class"* aos oficiais do exército. Sua definição é mais difusa e inclui todos os tipos de *managers*. "Os chamados 'tecnocratas' nada mais são que a própria classe militar. São eles que consideram a racionalidade apenas em termos de eficácia, não importa qual o horizonte. Desconsideram a dimensão apocalíptica do horizonte negativo. Não é problema deles."[16]

Uma nova "classe" de tecnocratas trabalha transversalmente, em diferentes instituições, estatais ou privadas, segundo métodos de administração de empresas, os quais contribuem para aumentar a burocratização. Pois, contrariamente a um preconceito disseminado, a burocratização não é uma característica da administração do Estado, ela é o "produto" de grandes empresas, em especial as americanas, e de sua administração. "Assim como os *managers* científicos são convocados a modificar de uma ponta a outra a organização do trabalho, também os novos governantes serão levados a repensar de uma ponta a outra a concepção do poder Executivo".[17] A revolução gerencial que começa pelo governo se estenderá, em seguida, à administração como um todo. O neoliberalismo se vale dessa tecno-lógica para tornar os dispositivos do *welfare* compatíveis com as regras da empresa financeirizada (*"accountability"*). Contribui assim para redefinir a forma e as funções do Estado, alimentando uma nova

---

15 Ibid., 415.
16 P. Virilio, *Pure War*, op. cit., p. 34.
17 N. Roussellier, op. cit., p. 415.

burocratização cuja denúncia permitirá privatizar novos setores, o que, por sua vez, "conduz unicamente ao aumento de despesas e a uma crescente interferência da infraestrutura das operações".[18]

Essa reforma do Executivo será realizada e se inscreverá na constituição da 5ª República francesa por um general, De Gaulle, que, "guiado pela intenção de restabelecer a arte da guerra, [...] termina por restabelecer a arte de governar".[19] A reforma levada a cabo por esse militar "apresenta-se como uma reforma integral do fato político".[20]

Se a Primeira Guerra Mundial (da qual De Gaulle participou quando era capitão) desnudou a crise de uma modalidade de comando fundada sobre a separação entre a tomada de decisão pelo estado-maior de guerra e sua execução no campo de batalha, "na esfera da política constitucional, a separação entre a legislação e a execução será [igualmente] posta em questão".[21]

A reforma da governamentalidade determina um novo processo de legitimação de *tomada de decisões*, que não é nem "um elemento formal especificamente jurídico"[22] (no sentido schmittiano) nem o "espaço vazio" (na retomada de Schmitt por Agamben) do estado de exceção (tornado permanente e "maleável") como dimensão constituinte do direito.[23]

As ordenações que haviam constituído a "legislação motorizada" da República de Weimar serão retomadas por De Gaulle no período da França Livre. O Executivo, em vez de ser

---

18 Philip Mirowski, "Postface: Defining Neoliberalism" [2009], in P. Mirowski e D. Plehwe (org.), *The Road from Mont-Pèlerin*. Cambridge MA: Harvard University Press, 2009, p. 449, n. 31.

19 N. Roussellier, op. cit., p. 402. O que pode ser lido como uma paráfrase do próprio De Gaulle, que, como se sabe, não tinha muito paladar para "coisas republicanas" – De Gaulle, adversário resoluto da 4ª República.

20 Ibid., p. 391.

21 N. Roussellier, op. cit., p. 404.

22 C. Schmitt, *Théologie politique*, v. 2, cap. 19, apud G. Agamben, *Estado de exceção*, op. cit., p. 56.

23 G. Agamben, *Estado de exceção*, op. cit., p. 78.

limitado estritamente pelo Legislativo, põe este de lado. "A assembleia é portadora de uma 'opinião pública qualificada', mas não participa do processo de decisão."[24] A política não tem de prestar contas "ao povo" por intermédio da Assembleia, como quer a tradição republicana, mas sim ao Estado. Prepara-se assim a passagem ao momento em que ela prestará contas apenas à máquina de guerra do Capital.

O mesmo vale nos sistemas políticos não presidencialistas, como o italiano, em que, após a Segunda Guerra Mundial, o decreto-lei se tornou o meio privilegiado de governo, contornando assim os princípios da Constituição. A República italiana, a exemplo de todas as outras democracias contemporâneas, não é mais "parlamentar", mas, segundo a expressão de Rousselier, "uma democracia *executiva*".

De resto, a 5ª República, por ser um dos sistemas constitucionais que levou mais longe o processo de concentração de poder, permanece presa à história do Estado-nação e de sua soberania. O que deixa de ser o caso com a contrarrevolução liberal dos anos 1970, que organiza um novo modelo de poder em que o Executivo, transbordando, de uma vez por todas, os limites do Estado, constitui uma simples engrenagem, embora absolutamente essencial, do processo de financeirização. Ele não se restringe a acelerar a "motorização da máquina de legislar" e a reduzir o Parlamento à função de consulta e legitimação: dá acabamento à máquina de guerra do Capital. Tal é a chave do *construtivismo* neoliberal, o que o situa para além do mero "descolamento entre a economia de mercado e as políticas de *laissez-faire*" analisado por Foucault.[25]

12.2 A realização da máquina de guerra do Capital

O verdadeiro poder Executivo não é mais o aparelho do Estado, mas um conjunto de instituições transnacionais que incluem os Estados como uma de suas articulações domina-

---

24 N. Roussellier, op. cit., p. 398.
25 M. Foucault, *Nascimento da biopolítica*, op. cit., pp. 181–82.

das pelo capital financeiro. Enquanto reserva o *"laissez-faire"* ao fluxo financeiro, esse governo "de sombras" decide e fixa o nível de emprego, de salários, de despesas públicas, a idade e o montante das aposentadorias e as taxas de impostos etc. das diferentes categorias de população. Os poderes Executivos nacionais limitam-se a executar e a fazer valer as diretivas e decisões dos centros de comando globalizados. Destituído de sua forma clássica de "soberania", o Estado-nação é reduzido à reterritorialização da *economia-mundo da dívida* (que ele administra e *gerencia* bem ativamente). Desnecessário acrescentar que a exceção é o governo americano, que não é um Estado-nação (em sentido clássico), mas um Estado imperial que redefiniu seus "interesses nacionais" em termos de defesa e extensão do *global capitalism* e que governa a axiomática da economia-mundo da dívida por meio da dominação das instâncias transnacionais que ele mesmo fundou.

Uma abordagem inicial da nova natureza e das novas funções mescladas da guerra e do Executivo (uma *guerra executiva?*), como componentes da máquina de guerra do Capital financeiro, é fornecida pelo livro, publicado em 1999, de autoria de dois coronéis do exército chinês, Qiao Liang e Wang Xiangsui, e intitulado: *Unrestricted Warfare*. Após a Guerra Fria e a reativação da rivalidade entre a China e os Estados Unidos, os autores concebem a atividade financeira como uma "guerra não sangrenta" cujos efeitos são comparáveis aos de uma "guerra sangrenta". A finança integra-se assim a uma estratégia de *guerra não convencional*, renunciando, ao mesmo tempo, à "guerra popular" e à "guerra tecnológica" para com isso fazer frente à supremacia americana. Em uma entrevista concedida um ano depois da publicação do livro, Qiao Liang retoma a tese principal do livro e, pondo-a em termos mais diplomáticos, chama a atenção para a importância das "operações não militares", dentre as quais é preciso incluir "guerras comerciais, guerras financeiras etc.".

Hoje, constatam eles, os fatores que mais ameaçam a segurança "nacional" não são tanto as forças militares de um Estado inimigo quanto os "fatores econômicos, como a apropriação de recursos, a captura de mercados, o controle de capitais, as sanções comerciais".[26] Tal mudança de paradigma obriga a reconhecer que os danos causados pelos novos "exércitos não militares" podem ser tão grandes quanto os produzidos pelos "exércitos militares". Os autores insistem em particular sobre as finanças, pois são o meio mais eficaz para produzir insegurança em um país ou no planeta como um todo. "Se compararmos, em termos de queda do índice de segurança nacional, a situação da Tailândia e da Indonésia, que tiveram, em alguns meses, uma desvalorização da moeda de dezenas de pontos percentuais e uma quase falência econômica, com a situação do Iraque, que sofreu ataques militares e embargo econômico, tudo indica que não há grande diferença na situação desses países."[27] Por essa mesma razão, não são simples metáforas os termos "guerra", "guerra colonial", "ocupação", "mandato colonial" etc., utilizados para redefinir o conflito entre a Grécia e as instituições financeiras transnacionais.

À medida que os meios de constrangimento se diversificaram, tornando-se econômicos, diplomáticos, sociais, culturais, os Estados perderam o monopólio da violência e de seu uso... Os efeitos da guerra podem, assim, ser perseguidos e realizados por meio de múltiplos dispositivos, dentre os quais a violência financeira é, certamente, o mais eficaz, pois seus efeitos desestabilizam a sociedade como um todo, diferenciando, ao mesmo tempo, seus efeitos. O modo de condução da guerra, por sua vez, deixa de ser uma questão exclusiva dos militares: "Tudo indica que a guerra deixou o domínio das armas e das questões militares e se tornou um problema de políticos, de cientistas e, até mesmo, de banqueiros. As guerras não dependem apenas de sangue, e os meios de conduzi-las não são unicamente militares. A economia, e principalmente a economia financeira, pode muito bem substituir os meios militares e ocasionar uma 'guerra não sangrenta'".[28]

---

26 Qiao Liang e Wang Xiangsui, *La Guerre hors limites* [1999]. Paris: Payot & Rivages, 2006, p. 168.
27 Ibid., p. 170.
28 Ibid., p. 299.

(Alguns anos depois, o general Rupert Smith evitará ciosamente esse terreno. Mesmo assim, ele confirma que a nova identidade da governamentalidade e da guerra implica a reversibilidade das intervenções econômicas, políticas, militares e *humanitárias*: "No novo paradigma [de guerra] [...], as operações militares modernas devem ser geridas, na prática, como uma atividade de Estado entre outras".)[29]

Quando se debruçam em particular sobre o funcionamento da *estratégia financeira*, incluindo aí o que não hesitam chamar de *"terrorismo financeiro"*, nossos dois oficiais chineses são levados a construir um modelo de máquina de guerra do Capital especialmente propício à apreensão da natureza do poder Executivo transnacional contemporâneo e da nova realidade da guerra. Explicam eles que o governo da economia-mundo se tornou uma "complexa malha, sem a menor descontinuidade entre diferentes níveis e diferentes instituições. O modelo de governo conjuga 'Estado + [nível] supranacional + multinacional + não estatal'".[30] O exemplo da crise asiática de 1997, com ataques especulativos dirigidos de início contra a Tailândia e estendendo-se em seguida ao conjunto dos países do Sudeste Asiático, engendrando em seu rastro pacotes de "reformas estruturais", permite listar seus atores: os Estados Unidos, a saber, único Estado que pode ser "representado" por sua onipresente instituição financeira (o Federal Reserve); o FMI e o Banco Mundial (instituições transnacionais); os fundos de investimentos (multinacionais privadas); Standard and Poor's, Moody's etc. (instituições de avaliação não estatais).

O poder Executivo *real* representa a identidade *realizada* entre a economia, o político e o militar que transforma profundamente "o aspecto e o resultado da guerra, e mesmo a natureza militar da guerra, que desde a Antiguidade permanecera inalterada",[31] para instituir o exército "hiperestratégico" da guerra financeira. A máquina de guerra que

---

29 Rupert Smith, *L'Utilité de la force: l'art de la guerre aujourd'hui.* Paris: Economica, 2007, p. 281.
30 Q. Liang e W. Xiangsui, op. cit., p. 257.
31 Ibid.

resulta não é, *por definição*, uma instância de regulação, mas um poder de programação e execução da nova guerra civil que certos militares (sir Rupert Smith entre eles) analisarão como uma "guerra no seio da população" [*a war amongst the people*]. Esse novo tipo de poder Executivo e de máquina de guerra pôde ser observado em ação, em sua versão "não militarizada", durante a crise da dívida grega. As instituições europeias, o FMI e o Banco Central Europeu não tiveram de responder pela arbitrariedade e pela violência de suas *decisões* nem aos povos nem aos Estados, apenas às instituições financeiras transnacionais, hoje o principal vetor de multiplicação de *guerras "civis" contra as populações*.

Se, ao longo do século XX, o processo de subordinação dos poderes Judiciário e Legislativo ao poder Executivo aprofundou-se progressivamente, o que vemos hoje é a outorga do conjunto dos poderes do Estado ao novo poder Executivo transnacional. Ainda segundo Qiao Liang e Wang Xiangsui, o resultado da globalização capitalista "é que, com a redução de tudo ao espaço do campo de batalha em sentido estrito, o mundo inteiro [foi transformado] em um campo de batalha em sentido amplo. [...] Os armamentos tornaram-se mais modernos, e os meios, mais sofisticados. Um pouco menos de sangue é derramado, mas a brutalidade permanece a mesma".[32] Com a *extensão do domínio da guerra*, que estabelece um *continuum* entre guerra, economia e política, combinam-se as estratégias horizontais (multiplicação e difusão de centros de poder e decisão) e verticais (centralização e estrita subordinação desses centros e dispositivos de poder e decisão à lógica da "maximização do valor para os acionistas").

Antes de encerrar este novo tratado da guerra, façamos duas reflexões. A primeira, uma verificação da hipótese inicial deste livro: os dois fluxos por meio dos quais definimos a força de desterritorialização do capital que opera desde o início da acumulação primitiva, a saber, a moeda e a guerra, *sobrepõem-se perfeitamente* na globalização capitalista contemporânea. A finança tornou-se um exército não militar que

---

32 Ibid., p. 298.

permite a condução de "guerras não sangrentas" cujos efeitos são tão devastadores quanto os das "guerras sangrentas". A guerra deixou de ser a política perseguida por meios sangrentos, a política do Capital é a continuação da guerra *por todos os meios de que sua máquina de guerra dispõe*. A segunda reflexão: a rainha das "crises", que é a crise financeira, a partir da qual se abrem e se encadeiam, no ciclo econômico clássico, as crises de produção e as de comércio, cola sua identidade à da própria "guerra". A guerra ocupa, assim, o lugar da "crise" que ela mesma subsumiu. No ciclo concebido por Marx, a contradição entre a "produção pela produção", que leva ao desenvolvimento total das forças produtivas, e a "produção pelo Capital", em nome do lucro e da propriedade privada, determina crises violentas que *podem* desembocar em guerras. Na situação atual, *a crise é indistinguível do desenvolvimento e também da guerra*. Em suma: *a crise não se distingue do desenvolvimento da guerra*. Por isso, a fenomenologia do conceito de guerra deve remeter não à guerra interestatal, mas a uma nova forma de guerra, transnacional, inseparável do desenvolvimento do Capital e que não se diferencia mais das políticas econômicas, humanitárias, ecológicas etc.

Essa definição da finança como "guerra não sangrenta que recorre a meios não militares" parece-nos bem mais realista e politicamente eficaz que a proposta pela teoria econômica heterodoxa, que compreende a finança como "uma nova convenção". Não uma convenção que se apresenta como novo avatar do velho "contrato", mas uma estratégia de integração entre economia, política e guerra, num mesmo projeto de *reforço* do capitalismo global. Por conseguinte, e evitando aqui a diferença estabelecida por Foucault entre a ação do governo (Executivo) e os dispositivos de governamentalidade, não se deve negligenciar a questão da relação entre esses dois tipos de instituição. A administração americana começa por semear o monetarismo "anti-inflacionário", inventando novos dispositivos de poder que visam a conter os efeitos políticos do pleno emprego, mas as governamentalidades neoliberais, que se reivindicam como tais (*"the neoliberal thought collective"*, segundo a expressão de Philip Mirowski), serão sustentadas, desenvolvidas e impostas pelos governos Thatcher e Reagan e, antes deles, pela ditadura fascista de Pinochet, empenhado na desnacionalização / privatização / desregulamentação da economia.[33] Sem essa intervenção "governamental", não haveria uma contrarrevolução capitalista efetiva como resposta político-disciplinar à crise social do "capital humano" por meio dessas novas formas de governamentalidade (da guerra e pela guerra civil) impostas pela expansão explosiva da finança.

A máquina de guerra contemporânea do capital financeiro persegue a "colonização" do Estado, que ela molda à sua imagem, determinando não apenas a empresa, mas também a administração. Simultaneamente, os "governos" logo se tornam verdadeiros agentes dessa colonização administrativa, espaços de elaboração, controle e imposição da maioria das técnicas de "governamentalidade".

A gestão da administração contemporânea encontra seu modelo na economia. Mas, à diferença do período entreguerras, ela é diretamente determinada pela finança e não mais, como antes, pela organização científica do trabalho, como no capitalismo industrial. A empresa e a administração são reestruturadas a fim de maximizar o valor em benefício dos acionários e em detrimento de todos os outros sujeitos econômicos (trabalhadores, consumidores, usuários de serviços públicos, contribuintes etc.).

Poderosa alavanca de reforma do Estado, a Lei Orgânica Referente às Leis de Finanças (Loi Organique Relative aux Lois de Finances – LOLF) desencadeia na França um processo de transformação radical das regras orçamentá-

---

33 É a base do plano El Ladrillo, elaborado em 1973 pelos membros da Faculdade de Economia da Universidade Católica do Chile, associada, desde 1956, à Universidade de Chicago. O plano recomendava uma terapia de choque inspirada em Friedman e recebeu apoio entusiástico do FMI quando de sua implementação, em 1975. A Constituição chilena de 1980, inspirada pela Constitution of Liberty, de Hayek, reconhece a necessidade de um Estado forte para garantir a livre iniciativa e o mercado. Ver K. Fisher, "The Influence of Neoliberals in Chile before, during and after Pinochet", in *The Road from Mont-Pèlerin*, op. cit.

rias e contábeis do Estado em função da financeirização. A expansão desta última leva à supressão de todo resquício de democracia nas instituições estatais. Isso que se chama, com alta dose de hipocrisia, de "crise do modelo de democracia representativa", tem a mesma genealogia e segue o mesmo calendário que o processo de concentração de poderes do Executivo, iniciado a partir da Primeira Guerra Mundial. De fato, é a partir dos imperativos da guerra total que a representação nacional e o "debate democrático" entre representantes do povo serão progressivamente marginalizados, não lhes restando outro papel além da encenação televisiva da era do Executivo financeiro.

Destaque-se que a generalização do sufrágio universal coincide com sua neutralização, em um processo que tende a reduzir os parlamentos eleitos a simples instituições de legitimação do Executivo "motorizado". Jacques Rancière descreve esse sistema democrático-liberal como compromisso entre um princípio oligárquico (o povo delega seu poder aos representantes das forças econômicas, financeiras etc.) e um princípio democrático (a redução do poder de todos ao mero exercício eleitoral). Nicolas Roussellier propõe uma definição de democracia que também parece pertinente, por corresponder ao seu funcionamento real: a "democracia executiva", que compreendemos como a articulação institucional da máquina de guerra do Capital. Para que possa, porém, permanecer como a expressão de políticas nacionais de modernização, essa "democracia executiva" é, por sua vez, completamente superada por novas instituições de guerra da globalização, às quais se submete de corpo e alma: é a receita da França de François Hollande.

12.3 As guerras no seio das populações

A máquina de guerra do Capital introduziu na condução da guerra sua política (a ordem financeira e a governamentalidade dessa ordem) em dois registros diferentes: a guerra industrial e a "guerra no seio das populações".

O processo de integração da guerra não mais nas estratégias do Estado, mas nas do Capital, modifica a natureza e as funções da própria guerra. É a tese da indistinção entre a economia e a guerra, sustentada pelos estrategistas chineses em sua análise da "crise financeira asiática" de 1997. Uma nova reviravolta ocorrerá, graças à reflexão acerca das razões do fracasso da superpotência militar americana nos conflitos do início do século XXI. A visão sistêmica do funcionamento da guerra, desenvolvida pelos oficiais chineses, dá lugar aos imperativos da "guerra no seio das populações", guerra de nova natureza que instaura uma *guerra de subjetividade*. Põe-se agora a questão do "papel essencial do fator humano" (*human terrain*, em inglês) em uma "guerra irregular" que se torna a forma regular da guerra —[34] e a guerra de divisão de/na população.

Um primeiro modelo para compreender essa guerra foi proposto por Gregory Bateson, que cunhou o termo "esquismogênese". Desenvolvendo-se em um contexto colonial de que o próprio Bateson participou ativamente com seu trabalho etnográfico, alimentada pela "negação do Império" na era pós-colonial, acelerada pela atuação de guerrilhas rurais e operações em zonas urbanas, que são, por essência, centradas na população, a "esquismogênese" adquire a figura da "proteção da população" para impor a revisão doutrinária da ação militar com a extensão do domínio da contrainsurreição à totalidade dos fronts, tanto externo como interno. O ambiente estratégico permite a identificação de uma "era de conflitos persistentes" que levam à priorização das "operações de estabilização", para assim intensificar a empreitada de colonização sistemática com o prolongamento da guerra de acumulação primitiva como operação de polícia transnacional. Também nesse sentido a máquina de guerra do Capital expressa a verdade trans-histórica de seu processo como um todo: aquele do capital identificado com um imperialismo liberal que só pode se apoiar no "direito internacio-

---

34 Ver Vincent Desportes, *Le Piège américain: pourquoi les États-Unis peuvent perdre les guerres d'aujourd'hui*. Paris: Economica, 2011, p. 259.

335

nal" ao militarizar todas as suas operações de "polícia", como tantas guerras de "pacificação" no seio das populações.

O fim da Guerra Fria traz consigo o esgotamento da "guerra industrial" que dominou a cena do século XX, substituindo-a por um novo paradigma, posto como "antitético" a ela e que dois generais, o inglês sir Rupert Smith, com uma impressionante folha de serviços,[35] e o francês Vincent Desportes,[36] definiram como "guerra no seio das populações".

As condições de possibilidade da guerra industrial foram *factualmente* neutralizadas pela bomba atômica, que tornou possível uma primeira *desmassificação estratégica* do contingente dos exércitos. Mesmo assim, foi preciso esperar pelo fracasso das guerras neocoloniais dos Estados Unidos, após a queda do Muro de Berlim, para que se tivesse a prova definitiva da impotência da "guerra industrial" em face das novas modalidades de conflito em condições socioeconômicas de globalização.

As sucessivas reestruturações do exército americano – RMA (*Revolution in Military Affairs*), *transformação* que privilegia a inovação em todos os domínios e em todo o espectro das operações; e ID e NCW (*Information Dominance* e *Network-Centric Warfare*, a guerra digital "centrada em rede"), que introduziram o conceito de O³ (pronunciado "O ao cubo"), em referência a *onisciente, onipresente, onipotente* –, que haviam dado aos Estados Unidos a ilusão de uma tradução imediata da supremacia tecnológica em supremacia estratégica, foram todas concebidas com base no paradigma da "guerra industrial" e

---

35 Sir Rupert Smith foi comandante, em diferentes postos, de campanhas na Ásia, na África, na primeira Guerra do Golfo, na Bósnia, na Irlanda do Norte etc. e encerrou a carreira como vice-comandante em chefe das forças aliadas na Europa (1998–2001). A partir de 2006, tornou-se conselheiro do Comitê Internacional da Cruz Vermelha.

36 A guerra no seio da população é parte central do manual FT-01 (*Gagner la bataille, conduire à la paix* [Vencer a batalha, conduzir à paz]), publicado em 2007 pelo Centre de Doctrine et d'Emploi des Forces de l'Armée de Terre Française. O manual foi redigido sob a direção do general Desportes.

de sua informatização administrativa (o modelo Walmart).[37] É a adaptação digital da doutrina americana introduzida a partir de 1945 e lapidarmente resumida por Henry Kissinger: "*A tecnologia, unida às nossas competências administrativas,* deu-nos a capacidade de remodelar o sistema internacional e produzir transformações nos 'países emergentes'".[38] As mudanças organizacionais efetuadas por ela para vencer a batalha do tempo no *cyber*-front do instantâneo apenas deslocaram a "questão" vietnamita, mostrando-se igualmente impotentes em face dos novos "inimigos" que emergiram com a globalização capitalista/pós-comunista colonial: chegaram *para ficar* e impuseram à guerra *sua própria duração.* No Afeganistão (2001) e no Iraque (2003), a "vitória" fácil, facilmente obtida com manobras cinéticas em grande escala (segundo o modelo "adaptado" da primeira Guerra do Golfo), aliada à aplicação maciça de uma força letal "inteligente" (o estágio supremo da guerra industrial como *manifestação* do superpoder americano), não produziu, no entanto, o fim das hostilidades; ao contrário, redundou na sua continuação e mutação até que, por fim, se desse a retirada do exército americano, deixando em seu rastro o desastre de um país tomado pelo caos mais sangrento e pela guerra civil.

Mas, já em 1997, um historiador oficial, Williamson Murray, escreveu no *The National Interest* um artigo de denúncia com título inequívoco: "Clausewitz Out, Computer In", voltando à investida, dois anos mais tarde, no periódico *Orbis*, do Foreign Policy Research Institute:

---

37 Veja a convincente reconstrução arquitetônica da *network-centric warfare* proposta por Noah Shachtman, "How Technology Almost Lost the War: In Iraq, the Critical Networks Are Social – Not Electronic". *Wired*, v. 15, n. 12, 2007. "Se uma empresa como a Walmart puder conectar o mundo inteiro e se tornar mais eficaz, as forças norte-americanas também poderão fazê-lo." O modelo Walmart foi proposto no manifesto de Arthur K. Cebrowski e John J. Garstka, "Network-Centric Warfare: Its Origin and Future"; jan. 1998, de onde retiramos a frase que abre este capítulo.

38 Henry Kissinger, *American Foreign Policy: Three Essays* [1969]. New York: W. W. Norton, 1974, p. 57.

Parece haver, em particular nas forças aéreas, um retorno a essa abordagem mecanicista, cientificista, analítica, a mesma que contribuiu para o fracasso no Vietnã [...]. Há dois anos, um oficial de patente elevada do exército anunciava aos estudantes do War College que a "informatização do campo de batalha significa o fim de Clausewitz", ou seja, que a tecnologia dos computadores e da comunicação por modem eliminaria a névoa e a fricção da atuação das forças americanas.[39]

Diante dos impasses decorrentes da hipermodernização do exército americano, o debate passou a se dar em torno das novas condições estratégicas de uma guerra contra inimigos cada vez menos convencionais, em um teatro de operações que deixou de ser estranho às consequências geopolíticas da globalização tecnofinanceira ("o inimigo está mais bem conectado [*networked*] do que nós").[40] Ora, o novo paradigma da "guerra no seio da população" enuncia a *imbricação* entre o civil e o militar, e sua *integração* à máquina capitalista da globalização, que impõe sua governança política em um *continuum* cujos componentes são as próprias formas e variedades de guerra – exceto pela que consiste em travar uma batalha *high-tech* contra um inimigo convencional. É o que explica John Nagl, protegido do general David Petraeus, que o auxiliou de perto na redação do "seu" manual de contrainsurreição publicado em fins de 2006: "O verdadeiro problema da guerra em rede é que ela só nos permite destruir. Ora, no século XXI, isso é uma ínfima parte do que temos a fazer. Ela resolve um problema que não existe – combater um inimigo tradicional qualquer – e em quase nada serve para resolver um problema premente: *como construir uma sociedade quando se está em face de indivíduos que, graças à tecnologia, se tornaram super-*

---

39 Apud Vincent Desportes, *Le Piège américain*, op. cit., p. 137. O artigo de Williamson Murray, "Clausewitz Out, Computer In: Military Culture and Technological Hubris", está disponível em: clausewitz.com/readings/Clause%26Computers.htm.

40 Segundo a tardia constatação do Comando Central americano, encarregado de supervisionar as operações no Iraque; ver N. Shachtman, op. cit.

poderosos".[41] Nunca é demais sublinhar que não se trata, de modo algum, de renunciar à *Information Technology* (IT) que alimenta a guerra centrada em redes (*network-centric warfare*, que é – como o "*phylum* maquínico" faz necessário – irreversível). Trata-se, isto sim, de romper com sua mitologia "fora do solo"[42] e apoderar-se das espirais de retroalimentação *social*, integrando-os, adaptando-os, reterritorializando-os segundo modalidades de envolvimento postas por uma *guerra sem fim* no seio da população. Encontra-se aí o ponto de ruptura em relação à "revolução em assuntos militares", que pretendia concluir a guerra mais rapidamente. O *high-speed continuum's payoff* – para retomarmos o vocabulário *business* dos militares-revolucionários americanos – enuncia-se assim: *pôr fim às guerras*, "eis o objetivo da guerra em rede".[43]

Indiferentes aos arcanos jurídico-políticos do estado de exceção, souberam os militares definir, por conta própria, melhor que os acadêmicos (filósofos, cientistas políticos, sociólogos, economistas), a natureza da iniciativa capitalista às voltas com a necessidade objetiva de repensar a guerra para *manter a segurança mundial*[44] na era do neoliberalismo avançado?

A substituição da guerra industrial pela guerra no seio da população é uma necessidade estratégica do Capital. Enquanto a grande globalização estava territorializada no Estado-nação, a guerra tinha de tomar de empréstimo a forma imperialista de guerra interestatal. Na fase contem-

---

41 Apud N. Shachtman, op. cit., grifos nossos.

42 Em tais condições, em vista da assimetria de forças no solo, a máquina de guerra dos Estados Unidos poderia facilmente *hiperacelerar* o tempo do *business*, submetendo-o a uma verdadeira competição: "No domínio dos negócios, muitas vezes é preciso esperar anos para impor um produto; no domínio da guerra é possível fazê-lo em poucas semanas, se não antes". A. K. Cebrowski e J. J. Garstka, op. cit.

43 Ibid.

44 "A realidade atual é que nos apoiamos em nossas tropas para realizar toda sorte de missões, que têm uma longínqua relação com o combate tradicional, mas são vitais para manter a segurança mundial". N. Shachtman, op. cit.

porânea, o espaço de acumulação é transnacional. As modalidades de envolvimento e execução do conflito serão, por conseguinte, redefinidas menos em função dos Estados do que em relação às populações globalizadas que devem se submeter a essa lógica. Pois a "guerra no seio da população" não se dirige apenas contra os "terroristas e insurgentes". Posta no plural como *guerras contra as populações*, ela é o principal instrumento de controle, normalização e disciplinarização da força de trabalho globalizada. É preciso, portanto, *generalizar* o aforisma que o exército americano dolorosamente reabilitou no Iraque: "*O dinheiro é uma arma*". Com o advento do neoliberalismo, a *Razão do Capital* apoderou-se, como nunca, da divisa dos senadores americanos: "Pensar globalmente, atuar localmente" (*think globally, act locally*: lema que também será retomado pela Attac, com sucesso inconstante).

"Nosso combate é no seio das populações, não no campo de batalha",[45] afirma peremptoriamente o general Rupert Smith. Há que distinguir, portanto, entre guerra no seio da população e guerra assimétrica, pois a assimetria é parte de uma definição de guerra convencionalmente geral e genérica.

> Trata-se de uma realidade nova: a população, qualquer que seja ou como quer que viva, se torna o próprio campo de batalha. As missões militares se desenrolam por toda parte: em presença de civis, contra civis, em defesa de civis. Os civis podem ser alvos, objetivos ou forças hostis. Contentar-se em chamar tais guerras de "assimétricas" é, com efeito, se recusar a admitir a mudança de paradigma. Desde sempre, a "arte" da guerra consistiu em obter uma assimetria em relação ao adversário.[46]

A "ausência de limites" da guerra industrial, a destruição ilimitada se transformam agora no novo paradigma da intervenção sem limites na e contra a população, realizada em nome de "operações de estabilização" como parte de um sis-

45 R. Smith, *L'Utilité de la force*, op. cit., p. 259.
46 Ibid., p. 4.

tema de pacificação global em que a guerra não mais pode ser "vencida". A contrainsurreição centrada na população [*population-centric counterinsurgency*] é sinônimo de *pacificação infinita*.

O inimigo deixou de ser primordialmente o Estado estrangeiro e tornou-se o "inimigo indetectável", o "inimigo desconhecido", um "inimigo qualquer", que se produz e reproduz no interior da população. Essa nova definição de inimigo disperso, disseminado, *pulverizado* (ou seja, *menor*), emerge na literatura militar do pós-68. Na Guerra Fria, o inimigo declarado eram a União Soviética e o comunismo. Bem antes da queda do Muro de Berlim, com a contestação da forma--partido e a emergência de novas forças políticas, de novas modalidades de organização ("segmentadas", "policêntricas" e "reticuladas"),[47] de estratégias de luta e de "secessão", começa a haver referência a um "inimigo qualquer", recuperando-se assim um termo que surgira na literatura da segurança nuclear. A população é o terreno em que a qualquer momento esse inimigo obscuro e nebuloso pode surgir. "Para que o inimigo desponte, é preciso haver população como coletividade. Como um parasita, ele depende de seu hóspede para ser transportado, aquecido, iluminado, informado. Os russos compreenderam esse ponto quando atacaram e puseram abaixo Grósnia, capital da Chechênia, em 1994–95. Para travar uma batalha que tivesse caráter decisivo, tiveram primeiro que deslocar a população."[48]

O general Vincent Desportes chama a guerra contemporânea de "guerra provável", chegando à mesma conclusão que seu colega inglês. À diferença da guerra industrial conduzida pelo Estado, a guerra provável não tem "front" e coincide com a população, da qual jamais se separa o *adversário provável*. "A guerra provável não se dá *entre* as sociedades, mas *dentro*

---

47 SPR, posteriormente SPIN (*segmented, polycentric, integrated network*).

48 R. Smith, *L'Utilité de la force*, op. cit., p. 269. Recorde-se que a segunda guerra da Chechênia foi conduzida como guerra contra o terrorismo.

delas. A população torna-se o ator e fator preponderante [...]. Passando de um modo em que a população constitui a "retaguarda" – em oposição ao front, zona militar por definição –, as forças armadas atuam em seu seio e em referência a ela. As forças militares entraram na era da guerra no seio da população."[49]

A expressão "guerra provável" enuncia com perfeição o funcionamento de uma máquina de guerra que não tem como fim *a* guerra, pois *transforma a paz em uma forma de guerra para todos*. A guerra (em um sentido que não é mais o de Clausewitz) é um meio, dentre outros, da máquina de guerra. A unidade e a finalidade da máquina de guerra não são dadas pela política do Estado-nação, mas pela política do Capital, cujo eixo estratégico é constituído de crédito / dívida. A máquina de guerra continua a produzir *guerras* – incluindo-se aí, ainda que de modo limitado e no mais das vezes indireto, as guerras interestatais –, mas elas são subordinadas ao seu verdadeiro "objetivo", que é "a sociedade humana, sua governança, o contrato social, as instituições, e não, como antes, esta ou aquela província, este ou aquele rio ou fronteira, não há mais linha ou terreno a conquistar ou defender. O único front que interessa às forças envolvidas é o das populações".[50]

A população tornou-se um alvo militar em um sentido novo (e renovado) durante a Segunda Guerra Mundial, quando as cidades europeias e japonesas foram pesadamente bombardeadas e muitas vezes aniquiladas. Mas tratava-se da população do Estado inimigo. No novo paradigma, "ambas as partes se batem no seio da população",[51] que é o único "teatro de operações" de uma multidão de ações de natureza variada, privilegiando-se a "comunicação" (a fim de obter o apoio de um setor diferenciado da população) e o nível "subalterno". "As operações são, portanto, em menor escala, e o efeito global depende da conjunção entre elas. São locais, e, no mais das vezes, taticamente desconectadas, pois a estrutura do novo adversário

---

49 V. Desportes, *La Guerre probable*, op. cit., p. 58.
50 Ibid.
51 R. Smith, *L'Utilité de la force*, op. cit., p. 267.

torna improvável o efeito sistêmico antes estabelecido como parâmetro da guerra."[52]

O conceito de população utilizado pelos generais não tem o mesmo aspecto totalizante e genérico que na economia política, da qual Foucault permanece tributário (pode-se mesmo afirmar que o seu conceito integra, involuntariamente, a crítica de Marx de "população" incorporada nas classes, nos interesses e nas lutas). No novo paradigma da guerra, a população não é "um bloco monolítico. Ela é constituída de entidades fundamentadas na família, na tribo, na nação, na raça, na religião, na ideologia, no Estado, na profissão, na competência, no comércio e nos diversos interesses". A natureza da população não é "naturalmente" econômica, pois as diversas opiniões e interesses podem convergir e adquirir uma "unidade" sob uma direção política outra que não a da "sociedade civil". E, se a população própria do novo paradigma cumpre as condições da relação de poder foucaultiana, não é como alternativa à guerra, mas a partir de seu envolvimento, desde sempre possível, na guerra civil e no que não tardará a ser chamado de "guerrilhas degeneradas". Com efeito, a população pode "sempre se rebelar", e é por esse ato que é considerada "livre". A população se adéqua a "coisas que podem ser classificadas entre 'libertar-se de' e 'liberdade para'. Ela quer se libertar do medo, da fome, do frio e da incerteza. E também quer liberdade para prosperar e agir". A lição é, por certo, colonial, e introduz um corte na longa história da *endocolonização*, à qual está estreitamente associada – mesmo na cena da crise global.

As estratégias militares reconhecem que o adversário vive, que ele se esconde e prospera na população, não somente em liberdade, mas com uma disposição ativa, inventiva, *criadora*, pois "recusar-se a respeitar a existência e a utilidade de sua vontade criadora seria como predispor-se à derrota".[53] Verifica-se, assim, que a guerra no seio das populações é a conceitualização tardia da dinâmica de guerra civil global que

---

52 V. Desportes, *Le Piège américain*, op. cit., pp. 140–41.
53 Ibid., pp. 266–70.

se desenha a partir de 1968 e de todas as lutas (anticoloniais, antirracistas, operárias, feministas, ecologistas) dos anos 1960 que ali se cristalizam. Remete às guerras de sexo, de raça, de classe e de subjetividade – vale dizer, às guerras que constituem a trama do poder do capitalismo desde a acumulação primitiva. Essas guerras de acumulação, que acompanham constantemente seu desenvolvimento, são reconfiguradas durante sua passagem pela enorme socialização da produção e da dominação ocorrida nas duas guerras totais e com o fordismo. A partir de 1968, entramos no que os militares chamam de "era dos conflitos reais, difíceis e *permanentes*".[54] O que não chega a ser uma novidade em si, apenas *para eles e para nós*, devido às novas formas que adquirem.

Que a população não é um bloco homogêneo, mas perpassado por inúmeras fraturas, é o que confirmam as ofensivas lançadas pela contrarrevolução neoliberal em direção à classe operária dos "Trinta Anos Gloriosos", a partir justamente das divisões operadas em linhas de raça (reativação do racismo de Estado), de sexo (feminização da pobreza e de sua exploração – semiescravidão em países do "terceiro mundo"; trabalho informal, trabalho doméstico no exterior, em países "desenvolvidos" ou nem tanto; prostituição por toda parte –, coincidindo, ironicamente, com as campanhas da ONU em prol da emancipação das mulheres) e de classe (deslocamento do terreno de confronto do capitalismo industrial para o capitalismo financeiro).

Renunciando ao conceito de guerra em favor daquele de governamentalidade, os críticos de Foucault dão um passo em falso em relação aos debates estratégicos em que a realidade mais contemporânea do capitalismo é afirmada na perfeita reversibilidade entre a *governamentalidade* da população e a *governança* da guerra. Dito isso, à luz desses textos militares, o opúsculo de Foucault "O sujeito e o poder" (1982), que distingue entre guerra e poder a partir da problematização de sua coexistência, é de uma atualidade flagrante. A governamentalidade é a governamentalidade da guerra que

---

54 V. Desportes, *La Guerre probable*, op. cit., p. 206, grifo nosso.

se tornou *híbrida* pela hibridização entre a "cultura de defesa" e a "segurança", indistintamente locais e globais. A dimensão "da segurança" da governamentalidade foucaultiana é onipresente para esses estrategistas da nova guerra, que, por definição, não seriam capazes de renunciar ao uso da força.

Como o adversário é, por definição, "irregular", o "único modo de intervir é 'controlar o meio', 'controlar o ambiente'" em que a população vive e no interior do qual o irregular cria um nicho. As modalidades de controle e de intervenção das técnicas de segurança (temporárias e eventuais) sobre o *homo œconomicus* descrito por Foucault são homogêneas em relação às técnicas de controle e de intervenção sobre o inimigo irregular e não detectável da globalização capitalista. Vêm à mente, aqui, a "nebulosa de ameaças transversais" e a existência de "zonas cinzentas" (em que o capitalismo concentra as classes precarizadas), regularmente denunciadas na França a partir da década de 1970.

A ação do exército deve consistir menos na identificação e na destruição dos alvos que no controle do território e, notadamente, no da cidade, pois esta última constitui o meio ou o ambiente da população e da pobreza globalizadas. Se no novo paradigma a cidade suplanta o campo como lugar da guerra, não é no sentido de que "se trata de [...] vencer [...] uma guerra na cidade, mas uma guerra no seio das populações na cidade".[55]

Paul Virilio faz uma reflexão importante para a definição de confronto, ao afirmar que o terreno deste não é mais a cidade, são os "subúrbios", as periferias e as *cités*, que formam *subcidades*. Como a cidade clássica não corresponde mais ao desenvolvimento da iniciativa capitalista e da guerra no seio das populações, as "cidades devem morrer", indica Virilio (a crescente "gentrificação" de cidades cada vez mais similares a museus é a mais perfeita ilustração disso). O futuro, como ele explica, será a era do fim das cidades e da extensão indefinida dos "subúrbios": "a derrota da integração urbana em prol de um megassubúrbio. Não de uma megaló-

---

55 Ibid., pp. 61, 64.

pole, mas de um megassubúrbio".[56] É o derradeiro estágio da transformação do perímetro urbano em domínio de intervenção da guerra urbana contra as populações segregadas, onde "domina" o inimigo interno pós-colonial.

Na obra *Dead Cities*, do fotógrafo Guillaume Greff, Jean-Christophe Bailly assina um curto ensaio intitulado "La Ville neutralisé", no qual ele chama a atenção para o que lhe parecem ser duas evidências, extraídas da observação das fotos feitas por Greff do Centre d'Entraînement aux Actions en Zone Urbaine [Centro de Treinamento para Ações em Zonas Urbanas] (CENZUB), instalado pelo exército francês (94º regimento de infantaria) no campo militar de Sissonne (Aisne): "A primeira é o fato de que a própria tipologia da decoração designa tanto (se não mais) um inimigo interno (motim) como um inimigo vindo de fora, e a paisagem que daí resulta é antes de repressão que de guerra propriamente dita. A segunda é que essa decoração, extraordinariamente pobre, que suprime todo estilo e toda ênfase, lembra muito, a ponto de nos enganar, certos fragmentos periurbanos". Na "cidade neutralizada do teatro da neutralização", *a cidade rebaixada torna-se a norma da vida rebaixada.*[57]

A definição de guerra como governamentalidade permaneceria abstrata não fosse sua realidade de instrumento de produção de subjetividade e de meio de controle de condutas. "A destruição chegou ao limite":[58] são os limites da abordagem quantitativa que privilegia a destruição e ignora as "dimensões imateriais". Antes de visar a "destruição", a guerra tem por objetivo as ações, as condutas, a subjetividade do adversário. Para fazê-lo, deve investir "nos campos tanto psicológico como material", na medida em que o universo da população não é "militar e racional", mas "principalmente civil e emocional". "Já não se trata de perceber massas de carne

---

56 P. Virilio, *Pure War*, op. cit., p. 114.

57 Jean-Christophe Bailly, "La Ville neutralisée", in Guillaume Greff, *Dead Cities*. Paris: Kaiserin, 2013.

58 V. Desportes, *La Guerre probable*, op. cit., p. 88.

e localizar potenciais alvos, mas de compreender os meios sociais, os comportamentos psicológicos".[59]

A questão não é *incorporar* as ciências sociais (a *embedded social science* fadou ao fracasso o *Human Terrain System* [HTS]),[60] pois há muito tempo elas se encontram incorporadas (da certidão de nascimento colonial da antropologia ao financiamento militar – direto ou indireto – da pesquisa universitária), mas, isto sim, de dosar o emprego da força de acordo com uma "abordagem global" que reconheça a predominância do social e do político em relação ao puramente militar, que integre ativamente, a seu dispositivo, a dimensão de guerra de subjetividade. Trata-se, do lado americano, da *human-centric warfare*, que visa *recuperar a utilidade da força*, após a custosa lição de que "não é pela destruição do inimigo que venceremos" (general McChrystal, comandante da ISAF).[61] Já Robert Gates, que foi o último secretário de Defesa do governo Bush e permaneceu do cargo, após a eleição de Obama, como dirigente do Pentágono, explica que é preciso saber conduzir *small wars*, em que 90% das ações não são militares, como operações de comunicação em que a batalha é apenas um dos *argumentos*. Os conceitos etnocêntricos, continua, devem ser estrategicamente rejeitados, assim como o *tecnocentrismo* que tende a acompanhá-los (como na doutrina *"full-spectrum dominance"*).[62] Tendo em vista que a guerra de comunicação no front interno não é estranha a esse encadeamento de enunciados que contribuem para a mitifi-

---

59 Ibid., pp. 93, 65, 62.
60 Ver Roberto J. González, "The Rise and Fall of the Human Terrain System". *Counterpunch*, 2015. Disponível em counterpunch. org/2015/06/29/the-rise-and-fall-of-the-human-terrain-system.
61 ISAF *Commander's Counterinsurgency Guidance*, set. 2009.
62 Apud V. Desportes, *Le Piège américain*, op. cit., pp. 264–65. Cabe algum ceticismo em relação à ruptura efetiva com uma concepção etnocêntrica do mundo, que continua a alimentar a visão moral de uma guerra justa pelo exército americano. É uma visão compartilhada pela diplomacia do governo Obama e pelos membros europeus da coalizão.

cação "democrática" do *Surge*,[63] é mais realista pressupor que a manutenção da dominação americana (*"dominance's persistence"*, ainda segundo Robert Gates) também deve incluir outros meios, entre eles o estudo do "terreno humano", para nele travar uma guerra social e cultural. Mas não seria o caso, mesmo assim, de evocar a *social-centric network warfare*? Caso contrário, como já foi dito, poderíamos ser tentados a ver aí nada mais que uma "hábil retradução dos '27 princípios' de T. E. Lawrence, enunciados um século antes no *Arab Bulletin*" – que, em si mesmos, não estão muito distantes das prioridades "etnográficas" postas em prática por Lyautey (no Marrocos) ou por Gallieni (em Tonquim e em Madagascar).[64]

A ação do exército deve "reencontrar o adversário em seu próprio terreno, permanecendo rente à sua realidade flutuante", segundo um método que é o inverso do praticado pelo exército na guerra industrial. "A abordagem tradicional 'de cima para baixo' dos conflitos interestatais é suplantada pela 'de baixo para cima'", pois se trata, no mais das vezes, de recomeçar, a partir do solo e da população, a reconstruir o Estado ou a mudar o regime ou o governo.[65] A guerra também tem dupla dimensão, macropolítica e micropolítica. "Antes, o essencial da ação militar era a destruição e a redefinição, a começar pela redefinição de objetivos, enquanto hoje o essencial é a compreensão e a inteligência situacional, a percepção das microssituações e dos micro-objetos."[66] Mede-se agora a mutação ocorrida em relação à *infowar* da guerra em rede, na qual o "controle da percepção do inimigo" prenun-

---

63 Surge (literalmente, uma onda [*surge*] de energia em resposta a in*surge*ntes) é o nome codificado em forma de manifesto da nova estratégia americana introduzida no Iraque pelo general Petraeus. Como ele explica em numerosas entrevistas (a operação é supermidiatizada), trata-se de introduzir os soldados da coalizão "no seio da população".

64 Ver Georges-Henri Brisset des Vallons, "La Doctrine de contre--insurrection américaine", in G.-H. Brisset des Vallons (org.), *Faut-il Brûler la Contre-insurrection?*. Paris: Choiseul, 2010.

65 V. Desportes, *La Guerre probable*, op. cit., p. 63.

66 Ibid., p. 135

ciava o "controle total da situação".[67] É preciso, em outras palavras, renunciar à *dominação rápida* (o subtítulo da doutrina *Shock and Awe*, cara a Bush Jr. e à sua administração de neoconservadores liderada por Donald Rumsfeld, é *Achieving Rapid Dominance*), para obter uma aproximação processual absoluta entre a guerra e a microescala da vida civil cotidiana.[68] O demônio de Maxwell reencontra os paradoxos que lhe haviam sido impostos pelos teóricos da relatividade.

No quadro de referências de Foucault, deve-se agora entender por governamentalidade a atuação sobre a população e sobre o público, pois "o público é a população tomada pelo lado de suas opiniões [...]. A população é, assim, tudo o que se distende a partir do enraizamento biológico da espécie até a superfície oferecida pelo público". A economia e a opinião, conclui Foucault, "são os dois grandes elementos de realidade que o governo pode manipular".[69] A guerra é uma *guerra global da(s) percepçõe(s)*.

A nova guerra é conduzida junto à população, mas também junto ao público, que "graças às mídias" tornou-se global. Esse "público mundial" funciona como uma limitação e uma oportunidade. As mídias, "em ampla medida [...] comuns a todos os atores do conflito", são *armas*, pela simples razão de que sua utilização depende da máquina de guerra que as emprega. Impossível aqui, novamente, falar em autonomia ou automatismo da técnica, como fazem os teóricos críticos obcecados com as mídias e as tecnologias. A máquina técnica depende da máquina de guerra. Sobre a Guerra do Vietnã ("*our first television war*"), McLuhan afirmou, com razão, no prefácio de *War and Peace in the Global Village* (1968): "a *television war* assinala o fim da dicotomia entre o civil e o militar", e explica:

---

67 Harlan K. Ullman e James P. Wade, *Shock and Awe: Achieving Rapid Dominance*. Washington: National Defense University Press, 1996, pp. 83–84, XVII, XXIV.

68 Tomamos a liberdade de inverter o sentido da proposição de Brian Massumi, jogando-a na contracorrente da doutrina *Shock and Awe*; cf. *Ontopower: War, Powers and the State of Perception*. Durham / London: Duke University Press, 2015, p. 73.

69 M. Foucault, *Segurança, território, população*, op. cit., pp. 77, 278.

349

"A opinião pública participa agora de cada fase da guerra, cujos principais combates se desenrolam nas salas de estar americanas".[70] Três anos mais tarde, Hannah Arendt escreveu, sobre os *Pentagon Papers* [papéis do Pentágono], que desvendaram ao grande público o planejamento secreto de defesa da Guerra do Vietnã: "A fabricação de imagens como política global, não a conquista do mundo, mas a vitória na batalha 'para ganhar a mente das pessoas' – eis algo efetivamente novo no imenso arsenal de tolices humanas registradas ao longo da história".[71] Não surpreende, assim, que o impacto das mídias mundiais esteja integrado à *culture-centric warfare*, segundo a nomenclatura usada pelo general Scales no contexto do *"Surge"* (traduzido como uma "sobretensão elétrica" pelo general Desportes): estimula-se a criação de *"special media forces"* no teatro das operações, que se tornam, em definitivo, um *teatro de intervenção cultural*. Do lado britânico, houve o empenho de integrar a dimensão televisiva às características da guerra no seio das populações: "Nosso combate ocorre em todas as telas de televisão, no mundo inteiro, tanto quanto nas ruas e campos da zona de conflito".[72] Que essa *globalização da percepção* seja posta na conta da chamada "revolução da informação" apenas mostra que esta contribuiu para elevar a *cyberwar* a uma *netwar* que é, indissociavelmente, social e militar. Os relatores do projeto de pesquisa *Networks and Netwars*, financiado pela RAND / *National Defense Research Institute*, resumem: "Mais do que nunca, os conflitos se dão em torno do 'conhecimento' e do emprego do '*soft power*'. Os adversários estão aprendendo a valorizar as 'operações de informação' e de 'gestão da percepção' [*perception management*], ou seja, as medidas de orien-

---

70 Marshall McLuhan e Quentin Fiore, *War and Peace in the Global Village* [1968]. New York: Touchstone, 1989, p. 134. [Ed. bras.: *Guerra e paz na aldeia global*, trad. Ivan Pedro de Martins. Rio de Janeiro: Record, 1971.]

71 H. Arendt, "Lying in Politics: Reflections on the Pentagon Papers" [1971], in *Crises of the Republic*. San Diego: Harcourt Brace, 1972, pp. 17–18. [Ed. bras.: *Crises da república*, trad. José Volkmann. São Paulo: Perspectiva, 1973.]

72 R. Smith, *L'Utilité de la force*, op. cit., p. 16.

tação midiática que visam atrair ou desorientar, e não tanto constranger, e que afetam o sentimento de segurança que uma sociedade, um exército ou outro ator experimentem em relação ao conhecimento que têm de si mesmos ou de seus adversários. A disrupção psicológica pode tornar-se um objetivo tão importante quanto a destruição física".[73] Observou-se com razão que uma coisa não dispensa a outra, na perspectiva dos *challenges for counternetwar*, incluindo-se, eventualmente, a Al-Qaeda, as "redes criminosas transnacionais", "as gangues, os hooligans, os anarquistas", a revolta zapatista e a "batalha de Seattle". O novo teatro da guerra é o da desdiferenciação das funções de guerra, de polícia e de remodelação, assim como de sua inclusão em um conjunto midiático-securitário.

A sequência "paz-crise-guerra-resolução", típica do paradigma da guerra industrial, em que a ação militar constitui o fator decisivo, foi alterada por completo. Na guerra no seio da população, "não há sequência predefinida, mas, antes, uma passagem contínua"[74] de um desses momentos ao outro. Se, de acordo com nossa hipótese, a evolução da guerra acompanha e persegue a do capitalismo, então a perturbação da sequência clássica da guerra se segue diretamente à perturbação da sequência clássica do ciclo econômico, "crescimento--crise-recessão-novo crescimento". Daí que a guerra nas populações e contra elas seja, à diferença da guerra industrial, *in-de-finida*, isto é, não tenha um fim em vista. Como aprenderam os americanos no Afeganistão e no Iraque, a vitória militar não significa o término das operações militares e, portanto, não significa "paz" (por precária e instável que seja a realidade recoberta por esse termo), mas a continuação in-de-finida da guerra no seio das populações.

Na guerra industrial, "o Estado e a sociedade são suspensos" até a vitória. "A organização do Estado como um todo é voltada para esse objetivo, enquanto o curso normal da socie-

---

73 John Arquilla e David Ronfeldt, *Networks and Netwars: the Future of Terror, Crime and Militancy*. Santa Monica, CA: National Defense Research Institute/RAND, 2001, pp. 1–2.

74 R. Smith, *L'Utilité de la force*, op. cit., p. 177.

dade e da economia é completamente detido, e a produtividade, alterada [...]. A guerra deve ter fim o mais rápido possível, para permitir a retomada da vida e das atividades em termos normais." Se não podemos fazer nossa essa conclusão, para a qual aponta uma "nostalgia" *British* pouco compatível com o princípio das guerras totais, que pressupõem rupturas de longo prazo, compreende-se, em compensação, a diferença em relação ao novo paradigma, no qual as operações da guerra no seio da população "podem ser realizadas quase indefinidamente: como se fossem indiferentes à passagem do tempo".[75] De sua parte, o general francês explica que "a vitória final não é um resultado militar – sendo que a palavra vitória não é a mais apropriada, pois o conceito a que ela se refere pertence à estratégia, não à política, e nossas guerras prováveis são fundamentalmente políticas".[76]

Na guerra industrial, a vitória supostamente imporia a paz por algumas décadas; na guerra provável, ela dura apenas algumas horas, dias ou semanas. Axioma: o inimigo rechaça a forma-batalha. Corolário: se constrangido a aceitar a batalha, pode até ser vencido, mas não reconhecerá o "veredito das armas" e continuará a guerra por outros meios. Para vencê-la, não é preciso ganhar (*to win to win*), é suficiente não perder (*to win by not losing*), pois trata-se de uma guerra que, no fundo, é impossível vencer. É necessário, portanto, fazer um uso "racional" da força militar, para não alienar a população forçando-a a se adequar ao que se apresenta (e se anuncia) como uma guerra longa (*The Long War*, segundo o título da *Quadriennal Defense Review* do Pentágono, 2006). A *guerra longa* torna-se, com isso, a verdade estratégica da guerra híbrida contra o terrorismo, conduzida por Bush cinco anos antes (a *Global War on Terror*).[77] No que se impôs como uma superação da metafísica da guerra,

---

75 Ibid., p. 281.

76 V. Desportes, *La Guerre probable*, op. cit., p. 77.

77 Logo após os atentados de novembro de 2015 em Paris, os socialistas franceses não precisaram de mais que umas poucas horas para redescobrir e midiatizar essa verdade estratégica da "guerra longa" contra o terrorismo.

Heidegger insere, em 1951, um parágrafo que dá nova ressonância às ideias desenvolvidas por Jünger na década de 1930: "Essa longa guerra sem duração definida progride lentamente, não rumo à antiga paz, mas a um estado de coisas em que o elemento 'guerra' não será mais experimentado enquanto tal e o elemento paz não terá mais sentido nem substância".[78]

Essa mudança de método na condução da guerra, que agora não leva mais a *uma* paz, é, muitas vezes, remetida a de simples funções de "polícia". Mas a redução do militar ao policial pode obliterar a importância do papel da guerra na constituição das relações de poder no seio da população. É preciso lembrar que, se o objetivo das "guerras prováveis" permanece "político", como disse o general Desportes, certamente isso não é dito no sentido de Clausewitz, da execução de um projeto político "clássico" como o estabelecimento ou o restabelecimento do "pacto social", de uma Constituição, da soberania do Estado. Com efeito, o que determina e anima a *peace-making*, a *state-building* e a *peace enforcement* é a condição transnacional da biopolítica, em um *continuum* lógico em que não mais se distinguem, *de direito*, os tempos de paz dos tempos de guerra (como vem à tona na *Agenda para a Paz* da ONU, de 1992, de que nossos generais são, de maneiras diferentes, os herdeiros).[79] A guerra contrainsurrecional tem, assim, espaço pleno para dar uma virada "humanitária". Seria ainda necessário lembrar que, antes de terem se tornado pretextos para intervenção militar, a legitimidade do governo e a "boa governamentalidade" foram consideradas, por muito tempo, como os *melhores argumentos* em prol de uma contrainsurreição cujo caráter político era invariavelmente clausewitziano?[80] Nas condições do "pacto social" do neolibe-

---

78 Martin Heidegger, *Ensaios e conferências*, op. cit., p. 81. Ver Ernst Jünger, *Le Travailleur* [1932]. Paris: Christian Bourgois, 1989, § 49.
79 Ver Boutros Boutros-Ghali, *An Agenda for Peace: Preventive Diplomacy, Peacemaking, and Peace-Keeping*. New York: United Nations, 1992.
80 Ver por exemplo o *Field Manual 100–20* (Military Operations in Low Intensity Conflict), datado de 1990, cujo capítulo 1 se abre com uma citação de Clausewitz sobre a "finalidade política" da guerra e o modo como ela determina a quantidade de força militar a ser empregada.

ralismo, a função constituinte parece antes derivar para a manutenção e o controle de uma situação de insegurança generalizada, de medo difuso, de progressiva degradação das condições socioeconômicas da população. A consequência disso é uma generalização da governamentalidade pela guerra civil fractal conduzida em incessantes campanhas securocráticas. O "mal-entendido" clausewitziano deve-se ao fato de que "as finalidades" da guerra não são mais aquelas do Estado, mas sim as do Capital, incapaz de se identificar a algo que se assemelhe, ainda que remotamente, a um "interesse geral".

Quando os estrategistas militares britânicos e franceses, saudosos de seu passado colonial, evocam o princípio de uma guerra no seio da população, eles têm em mente, é claro, as populações do "Sul" do mundo, alvo primeiro das guerras civis da época (nada menos que 73 delas entre 1965 e 1999, a maioria pelo controle de recursos naturais). Porém, eles mesmos e seus colegas americanos – que trazem a releitura dos teóricos da contrainsurreição e das *small wars* e que falam principalmente de *conflito híbrido* (ou de *guerra híbrida*) – sabem muito bem que, desde o fim da Segunda Guerra Mundial, e com a aceleração imposta na década de 1970, as colonizações internas e externas não são mais distribuídas apenas geograficamente – são fraturas que dividem os territórios. O Norte tem os seus *Suis* (imigrantes, descendentes de colonizados que vivem nos países colonizadores, trabalhadores, desempregados, precários, pobres etc.), assim como o Sul tem os seus *Nortes* (zonas de produção *high-tech* e de grande consumo para aqueles que se enriquecem: *consumidores de elite*). A guerra pode, assim, ser definida como *fractal*: ela se (re)produz indefinidamente, segundo um mesmo modelo, porém em diferentes modalidades e em diferentes escalas do real. O abandono, pelas elites capitalistas, do reformismo "tênue" dos Trinta Anos Gloriosos deu ensejo a uma guerra civil generalizada, a uma *guerra civil fractal, transversal, entre o(s) Norte(s) e o(s) Sul(is)*. O que muda entre Norte(s) e Sul(is) é apenas a intensidade com que a guerra ocorre no seio da população *dividida* (e que é dividida), não a sua natureza *comunicante*. Pois é de fato a guerra *nas e contra as* populações que estabelece uma comunicação, na axiomática mundial do capitalismo neoliberal, entre diferentes níveis – que Jeff Halper formaliza em termos de hegemonia: "1. Preservar a hegemonia global do centro; 2. Preservar a hegemonia do centro em relação às periferias; 3. Garantir o controle das elites transnacionais do centro e da semiperiferia sobre as suas próprias sociedades".[81]

Nos países outrora ditos de "terceiro mundo", as guerras no seio da população são conduzidas por uma máquina de guerra que utiliza tanto armas militares quanto armas não militares para praticar a guerra híbrida da globalização neocolonial. A violência empregada nelas é um *composto* de guerras sangrentas e não sangrentas, que envolvem a população na luta com intervenções externas e operações correlatas,[82] ajuda militar a regimes ou facções submetidos, a senhores da guerra e traficantes, a programas de ajuste estrutural que favoreçam a liberalização do comércio, a desregulação financeira, a privatização das terras e a "racionalização" de uma agricultura voltada para a exportação – sem esquecer as ONGS, que operam como extensões do Banco Mundial, das Nações Unidas ou ainda de doadores ricos (em geral americanos), na gestão de ajuda alimentar... *A ajuda alimentar como economia de guerra furtiva*: ao estimular a dependência dos países pobres em relação a alimento importado, como observa Silvia Federici, "a ajuda alimentar tornou-se um componente essencial da máquina de guerra neocolonialista contemporânea e da economia de guerra gerada por ela", pois "a guerra não só foi uma consequência da mudança econômica; também foi um meio de produzi-la [...]. É através dessa combinação

---

81 Jeff Halper, *War Against the People: Israel, the Palestinians and Global Pacification*. London: Pluto, 2015, pp. 16–27.

82 Sem contar as *invasões* do Afeganistão e do Iraque, o contingente militar americano foi (oficialmente) empregado, entre 2000 e 2014, em Serra Leoa, na Costa do Marfim, na Nigéria, na Libéria, no Chade, no Mali, em Uganda, na Líbia, na Somália, no Paquistão, no Iêmen, na Bósnia, na Geórgia, no Timor-Leste, nas Filipinas, no Haiti...

de guerra militar e financeira que a resistência popular africana contra a globalização tem sido mantida sob controle, da mesma maneira como o foi na América Central (El Salvador, Nicarágua, Guatemala, Panamá), onde, desde a década de 1980, a descarada intervenção militar dos Estados Unidos tem sido a regra".[83] Peça indispensável a esse mecanismo como um todo, *o ajuste estrutural é a guerra continuada por outros meios*. Na Índia, a "maior democracia do mundo", as reformas impostas pelo FMI determinaram uma guerra contra os pobres, os camponeses e as mulheres, cujo resultado é uma classe média de 300 milhões de pessoas que vive ao lado de "250 milhões de camponeses endividados" e "800 milhões de seres empobrecidos e despossuídos", que têm de sobreviver com "menos de 20 rúpias indianas por dia". O exército indiano foi reestruturado para lidar com essas divisões da população, da qual ele mesmo precisa aprender a se defender. "Um dos maiores exércitos do mundo redefiniu suas regras para aprender a se 'defender' da população mais pobre, mais faminta, mais subnutrida do planeta."[84] O que dá a medida da importância das "operações psicológicas" de *perception management* direcionadas à classe média recém-formada.

Reencontramos por toda parte, no Norte como no Sul, os dois fluxos de desterritorialização, o da guerra e o da moeda. Esta última atua não somente por meio da ação macroeconômica dos mercados de bolsas e divisas, mas também, em um nível "micro", em contato imediato com a população. Gilles Deleuze foi obrigado a rever seu juízo acerca da utilização do exército não militar da dívida, que ele acreditava estar reservado aos países mais ricos, quando disse: "É verdade que o capitalismo manteve como constante a extrema miséria de três quartos da humanidade, pobres demais para

---

83 S. Federici, "Globalização e reprodução social", in *O ponto zero da revolução*, op. cit., pp. 169, 172, 178. Veja em particular, no mesmo volume, a análise sobre Moçambique.

84 Arundhati Roy, *Capitalism: a Ghost Story* [2014]. London: Verso, 2015, pp. 8, 13.

a dívida".[85] As políticas de "microcrédito" (ou "microfinança") foram introduzidas na Índia, a título de luta contra a pobreza (*Finance against Poverty*), pelo Grameen Bank e pelo ganhador do Nobel Muhammad Yunus, e elas *corporatizam* a extorsão dos camponeses e das mulheres (os dois públicos-alvo priorizados). "Os pobres do subcontinente vivem desde sempre endividados, sob a implacável tutela dos usurários de vilarejo – os bania. A microfinança se impôs a esse domínio, 'corporatizando-o'. As empresas de microfinança são responsáveis, na Índia, por centenas de suicídios – duzentas pessoas na província de Andhra Pradesh em apenas um ano, 2010."[86] Esse fenômeno favoreceu o ressurgimento, na região, da resistência camponesa armada no contexto da renovação naxalita.[87]

A guerra no seio das populações traça sua genealogia nas "pequenas guerras" que os "irregulares" conduziram contra a acumulação primitiva do capital e nas guerras revolucionárias dos séculos xix e xx. Sua origem deve, com efeito, ser buscada nas técnicas contrarrevolucionárias e contrainsurrecionais que fazem dela, sob muitos aspectos, a herdeira da guerra "não convencional" conduzida ao longo do século xx nas colônias (ou ex-colônias). Ora, não estaria ela, como estas, respaldada em um saber – geográfico, antropológico, sociológico – da vida cotidiana das populações civis, mais do que no conhecimento tático dos movimentos dos combatentes?[88] Não seria ela a conjunção entre as lutas anticoloniais e a guerra revolucionária que se encontra no âmago da mais "moderna" e mais "política" guerrilha a que a contrainsurreição teve de aprender a se adaptar? Tal é o sentido que se depreende da homenagem do general Petraeus à obra e à carreira de David Galula, autor, em suas palavras, do "mais

---

85 G. Deleuze, "Post-scriptum sobre as sociedades de controle" [1990], in *Conversações*, trad. Peter Pál Pelbart. São Paulo: Editora 34, 2017, p. 228.

86 A. Roy, op. cit., p. 27.

87 Ver A. Roy, "Walking with the Comrades". *Outlook*, 29 mar. 2010.

88 Ver Laleh Khalili, *Time in the Shadows: Confinement in Counterinsurgencies* [2012]. Stanford: Stanford University Press, 2013, pp. 196 ss.

importante escrito militar do século xx", *Contre-insurrection: théorie et pratique* (1964), que se abre com uma citação de Mao Tsé-Tung, sobre a estratégia da guerra revolucionária chinesa, e que ele prefacia dando destaque à importância de seu próprio envolvimento na Argélia, experiência da qual Galula extraíra, inclusive, um primeiro livro: *Pacification en Algérie, 1956–1958* (1963). Sabemos bem que a "batalha de Argel" foi um modelo para o exército francês, que a exportou, com o auxílio do exército americano, para a América Latina (em especial Chile e Argentina).

À diferença, porém, de seus predecessores envolvidos no Vietnã, o comandante do *Surge* não favorece o modelo exclusivamente coercitivo (aliando o uso generalizado da tortura aos "departamentos de ação psicológica") ou *enemy-centric* da batalha de Argel. Ele prefere o observador experimentado de guerras civis (na China, na Grécia, na Indochina) e o grande leitor dos teóricos da guerra revolucionária, que serão utilizados na "bem-sucedida" operação de pacificação de parte da Grande Cabília, da qual Galula participa como capitão de uma companhia de infantaria. "Aplicando com firmeza métodos originais",[89] ele põe a população no coração do conflito, em um sentido que não se reduz ao Dispositif de Protection Urbaine (DPU) ou à "estratégia vitoriosa" do coronel Trinquier. Tendo, em um primeiro momento, "esmagado ou eliminado" a rebelião nas regiões selecionadas, trata-se de readquirir o controle político sobre a população, conduzindo o conflito como uma espécie de *argumentação*. A intenção não é "mobilizar" a população (ou parte dela, aterrorizando a outra), mas convencê-la do caráter *no future* da insurreição e levando, assim, à *derrota* desta.

O uso da força tem, portanto, de ser proporcional à métrica político-militar da guerra de subjetividade, que associa a mais fina malha disciplinar do território ("o controle da população") a um projeto biopolítico voltado para "os domínios econômico, social, cultural e médico", mostrando à população que sua segurança e prosperidade estarão mais garantidas pela econo-

---

89 De acordo com os motivos apresentados em sua primeira condecoração militar, durante a Guerra da Argélia.

mia de mercado do que pelo chamado "coletivismo" ("obtenção do apoio da população").[90] Nessa etapa, a demonstração se torna ainda mais implacavelmente *foucaultiana*, pois se trata, nessa fase, de "construir (ou reconstruir) um aparelho político [de contrainsurreição] no seio da população", direcionando "a propaganda à população" para três pontos: "a importância de eleições, a completa liberdade dos eleitores e a necessidade de que votem". Em sua conclusão, esse *visiting fellow* de Harvard não esconde que o conceito de contrainsurreição que ele propõe, embora "simples" em "suas linhas mestras", pode se mostrar "demasiadamente difícil" de pôr em prática. Ele apela, então, a "um contexto bem diferente, de uma situação revolucionária em um país pacífico e próspero". E qual seria esse país? Os Estados Unidos, onde a indiferença do público em relação à política, sobretudo os mais pobres (*"Jamais votaremos"*), é sério motivo de preocupação.[91]

O general Petraeus, que reconhece abertamente a dívida do novo pensamento contrainsurrecional americano para com o tratado de Galula, certamente está ciente de que as técnicas de controle das minorias (os *pobres perigosos*) beneficiaram-se, nos Estados Unidos, dos ensinamentos da Guerra do Vietnã. Sob a influência das técnicas de guerrilha aplicadas pelo exército americano em uma guerra que McNamara definiu como *"pacification security job"*, as revoltas raciais de Watts (1965) dão lugar à primeira grande onda de militarização da polícia americana, com a criação de "unidades de elite" (SWAT, ou *Special Weapons Attack Team* e, posteriormente, *Special Weapons and Tactics*).[92] As operações policiais de "alta intensidade" tornam-se indistinguíveis da guerra de "baixa intensidade", integrando-se uma à outra no campo de batalha securocrático do Capitalismo Mundial Integrado (segundo a fórmula de Guattari).

---

90 Cf. David Galula, *Contre-insurrection: théorie et pratique*. Paris: Economica, 2008, cap. 7. O livro surgiu em inglês em 1964, patrocinado pela RAND Corporation.

91 Ibid., pp. 191, 201–02.

92 A Swat do Los Angeles Police Department (LAPD) mostrará sua força em 1969 contra os Panteras Negras em uma intervenção amplamente midiatizada.

Engendrada nos Estados Unidos no final dos anos 1960, em um contexto político particularmente problemático, a militarização securitária da "paz civil" será um poderoso *atrativo* no contexto da agressiva operação de pacificação global no pós-11 de Setembro. Ela efetivará, em outra escala, interna e transnacional, o princípio de equivalência entre guerra contrainsurrecional e guerra antiterrorista. Ora, a julgar pelo Law Enforcement Exchange Program (LEEP), assinado em 2002, o modelo é agora o *israelense*. "Para qual país nos voltaremos, para buscar formação e inspiração, senão aquele que dispõe da polícia e das forças de segurança mais militarizadas e mais admiradas no mundo ocidental: Israel?"[93] A integração de longa data entre os complexos militar-industrial americano e israelense fornece, assim, o fundo de um princípio securitário de militarização do espaço urbano que normaliza, com a ideia de um estado de emergência permanente, o tratamento paramilitar da questão palestina e permite sua expansão a bairros de classes perigosas. E isso, é bom lembrar, independentemente do fiasco da Guerra do Iraque e da matriz israelense nela utilizada (*peace with high-tech strength*) – herdada, em modo "desterritorializado", das práticas coloniais inglesas.

Precisamente por ser feita em nome de uma *humanização* da guerra dita assimétrica, a crítica, da parte dos militares "liberais" (Petraeus, Smith, Desportes), da tática "Choque e Pavor" utilizada na *cyberwar*, que supostamente poria fim aos métodos antigos, o *boots on the ground*, de dominação territorial, vem nos lembrar da existência de uma guerra no seio da população que se confunde com a própria história do liberalismo, acompanhada da legitimação clausewitziana da guerra *enquanto intervenção política*.[94] Pois é apenas no sentido *liberal* –

---

93 J. Halper, op. cit., p. 251. A França de Nicolas Sarkozy também se mostrará interessada pelo *savoir-faire* de Israel, após a revolta das periferias de 2005. Trata-se de aprimorar "a capacidade francesa de combate a guerrilhas".

94 L. Khalili escreve, com muita precisão: "Paradoxalmente, a própria 'humanização' da guerra assimétrica e a aplicação de preceitos liberais à sua conduta legitimaram a guerra [*war-making*] como meio de intervenção política"; op. cit., p. 3.

que certamente não é o da guerrilha espanhola! – que o general Petraeus pode considerar David Galula como "o Clausewitz da contrainsurreição" e tomá-lo como referência de sua política de engenharia social.

Lênin, ao contrário, reconhece na fórmula de Clausewitz uma tese dialética cuja verdade reconduz, na Era das Revoluções, a "guerrilha" espanhola, contra o exército napoleônico, à organização de uma "guerra do povo" que terminará vitoriosa ao fim da guerra civil ao afirmar sua hostilidade total ao inimigo de classe. Mas, após ter teorizado e posto em prática a guerra revolucionária, e denunciado os perigos de uma revolução europeia, "a antítese da guerra industrial conduzida pelos revolucionários vitoriosos se desenvolve a ponto de se fundir ao paradigma convencional".[95] Mas não é apenas no nível militar (transformação da guerrilha em exército regular) que os revolucionários adotarão formas, convenções e instituições capitalistas. Eles também o farão no que se refere ao Estado, à organização do trabalho, da indústria, da tecnologia e da ciência. Mesmo assim, o general Desportes insiste em dizer que, "com o fim da Segunda Guerra Mundial, as características de antítese próprias da guerra industrial estavam fixadas como uma combinação de guerrilha e de guerra revolucionária".[96] Enquanto os dois inimigos declarados, os Estados Unidos e a União Soviética, travavam entre si o que permanece sendo uma guerra industrial, os conflitos laterais da Guerra Fria já começavam a apresentar certas características do novo paradigma.

A indústria de armamentos, que, por suas funções econômico-estratégicas, sempre teve, no capitalismo, um papel determinante, é igualmente afetada pela evolução da guerra no seio da população. O complexo *militar-industrial* da Guerra Fria é enriquecido por um complexo *industrial-securitário*, que estende a guerra a todos os gêneros de controle, em um *continuum* que liga as políticas urbanas de segregação social aos níveis local, nacional e global do estado de emergência, enquanto sua versão *soft power* se encarrega de adaptar as

---

95 V. Desportes, *La Guerre probable*, op. cit., p. 166.
96 Ibid., p. 170.

práticas comerciais às culturas da mobilidade e aos novos modos de vida, afinando, ao mesmo tempo, o controle do *habitèle*[97] pela ramificação da arborescência do serviço policial de inteligência sobre o rizoma da vida cotidiana (*datamining, smart intelligence*).[98] "Enquanto os espaços e as redes da vida urbana são colonizados por tecnologias de controle militar, e as noções de guerra e de manutenção da ordem, de território interno e externo, de guerra e de paz, tornam-se cada vez mais indistintas, constata-se a ascensão do poder de um complexo industrial que engloba a segurança, a vigilância, a tecnologia militar, o sistema carcerário e de punição e o entretenimento eletrônico."[99] Não admira que a guerra perpétua de pacificação securocrática tenha se tornado rapidamente, no neoliberalismo americano do pós-11 de Setembro, uma indústria de ponta.[100] Exatamente onze anos antes, em 11 de Setembro de 1990, George Bush pai anunciara no Congresso a decisão de declarar guerra ao Iraque.

Dias após os atentados contra o World Trade Center e o Pentágono, que reuniram e entrechocaram em um mesmo alvo o centro do comando militar e a capital financeira do mundo, John Arquilla e David Ronfeldt acrescentaram, no calor da hora, um posfácio à sua pesquisa para a RAND. Nesse contexto dramático, em meio ao qual aduzem uma curiosa reserva ("Resta

---

97 *Habitèle* é um neologismo proposto pelo sociólogo francês Dominique Boullier em 2011, para dar conta da noção de que constituímos bolhas digitais, compostas de telefones celulares, cartões de crédito, bilhetes de transporte etc. [N. E.]

98 Ver Didier Bigo, "Sécurité maximale et prévention!? La matrice du futur antérieur et ses grilles" [2013], in B. Cassin (org.), *Derrière les grilles*. Paris: Mille et Une Nuits, 2014, p. 136.

99 Stephen Graham, *Villes sous contrôle: la militarisation de l'espace urbain*. Paris: La Découverte, 2012, p. 51.

100 A administração Bush soube transformar a guerra contra o terrorismo em uma "empreitada quase que inteiramente voltada ao lucro, uma nova indústria próspera, que insuflou um fôlego na débil economia americana". Naomi Klein, *The Shock Doctrine: the Rise of Disaster Capitalism*. New York: Henry Holt, 2007, p. 14. Em 21 de setembro de 2001 introduziu-se em Wall Street um índice particular para as indústrias de armamentos (Amex-Defense Index-DFI).

saber se a Al-Qaeda é mesmo o adversário-chave ou apenas um dentre outros"), eles enunciam aquela que era, a seu ver, a verdadeira implicação processual da mutação da contrainsurreição *em counternet war*: "a única resposta viável ao desafio ora lançado à 'pesada burocracia americana' é a criação de uma rede que passe por todos os canais existentes [*all-channel networking*], entre o exército, as forças da ordem [*law enforcement*] e as instâncias de inteligência, cuja colaboração é indispensável se quisermos ter êxito". E concluíam, como que prevendo o desastre iraquiano que se avizinhava: "a *netwar* é, essencialmente, muito mais uma questão de organização e doutrina do que de tecnologia, como haverão de confirmar os resultados de toda *netwar* atual e futura".[101]

Ainda que sua natureza seja alterada pelo capitalismo financeiro contemporâneo, a guerra em suas diferentes formas permanece, mais do que nunca, como ação operante da relação social. A inversão da fórmula de Clausewitz toma sua forma definitiva quando a guerra, para além de sua simples permutação com a política, cujos preceitos ela inverte, diversifica-se em guerras no seio da população como política do Capital, envolvendo, em sua empreitada de medo, de pacificação e de contrassubversão, todas as redes de poder da economia, através das quais a nova ordem do capitalismo securitário globalizado se desdobra. Resta que "a extensão dos mercados políticos e econômicos do medo não é infinita: a dominação só é limitada pela resistência que se opõe a ela, e a implementação dessa nova ordem securitária só ocupa o espaço que os oprimidos deixam que ela ocupe".[102]

Daí a necessidade de produzir um conceito crítico da pacificação que possa relançar a crítica foucaultiana da luta de classes. O marxismo afirma que o capital é uma relação social, mas essa definição é limitada, demasiado estreita e, ao mesmo tempo, demasiado larga. Mas, principalmente, essa

---

101 J. Arquilla e D. Ronfeldt, op. cit., pp. 364, 369.
102 Mathieu Rigouste, *L'Ennemi intérieur: la généalogie coloniale et militaire de l'ordre sécuritaire dans la France contemporaine*. Paris: La Découverte, 2009, p. 303.

definição é excessivamente *pacificada* por uma dialética que fracassa na tentativa de articular as relações de dominação e de exploração sociais em um conjunto de confrontos estratégicos. Estes últimos não são apenas uma questão de "luta", mas de guerra e de *guerras*, cuja multiplicidade excede as duas classes, burguesia e proletariado, ao exceder a noção de consciência de classe e sua articulação marxista-leninista, em que o movimento operário tenta se tornar Estado. O devir-Estado é a função do "partido como vanguarda organizada da classe operária", mas a classe operária não chegou a se tornar *classe governante*, e o "grande corte leninista não impediu a ressurreição de um capitalismo de Estado no próprio socialismo".[103] Difícil não concordar com Foucault: não há *governamentalidade socialista*.

12.4 O marxismo heterodoxo e a guerra

Mario Tronti, um dos raros autores a pensar com Marx e para além dele o elo "orgânico" entre capitalismo e guerra, censura os movimentos de 1968 por terem, de alguma maneira, *exaurido* a política com a interrupção do programa de reconversão da guerra em política que havia sido posto em prática pela centralidade da luta de classes,[104] abrindo assim o *pequeno século XX*, ao trazer um fim definitivo à "era da grande política", solidamente enraizada desde a segunda metade do século anterior, mas que se "realiza plenamente entre 1914 e 1945", fechando-se com os anos 1960.[105]

Sejamos claros. Longe de nós querer negar a "grandeza histórica" da classe operária, que culminou nas lutas da fase fordista (a partir das quais o operaísmo redefiniu a "classe

---

103 G. Deleuze e F. Guattari, *O anti-Édipo*, op. cit., p. 339.

104 Citemos a bela fórmula de Mario Tronti: "a luta de classes foi não uma guerra civil, mas uma guerra civilizada", ou seja, *pela civilização do mundo dominado pela burguesia. Nous Opéraïstes: le "roman de formation" des années soixante en Italie.* Paris: L'Éclat, 2013, p. 114.

105 M. Tronti, *La Politique au crépuscule.* Paris: L'Éclat, 2000, pp. 35–36, 53.

em luta" no antagonismo da luta operária contra o trabalho); queremos apenas pensar *com e depois do* seu fracasso também histórico, que Tronti insiste em considerar, a partir de um hegelianismo que lhe pertence com exclusividade, como o "destino" dessa classe.[106] Tronti não quer ver que 1968 coincide com o abandono de certa maneira de compreender e de *fazer política* a partir da relação Capital/Trabalho, cuja verdade é a forma-partido, e que esse fim de linha tem relação com a impossibilidade de continuar a pensar e a *fazer a guerra* a partir da forma-Estado da Nação. Do lado operário, trata-se da chamada "grande iniciativa", que estava *aquém de uma guerra*, pois se propunha a realizar politicamente uma guerra "formatada, civilizada e travada segundo o modelo do *jus publicum europæum*". O argumento é inexorável: "A regulação do conflito, que, no nível da política internacional, foi abandonada, conservou-se no terreno das políticas nacionais [...], precisamente quando eram consumidas por guerras civis disformes".[107] São essas estratégias do "sujeito operário" (quão diferentes da realidade das lutas operárias na fábrica do "outono quente"),[108] voltadas para a "grande mediação", que, por um lado, explicam sua derrota histórica (as guerras mundiais serviram "para produzir a globalização definitiva da economia", pela qual "o capitalismo definitivamente venceu")[109] e, por outro, tornam incompreensível 1968, na medida em que se tentou preservar a todo custo o projeto político do referido "sujeito operário". Acusa-se 1968 de ter inoculado "o veneno da antipolítica" nas veias da sociedade, por meio de uma revolução antiautoritária que beneficiou, antes de tudo, a modernização do capitalismo, quando teria sido preciso "projetar e reforçar, de cima, uma nova polí-

---

106 Id., *Nous opéraïstes*, op. cit., pp. 168–69: "a classe operária merece declinar em termos de destino, pois ela é uma grandeza histórica".
107 Ibid., p. 113.
108 O que Tronti explica como um paradoxo: "Enquanto *Operai e capitale* (1966) concluía meu próprio operaísmo, na verdade abria uma temporada operaísta" (sucedendo o que ele considera sua fase "clássica"). Ibid., p. 152.
109 Id., *La Politique au crépuscule*, op. cit., p. 86.

tica nos movimentos de baixo".[110] A tese sobre a "autonomia do político" (desenvolvida nos anos 1970) teria dado acabamento ao contramovimento, terminando por mostrar que a política e a guerra *após 1968* haviam se tornado opacas, na rota que levara "os filhos das flores aos anos de chumbo". Essa demonstração, que para Tronti é da maior importância, passa por uma "constatação de fato", "sem o menor juízo de valor": trata-se de uma "verdade que não pode ser dita e que deve, assim, ser escrita". E ele a escreve: "com o fim da era das guerras, começa a decadência da política".[111] E continua, no que parece ser sua versão pós-comunista do *fim da História* e do *fim da política*, que teriam sucedido o "coma profundo" em que a política supostamente entrara nos anos 1970–80: "A derrocada da União Soviética e a reunificação do mundo sob a hegemonia de uma única potência, ilustrada pelo exemplo subsequente da Guerra do Golfo, oferecem o cenário de uma nova *paz com potencial de durar cem anos*. O século XX se retrai. O XIX está de volta".[112] Mas Tronti confunde essa "nova paz com potencial de durar cem anos" com a empreitada de pacificação global conduzida, no período (contrarrevolucionário) em questão, pela máquina de guerra do Capital. É o novo *paradigma* da guerra no seio das populações, que alcança seu poder axiomático de desmultiplicação da guerra no momento em que o capital recapitaliza a sua história promovendo o curto-circuito de toda espécie de mediação entre *Weltpolitik* e *Weltöconomie*.

A guerra no seio da população, insiste o general Desportes, "não é uma forma degenerada de guerra: é a guerra enquanto tal e, se olharmos para trás, veremos que foi sempre a mais frequente".[113] Do outro lado do espelho, vale o mesmo para as lutas que eclodem com e após 1968: não são formas degene-

---

110 Id., *Nous opéraïstes*, op. cit., p. 75. Assinalemos de passagem a proximidade entre Tronti e as teses desenvolvidas por Boltanski e Chiapello sobre 1968 em *Le Nouvel Esprit du capitalisme* (1999).

111 Id., *La Politique au crépuscule*, op. cit., pp. 116–17.

112 Ibid., p. 118, grifos nossos.

113 V. Desportes, *La Guerre probable*, op. cit., p. 36.

radas de lutas de classes, mas novas modalidades dessas lutas, desses conflitos, dessas guerras que esmaltam a história do capitalismo e precederam em muito a luta de classe fordista Capital/Trabalho. Contrariamente ao que pensa Tronti (que as relega a uma posição "subalterna"), foram elas que tornaram possível a radicalização da *luta operária contra o trabalho*.

Nesse aspecto, frequentemente reduzido a uma função "subalterna" pelo marxismo dos anos 1960, Tronti não tem uma visão suficientemente *global* da história do capitalismo e de seus conflitos. Ainda que se volte para os Estados Unidos, que tente dar a devida importância ao feminismo e que se empenhe em desfazer uma visão linear da história e da crítica de tendência "aceleracionista" de seu amigo-inimigo Negri,[114] ou ainda quando afirma o primado das lutas em relação à organização, seu ponto de vista permanece preso à "civilização europeia", e peca pelo que Foucault denunciou como um "economicismo" da teoria do poder. Repitamos: as guerras revolucionárias, os movimentos insurrecionais, as sabotagens e greves agressivas dos séculos XIX e XX se elevam ao primeiro plano das resistências e guerras de classe, de raça, de sexo, de subjetividade, conduzidas na economia-mundo muito antes que nela se forjasse a "centralidade da classe operária".

1968 não é apenas a afirmação de uma "nova classe" *no e contra* o capitalismo fordista-taylorista-keynesiano que comanda sua emergência. Se 1968 inova, aquém e para além da sequência histórico-mundial que a ele conduziu (grandes greves de Liberação, movimentos dos não alinhados, Revolução Chinesa, autogestão iugoslava, insurreição operária húngara de 1956, redes da Frente de Libertação Nacional), juntamente com a multiplicidade de guerras de acumulação primitiva, também repete, com isso, um acontecimento singular, que teve papel fundamental na formação e no imaginário do movimento operário: a Comuna de Paris. Nas condições impostas pelo capitalismo "desenvolvido" de acordo com a totalização fria das diferentes economias de guerra e

---

114 M. Tronti, *Nous opéraïstes*, op. cit., p. 155.

conquistas coloniais no ensejo de 1870, com uma crise definitiva no pós-guerra (a descolonização "a quente"), 1968 põe novamente a questão social nos termos da Comuna. 1) Não existe um "povo agindo para si mesmo, por si mesmo"[115] sem o deslocamento e a reacomodação do político no domínio da vida (crítica do socialismo "pelo alto"); 2) O comunismo é a dessujeição da vida com relação à máquina do Estado, esse "enorme parasita governamental sufocando o corpo social como uma jiboia na malha ubíqua de sua burocracia, polícia, exército permanente" (desestatização da vida).[116] Uma questão, uma afirmação ("O instrumento político de sua escravização não pode servir como o instrumento político de sua emancipação")[117] rapidamente apropriada pela tradição comunista, que, diferentemente de Marx, não se preocupou em problematizar sua urgente necessidade nem em extrair todas as suas consequências para as estratégias que se faziam necessárias com a chegada da era das grandes guerras civis europeias e mundiais.

Kristin Ross: "Os insurgentes tomaram em mãos a sua própria história, na vida cotidiana mais que no nível governamental: nos problemas concretos do trabalho, do tempo livre, da habitação, da sexualidade, das relações familiares e de vizinhança".[118] A luta revolucionária fez mais que se encerrar "em uma oposição rígida e binária entre Capital e Trabalho", ela soube se voltar para o conjunto das relações de poder enquanto relações de força, verificando assim que o econômico e o político são indissociáveis, graças à urgência da guerra civil e do novo internacionalismo que a acompanha" (é o famoso "nós temos o mundo como pátria" de Élisée Reclus).

A "existência em ato" da Comuna (Marx) remete diretamente à ideia de *presente trans-histórico*, posta na ordem do

---

115 K. Marx, *A guerra civil na França* [1871], trad. Rubens Enderle. São Paulo: Boitempo, 2011, p. 108.

116 Ibid., p. 170.

117 Ibid., p. 169. Na frase de Marx, o sujeito do processo é a classe operária.

118 Kristin Ross, *Rimbaud, la Commune de Paris et l'invention de l'histoire spatiale*. Paris: Les Prairies Ordinaires, 2013, p. 57.

dia por 1968: o processo de emancipação acontece "aqui e agora", não é afetado por uma falta ou por um atraso e, portanto, não é tributário de um desenvolvimento do trabalho e da produção nem de uma aceleração da ciência e da técnica. Ainda segundo Marx, "a Comuna de Paris pode cair, mas a Revolução Social que ela iniciou triunfará. *Seu local de nascimento é em toda parte*".[119]

Lênin, ao contrário, tenta pensar a Comuna a partir do massacre dos 30 mil *communards* pelo Estado francês, que põe fim a "um acontecimento sem precedente na história", que "não foi preparado de maneira consciente e metódica por uma pessoa" e que servirá como ato de refundação da (Terceira) República e de sua "democracia", sancionando, com a "paz civil", o desequilíbrio de forças manifestado durante a guerra. A conclusão a que ele chega em um artigo de abril de 1911, "Em memória da Comuna", termina por levar todo o marxismo para a via do desenvolvimento e da consciência de classe por meio do partido operário, único capaz de confrontar, *em pé de igualdade*, o adversário.[120] Nas palavras dele, "para que uma revolução social possa triunfar, são necessárias ao menos duas condições: forças produtivas altamente desenvolvidas e um proletariado bem preparado. Nenhuma delas existia em 1871".[121] Pode-se posteriormente louvar à vontade a imortal Comuna, mas o que terá sido perdido é o que Lênin chama de *causa da Comuna*, e que ele remete, ainda uma vez, a uma "revolução social" definida pela "total emancipação política e econômica dos trabalhadores". Que outro ensinamento teria ela a passar, efetivamente, senão este? "A revolução consiste não tanto

---

119 K. Marx, *A guerra civil na França*, op. cit., p. 176, grifos nossos.

120 Retomamos aqui a expressão de M. Tronti: "a parte deve se tornar parte, se quiser apreender o todo, e enfrentar a potência com potência"; op. cit., p. 56.

121 Lênin, "À la mémoire de la Commune" – publicado na *Rabótchaia Gazeta* [Gazeta Operária], n. 4–5, 15 abr. 1911 –, in *Œuvres complètes*, op. cit., v. 17, pp. 135–40. A definição aplica-se perfeitamente à Revolução Russa, que, como se sabe, estava longe de reunir as "duas condições necessárias" promulgadas pelo camarada Lênin.

em mudar a forma jurídica responsável pela distribuição do espaço-tempo [...] quanto em transformar, de uma ponta a outra, a natureza desse espaço-tempo."[122]

A dissolução política da classe operária e de seu partido deveu-se ao fato de não se ter reconhecido essa radicalidade, de ela não ter se instalado nas lutas da classe operária e de seus pares (os "artesãos, camponeses etc." de outrora, os "microempresários" do *mercado cinza* que os sucederam), de não ter submetido o pensamento político à revolução cultural dessa explosão de subjetividade. É preciso dizê-lo, mais uma vez: o Partido Comunista é inteiramente responsável pelo "pequeno século" do pós-68, por ter desaparecido historicamente em meio à intensificação das novas condições de um conflito *menos dialético que nunca*. Pois a classe operária não somente evaporou politicamente sob os ataques da guerra civil global desencadeada pelo Capital imediatamente após 1968 como também, e principalmente, volatilizou-se, devido ao predomínio, em suas fileiras, de um *progressismo* que se articula do ponto de vista "operário" e "eurocêntrico", tornando-a incapaz de articular sua estratégia à socialização mundial da produção e às modalidades subjetivas de lutas nascidas, no Ocidente, dessa pseudopaz que resulta de uma guerra contínua *no seio de todas as populações do mundo*.

Mario Tronti e Carl Schmitt compartilham, a propósito dessa guerra global, de uma mesma nostalgia do tempo, que coincide com o "grande século XX" de um e de outro – que, no entanto, não são o mesmo –, em que o Estado centralizava e monopolizava a força como signo de legitimação distintiva (Schmitt) e em que a luta de classes centralizava e monopolizava a multiplicidade dos sujeitos explorados e dominados em um único sujeito operário, portador da política (Tronti). O que não os impede de compartilharem a ideia, motivo suficiente para que lhes sejamos gratos, de que, "desde o início, o pensamento liberal levantou contra o Estado e a política a acusação de 'violência'",[123] foi para produzir uma pacificação

---

122 K. Ross, *Rimbaud, la Commune de Paris*, op. cit., p. 67.
123 C. Schmitt, *O conceito do político / Teoria do partisan*, op. cit., p. 79.

mais terrível ainda, em que a paz perdeu todo sentido, para além da extensão da guerra no seio da população. Tangenciamos com isso o ponto cego de nossos generais diplomados em ciências liberais, que só conseguiram *popularizar* a expressão enunciando as condições de vida e de realidade do *inimigo absoluto provável*, o qual, em última instância, se define pela ruptura com a hipótese de uma *paz liberal*. O mitema foi resumido perfeitamente por Mark Neocleous: "a paz é o ponto para o qual tende a sociedade civil; o Estado existe para consumar essa 'paz liberal' no seio da sociedade civil; e o direito internacional existe para garantir a paz entre os Estados. Nessa visão, a guerra é uma exceção à paz. Esse mito serve para dissimular a tendência, inerente ao liberalismo, de se envolver em uma violência sistemática e dar a ela o nome de *paz*; dito em outros termos, serve para dissimular a violência *da* paz liberal".[124] Inversamente, e, desta vez, *para além* de Tronti e Schmitt e *contra* eles, 1968 é a cifra da globalização de conflitos que não podem ser centralizados ou controlados nem pelo Estado (com seu exército convencional) nem pela luta de classes tal como codificada na tradição comunista. Nesse sentido, a situação contemporânea está mais próxima da antidialética da acumulação primitiva contínua que do "romance de formação" da política do "grande século XX".

12.5 A guerra do Antropoceno (ainda) não começou

Com o intuito de nos oferecer uma ideia da importância do trabalho dos cientistas sobre o aquecimento global e a mutação irreversível da relação de mundo designada pelo termo Antropoceno, Bruno Latour declara que "nenhum filósofo pós-moderno, nenhum antropólogo, nenhum teórico liberal, nenhum pensador político ousou, até aqui, dimensionar

---

124 Mark Neocleous, "War as Peace, Peace as Pacification", *Radical Philosophy*, n. 159, jan.-fev. 2010, p. 9.

a influência dos seres humanos na mesma escala que a dos rios, das inundações, da erosão e da bioquímica".[125]

Dentre as numerosas exceções que poderíamos exumar e que militam contra a tese de uma guerra aberta contra o Sistema Terra sem nosso conhecimento (ou *"unknowingly"*, como diria James Lovelock)[126] cabe mencionar o velho revolucionário comunista Karl Marx, a quem cabe o crédito de uma primeira *desnaturalização* da energia que alimenta a Revolução Industrial (*o vapor, o suor e o sangue*). Marx descrevia assim a nova natureza das forças produtivas mobilizadas pelo capitalismo: "A indústria e o comércio burgueses criam as condições materiais de um mundo novo, da mesma maneira que as revoluções geológicas criaram a superfície da Terra".[127] Que não se trata de uma simples metáfora de vocação jornalística é suficientemente comprovado pelo fato de que a atribuição de uma força telúrica às potências mobilizadas pelo capitalismo encontra-se enraizada na ontologia da "produção", da qual Marx é partidário de primeira linha. Deleuze e Guattari a resumem de modo eficaz na seguinte fórmula: é a identidade "Natureza = Indústria, Natureza = História".[128] Não

---

125 Bruno Latour, "L'Anthropocène et la destruction de l'image du globe", in É. Hache (org.), *De l'Univers clos au monde infini*. Paris: Éditions Dehors, 2014, p. 32; retomado com ligeiras modificações em *Diante de Gaia: Oito conferências sobre a natureza no Antropoceno*, trad. Maryalua Meyer. São Paulo: Ubu Editora/Ateliê de Humanidades Editorial, 2020, p. 190. A mesma questão climatológica abre *Enquête sur les modes d'existence*. Paris: La Découverte, 2012.

126 Ver James Lovelock, *The Revenge of Gaia*. London: Allen Lane, 2006, p. 13. [Ed. bras.: *A vingança de Gaia*, trad. Ivo Korytowski. Rio de Janeiro: Intrínseca, 2006.] "Transformando o ambiente, declaramos guerra, sem sabê-lo, ao Sistema Terra"; apud C. Bonneuil e J.-B. Fressoz, *L'Événement Anthropocène*, op. cit., p. 92. Nessas páginas, os autores realizam uma desconstrução bem argumentada (e documentada) da narrativa oficial sobre o Antropoceno como uma grande fábula da "tomada de consciência" com base científica.

127 K. Marx, *New York Daily Tribune*, 8 ago. 1853. O que confirma a noção (de origem geológica) de *formação* (social) aplicada por Marx ao capitalismo.

128 G. Deleuze e F. Guattari, *O anti-Édipo*, op. cit., p. 41.

existe diferença entre natureza e produção nem divisão entre Homem e Natureza: "homem e natureza não são dois termos um em face do outro, mas uma mesma e única realidade essencial, o produtor e o produzido [...]. A essência humana da natureza e a essência natural do homem identificam-se na natureza como produção ou indústria". Seguem-se a história, e a história da distinção. A distinção, considerada por nossos dois autores como "desenvolvida, no que se refere à sua estrutura formal, pressupõe (como mostrou Marx) não apenas o capital e a divisão do trabalho, mas a falsa consciência, que o ser capitalista necessariamente toma de si e dos elementos estáticos de um processo de conjunto".

Mas o que pensar da suposta ruptura radical trazida pelo Antropoceno, que teria privado, de uma vez por todas, os "Modernos" da distinção, por eles estabelecida, entre Natureza e Sociedade, bem como do "front de modernização" que ela teria aberto, tendo em vista que toda essa crítica não é, de modo algum, estranha à concepção marxista de "produção"? Se lembrarmos, ainda, que a mesma crítica é retomada por Deleuze e Guattari, que a levam ao ponto de afirmar o caráter *insustentável* do metabolismo capitalista, e que sua consideração deve levar em conta o homem não "como rei da criação, mas antes como aquele que é tocado pela vida profunda de todas as formas ou de todos os gêneros, que é o encarregado das estrelas e até dos animais",[129] seria o Antropoceno o nome de outra coisa além da revelação da "força geológica" da "humanidade", em uma guerra que já aconteceu e que *nós* teríamos perdido por *tê-la vivido sem a viver*? E este último sintagma não é uma possível definição da "falsa consciência" do ser capitalista, à qual seria preciso remeter a "natureza" *despolitizada* da Modernidade da Grande Bifurcação (Natureza/Cultura, Sujeito/Objeto etc.)?

O debate científico não permitiu, até aqui, que se estabeleça oficialmente a entrada na nova era geológica,[130] nem que

---

129 Ibid., p. 15.

130 Após a publicação do artigo de síntese de uma equipe internacional da revista *Science* (8 jan. 2016), no entanto, já é praticamente fato consumado desde o 35º Congresso geológico internacional, na

se fixe o seu início. Diversas datas são propostas, a partir das quais é possível propor tantas outras fases do Antropoceno.

1610 é uma primeira etapa possível, que nos faria entrar de cara na geo-história por meio do *geopoder* que a anima. A partir da análise do gelo depositado nos polos, os cientistas determinaram que, nessa data, a quantidade de CO_2 na atmosfera chegou a um nível anormalmente baixo. As razões desse fenômeno são instrutivas, pois traduzem em valores objetivos a extensão do genocídio dos ameríndios pelas potências coloniais europeias: nada menos que um quinto da população do planeta desapareceu quando a população indígena do continente americano caiu de 55 milhões para menos de 6 milhões de habitantes. Compreende-se agora que *a maior catástrofe demográfica da história mundial* tenha engendrado o reflorestamento do continente e elevado o estoque de CO_2 a uma proporção tal que os climatologistas podem tomá-la como referência para medir o seu aumento constante. Segundo essa hipótese, o Antropoceno começaria em 1492, com o *fim do mundo* para os povos das Américas.[131] O Antropoceno é um Necroceno. 1492–1610: o genocídio precede e conduz o ecocídio *por vir*, e que poderá ser *calculado* a partir dele (a acumulação por extinção). A "destruição do espaço pelo tempo" (na fórmula marxista, que restitui a filosofia capitalista da "velocidade de circulação") se mede a partir da destruição do tempo deles e pelo espaço que ele libera para a exploração colonialista da "natureza" – sempre já composta de humanos e não humanos. Pois um indígena ou um africano escravizado não contam como parte da sociedade, apenas da natureza (a exemplo de homens de todas as cores que vivem em regiões semicoloniais, além da maioria das mulheres). *Cheap Nature, Cheap Labour.* Marx na *Misé-*

Cidade do Cabo (27 ago. a 4 set. 2016). Esperamos ainda pelo veredito, daqui a dois ou três anos, das "autoridades estratigráficas".

131 "Para os povos indígenas das Américas, *o fim do mundo já aconteceu, em 1492*", escrevem Déborah Danowski e Eduardo Viveiros de Castro ("L'Arrêt de monde", in *De l'Univers clos au monde infini*, op. cit., p. 319). Emprestamos dos autores a expressão mais acima, em itálico.

ria da filosofia: "Sem escravidão, não haveria algodão, e sem algodão não haveria indústria moderna". A ecologia-mundo *do capital* instala a "lei do valor" nesse ambiente de morte destinado à sua "industrialização".[132]

1784: a segunda data proposta coincide com o deslanchar da Revolução Industrial e a invenção da máquina a vapor no fim do século XVIII. Adotando a data do prodígio de James Watt, o Antropoceno afirma-se como um Termoceno e um Angloceno, que se prolonga, da potência hegemônica do século XIX, carburada pelo carvão – a Grã-Bretanha –, até os Estados Unidos, cuja potência repousa igualmente sobre o carbono, com interposição do petróleo. Perfila-se no horizonte o que Timothy Mitchell chama de "democracia do carbono".[133]

Outros, por fim – e os mais numerosos –, datam o início do Antropoceno em 1945, em razão da nitidez do sinal radioativo então emitido e daquilo que ele anuncia. As duas bombas atômicas lançadas sobre o Japão, sob a égide do Projeto Manhattan, e a multiplicação dos testes nucleares que se seguiram são tomados como os primeiros sedimentos da "Grande Aceleração". Antes, porém, de propulsionar os Trinta Anos Gloriosos, a petrolização da Europa e o "átomo pela paz", houve a aceleração produtiva e destrutiva das duas guerras totais. O Antropoceno é um Tanatoceno de aplicação indistintamente militar e civil.[134]

As três datas representam, para os cientistas, alternativas possíveis – mas não para os mortais comuns. Designando claramente as três etapas do desenvolvimento do capitalismo, elas expressam a *natureza profunda* do Antropoceno: o Antropoceno é um Capitaloceno.

Bruno Latour, cujo projeto de longo prazo de *repolitização* da ciência (por meio de uma sociologia *das ciências*) e da

---

132 Sobre a versão anticapitalista do conceito de ecologia-mundo (*world-ecology*), ver Jason W. Moore, *Capitalism in the Web of Life*. London/New York: Verso, 2015.

133 Timothy Mitchell, *Carbon Democracy: Political Power in the Age of Oil*. London/New York: Verso, 2011.

134 Veja o capítulo "Thanatocène – Puissance et écocide" no livro de C. Bonneuil e J.-B. Fressoz, *L'Événement Anthropocène*, op. cit., pp. 141–71.

"Natureza" (as aspas indicam a contestação radical do próprio objeto) conhecemos,[135] no entanto, conseguiu a proeza de escrever um livro inteiro sobre o Antropoceno[136] – dando à entrada na nova era geológica uma importância similar, para a "humanidade", à conquista da América (que ela dá como encerrada na superfície e condena sob a superfície da Terra) – sem usar nenhuma (ou quase nenhuma) vez a palavra "capitalismo". As causas do desregramento climático remetem aos "Modernos", aos "Ocidentais", aos "Humanos". O mesmo se passa em um dos grandes nomes dos *subaltern studies*, o historiador Dipesh Chakrabarty, que, após ter criticado Marx por eurocentrismo e a tradição filosófica continental por historicismo (em *Provincialiser l'Europe*),[137] termina por ceder à vertigem epocal do Antropoceno, recuperando o universalismo da "espécie" (segundo Bonneuil e Fressoz, há 51 ocorrências da palavra "espécie" [*species*] em seu principal artigo!) no registro adjetivado do humano como "agente geológico do planeta", cuja *escala* excede, por definição, toda possível história do capitalismo...[138] Agentes tão indiferenciados como a humanidade ou a espécie e tão genéricos e abstratos como os Ocidentais ou os Modernos relegam a segundo plano toda análise específica e *situada* das modalidades de exploração, de dominação e de divisão ligadas à multiplicidade dessas guerras que determinaram as vitórias e as derrotas a partir das quais decisões ao mesmo tempo políticas e tecnológicas foram tomadas, por uma parte dos humanos, contra outros humanos (e não humanos). É o retorno do tempo linear e vazio sob a forma de um bio-historicismo, em um historiador tarimbado como Chakrabarty, e da totalização e da "visão de cima" em um filósofo inovador como

---

135 Ver B. Latour, *Políticas da natureza: como fazer ciência na democracia*, trad. Carlos Aurélio Mota de Sousa. Florianópolis: Edusc, 2004.
136 Ver B. Latour, *Diante de Gaia*, op. cit.
137 Dipesh Chakrabarty, *Provincialiser l'Europe* [2000]. Paris: Amsterdam, 2009.
138 Ver D. Chakrabarty, "The Climate of History: Four Theses", *Critical Inquiry*, n. 35, winter 2009; e o comentário de Christophe Bonneuil e Jean-Baptiste Fressoz, *L'Événement Anthropocène*, op. cit., p. 83.

Latour, que talvez tenha levado longe demais sua denúncia do "construtivismo herdeiro da tradição crítica", confiando a composição de um "mundo comum" apenas aos diplomatas... Ou a uma "iniciativa diplomática" encarregada, em um primeiro momento, de *aguçar os conflitos*, para melhor definir, depois, as condições arbitrárias da *paz*.[139]

A explicação de Chakrabarty acerca dos limites da crítica do capitalismo na apreensão do Antropoceno é fascinante: como os "ricos e privilegiados" não terão como escapar à catástrofe tal como fazem tão bem em crises econômicas (não há "botes salva-vidas" à sua disposição para sair do planeta!), o problema que se põe é da humanidade, da espécie, do homem. Confere-se assim um sentido inédito ao humanismo tão ardentemente combatido pelo pensamento dos anos 1960. Da parte de Latour, o objetivo visado é "dar um sentido à noção de limite", manter "nossa atividade dentro de limites decididos voluntária e politicamente",[140] enfrentando assim "uma situação inteiramente nova: a Terra, nem natureza nem cultura, mas um modo de existência *sui generis*".[141]

Basta conhecer um mínimo do modo como o capitalismo realmente funciona para compreender que os conceitos de "limite" e de "catástrofe" soam de modo muito diferente aos ouvidos de um capitalista e aos de intelectuais orgânicos do Antropoceno. As políticas *sui generis* que daí decorrem são, infelizmente, radicalmente heterogêneas. A não ser que se dê num plano estratégico, nenhuma catástrofe poderia ameaçar o capitalista ou representar um alerta para ele, assim como nenhum limite poderia *de fato* inquietá-lo, pois catástrofes são modalidades normais do funcionamento do capitalismo, e os limites constituem os meios de produção de seu desenvolvimento. Que a catástrofe diga respeito, em última instância, ao fim da espécie como um todo, é algo que não perturba minimamente o capitalista: de longa data, ele adotou como

---

139 Cf. B. Latour, "L'Universel, il faut le faire" (entrevista com Élie During e Laurent Jeanpierre), *Critique*, n. 786, nov. 2012, pp. 955–56.
140 Id., *Diante de Gaia*, op. cit., pp. 445, 451.
141 Id., "L'Universel, il faut le faire", op. cit., p. 956.

sua a filosofia mais imaterial da *banalidade do mal* (Donna Haraway). A catástrofe constitui, ao contrário, uma *oportunidade*, que lhe permite passar de um modo de valorização a outro (a análise marxista tradicional é suficiente para vê-lo). Quanto aos limites, o capitalismo não conhece outros além dos imanentes. "Ele gostaria de fazer crer que se choca com os limites do Universo, com o limite extremo dos recursos e das energias. Mas ele se choca tão somente com seus próprios limites (depreciação periódica do capital existente), e repele ou desloca apenas seus próprios limites (formação de um novo capital, em novas indústrias com forte taxa de lucro). É a história do petróleo e da energia nuclear, e os dois de uma só vez: ao mesmo tempo que o capitalismo se choca com seus limites, ele os desloca para colocá-los mais longe."[142]

Confronto dos limites e deslocamento dos limites, enunciam Deleuze e Guattari. O comportamento do capitalismo em relação aos limites ecológicos é igual ao de todos os outros limites que ele mesmo gerou. (Não foi ele que, em mais de um sentido, *construiu* a "natureza" como um *todo*?) Ele faz disso a condição e a fonte de uma nova valorização, deslocando e aprofundando a degradação ecológica do planeta. André Gorz defendia, já em 1974, que, caso o impasse ecológico se tornasse inevitável (confronto dos limites), o capitalismo teria como integrar essa restrição, por mais alto que o seu custo fosse para as populações, assim como fez com todas as outras (deslocamento dos limites).[143] A catástrofe é elemento essencial dessa estratégia de integração da ecologia em uma nova valorização. Difundindo o medo, a angústia do perigo iminente e a culpabilidade de um erro compartilhado, o capitalismo mais "esclarecido" leva às mudanças e "às reformas" – exatamente como na "crise" da dívida.

O desenvolvimento sustentável, a economia verde, as energias renováveis, são todos deslocamentos dos limites para a instalação de um novo regime de *criação destrutiva* que se torna politicamente mais sustentável com a multiplicação das

---

142 G. Deleuze e F. Guattari, *Mil platôs*, v. 5, op. cit., p. 177.
143 André Gorz, "Leur écologie et la nôtre", *Le Sauvage*, abr. 1974.

mediações e negociações diplomáticas que não poderiam ter sido postas na *antropo-cena* sem o apelo aos analistas mais qualificados do desregramento climático. Os atores científicos que se tornaram antropocenólogos são chamados a levar em conta, de modo negociado, a "intendência planetária" da gestão ambiental, de modo a "otimizar o clima". Com a vantagem, nada negligenciável, para estes, de se colocarem assim em situação de fazer passar, "em contrabando, as inumeráveis alianças entre as ciências e os poderes financeiros, políticos, industriais ou militares que, durante um quarto de século, produziram os grandes transtornos ecológicos contemporâneos".[144] Os "cientistas" parecem ser os únicos a ignorar que o capitalismo só é um "modo de produção" na medida em que é também um *modo de destruição* – em que eles podem apenas participar –, do qual o Antropoceno não é tanto o término quanto o "cosmograma" e o cosmodrama. São também os filósofos do Antropoceno que podem recuar diante da natureza estreitamente capitalística do *infinito* por eles denunciado. Assim, Bruno Latour se agarra ao seu único *conceito modernista* (teríamos sido modernos?), e de uma maneira tão *metafísica*,[145] que a física ecossocial da introdução do infinito na produção só poderia mesmo escapar à introdução simultânea do infinito na *destruição criadora do capitalismo*. O período entre 1492 e 1945: a acumulação sem limites e a destruição sem limites não celebraram suas núpcias, a ferro e fogo, durante toda a primeira metade do século XX, com o efeito de retorno de sua dimensão mais genocida?[146] Ora, é precisamente aí, nas guerras totais

---

144 Christophe Bonneuil, Pierre de Jouvancourt, "En Finir avec l'Épopée: récit, géopouvoir et sujets de l'Anthropocène", in *De l'Univers clos au monde infini*, op. cit., p. 94. Essa é uma questão que Isabelle Stengers jamais deixou de desenvolver ao longo de mais de vinte anos em sua ecologia política das práticas científicas.

145 Latour diz: "para que seja reencontrado o sentido da questão da emancipação, *é preciso se emancipar do infinito*", *Diante de Gaia*, op. cit., p. 442.

146 Ver Vahakn N. Dadrian, *German Responsability in the Armenian Genocide*. Watertown: Blue Crane Books, 1996, para o que pode ser considerado o início do processo genocidário.

do capitalismo (ou do "imperialismo como etapa superior do capitalismo"), que se cristaliza (um "conhecimento situado", na verdade) "a dimensão apocalíptica da qual somos descendentes".[147] "A guerra", como afirmou Lewis Mumford, "adquiriu uma forma infinitamente destrutiva; ao desdenhar de todos os obstáculos materiais e constrangimentos morais, ela se transformou hoje em um genocida sem limites, que ameaça toda a vida sobre o planeta".[148]

Será preciso evocar a percepção particularmente aguda do capitalismo como "modo de destruição" no fim da Segunda Guerra Mundial? O apocalipse nuclear veio pôr fim a uma guerra que já estava ganha, tornando-se o vetor de um pensamento apocalíptico que se apega à inversão "ontológica" das funções ditas "emancipatórias" das forças produtivas. A partir desse momento, a destruição inscreveu-se profundamente no Trabalho, na Técnica e na Ciência, acompanhando, como um duplo, a produção. À "criação" *ex nihilo*, à potência prometeica do homem, veio substituir a "potência de aniquilação". O Capitalismo introduziu assim, na história da humanidade, uma novidade memorável: até o evento da bomba atômica, apenas o indivíduo era mortal, a espécie era imortal. Com as guerras totais, a "venerável fórmula segundo a qual *todos os homens são mortais* perdeu o sentido", pois a bomba atômica traz consigo a possibilidade de que "a humanidade como um todo possa ser morta, e não apenas todos os homens".[149] Quer se utilize novamente a bomba ou não, viveremos para sempre "à sombra dessa inevitável companheira". A ameaça de catástrofe estará sempre presente, e nos fará entrar no tempo da sobrevivência dos *mortos em sursis*.[150]

---

147 B. Latour, *Diante de Gaia*, op. cit., p. 442.

148 Lewis Mumford, *Les Transformations de l'homme* [1956]. Paris: Éditions de l'Encyclopédie des Nuisances, 2008, p. 68.

149 Günther Anders, *L'Obsolescence de l'homme* [1956]. Paris: Éditions de L'Encyclopédie des Nuisances, 2002, p. 270.

150 Em *Voyage au bout de la nuit* (1932), Louis-Ferdinand Céline utiliza a expressão *"mort en sursis"* para evocar a condição do soldado durante a Primeira Guerra Mundial, mas emprega também outra expressão, ainda mais cortante: "assassinados em *sursis*".

A bomba, como explica Günther Anders, "teve êxito onde as religiões e filosofias, os impérios e revoluções haviam fracassado: fez de nós uma humanidade de fato [...]. Agora, somos realmente mortos em *sursis*. Resta provar que, se o somos, não é de maneira resignada".[151] Os poderes de emancipação suscitados no século XIX pelo "homem do novo mundo" foram tragicamente invertidos, "como no conto do aprendiz de feiticeiro", e "a humanidade vive agora sob a ameaça de autodestruição, em uma escala, até o presente, inconcebível e graças a métodos outrora inimagináveis".[152] As guerras totais são uma ruptura radical em relação às concepções "progressistas" de desenvolvimento. Ao "passar de um campo limitado de destruição e violência, de objetivos restritos, ao do extermínio sistemático e irrestrito",[153] a guerra transmite seu caráter *ilimitado* às técnicas, ao trabalho e às novas realidades de uma Guerra Fria que se encarrega da paz: a *paz total*, a "paz absoluta da sobrevivência". Com ela, "*é a paz que libera tecnicamente o processo material ilimitado da guerra total*".[154] A inversão da fórmula de Clausewitz significa que a destruição *produzida* pelas guerras totais não é conjuntural, mas *ontológica* – por mais que o capitalismo não possa mais ser dialético, se um dia o foi, e que a ilusão reformista dos Trinta Anos Gloriosos, que associava a bomba à prosperidade, tenha sido banida antes mesmo que a cosmogonia do progresso batesse asas.[155] Essa crítica "apocalíptica" da modernização perde-se em meio à euforia dos *Sixties* antes de se tornar "consciência ecológica". Ela perdeu, infelizmente, se não o seu traço anticapitalista, ao menos a relação com a guerra total do Capital e suas guerras civis.

A destruição explosiva promovida pelas guerras totais e sua concentração nuclear na bomba atômica conseguiram,

---

151 G. Anders, *L'Obsolescence de l'homme*, op. cit., p. 343.
152 L. Mumford, *Les Transformations de l'homme*, op. cit., p. 155.
153 Ibid., p. 68.
154 G. Deleuze e F. Guattari, *Mil platôs*, v. 5, op. cit., p. 169.
155 Para uma crítica ecológica radical dos Trinta Anos Gloriosos na França, ver Céline Pessis, Sezin Topçu e Christophe Bonneuil (orgs.). *Une autre histoire des "Trente Glorieuses"*. Paris: La Découverte, 2013.

entrementes, levar adiante a capitalização a reboque de uma consumação que produz destruição cotidiana (aquecimento global, poluição, deflorestamento, privatização dos bens comuns "naturais" etc.), por meio do *desenvolvimento* de uma "troca ecológica" a mais desigual possível. O que se verifica, não apenas entre o Norte e o Sul, mas entre os Nortes e os Suis de cada cidade e de sua periferia, é que todas as questões ambientais são também questões de reprodução social. Tal é, como se sabe, a linha de força do ecofeminismo, que leva as questões ambientais para o lar, especialmente nos bairros mergulhados na realidade física *multiescalar* do "racismo ambiental".[156]

Podem-se discutir as complexas relações entre a *história ambiental da raça* e o gênero como *matriz da raça*.[157] O que não se discute, porém, é a realidade da ecologia social dos conflitos que envolvem uma "humanidade" cada vez mais dividida por interesses heterogêneos que estão longe de ser somente econômicos, em um capitalismo que desponta, decididamente, como a única "potência de historicização" de Gaia.[158] É preciso, assim, levar mais longe a desconstrução da narrativa oficial

---

156 Ver Giovanni di Chiaro, "Ramener l'écologie à la maison", in *De l'Univers clos au monde infini*, op. cit.; Razmig Keucheyan, *La Nature est un champ de bataille*. Paris: Zones, 2014, cap. 1. Ver ainda Maria Mies e Vandana Shiva, *Écoféminisme*. Paris: L'Harmattan, 1999.
157 Elsa Dorlin, *La Matrice de la race: généalogie sexuelle et coloniale de la nation française*. Paris: La Découverte, 2009.
158 Latour explica o capitalismo em termos de um "superorganismo" de mesmo gênero que a Natureza, a Terra ou mesmo... Deus. Em *Psychologie économique* (1902), Gabriel Tarde desenvolveu a ideia de uma Economia e de uma Política que prescindam da crítica marxista do "Capitalismo" (cf. Bruno Latour e Vincent Antonin Lépinay, *L'Économie, science des intérêts passionnés: introduction à l'anthropologie économique de Gabriel Tarde*. Paris: La Découverte, 2008). À diferença de Latour e Lépinay, que escrevem, um pouco levianamente, "que é preciso lembrar que nos encontramos em 1902, 12 anos antes do cataclismo da Grande Guerra que nos condenará a um século de estupidez" (p. 109), vemos surgir, entre 1914 e 1917, não um *éthos* da imbecilidade, mas uma mudança em escala mundial estreitamente associada ao estado generalizado de guerra a que nos referimos em nossa interpretação do Antropoceno enquanto Capitaloceno.

sobre o Antropoceno, que sob muitos aspectos está em consonância com a Grande Narrativa da Guerra Fria, inclusive por substituir a defesa do mundo livre pelas armas nucleares por uma universalidade totalmente virtual, por uma nova governança cibernética, supostamente mais sustentável, do Sistema Terra-Humanidade. Nesse registro, os climatocéticos (ou *climatonegacionistas*) seriam o único entrave à marcha rumo a um novo espírito do capitalismo, que promove a responsabilidade (individual e coletiva) de ecocidadãos mobilizados sob a égide da Ciência e/ou das geociências, para assim recuar o "tempo do fim".[159]

O Antropoceno não é apenas um universalismo que atribui as responsabilidades de maneira indiferenciada, embora "nós saibamos quem são os responsáveis". Ele é também uma teoria que esvazia qualquer conflito, luta e guerra, os quais desfazem em uma *obrigação diplomática* de resultados que é vista por seus defensores, curiosamente, como a chave para a *repolitização* da ecologia.

Também a função principal do poder – negar a existência da guerra civil atualmente em curso – é garantida pelo Antropoceno, na medida em que apela a uma humanidade genérica, promovida à condição de novo sujeito de uma *história natural* perigosamente "histerizada". Por isso, se a guerra faz

---

159 Longe de nós subestimar o peso dos climatocéticos em relação ao aquecimento global, grupo que "reúne, nos Estados Unidos, um agregado heteróclito de *lobbies* da grande indústria, trabalhadores florestais, sindicatos de agricultores, cristãos integralistas, defensores das armas, libertários antifederalistas" e outros, financiados por bilionários poderosos; Sandrine Feydel e Christophe Bonneuil, *Prédation*. Paris: La Découverte, 2015, p. 29. O que nos parece mais determinante no momento em que nosso Claude Allègre [famoso cientista e político francês adepto do negacionismo climático] nacional desapareceu da TV e que todo mundo está celebrando o "sucesso encorajador" da COP21, é o fato de ser com os *interesses representados* pelos climatocéticos que a, apropriadamente chamada, Conferência das Partes (Conference of Parties – COP) está se comprometendo. Tampouco ignoramos aqui a realidade da Third Carbon Age, ou Age of Unconventional Oil and Gas (cf. Michael Klare), que tão bem combina com a exploração militar dos polos.

figura, nas obras mais recentes de Latour, é em diálogo com Gaia. Após ter preconizado, como bom sociólogo, uma solução própria para o problema de como "viver juntos", propondo o que ele chama de "novo contrato natural" em termos de uma cosmopolítica de reconciliação entre humanos e não humanos, Latour declara que foi introduzido, com o Antropoceno, um "estado de guerra", uma "guerra dos mundos", um "estado *generalizado de guerra*". Só então é que Latour começa a fazer justiça ao fato de que "os humanos estão divididos em [diferentes] partidos em guerra",[160] refutando, com isso, a ideia de uma humanidade unificada (ou globalizada) rápido demais[161] mediante a adoção de um decalque simétrico à estratégia hobbesiana, o que lhe permite reunir os Modernos sob uma paz civil "assegurada" pela guerra ilimitada (porém nunca declarada) contra a Natureza. O que é ainda mais inverossímil *e perigoso* pelo fato de a situação ser completamente oposta: é a Terra que nos lançou em um "novo estado de guerra" *contra si mesma*, ao retroalimentar as "ações humanas". Ela vem a galope, em caça à Humanidade, para puni-la por suas más ações. Resume Latour: "nossa situação é a mesma e também oposta à de Hobbes: a mesma, porque temos que buscar a paz; oposta, porque não podemos ir do estado de natureza para o Estado, e sim do Estado da Natureza para o reconhecimento de um estado de guerra".[162]

Mas não poderíamos voltar contra a descoberta da guerra por Latour a mesma crítica que Foucault dirige a Hobbes? Pois a transposição da guerra de todos contra todos, no Antropoceno, seria uma *ficção ao quadrado*, que comandaria a pacificação entre "coletivos" e entre "povos" tão "múltiplos e dispersos" que terminariam por habitar o interior de cada um de nós. Não seria esse o indício de uma guerra sem *front* nem ruptura subjetiva, além da oposição geral entre o "Antigo Regime Climático" e o "Novo Regime Climático", que conclama a uma revolução em nossas "relações com o mundo"? CQD, *Give peace*

---

160 B. Latour, *Diante de Gaia*, op. cit., p. 382.
161 Ibid., pp. 182–253.
162 Ibid., p. 317.

a chance? Seria uma tarefa impossível ou inútil a de "designar pelo nome alguns dos representantes da linha de frente do exército 'Humano' ou, precisamente, os mais imediatamente responsáveis pelo crescente agravamento da catástrofe antropocênica"? "Afinal, para começar", escrevem Danowski e Viveiros de Castro, "não mais que noventa grandes empresas são responsáveis por dois terços das emissões de gases de efeito estufa na atmosfera terrestre".[163]

Na falta de uma resposta como essa, em que a geopolítica dos "territórios em luta" tomaria uma feição decisivamente *anticapitalista*, a questão se recoloca: se a humanidade não pode ter nenhum inimigo, quais são *de fato* os inimigos da guerra de Latour? Os "Humanos" e os "Terrestres". Os primeiros são os senhores modernizadores e possuidores da natureza; os segundos, as criaturas de Gaia, reterritorializados ou *reterrestrializados* pelo Antropoceno. Não estamos longe de um filme da série *O senhor dos anéis*, como sugere o próprio Latour nas entrelinhas... "Para apresentar isso no estilo de uma ficção geo-histórica, os *Humanos* que vivem na época do *Holoceno* estão em conflito com os *Terrestres* do *Antropoceno*."[164]

O programa político de Latour, que consiste em declarar *a* guerra – o que ele agora chama de "estado da guerra ecológica declarada",[165] para estabelecer uma paz negociada "diplomaticamente" ou o princípio de *uma guerra que leva à paz dos diplomatas* –, é tributário da concepção clausewitziana da guerra como continuação da política ("por outros meios"). Mas como, então, essa "cosmopolítica" não se tornaria imediatamente refém do *atraso* da fórmula de Clausewitz em relação às políticas reais de "modernização", que são apenas formas de guerra civil continuadas no e através do capitalismo? Capitalismo que, por sua vez, nunca se "limitou" à *apropriação de terra* (na locução de Carl Schmitt). De tal modo que não é suficiente pro-

---

163 "L'Arrêt de monde", in *De l'Univers clos au monde infini*, op. cit., p. 316.
164 B. Latour, *Diante de Gaia*, op. cit., p. 383.
165 Ibid., p. 387.

longar e *inverter a apropriação de terra* feita pelos Humanos em uma *apropriação pela Terra*, definindo os Terrestres por "tudo que muda".[166] A invenção, por Latour, de uma nova fórmula de guerra é antes uma construção "diplomática" projetada para que se resolva *em teoria* – daí o seu caráter francamente *extraterrestre!* – o conjunto desses "problemas" *que fazem parte da perspectiva anticapitalista que Latour quer, a todo custo, evitar.* Mas a que preço? O custo da operação de "inversão radical na direção de uma apropriação" pode ser medido pelos *efeitos de diluição* do campo de batalha da guerra ecológica: do lado dos Humanos, "é impossível traçar um mapa detalhado dos conflitos geopolíticos"; do lado dos Terrestres, o mapa de seus territórios não é mais "feito de Estados-nações fechados dentro de suas fronteiras [...] mas de redes que se entrelaçam, se opõem, se contradizem, e que, sem harmonia, sem sistema, sem 'terceiro partido', sem nenhuma Providência suprema, não pode ser unificado de antemão".[167] Tomado ao pé da letra, isso não chega a ser falso, desde que se integre a guerra ecológica como *dimensão constitutiva* da multiplicidade de guerras de classe, de raça, de gênero, de subjetividade, o que terminaria por alterar a própria noção de ecologia, no sentido de ecologia generalizada transversal em relação às "interações entre ecossistemas, mecanosfera e Universo de referência social e individual".[168]

Sem uma *teoria da evolução* do capitalismo e de suas *divisões de guerras*, é impossível produzir uma teoria da guerra na época do Antropoceno. Se as catástrofes ecológicas são resultado de vitórias conquistadas pelos capitalistas no conjunto das guerras que travaram *contra nós*, talvez somente

---

166 Ibid., p. 391: "O que [Schmitt] não pode imaginar é que a expressão apropriação de terra – *Landnahme* – começa a significar *apropriação pela Terra*. Nesse momento tudo se reverteria. Enquanto os Humanos são definidos como aqueles que se apropriam da Terra, os Terrestres são *apropriados por ela*".

167 Ibid., p. 392–93.

168 F. Guattari, *Les Trois écologies*. Paris: Galilée, 1989, p. 34. [Ed. bras.: *As três ecologias*, trad. Maria Cristina F. Bittencourt. Campinas: Papirus, 1990.]

nós, *os vencidos*, possamos dizer um dia: *foi o fim da Natureza e o renascimento da ecologia.*

Humanos, demasiado humanos, os capitalistas não tiveram dificuldades para se apropriar do documento do Clube de Roma, publicado em 1972, sobre "os limites do desenvolvimento", tomando-o como um imperativo de transformar em novas fontes de lucro os limites "ecológicos" criados pelo próprio Capital. Fiéis à dinâmica deste, desde então não fizeram mais que ampliar o desastre ecológico. A ideia, que repousa em uma história muito antiga, remontando aos cercamentos do início do Angloceno mais primitivo, era bela e tornou-se ainda mais com o brio com que foi enunciada, bem próprio dos neoliberais: para garantir a perenidade dos "comuns" da terra, da água, do ar etc., é preciso subtrai-los ao uso e privatizá-los, submetendo-os assim à lógica de custo-benefício regulada pelo mercado. E, como a mercantilização da natureza abre um mercado particularmente vultuoso, e a regulação é própria das economias de mercado, não tardaria para que se impusesse a ideia da troca do direito de poluir (os "mercados de carbono"). A União Europeia tornou-se uma especialista no assunto: o *European Union Emission Trading System*, EU ETS é o mais importante do mundo.

A finança passa a investir e a desenvolver esses novos domínios de valorização, tornando-se "ambiental". Para além de suas operações com títulos de seguro, de resto antigas e bem conhecidas no mercado americano, a finança se torna "verde" ao emitir os *"cat bonds"* (por extenso, *"catastrophe bonds"*, ou títulos de catástrofe), além de *"green bonds"* e "derivativos climáticos", "hipotecas ambientais" e outros. Em comum, essas operações têm a intenção de assegurar "novos riscos" por meio de "securitização" (*securitization, security*, significam *também* título financeiro), entregando-se, por meio de agências intermediárias, à *modelagem das catástrofes*,[169] a tal ponto que se fala hoje em uma "mercantilização

---

169 Veja R. Keucheyan, *La Nature est un champ de bataille*, op. cit., cap. 2.

387

por meio de modelagem". Criou-se, assim, em torno dos mercados e bolsas verdes, uma cultura especulativa comum, "que alinha a natureza ao novo espírito do capitalismo e às lógicas de financeirização. Desenvolveu-se, nos últimos anos, uma multidão de novos instrumentos financeiros para frutificar o 'capital natural' e seus serviços'".[170]

Patenteabilidade de seres vivos (vendida ao público como instrumento de conservação da biodiversidade) e mercados de biodiversidade oferecem a filosofia definitiva do biopoder neoliberal, alimentando o geopoder do Capital como figura última da globalização.

Alguém se admira que, no presente, a mercantilização e a financeirização da natureza, ocorridas no momento do Antropoceno, em meio à *capitalização do caos*, sejam acompanhadas da "crescente imbricação entre a ecologia e a guerra",[171] promovendo os exércitos à condição de *especialistas do caos*?[172] A pacificação securitária e o "novo humanismo militar" se propagam na velocidade das catástrofes naturais e da gestão dos riscos sociais amplificados por elas. Estes são plenamente integrados à função de "multiplicação de ameaças", própria da "crise" ecológica. Basta pensar no furacão Katrina, que em 2005 atingiu Nova Orleans, revelando o racismo ambiental e acelerando a gentrificação da cidade, exemplo perfeito de aplicação de "estratégia de choque", com o devido auxílio da guarda nacional.[173] Sem esquecer a operação *greenwashing* de exércitos dotados de "unidades de intervenção ecológica", tornando a "preservação da natureza" dependente de sua militarização, devidamente programada, na "intersecção de mudança climática e segurança nacional". Daí a ideia de criar uma força de *capacetes verdes*, para controlar a multiplicação

---

170 S. Feydel e C. Bonneuil, *Prédation*, op. cit., p. 172.
171 R. Keucheyan, *La Nature est un champ de bataille*, op. cit., p. 15.
172 É o que se lê, com todas as letras, em um relatório parlamentar dedicado ao "impacto da mudança climática na segurança e na defesa" apresentado à Assembleia Nacional em 2012.
173 Ibid., pp. 25–28.

de *guerras verdes* nas quais se encontram todos os componentes da história mais política da natureza pós-colonial.

Mas o *greenwashing* evoca, sobretudo, o papel constitutivo do complexo militar no Antropoceno. Além dos colossais processos de destruição ecológica produzidos pela industrialização que acompanha as guerras submetidas à lógica ilimitada do capital, é a economia de guerra que, para além do teatro de operações e da manutenção cada vez mais energívora dos exércitos, vem revigorando continuamente o "progresso" do "desenvolvimento". "O aparelho militar, a guerra e a lógica do poder, com suas escolhas tecnológicas insustentáveis, que se impõem em seguida ao mundo civil, têm pesada responsabilidade pelo desregramento de ambientes locais, bem como pelo conjunto do Sistema Terra."[174] Caso paradigmático é a transferência, do militar para o civil, da dupla ameaça nuclear que paira sobre todo o sistema. Tal ameaça traz consigo tanto a *possibilidade* de extinção da espécie humana como a *realidade* da "grande aceleração" da Guerra Fria,[175] que pôs em curso, aos moldes da civilização *made in USA*, a socialização e a capitalização das forças produtivas/destrutivas da guerra total.[176]

O Antropoceno, com sua grande narrativa unificadora da espécie, é não somente um universalismo e um humanismo, mas também um reducionismo "fisicalista", que celebra a ilusão diplomático-científica de um ajuste espacial [*spatial fix*]. E, no entanto, a ameaça climática diz respeito a uma

---

174 C. Bonneuil e J.-B. Fressoz, *L'Événement Anthropocène*, op. cit., p. 269.

175 Note-se de passagem que a Guerra Fria constitui o "ápice da intervenção ambiental dos exércitos"; ibid., p. 142.

176 O essencial de nossa tese encontra-se expresso nesta passagem de Bonneuil e Fressoz: "A grande aceleração dos anos 1950 deveria naturalmente fazer com que nos interrogássemos acerca do papel de dobradiça na história do Antropoceno, da Segunda Guerra Mundial e do esforço de guerra americano. Estudos quantitativos mais precisos poderiam mostrar que a Grande Aceleração é resultado da mobilização industrial para a guerra e da subsequente criação de mercados civis destinados a absorver o excesso de capacidade industrial" (ibid., p. 168).

geo-história que fez da ruptura do equilíbrio da Terra um acontecimento, esse acontecimento é ele mesmo menos politicamente global do que *local e globalmente político*: impõe o abandono, *em todos os lugares*, da esperança negociada de uma "saída da crise" e desmente, assim, a tese de Chakrabarty, dando razão a Benjamin: *apenas o capitalismo nunca morrerá de morte natural*.

Por essa razão, coerentemente com a ontologia da Natureza = Indústria = História, Guattari nos convida a *nunca* separar aquilo que o capitalismo mantém junto e explora desde o seu surgimento. O que nos devolve à tese da Grande Partilha, segundo a qual a Modernidade é o meio e os Modernos são o instrumento, enganoso e enganado, de uma representação de mundo fundada sobre a divisão entre Natureza e Cultura. Pois é o capitalismo que promove a *irredutibilidade* e se apresenta como *irredutível* em relação a esse conceito abstrato de modernidade e a seu regime de distribuição, que, supostamente, teria "desanimado" os objetos, no mesmo movimento em que "animou" os sujeitos, segundo o princípio de um "naturalismo" (Descola) que situa o homem em exterioridade em relação à natureza.

A "natureza" nunca foi simplesmente "decorativa para a ação humana" (como propõe Latour, para marcar a diferença entre o Antropoceno e o Holoceno), pois ela é *tomada* pelo agenciamento do Capital. Para jogarmos agora com Carl Schmitt: a Natureza é o *terreno tomado* pelo Capital. A definição mais simples deste último implica um "capital constante" (matérias-primas, máquinas etc.) e um "capital variável" (força de trabalho), ou seja, uma "hibridização" entre humanos e não humanos que remete não à modernidade, mas à organização capitalista da exploração. Não há exterioridade possível, pois a "natureza" é investida de maneira *extensiva* (a colonização vai até os limites da "terra") e *intensiva* (a colonização vai até os limites da "matéria").

Em seu funcionamento, o Capital não se deixa embaraçar por dualismos "modernos" entre sujeito e objeto, as palavras e as coisas, a Natureza e a Cultura ou a Sociedade. As relações sujeito / objeto, homem / máquina, agente / matéria se esfumaçam e dão lugar a uma configuração global, na qual há um encontro e um agenciamento de forças que não se deixam dividir em "mortas" e "vivas", subjetivas e objetivas, pois são todas, de maneiras diversas, "animadas" (as forças físicas e subfísicas da matéria, as forças humanas e sub-humanas do "corpo" e do "espírito", a força das máquinas, a potência dos signos etc.). Nessa "produção", muitas são as relações entre agentes e signos, mas tais relações não são intersubjetivas, os agentes não são pessoas e as semióticas não são representativas. Os agentes humanos, assim como os não humanos, funcionam como pontos "de conexão, de junção e disjunção" dos fluxos e redes que constituem o agenciamento capitalista na exploração do conjunto dessas relações.[177]

Tomemos aqui a liberdade de fazer falarem Guattari-Deleuze: "Sem produção de subjetividade, não há longa marcha rumo ao Antropoceno, *nem sequer* há Antropoceno!". Não somente a ação dos humanos é inseparável daquela dos não humanos, mas os humanos se encontram submetidos a processos de formatação da subjetividade historicamente muito diferentes: os "humanos" da acumulação primitiva, os do capitalismo industrial e os do capitalismo financeiro não são, em absoluto, os mesmos. Sua subjetividade é, a cada vez, *produzida* de modo específico, de tal forma que possa responder às exigências da *produção*. Seria preciso que um dia nos explicassem como antropólogos tão presentes na nova cena do Antropoceno se mostram tão pouco interessados

---

177 É precisamente por fazer abstração do funcionamento *real* do capitalismo que Latour é levado a recorrer ao conceito eminentemente problemático de uma modernidade que se equivocaria a respeito de si mesma e dá, assim, uma sobrevida ao conceito de *ideologia*. Enquanto a "modernidade" fazia valer os direitos do corte ("epistemológico"?) entre Natureza e Cultura, cientistas promoviam em seus laboratórios hibridizações entre humanos e não humanos, contrariando, assim, sua "ideologia espontânea". Deleuze e Guattari explicam esse processo duplo: a servidão maquínica cria uma continuidade entre natureza e cultura, enquanto a sujeição social introduz uma descontinuidade entre humanos e não humanos, produzindo assim um "sujeito" que se distingue de seu objeto.

em apreender as "diferenças" em sociedades colonizadoras, eles que mostraram as mais sutis "diferenças" nas sociedades colonizadas.

A discussão suscitada pelo Antropoceno parece constituir um perfeito exemplo de "um passo à frente, três para trás" em relação à proposição, formulada por Guattari em 1989, de construção de uma ecologia política geral, capaz de tratar a guerra como tripla devastação: da "natureza", do *socius*", da "subjetividade". Que outro sentido dar ao "estado generalizado de guerra" para o qual Latour aponta?

Polarizada por uma dessas devastações (a da "natureza") em detrimento das outras, a grande narrativa unificadora e pacificadora do Antropoceno é, em sua versão oficial, um hino mal disfarçado à função redentora da ciência. As verdadeiras soluções viriam da ciência, das inovações tecnológicas ou da geoengenharia, o que nos lembra que a R&D da Guerra Fria encontra aqui a sua realização, comensurável à sua ambição cibernética. Esta poderia mesmo se gabar de certa antevisão, com suas espirais de retroalimentação capturadas em "sistemas homens-máquinas". "A cibernética e a ciência dos ciborgues do pós-guerra não esperaram por Latour, Haraway ou Descola para celebrar a dissolução da fronteira natureza/cultura, pois tinham em vista, precisamente, a otimização de sistemas de ligação entre humanos e não humanos."[178] Por boas razões, a cibernética é a ciência capitalista da Guerra Fria... que, por sua vez, é a passagem mais curta para o Antropoceno.

Na hora dos grandes perigos, tudo depende do diagnóstico da situação. Se os responsáveis são a Humanidade, os Modernos, os Ocidentais, cabe aos experts encontrar uma solução. É a versão ecomodernista da política dos "experts", respaldada, como não poderia deixar de ser, pela ideologia neoliberal contemporânea, que já semeou tantos "governos de experts". Mas se o diagnóstico mais pertinente das causas e origens contínuas do Antropoceno é, como cremos, estratégico,[179] então a

---

178 C. Bonneuil e J.-B. Fressoz, *L'Événement Anthropocène*, op. cit., p. 107.
179 Como escrevem Bonneuil e Fressoz (ibid., p. 229), "e se a entrada no Antropoceno fosse não um deslize inconsciente, mas o simples

política dos "territórios em luta" deve se engajar resolutamente na "guerra ecológica" real em curso, guerra esta que, como tantas outras, e na intersecção com elas (guerras de classe, de raça, de sexo, de subjetividade), estamos em vias de perder.

12.6 Máquinas de guerra

Quando o capital financeiro se torna hegemônico e faz da guerra e do Estado do qual ela se apropriou, os instrumentos diretos de sua estratégia, qual dinâmica, qual energética insufla ele na máquina de guerra?

No livro III de *O capital*, Marx define o sistema de crédito como instituição que permite a "conversão de dinheiro em capital, sem que, para tanto, seja preciso se tornar capitalista industrial".[180] Trata-se daquela classe de capitalistas que, enquanto "agentes do capital" (um capital que não tem nada de "fictício", apesar do que diz Marx, sendo tão real quanto *o* capital poderia sê-lo!), introduz uma instabilidade estrutural na economia e na sociedade, por meio da qual se dará o "desenvolvimento" do próprio capitalismo. O modo de valorização do capital industrial se dá por *crises periódicas*, pois o desenvolvimento "absoluto" ou "incondicional" das forças produtivas é contraditório com sua subordinação à lógica do lucro e da propriedade privada. Sob a impulsão do capital financeiro, as crises não tardarão a se tornar tão próximas umas das outras que a própria noção de "crise" perderá todo sentido estrutural, substituída pela de um permanente estado de instabilidade. A própria ideia de crise como "meio imanente ao modo de produção capitalista" parece, estranhamente, caducar aqui, não poupando nem mesmo o princípio

---

resultado da inovação tecnológica (a máquina a vapor) ou o resultado de uma derrota política frente às forças do liberalismo?".

180 K. Marx, *O capital: crítica da economia política*, livro III: *O processo global da produção capitalista* [1894], trad. Rubens Enderle. São Paulo: Boitempo, 2017, p. 278.

geral de que as coisas caminham (bem?) apenas se em algum momento desandam.

A depreciação do capital existente e a formação de um novo capital (crise) como paliativo da queda da taxa de lucro produzem-se, atualmente, de maneira *contínua*, sob a pressão da "competitividade" [181] tão cara aos capitalistas financeiros e a outros "investidores institucionais". Estão compreendidos nessa última categoria os fundos de pensão, de previdência privada por meio de capitalização ou de poupança salarial, as corretoras de seguros e de valores, os bancos de negócios e os setores de "investimentos" de bancos que se tornaram *universais*. Trata-se menos de uma *finança para todos* (a suposta "democratização da finança") que da financeirização imposta a todos em benefício de "alguns". É, sobretudo, a financeirização definitiva do capital industrial que agora se torna sistema, um *sistema-mundo*. A "finança" dita a globalização da produção e a nova divisão *transnacional* do trabalho (*global production networks*), submetendo-as à supressão das fronteiras entre atividades financeiras e atividades produtivas, enquanto *a* finança se furta a toda perspectiva de regulamentação efetiva.

É impressionante o número de crises financeiras, de maior ou menor dimensão, que se sucederam a partir dos anos 1974–75 (marcados por uma primeira forma de crash financeiro em cujo epicentro estão os bancos) e, principalmente, após o "golpe de 1979" (liberalização do mercado de títulos da dívida pública, a alta das taxas de juros americanas e do dólar e a adoção de políticas anti-inflacionárias com enfoque em política monetária).[182] E por boas razões:

---

181 É o que explica Alan Greenspan, presidente do Federal Reserve entre 1987 e 2006: "É lamentável que, quanto mais forte a concorrência, e maior a obsolescência dos equipamentos e da mão de obra das empresas, maior o estresse e a ansiedade dos atores do mercado. Muitas das mais prósperas empresas do Vale do Silício, que oferecem o modelo mesmo de obsolescência programada, têm de reinventar, a cada dois anos, grandes segmentos de seus negócios". *The Age of Turbulence*. New York: Penguin, 2007, p. 544.

182 Contam-se 72 *crises financeiras* apenas desde os anos 1990.

o fenômeno manifesta de tal forma a abstração da desterritorialização total do capitalismo que este se "totaliza" no sistema dos três Ds da financeirização: "a *desregulamentação* ou liberalização monetária e financeira, a *descompartimentação* dos mercados financeiros nacionais, e a *desintermediação*, a saber, a abertura das operações de empréstimos, antes reservada aos bancos, a todo tipo de investidor institucional".[183] Tais são os três motores que operam por trás da "exuberância" dos mercados financeiros e *explicam* a volatilidade que se condensa na crise asiática de 1997 (não foi ela que pôs a Coreia do Sul sob controle direto do Tesouro americano?). Registre-se: a crise asiática se sucedeu à crise financeira mexicana (1994–95), considerada à época como "a primeira crise do século XXI"[184] e que só foi "contida" mediante a imposição da "doutrina financeira Powell" – que leva o nome do arquiteto da primeira Guerra do Iraque, agora, portanto, associado às dezenas de bilhões de dólares despejados pelos bancos sobre um país então às voltas com a rebelião de Chiapas ("o maior envolvimento não militar depois do Plano Marshall").[185]

Que, em condições como essas, o Capital 3D venha a se autorregular é um piedoso voto dos liberais (ou dos mais ingênuos dentre eles), mesmo que isso possa ser encontrado até em Foucault. A *insegurança global* é a condição da governamentalidade securitária do capitalismo contemporâneo. A "normação" e a normalidade do estado de emergência alimentam o medo e a insegurança em vez de (segundo seus motivos declarados) proteger a população e encontram sua fonte não em alguma regulamentação jurídico-política, mas no Capital e em sua máquina de guerra militar-financeira que

---

183 François Chesnais, "O capital portador de juros: acumulação, internacionalização, efeitos econômicos e políticos", in *A finança mundializada*, trad. Paulo Nakatani. São Paulo: Boitempo, 2005, p. 46.
184 Cada coisa a seu tempo: a "bolha da internet" estoura em 2000, dois anos após Greenspan ter transformado em mantra do Federal Reserve "o sustento do mercado de novas tecnologias".
185 L. Panitch e S. Gindin, *The Making of Global Capitalism*, op. cit., p. 253.

funciona a golpes de *ajuste estrutural*. Recorde-se de passagem que o termo foi cunhado em 1979 por Robert McNamara. Presidente do Banco Mundial entre 1968 e 1981, ele fora secretário de Defesa entre 1961 e 1968, sob John Kennedy e depois Lyndon Johnson – ou seja, durante parte da Guerra do Vietnã.

Analisando a "queda tendencial da taxa de lucro" exposta no livro III de *O capital*, Deleuze observa que o momento da passagem da depreciação do capital (a crise) para a formação de um novo capital criou as condições para a "possível" emergência de forças revolucionárias.[186] Dada a natureza dos movimentos do capital financeiro e a substancial aceleração imposta por ele, o surgimento de sujeitos em ruptura política deve sempre ser considerado uma possibilidade (mesmo que não haja alternativa "no momento") sob a forma de uma eventualidade na realidade *sempre presente*. Contribuindo com a "instabilidade sistêmica", a multiplicação dos *inimigos prováveis* reforça o caráter necessário do desenvolvimento de um sistema militar-securitário de controle social tanto no nível doméstico como no plano internacional. Com a saturação do sistema, a instabilidade se torna permanente e a "militarização do governo" responde à tarefa fundamental de prever, antecipar e prevenir, ou seja, de *se adiantar* às inúmeras possibilidades de ruptura, desde sempre virtuais-reais, pois se inscrevem na mesma dinâmica de dominação absoluta do capital financeiro e de sua lógica de guerra que tende a tornar o inimigo, nas palavras de Clausewitz, "incapaz de sustentar a resistência"; um processo *infinito*...

A ordem do capital financeiro é uma des-ordem *pós-crítica* altamente instável e perfeitamente insaciável, um estado "longe do equilíbrio", em contínua mutação, em perpétua evolução, que busca sempre a re-produção de novas possibilidades de valorização, com o deslocamento de todos os limites que venha a encontrar. O Capital financeiro contemporâneo foge do equilíbrio como se fosse de uma peste, pois o equilíbrio é igual a lucro zero do ponto de vista da maximização

---

186 Ver G. Deleuze, *Appareils d'État et machines de guerre*, sessão 12; disponível em: youtu.be/66rWsdRjbhQ.

do "valor acionário", interessado unicamente em indicadores mundiais de desenvolvimento (o saldo do neoliberalismo nessa matéria é desastroso).

O Estado e a guerra, que constituem, respectivamente, o componente e o elemento estratégicos da máquina de guerra do Capital, tiveram de se adaptar a essa evolução.

Buscada desde o fim da Primeira Guerra Mundial, a reestruturação da divisão de poderes, que conferia poderes exorbitantes ao Executivo e à administração, é insuficiente para controlar uma instabilidade tão *fundamental*. O controle do poder Executivo teria de ser assegurado diretamente pelo Capital e por suas instituições financeiras, que exercem seu "poder de ação" no nível da economia-mundo, à qual o Estado será submetido (por meio do financiamento de déficits orçamentários e da "securitização" das dívidas públicas, de um lado, e da independência dos bancos centrais do outro).[187] No quadro do Estado-nação, o Estado e seu Executivo são levados a promulgar um conjunto de medidas que parecem estar em flagrante contradição com os movimentos aberrantes do capital: leis de "estabilidade financeira" e um estrito "equilíbrio contábil" que, na Europa, chega a ser inscrito em constituições. Mas não existe aí, na realidade, nenhuma contradição: a estabilidade e o equilíbrio concernem apenas aos orçamentos e despesas de uma parte da população assim posta sob "vigilância", reforçada tanto no plano nacional como no internacional. É o princípio das regras de "condicionalidade" adotadas e codificadas pelo FMI desde 1979. A esse mesmo FMI deve ser atribuída a exclusiva responsabilidade pelas medidas de austeridade orçamentária, ainda que estas tenham sido negociadas com governo *amigos*, que aproveitaram a chance de endurecer ainda mais o programa. Mas o

---

187 "A independência dos bancos centrais tornou-se a transformação institucional que indica, mais do que qualquer outra, que o Estado está pronto a efetuar os 'ajustes estruturais' necessários à imposição de uma disciplina, contra as pressões democráticas em favor de gastos sociais." L. Panitch e S. Gindin, *The Making of Global Capitalism*, op. cit., p. 239.

FMI tem também seus *inimigos*. Em um caso como no outro, é preciso dar razão a Dominique Strauss-Kahn, que resumiu em uma curta frase o ponto de vista da instituição por ele dirigida: *"Crisis is an opportunity"*.

A guerra não esperou pelo sustento de uma plataforma "dual"[188] encorajada por restrições financeiras de sua indústria nos anos 1990, nem esperou se tornar oficialmente "preventiva" (em 2001) para poder responder, em todos os fronts, internos e externos, e adaptar-se às novas condições da acumulação, combinando-as a seu desenvolvimento "sem limites" espaciais ou temporais (a segunda Guerra Fria de Reagan assume a toada do *Kitchen Debate* de Nixon). De acordo com o modelo neoliberal da *segurança interna do capitalismo*, identificada à reafirmação de todas as formas do poder de classes, sua função primeira será doméstica: consistirá em intervir na população e em suas divisões, declarando *nos fatos* a guerra civil pelo controle do salário e dos gastos sociais. É o princípio político-militar da "revolução conservadora": para que possa se alçar nos ares com um "keynesianismo" de *rentistas da guerra* (a "guerra nas estrelas"), os desequilíbrios estruturais do capital devem ser "equilibrados", intervindo-se nos salários, nos ganhos, no emprego e nas "reivindicações de emprego": em suma, nos sistemas de proteção social de uma parte da população (que inclui um setor que depende do *welfare* para sua sobrevivência mais básica). Ou seja, um *antikeynesianismo de guerra*.

A financeirização em fins do século XIX e início do XX conduziu a duas guerras totais, entrecortadas pela crise de 1929 e pelas guerras civis europeias. Um século depois, a financeirização contemporânea nos precipita nas polarizações das guerras civis da "ultramodernidade", na expressão de Jacques Bidet. A partir da "crise" de 2008 (entraremos em detalhes adiante), começa a era da subjetivação das guerras civis e de sua circulação mediante sucessivas investidas laterais por todo o planeta.

---

188 Qualificam-se assim as tecnologias utilizadas em produtos de uso civil e militar.

Essas guerras que, na esteira da acumulação primitiva, analisamos como condição econômica, política e subjetiva do Capital, são os eixos estratégicos sobre os quais se dá a constituição das máquinas de guerra contemporâneas.

Muitos cenários são possíveis, no que diz respeito ao desenrolar e ao desfecho dessas guerras. Entre 2008 (a crise total) e 2011 (a Primavera Árabe), a história ganhou impulso, embora, como se sabe, não necessariamente numa boa direção: as relações de força são demasiado desequilibradas em prol da máquina de guerra do Capital e dos novos fascismos, que continuam a se fortalecer e a alimentar-se uns dos outros. Nossa única certeza é que os encadeamentos e as rupturas se darão no terreno das guerras civis e da imanentização total delas. Podemos indicar apenas "tendências", cuja característica principal é menos a de serem desmentidas pelo que "acontece" do que de se conjugarem de um modo *a priori* improvável.

O "cenário grego", em que o direcionamento da guerra permanece nas mãos da máquina financeira, é a hipótese "capitalista". "Relações de poder" governantes / governados coexistem com "relações estratégicas", em benefício das primeiras: o conjunto dos dispositivos de governamentalidade opera como um conjunto de armas que visam ao controle da população e à reprodução do poder dos credores. É o que aconteceu e continua a acontecer em todos os países europeus – embora com menos cinismo, violência e sede assassina do que na Grécia, em que a mortalidade infantil e geral dobraram depois de 2010. A máquina de guerra do Capital persegue com determinação férrea a vontade de que a população pague por suas "inovações financeiras", declarando, para tanto, o "estado de emergência" econômica e política.

A assustadora novidade trazida pela sequência de acontecimentos inaugurada pela "crise" financeira de 2008 é exemplificada não apenas pela intensificação da governamentalidade das guerras no seio da população (as "políticas de austeridade"), mas, igualmente, pelas relações que a máquina de guerra do Capital será levada a instituir com a expansão das máquinas de guerra pós-fascistas. Os novos fascismos intervêm profundamente nessa sequência política, pois subordinam as relações de poder entre governantes e governados ao ponto de vista da "guerra" (amigo/inimigo). O cenário dos novos fascismos se instala abertamente no terreno das guerras civis. Ele designa, sem nenhuma ambiguidade, o estrangeiro, o imigrante, o refugiado ou o muçulmano como inimigo ao mesmo tempo interno e externo, enquanto reafirma a "naturalidade" da heterossexualidade, seriamente abalada como dispositivo de poder a partir dos anos 1960. A "raça" não se limita a definir o inimigo, mas constitui, juntamente com o patriarcado e a heterossexualidade, o terreno da subjetivação fascista e identitária (na França, a sua dupla expressão política se encontra na Frente Nacional e na "Manif pour Tous" [Manifestação para Todos], mobilizada contra o casamento homoafetivo).

A "raça" e a "heterossexualidade" patriarcal constituem um ponto de vista sobre a globalização diferente daquele da financeirização, mas tão poderoso quanto ele. As guerras de raça e de gênero são dois dispositivos-chave do controle "biopolítico da população", parte integrante da divisão internacional do trabalho e de sua divisão sexual. Antes da descolonização, as guerras de raça estabeleceram divisões entre as populações do Norte e do Sul. Hoje, elas perpassam os países "desenvolvidos", promovendo a discriminação das populações de "colônias internas", como os migrantes e os refugiados, cujos deslocamentos se tornaram, com a predação das terras e das matérias-primas, "estruturais". A máquina de guerra do Capital *reagiu*, juntamente com os novos fascismos, à tendência consequente à distinção, em grande parte instituída por ela mesma, entre um "interior" e um "exterior". Agora, só é possível desencadear guerras internas de "civilizados" sobre "não civilizados" se houver um efeito de retorno imediato. As predações, guerras, expropriações, massacres e humilhações infligidas ao "exterior" ou por "externalização" se voltam sobre o Ocidente com uma velocidade que parece se confundir com a da aceleração da história. Se, com o 11 de Setembro, a "Guerra contra o Terror" levou algum tempo para se voltar contra aqueles que a declararam, a "crise dos refugiados" é uma espécie de retorno instantâneo. Tomado por um indisfarçado sentimento de pânico, o poder ergue, um após o outro, muros de todo tipo, e os mais assustadores nem sempre são aqueles construídos ou planejados para as fronteiras! Quanto a estas, com suas conhecidas práticas institucionais de exclusão / inclusão diferenciais, não foram elas deslocadas, há muito, para ocupar, *por toda parte*, o "centro do espaço político"?[189]

As guerras contra as mulheres têm o mesmo impacto estratégico que as guerras de raças. Os dirigentes mais reacionários são aqueles que expõem a ordem das razões que preside o eterno retorno da "biopolítica" em sua versão de *History Channel*. O "sultão" turco Erdogan as anuncia sem firulas: tornar ilegal a contracepção para reconquistar o *controle do corpo feminino*, destinado a produzir homens para um Estado e seu exército. O sexismo tem aí uma conotação de classe bastante precisa: combater a "recusa do trabalho de procriação", readquirindo o controle sobre a produção e a reprodução da população, vale dizer, sobre a "mercadoria" estratégica – a força de trabalho. Pois não apenas na Turquia, mas também em toda África do Norte, o controle sobre o corpo das mulheres escapou aos poderes depois que a fertilidade caiu ao nível europeu.[190] A verdadeira causa do ódio manifestado pelos islamistas em relação às mulheres é a ameaça que elas trazem ao poder patriarcal. Existe uma

---

189 Étienne Balibar, *Nous, citoyens d'Europe? Les frontières, l'État, le peuple*. Paris: La Découverte, 2001, p. 175.

190 "A fertilidade na África do Norte e no Oriente Médio caiu de uma média de 7,5 bebês para menos de 3 e, em muitos países, está abaixo do nível de substituição (2,1). A fertilidade média do Irã (1,8) é mais baixa que a da Escandinávia; no Líbano, em que 60% da população é muçulmana, a fertilidade média é de (1,6), inferior à da Bélgica (1,8); na Tunísia (2,05), no Marrocos (2,19), na Turquia (2,1), é ligeiramente superior à da França." Youssef Courbage e Paul Puschmann, "Does Demographic Revolution Lead to Democratic Revolution? The Case of North Africa and the Midlle East", in K. Matthijs et al. (org.), *Population Change in Europe, the Middle East and North Africa*. London: Routledge, 2015.

perfeita sintonia entre essa postura e as lições de liberdade e de emancipação que a República laica e natalista promulga às mulheres muçulmanas em nome de uma "modernidade do progresso", instrumentalizando o feminismo ao colocá-lo a serviço de uma missão civilizadora neocolonial e retendo todos os seus *marcos* simbólicos.[191] Reinserida no cardápio pelos socialistas franceses, a proibição do véu ressuscita os piores momentos da Guerra da Argélia e do "feminismo colonial" encarnado pelas associações de "solidariedade feminina" criadas pelas esposas dos generais golpistas Salan e Massu. Entre as suas iniciativas, conta a organização de um evento para a remoção pública do véu de mulheres argelinas em maio de 1958.[192]

---

191 Como diz Judith Butler, "somos instados a dissociar as lutas pela liberdade sexual das lutas contra o racismo e contra os sentimentos e a conduta anti-islâmicos", estimulados pela ação coercitiva do governo francês". Ver J. Butler, *Quadros de guerra: quando a vida é passível de luto?* [2009], trad. Sérgio Lamarão e Arnaldo Marques da Cunha. Rio de Janeiro: Civilização Brasileira, 2015, p. 162.

192 A historiadora Jennifer Boittin reconstituiu o seu contexto: "As cerimônias mais elaboradas de desvelamento, e que mais impacto tiveram na mídia, se deram por ocasião das maciças manifestações organizadas pelo exército nas principais cidades da Argélia a partir de 18 de maio. Os líderes do "Putsch de Argel" (Soustelle, Salan, Massu, Allard), assim como outros generais e dignitários foram especialmente transportados de helicóptero e lançados em uma verdadeira turnê por Orléansville [atual Chlef], Mostaganem, Blida, Boufarik, Orã, Philippeville, Bône, Sétif, Constantina, Tizi-Ouzou e Biskra, entre 18 e 28 de maio. Em cada ocasião, assistiu-se a uma encenação teatral quase idêntica: grupos de mulheres trajando o véu marchavam em fila até os locais da cidade tradicionalmente dedicados a cerimônias públicas (praças, prefeituras, monumentos etc.). Ao chegar, eram recebidas por jovens, vestidas à moda europeia ou usando o *haik* [véu tradicional argelino], que dividiam o palco ou o estrado, buquês em mãos, com generais ou dignitários presentes, e que pronunciavam longos discursos em prol da emancipação das mulheres, antes de lançar as flores à multidão". "Feminist Mediations of the Exotic: French Algeria, Morocco and Tunisia, 1921–1939", *Gender & History*, v. 22, n. 1, abr. 2010, p. 133; apud Félix

O projeto pós-fascista remete, ressuscitando-os como terreno de subjetivação, aos modelos seculares de exercício do poder sobre a população. É, nesse sentido, essencialmente reacionário, mas trata-se de uma reação que se apropria da atualidade do confronto político em seu ponto mais intempestivo. Nos projetos pós ou neofascistas, não são mais a economia e as relações governados/governantes que designam um lugar, na produção, à nacionalidade, à identidade ou ao sexo, é a lógica das guerras de raça e de sexo que o faz (a "preferência nacional", a cruzada "antigêneros"). A "economia" é subordinada à lógica das guerras civis, tendo em vista que a territorialização liberal (do "enriqueça-se!", do *self-made man*, do capital humano etc.) se vê impossibilitada de realizar aquilo que prometera nas décadas de 1980–90. Forçosamente protecionista, o projeto neofascista encontra e alimenta o ressentimento, a frustração e os medos dos trabalhadores brancos, restabelecendo, por meio da manutenção da hierarquia sexual e da garantia de identidades, a nacionalização do emprego e do salário, o poder sobre os não assalariados e o controle sobre os desempregados.

Os novos fascismos operam em um dos planos da economia-mundo, o colonialismo, que, longe de ter desaparecido, "colonizou" os países colonizadores. O conceito de endocolonização – formulado por Paul Virilio para definir a mutação do exército e da guerra, após 1945, para uma *guerra no seio da população e contra ela*[193] e recentemente retomado por pesquisadores que trabalham, em ambos os lados do Atlântico, com a ideia de "colonização interna" – pode ser útil sob diversos aspectos. Ele configura, imediatamente, a governamentalidade como um conjunto de dispositivos de guerra civil. Especifica politicamente o conceito de "biopolítica", na medida em que a colonização, que mantém juntas, desde o início da acumulação primitiva, a guerra das raças e a guerra contra as mulheres, pelo controle dos corpos, agora

---

Boggio Éwanjé-Épée e Stella Magliani-Belkacem, *Les Féministes blanches et l'Empire*. Paris: La Fabrique, 2012, pp. 25–26.

193 Ver P. Virilio, *Pure War*, op. cit., p. 95.

se aplica diretamente aos conflitos de classe. Falou-se com naturalidade da Grécia como um país "colonizado", de uma população posta sob "mandato" colonial, à medida que os dispositivos da máquina de guerra do Capital foram como um todo mobilizados para organizar uma endocolonização do conjunto das relações sociais. Por fim, o conceito lança nova luz sobre a realidade das guerras civis contemporâneas, e isso porque: 1. a endocolonização estabelece uma continuidade imediata entre os Nortes e os Suis da economia-mundo e revela o modo como os Suis se aninham nos Nortes; 2. converge agora sobre os endocolonizados o conjunto de guerras cuja natureza e desenvolvimento descrevemos aqui a propósito da acumulação primitiva; 3. as técnicas das guerras coloniais, de início aplicadas sobre populações de "colônias internas", generalizam-se e se aplicam à população como um todo, notadamente aos movimentos de contestação (durante as mobilizações contra a "lei do trabalho" na França, as técnicas de contenção de manifestações e o exercício da violência policial foram, para além de toda dúvida, um primeiro passo em direção à instituição de um Estado de segurança).

Encontrando na "divisão ricos-pobres" a verdadeira natureza dos conflitos ora em curso, Alain Joxe definiu a guerra como *fractal*, no sentido de uma "guerra de periferias em todas as escalas".[194] O que remete ainda a uma "segregação endocolonial", caracterizada por um conjunto de "formas de violência de guerra, experimentadas nas colônias [...], reformuladas para serem aplicadas ao controle dos colonizados na metrópole, influenciando assim a transformação dos métodos de repressão das classes populares em geral".[195]

O conjunto das guerras cuja natureza e desenvolvimento nós descrevemos converge, assim, em primeiro lugar, na endocolonização de populações de origem colonial, submetidas ao que o ex-primeiro ministro francês Manuel Valls chamou, em

---

194 Alain Joxe, *Les Guerres de l'empire global*. Paris: La Découverte, 2012, p. 54.
195 Mathieu Rigouste, *La Domination policière*. Paris: La Fabrique, 2012, p. 52.

raro momento de lucidez, de "um apartheid geográfico, social e étnico". As guerras de raça, de sexo e de classe perpassam e marcam essas populações, infligindo a elas uma violência social reforçada pelo que Achille Mbembe chamou de "violência molecular" e introduzindo a relação colonial nas condições do capitalismo em sua forma mais contemporânea. Guerras sobrepostas e mobilizadas para controlar e reprimir essas populações, atuando como um poderoso meio de divisão em seu interior, estendendo-se depois às demais camadas sociais de dominados e, por fim, voltando-se novamente contra as primeiras. "A segregação endocolonial é estruturada não apenas pela raça e pela classe [...], mas é sustentada por um sistema ideológico cujo eixo é a reprodução de um poder patriarcal em que primam a autoridade e a força do Estado como 'pai' e 'senhor' [...]. A maneira como a segregação policial discrimina homens e mulheres, brancos e não brancos, produz um espaço de conflito estruturado pela e para a reprodução das separações sexistas e das opressões viris, no interior de comunidades *condenadas* pela raça e pela classe."[196]

Os endocolonizados se encontram no seio da *guerra de subjetividade*, verdadeiro *meio* da guerra no seio da população. Ela de fato diz respeito ao conjunto da população, dividindo-a por meio do recurso a maquinações envolvendo a "raça" e a "liberdade" das mulheres. As grandes operações de subjetivação identitária e neofacista se dão em detrimento da população endocolonizada (o muçulmano, o estrangeiro, o imigrante, o refugiado, a mulher de véu). Uma vez suprimido o perigo comunista e posta uma rédea no antissemitismo que devastou a Europa durante as guerras mundiais e antes delas, o inimigo se torna, a partir dos anos 1970, lenta mas seguramente o imigrante; em seguida o terrorismo (os "anos de chumbo"); depois, por fim, o Islã (que funciona como abreviação de "terrorismo islamista"). A transformação de implicações políticas em conflitos religiosos e em guerras de civilizações, tendo como pano de fundo a "questão racial", é ciosamente buscada por todos os dispositivos de poder.

---

196 Ibid., p. 53.

As ameaças atinentes à "crise política" alimentada pela política de guerra total do Capital (a financeirização "sem limites") não deixam outra opção além da adoção de uma estratégia de intensificação das políticas de "ajuste estrutural" promovidas pelo FMI a partir dos anos 1980. Mais uma vez, não é uma dinâmica inerente ao biopoder que determina o "racismo" (a "luta de raças"), mas a necessidade de produzir e reproduzir divisões de classe em uma "população" que em si mesma não é "sujeito" – o "sujeito-população" de Foucault –, a não ser por estar "clivada", ou seja, *biopoliticamente diferenciada* nas e pelas estratégias do Capital, "cuja dominação [de classe] tem, desde sempre, uma tendência racial".[197] A essa instabilidade de fundo, coextensiva à financeirização (*the age of turbulence*),[198] que, nos anos 1990, forçara o sistema a passar da prevenção do colapso à sua administração (*failure-prevention, failure-containment*), acrescentou-se um novo nível de desestabilização com o fracasso, não conjuntural, mas estrutural, da nova estratégia de *containment* em face dos "produtos derivados" da *economia da dívida*: eles efetivamente cristalizam, e já há muitos anos, a capacidade de inovação do mundo da finança (um hiper-realismo especulativo?), criando, sob (des)medida, um *shadow banking system* (do qual, se é que precisamos relembrar, os bancos europeus participam ativamente). Para evitar o desabamento do sistema veiculado, a partir dos Estados Unidos (eles estão equipados com *"special investment vehicles"* [SIV]), pela "securitização" da *democratização da finança*[199] e gerenciar

---

197 Guillaume Sibertin-Blanc, "Race, population, classe: discours historico-politique et biopolitique du capital de Foucault à Marx", in C. Laval, L. Paltrinieri e F. Taylan (org.), *Marx & Foucault: Lectures, Usages, Confrontations*. Paris: La Découverte, 2015, p. 242.

198 Segundo o título do livro-testamento de Greenspan publicado em 2007 (um ano antes do *crash*). O mesmo Greenspan, por ocasião de um discurso pronunciado em Berkeley sobre a "nova economia", em setembro de 1998, explica as mudanças de prioridade do FED: não mais o combate à inflação, mas o combate aos ricos de um *"internacional financial breakdown"*.

199 Nos Estados Unidos, a explosão do crédito de consumo e, sobretudo, de hipotecas imobiliárias, posto ao alcance, pelo governo

assim os persistentes efeitos da "pior crise financeira *in Global History*" (a *crise total* de 2008) mediante a administração do *financial breakdown* por transferência de dívidas do capital aos contribuintes, não restou, à máquina de guerra transnacional do Capital, senão desencadear uma nova onda de *colonização, interna e externa*. As políticas racistas (o racismo institucional) integram-se a essa onda, constituindo o elemento subjetivo das estratégias de "saída da crise", em particular na zona do euro. O ponto global de aniquilação política é alcançado com o cruzamento transatlântico da luta de classes e da guerra de raças na subjetivação dominante da "guerra civil mundial".

O círculo, de certa maneira, se completa: basta lembrar que a "questão" afro-americana era "o calcanhar de aquiles da integração da classe operária ao Sonho Americano".[200] Permanece sendo-o, e de maneira ainda mais intensa *in situ* (apenas no primeiro semestre de 2016, quase quinhentos negros americanos foram executados pela polícia mais militarizada do mundo). Foi preciso, no entanto, esperar por Dallas (cinco policiais mortos por um veterano negro do Afeganistão, o mais grave "dano" sofrido pela polícia americana desde 11 de setembro de 2001) para que os veículos de mídia imprimissem as palavras "*race war*" em sua cobertura (do acontecimento). Uma única jornalista fez notar que os Estados *também* se encontram em "guerra ininterrupta" desde 1990.[201] É evidente, no entanto, que há um risco de autonomização da máquina de guerra neofascista e neorracista, que precipitaria o dispositivo liberal como um todo contra o muro erguido,

---

Clinton, daqueles de baixa renda (representados, em sua maioria esmagadora, pelas minorias, em primeiro lugar os negros, em seguida os latinos). A tendência foi desencadeada pela administração Bush Jr., que viu aí um "derivativo" da pressão sobre os salários e um meio ideal de realizar a integração financeira do Sonho Americano mediante a predação dos mais pobres.

200 L. Panitch e S. Gindin, *The Making of Global Capitalism*, op. cit., p. 307.

201 Lucia Annunziata, "La guerra a corroso l'America", *Huffington Post*, 8 jul. 2016. Disponível em: huffingtonpost.it/lucia-annunziata/dallas_b_10892958.html?1468008838&utm_hp_ref=italy.

tijolo a tijolo, por seu próprio sistema de dominação planetária. Daí o susto do *establishment* americano, que já perdeu a guerra de subjetividade desencadeada por ele mesmo durante os anos Bush.

Na Europa, a contrarrevolução neoliberal foi acompanhada de uma enorme empreitada de subjetivação em massa que mobilizou o Estado, a mídia, os políticos e os experts de todo gênero para atiçar o ressentimento, a frustração, o medo e a culpa, antes de elevar, após a crise de 2008, o racismo ao patamar de *estratégia de Estado*. Nada menos que isso foi necessário para que se produzisse a mais importante conversão de subjetividade nas sociedades europeias pós-comunistas. O episódio do Brexit é o sinal mais importante disso até agora. Primeiro país europeu a conduzir uma política neoliberal como guerra de classe, a Grã-Bretanha adotou a preferência nacional (*British First*) *to Take Back Control* e lançou, com apoio de seus eleitores, uma *guerra de defesa da raça branca*, extraindo assim todas as consequências da palavra de ordem trabalhista de 2007 – "*British Jobs for British Workers*". Pois a "preferência nacional" só pode se inscrever no funcionamento do *welfare* como dispositivo de controle da população interna se o medo do refugiado, do imigrante ou do muçulmano for mobilizado e posto a serviço do controle da mobilidade das populações do Sul do mundo. A contradição entre a completa liberdade dos fluxos de capital e a mobilidade restrita dos fluxos de população encontra, assim, um dispositivo de "regulação" obrigatória nos novos fascismos. Ora, mas estes podem muito bem escapar ao controle (uma verdadeira *trumperie!*),[202] pois a máquina de guerra do Capital se vê obrigada a se posicionar *abertamente* no terreno das guerras civis. O cenário grego foi submetido à mitologia branca ordoliberal de Wolfgang Schäuble, mas, agora, é uma hipótese WASP que vem à tona. Evidenciada pelo que Akwugo Emejulu chamou de "*hideous*

---

202 Trocadilho com a palavra *tromperie* (mentira/engano) em francês. [N. E.]

whiteness of Brexit",[203] ela vem nos lembrar que a guerra de subjetivação se encontra no princípio desses mesmos movimentos de massas de que os fascistas sempre constituíram a vanguarda estratégica.

Em tais condições, o espaço-tempo estratégico em que se ligam os problemas da acumulação financeira e de sua governamentalidade não será outro que o *continuum* das guerras civis, sangrentas ou não, que se disseminam da Europa ao Oriente Próximo e ao Oriente Médio, Turquia e Afeganistão. A Grécia é o ponto de passagem entre esses diferentes tipos de guerra e concentra em seu território um experimento duplo, o da governamentalidade *política* por meio de guerras civis alimentadas pela "crise da dívida" e o do governo *humanitário* dos refugiados, consequência das predações dos Suis do planeta (incluindo-se aí *toda* a África). Os "sujeitos" – que devem ser tidos como *políticos*, pois são homogêneos em relação ao mercado mundial integrado e atores nas lutas em torno da "proliferação das fronteiras" – que expressam mais fielmente a verdade desse *continuum* são os refugiados e os migrantes, que se deslocam sob risco de vida. O *cemitério marítimo* do *Mare Nostrum*.

Desembarcam, portanto, na Grécia – *a* Grécia, o "berço da democracia europeia". Após o calvário das políticas de austeridade impostas pela União Europeia para "sanear" as contas públicas – que também levou a uma severa "crise ecológica" (com advertências da Direção Geral de Meio Ambiente da União Europeia), o que fez da Grécia um "caso-modelo no estudo de escassez energética".[204] A "terra dos deuses" cumulou, assim, uma guerra econômica, que apresentou como

---

203 Ver *The Brexit Crisis: a Verso Report*, 2016.
204 Segundo Razmig Keucheyan, "a poluição do ar em Atenas aumentou 17% após o início da crise, devido ao aumento do uso de madeira para o aquecimento doméstico", que, apesar de ser menos oneroso, é mais poluente e estimula a exploração ilegal de madeira, com o desflorestamento consequente a ela. Para completar, acrescentemos que o número de guardas florestais fora drasticamente reduzido. "A crise econômica tornou-se, assim, uma crise ecológica." Ver R. Keucheyan, op. cit., p. 45.

política medicalizada a destruição "material" e "subjetiva" da população, a uma "crise" de imigrantes. Esta última é a reversão da tecnologia colonialista de regulação dos movimentos migratórios na Europa, pelo *transbordamento* da filtragem seletiva da mobilidade do trabalho.

A transversalidade das guerras no seio da população se estende, a partir da outra costa do Mediterrâneo, pelas antigas colônias e protetorados. No Oriente Médio, as guerras fractais são uma sequência das guerras civis que se acumulam em uma *descolonização bloqueada*. É um aspecto que se tornou ainda mais acentuado com a Primavera Árabe, cuja ocorrência silenciou imediatamente o rumor de que os Estados petrolíferos estariam prestes a abandonar o dólar como moeda de troca. Para alívio deles, a obsessão do complexo político-midiático ocidental com o Islã obliterou a natureza de classe, de gênero, de raça e de subjetividade das lutas que irromperam em 2011, notadamente no Egito, em que a mobilização dos trabalhadores precedeu e acompanhou a da Praça Tahrir. Os Estados do Norte manobraram o tempo todo para aplacar as insurreições árabes, (re)instaurando bruscamente uma série de regimes "autoritários", quando não os precipitando no "jihadismo". Experimentações democráticas que poderiam ter ocorrido no horizonte dessas guerras civis foram violentamente reprimidas, seja pelos regimes estabelecidos, seja por seus aliados ocidentais.[205]

As *small wars* desencadeadas nessas ex-colônias, com efeitos tão catastróficos e destrutivos quanto uma "grande" guerra, têm por objetivo reconduzir as rupturas "objetivas",

---

205 Pensemos aqui nos curdos, que introduziram uma inteligência coletiva, construída através de suas experiências "comunalistas" de democracia direta, a ponto da formação de uma organização militar e de defesa de caráter popular. Diga-se ainda, de passagem, que o "federalismo democrático" e internacionalista adotado pelo PKK a partir de 2005 (e em seguida pelo PYD) se empenha por levar em consideração uma ecologia social, sob a égide de Murray Bookchin. Veja o artigo de Benjamin Fernandez, "Ecologia ou barbárie: o comunalismo curdo de Murray Bookchin", *Le Monde Diplomatique*, 3 ago. 2016.

produzidas pela globalização predatória, bem como as "subjetivas", operadas pela Primavera Árabe, à máquina de guerra dos Estados ou dos fundamentalismos islâmicos.

A guerra fractal no seio das populações e as *small wars* que lhe servem de modelo e de linha de fuga atualizam a "destruição criadora" do capitalismo, ao introduzir no momento pós-democrático dos grandes especuladores do planeta a potência – e as potências de agir – do modo de destruição do Capital. É na medida em que a "economia" é a política do Capital que ela vale para a guerra contínua que remete toda perspectiva de "mudança" econômica à mutação daqueles "sujeitos" a essas guerras em sujeitos estratégicos *dessas* guerras. A intensificação da "crise" permanente que se manifestou em 2007–08 não terá remissão, pois a máquina de guerra do Capital não pode pôr abaixo as relações de poder e as relações estratégicas sobre as quais ela se fundamenta e que conduziram, após quarenta anos de neoliberalismo puro e simples, à presente situação *pós-crítica*.[206]

E não se deve esperar por nenhum "novo New Deal", por nenhum "pacto social", por nenhuma "nova regulamentação", precisamente *porque* as relações de força são desequilibradas demais na longa duração da contrarrevolução mundial que é nosso único hábitat. E tampouco há alguma centelha de esperança vinda das políticas monetárias ditas de *"quantitative easing"*, postas a serviço de um eventual "neokeynesianismo" da demanda sustentada por um Estado forte (*Já não somos todos socialistas?*).[207] Concebidas sob a mais estrita tutela americana (o FED como Banco Mundial em última instância),[208] tais políticas foram projetadas para "salvar os

---

206 Para a sua versão hilariante, ver o clipe de campanha do Partido Socialista Francês em 2012, "Le changement c'est maintenant". Disponível em: youtu.be/HSu5JI0LF64.

207 Ver a célebre capa da *Newsweek*: "We Are All Socialists Now" (2 jul. 2009).

208 O FED realizou "empréstimos", a taxas irrisórias, no montante total de *7 trilhões* de dólares – ou seja, quase *sete vezes* o total dos depósitos em bancos americanos – a instituições financeiras, boa parte a bancos europeus. Para uma análise da constituição e da

bancos" e acompanhar, com a ajuda da "condicionalidade", os novos programas de "ajuste estrutural" de *flexibilização*, que conjuguem as formas *open space* de controle com as formas mais disciplinares de exploração do trabalho e de gestão securitária da sociedade. É o verdadeiro sentido da "flexissegurança": símbolo de uma "pós-modernidade", a *anglo-globalização* de que ela é sinônimo exacerba as guerras de classe, de raça, de sexo e de subjetividade englobadas *desde o século xix e retornando* a cada crise financeira.

A reprodução indefinidamente estendida e ampliada das relações estratégicas e de poder concorre para a formação do que, na língua dos economistas, se chamam "bolhas". Sua propriedade essencial é, cedo ou tarde, estourarem. Mas não é apenas a nova bolha dos títulos que está prestes a estourar (ela viu seu valor e sua massa crescerem de maneira vertiginosa a partir de 2010). De forma ainda mais explosiva, são também as relações estratégicas e de poder apoiadas pelas políticas monetárias que repousam ainda mais exclusivamente na governança das guerras no seio da população para assegurar a sobrevivência do "sistema-mundo" do capitalismo.

Nenhuma necessidade histórica, porém, nenhuma contradição "de última instância" vai guiar ou resolver, "à beira do abismo", esse processo. O capitalismo não morrerá de morte "natural", pois, à diferença do que afirma a vulgata marxista, sua economia é inseparável da guerra e da *nova economia de guerra*, da qual o liberalismo é o nome e a realidade inescapável. É a *insustentabilidade* de seu processo, cujos limites são constantemente deslocados, que acentua a extensão das guerras civis em escala mundial, da microgestão da "insegurança molecularizada permanente"[209] à sua reverberação fractal, por todo o planeta, a partir do Mediterrâneo

---

composição do FED, ver Philip Mirowski, *Never Let a Serious Crisis Go to Waste: How Neoliberalism Survived the Financial Meltdown*. London / New York: Verso, 2013, pp. 190–94.

209 Ver G. Deleuze e F. Guattari, *Mil platôs*, v. 3, op. cit., p. 170.

(onde é travada uma "guerra de baixa intensidade" contra os imigrantes, que reverbera no coração de Paris).[210]

Não há outras formas de "soberania" por trás do capitalismo contemporâneo para além das categorias por meio das quais demos início a este trabalho: a moeda e a guerra, a determinação recíproca entre a potência de destruição e a de desterritorialização, que operam sempre em conjunto. O que muda, e provoca mudanças na forma das novas tecnologias de poder, é que a moeda e a guerra se determinam reciprocamente e alimentam-se *diretamente* da dinâmica ilimitada própria do Capital.

As duas forças de desterritorialização desencadeadas pelo neoliberalismo não perseguem nenhuma "finalidade" política no sentido de Clausewitz. Parecem, antes, dedicadas a perpetuar o "caos" mundial, empenhando-se em controlar as forças de modo a reproduzir indefinidamente a ausência de limites da exploração financeira, em que a intensificação contínua (*capitalizing on chaos*) vale como extensão do domínio da guerra fractal em meio à população. Sem outras mediações além das que conduzam à derrota do adversário. *Graecia docet*. E *docet omnia*, corrigindo-se aqui para *ela* "ensina tudo" – segundo a altiva divisa inscrita na fachada do Collège de France, onde, há algum tempo, Foucault ensinou a política como guerra continuada.

Ou, mais exatamente, para retomarmos os termos do filósofo, *a guerra permite analisar as relações de poder e os operadores de dominação*. Pois é por esse viés que as guerras civis se impõem como terreno estratégico para a constituição de máquinas de guerra revolucionárias, por mais que estas sejam, atualmente, os projetos políticos mais fracos e mais embrionários. Os movimentos anticapitalistas são, ainda, incapazes de travar uma "guerra de classes sem a classe operária". Com a derrota desta na mais longa duração da Guerra Fria, não surgiu nem foi experimentada nenhuma "prática

---

210 Sandro Mezzadra, *Terra e confini: metamorfosi di un solco*. Castel San Pietro Romano: Manifestolibri, 2016, p. 41.

teórica" coletiva que estivesse à altura das guerras civis lançadas pelo Capital.

O movimento operário surgiu reduzindo a divisão colonial e a divisão sexual do trabalho a "contradições secundárias". Essa operação de subordinação das ditas "minorias" não é mais viável, pois, ao longo do século XX, os colonizados e as mulheres se afirmaram como sujeitos e percepções políticas portadores de perspectivas sociais, de reivindicações econômicas e de modalidades de subjetivação que não coincidem com as da "classe operária" ou com o processo de unificação da "tomada de consciência". 1968 marcou ao mesmo tempo a derrota do comunismo do século XIX e da revolução leninista, a falência da tentativa de traduzi-los em partidos e sindicatos da "classe operária" e a cristalização de uma mudança irreversível nas relações de força no interior de um proletariado mundial múltiplo, que não soube criar uma máquina de guerra capaz de exprimir todas as suas potencialidades. Sem mencionar que as lutas de descolonização e os movimentos feministas minaram consideravelmente o poder dos assalariados sobre as ditas "minorias".

Trata-se aí do mesmo problema que é objeto de experimentação dos movimentos contemporâneos. Não uma nova democracia genérica, mas a invenção de máquinas de guerra democráticas, anticapitalistas, capazes de assumir, a título de tarefas estratégicas, as guerras civis e as lutas travadas no front das subjetivações.

Na França, as lutas contra a nova "lei trabalhista", a ocupação da praça da República pela Nuit Debout etc. resumem as dificuldades a serem enfrentadas para reunir as condições de organizar esse processo e efetivar tal máquina. E não é por falta de *technē* nem por uma dificuldade de projetar *in abstrato* uma estratégia eficaz contra o poder do capitalismo financeiro que não se formou até aqui uma força, se não capaz de interromper a longa sequência de vitórias do Capital, ao menos de combatê-lo com a inserção da guerra como problema. Quanto às novas tecnologias, longe de anunciar o sujeito autônomo de um *Commonfare*, elas não são estranhas ao modo de funcionamento do capital financeiro e atuam no interior de uma divisão social do trabalho que elas mesmas contribuem para reproduzir, segundo as exigências do "capitalismo 24/7",[211] que podemos sempre, até certo ponto, desviar para um uso cooperativo do saber. Em dois dias de Nuit Debout, foram criadas uma rádio e uma televisão *"Debout"* [de pé / acordada] a partir de uma exploração inteligente das redes sociais e de seus "algoritmos". Mas, ao cabo de dois meses de luta contra a "lei trabalhista", foram as divisões de classe entre assalariados em tempo integral e precários, entre empregados e desempregados, que a primavera francesa teve dificuldade em ultrapassar. São também as longas temporalidades da divisão sexual do mundo e o fosso colonial que se reproduzem na separação entre os não brancos da periferia e os jovens brancos urbanos da cidade moderna.

As "convergências", bastante reais, que se produzem e são sentidas na base formada por assalariados, precários, estudantes e novas subjetividades, são conjunturais, e não estratégicas. Elas não definem uma nova política aliada a novas formas de organização *e de desorganização*. O posicionamento de um sindicato como a CGT é emblemático dos impasses e limites dessas convergências. Em seu congresso mais recente [2015], a CGT reencontrou sua natureza de "classe", mas sua "radicalização" permanece restrita ao assalariado em tempo integral, ao quadro nacional de sua atuação nacional e ao respeito pelas formas de legitimação da governamentalidade. Enquanto isso, a máquina financeira atua transversalmente nos dispositivos de poder (assalariados, precários, *welfare*, consumo, comunicação etc.), para intervir no conjunto das guerras de classe, de raça e de sexo que ela projeta no interior dos indivíduos, bem como no *socius*, articulando, incessantemente, o quadro nacional (por ela fagocitado) ao plano mundial (que lhe pertence: o "mercado mundial", que Marx incluiu no *conceito* do capital).

E, no entanto, se os movimentos ativos de alterglobalização ainda estão em busca de modos de organização e de

---

211 Ver Jonathan Crary, *24/7: Capitalismo tardio e os fins do sono* [2013], trad. Joaquim Toledo Jr. São Paulo: Ubu Editora, 2016.

exercício da "força" que sejam capazes de ameaçar o poder do Capital,[212] é incontestável que eles produziram uma conversão de subjetividade e se abriram ao novo espaço-tempo de experimentação política simbolizado pela "ocupação de lugares". Mas, de que experimentação se trata? Forçoso constatar que a democracia da fala de uns e a desregulação institucional de outros correspondem apenas parcialmente ao que essas lutas expressam.

O que se deu na Grécia, na Espanha, na França, nos países do Oriente Próximo e do Oriente Médio, nos Estados Unidos e alhures foi uma *primeira tentativa* de romper com a governamentalidade por meio de guerras no seio das populações, que nos designa um lugar e uma função produtiva, fixa-nos a um sexo, a uma identidade, a uma nacionalidade e a uma história nacional que logo se revela pós-colonial. A multiplicidade equívoca de desejos que se afirmam nessas mobilizações, em busca de uma nova via entre a *revolução molecular e a luta de classes* (evocando a primeira questão de Félix Guattari), foi, antes de mais nada, motivada pela recusa decidida de se deixar governar, pela vontade/necessidade de se livrar da relação de poder governantes/governados, de seus dispositivos (salário, consumo, *welfare*, heterossexualidade etc.) e de seus axiomas (competitividade, democracia parlamentar, participação etc.). Tudo acontece como se não houvesse outro objeto/sujeito de experimentação coletiva para além da recusa de se submeter à governamentalidade *enquanto tal*. Ora, essa só se confunde com uma "divisão social do trabalho" (Marx) ou com uma "partilha do sensível" (Rancière) na medida em que é, igualmente, e sobretudo em nosso dias, uma organização das guerras de classe, de sexo, de raça e de subjetividade.

---

212 A questão da violência, nunca é demais destacar, é o pior meio de colocar a questão da força, à qual ela deve estar estrategicamente subordinada. Invertamos: essa subordinação é o meio mais seguro de conter essa violência no nível simbólico da destruição do mobiliário urbano e bancário.

Se as lutas só podem se engajar na medida em que se iniciem a partir da condição de governados, elas devem, e isso é imperativo, desembaraçar-se dos axiomas da governamentalidade, para chegar, com isso, ao seu próprio terreno estratégico de afirmação. O que implica não somente designar um inimigo local e global, mas também arriscar uma forma de ruptura que inclua uma conversão subjetiva, um processo de ruptura crítico e clínico com nossa condição de assalariados, consumidores, usuários – em suma, de "normopatas", pois, com essas sujeições em que o "fora do assunto" é proibido, tornamo-nos todas(os), de uma forma ou de outra, "peças" da megamáquina do Capital. As guerras a que chamamos fractais, conduzidas no seio da população, são caracterizadas por uma assimetria que não será questionada enquanto a própria guerra não for problematizada.

A máquina de guerra do Capital construiu e utiliza um *continuum* entre guerra sangrenta e guerra não sangrenta que tem a população como campo de ação. Ela organiza e põe em prática as guerras civis globais cuja existência, ao mesmo tempo, ela nega de forma peremptória. Mas o *continuum* só se coloca enquanto tal para o Capital e para as forças sociais e políticas que se aglutinam em torno de sua potência e que, dependendo do terreno de atuação, passam da utilização de armas militares (cada vez mais presentes nas forças policiais, por exemplo) à utilização de armas não militares para combater um *inimigo* cujo centro de desenvolvimento (a população) é conhecido, mas cuja identidade (que permanece indetectável, provável, ignorada por direito) não o é, ainda que o seu lugar de nascimento seja sobredeterminado por uma lógica global pós-colonial.

Para os explorados e os dominados, tal *continuum* não existe, a menos que seja *pró-duzido* – e construído *ativamente*. Ora, nada menos *dado* que o *continuum* subjetivo de ruptura coletiva que deve inventar a si mesmo em uma temporalidade autônoma para se opor, assim, à continuidade entre as guerras sangrentas e as guerras não sangrentas do Capital. Se existe assimetria política, é aqui que ela se verifica e se enuncia nos termos mais brutais: a partir da década de 1970, o Capital adotou uma estratégia e uma máquina de guerra; os proletários e seus afiliados não têm nem estratégias nem máquinas de guerra. Passados quase *cinquenta anos*, eles se submetem, impotentes, à iniciativa do Capital financeiro, que, longe de ter enterrado o machado de guerra, enterrou toda perspectiva política que possa contribuir a curto, médio ou longo prazo para um reformismo do Capital.

Retomemos o pensamento 68 em seu ponto mais avançado de reflexão sobre a guerra para aprofundar essa assimetria, que não é, de modo algum, uma "guerra assimétrica". Retomemos, para tanto, uma última vez, a distinção proposta por Foucault entre *poder* (relações entre governantes e governados) e *guerra* (relações entre adversários) e seu "encadeamento indeterminado e sua perpétua inversão", que nos remete diretamente à instabilidade dos *movimentos aberrantes* do Capital. Mobilizemos igualmente o conceito de "máquina de guerra", de Deleuze e Guattari. Devidamente distinguido daqueles de guerra e de Estado, e referido à guerra social, ele nos permite postular que *poder e guerra* – ou seja, as relações entre governantes e governados e as relações entre adversários – constituem a *dupla articulação* da máquina de guerra do Capital.

Voltemos, uma última vez, à Grécia, onde se desenrolou uma guerra financeira que, como afirmam nossos dois oficiais chineses a propósito da "crise" asiática, é uma "guerra verdadeira", caracterizada pela assimetria que estamos tentando destrinchar. Apliquemos a ela a principal constatação de nossa análise: enquanto as instituições do capital financeiro têm uma estratégia (a dívida), uma definição clara do adversário (uma parcela determinada da população) e armas não militares de destruição em massa (a política de austeridade), aqueles que são o alvo da iniciativa e da ofensiva da economia da dívida combatem *em posição de "governados" sem estratégia nem máquina de guerra*. Tudo é visível, nada se esconde na estratégia do Capital. Na Grécia, em julho de 2015, operou-se uma passagem a uma *política de governamentalidade de guerras civis*. Os movimentos gregos, tragicamente isolados, foram incapazes de acompanhar o inimigo nesse novo terreno de confronto. A recusa dessa governamentalidade só poderia consistir na recusa das "liberdades" implicadas na relação governantes/governados. Processo particularmente difícil, pois o movimento operário, comunista ou revolucionário, não produziu um conceito de liberdade por oposição à "liberdade" liberal.

Para a máquina de guerra do Capital, a dívida é, a um só tempo, uma *relação de poder* razoavelmente estável, em que o governante e os governados se opõem, e um *terreno de enfrentamento estratégico*, em que adversários se opõem. Por meio da dívida, os governantes conduzem, de maneira relativamente previsível, o comportamento dos governados. E, se dizemos "relativamente", é porque os governados, ao se valerem de sua "liberdade", resistem, opõem-se e contornam as dificuldades econômicas, levando a máquina de guerra do Capital a desenvolver dispositivos de financeirização e a intensificar as políticas de austeridade, para tentar fazer frente a resistências, oposições e desvios.

Foucault afirma que a relação governantes/governados não é nem jurídica nem de guerra, mas constitui uma "ação sobre ações possíveis" realizadas por "sujeitos livres". Mas os possíveis, a liberdade, a ação e as condutas pressupostas pela *relação de poder* são, por sua vez, determinadas no quadro da governamentalidade. A liberdade do governado é a *liberdade liberal* do capital humano, do empreendedor autônomo ou, ainda, do consumidor, quer dizer, é a liberdade "fabricada", solicitada, incitada pelos dispositivos de poder para responder às novas exigências da acumulação do Capital. Pode-se lutar contra o Capital "por dentro dele e contra ele" (por dentro e contra Foucault?), mas permanece-se sempre parte da divisão social do trabalho e de suas atribuições subjetivas.

Bem diferente é a liberdade que cria por si mesma seus próprios possíveis, que estrutura seu campo de ação e que, neste ato e por meio dele, se subjetiviza, tornando-se *autônoma* e *independente* dos "governantes", *indecidível* em relação ao plano de governamentalidade. Os governados só são livres quando rompem com a cerca que os separa do confronto estratégico *investindo* as guerras no seio da população conduzidas pelo Capital sem abrir mão de sua própria máquina de guerra. Como vimos, Foucault não explica como se dá a passagem de *governado* a *adversário*. Ele tampouco tematiza a ruptura como condição de subjetivação necessária para que se saia desse "estado de minoridade" (Kant) com que se vê às voltas em seus últimos anos, e isso *porque ele não problematiza a construção da máquina de guerra*. Contudo, essa é a condição indispensável para haver um processo de subjetivação coletiva que opere por meio de ligações transversais, em ruptura com a semiologia do capital e seus dispositivos de governança das divisões.

Desde 2011, os movimentos anticapitalistas multiplicaram as modalidades de ruptura subjetiva. Mas rapidamente viram-se diante de uma alternativa que é um impasse: ou "desaparecer", dissolvendo-se como forças organizadas, ou se constituir em novas formas de representação, ressuscitando moribundas modalidades modernas de ação política. Mas subtrair-se à relação de governamentalidade exige que se ponham em jogo os dois lados dessa relação: não apenas deixar o estado de subordinação (de "governados"), mas recusar, igualmente, a ideia de se tornarem os novos "governantes", os novos aspirantes a uma melhor *representação* dos "interesses" dos dominados que a exercida pelas "elites". Os "novos partidos", nascidos desses movimentos, acabam por operar um remendo da representação parlamentar, reproduzindo a ilusão de que essa "política" poderia mudar alguma coisa, quando é impossível, por definição, uma "outra política" no interior da governamentalidade. É o que mostra o recente fiasco eleitoral do Podemos na Espanha (que fracassa às portas do "poder"), menos de um ano após o fracasso do Syriza na Grécia ainda detém esse.

Neste livro, buscamos colocar *em prática* o Foucault da primeira metade dos anos 1970. É que a situação atual nos inclina a ver "por trás do problema da produção de riquezas, para mostrar através de que ruínas, dívidas, acumulações abusivas, se constituiu, de fato, certo estado das riquezas".[213]

---

213 M. Foucault, *Em defesa da sociedade*, op. cit., p. 158.

O que precisamos não é tanto de uma nova teoria econômica do valor ou de uma abordagem alternativa da governamentalidade, mas colocar a questão política por excelência na era da guerra civil global e do "Capitaloceno".

Ora, a luta que se desenrolou na Grécia nos pôs em presença de uma "população" sem ambiguidades conceituais, quer venham da economia política ou da biopolítica (suspeitamos que uma tenha influenciado a outra). A população, como toda realidade social no capitalismo, é dividida, e o é segundo a lógica da hostilidade. A guerra é conduzida por uma parte da população contra a outra. Os resultados do referendo do Brexit na Grã-Bretanha em julho de 2015 (60% a favor, 40% contra) dão uma ideia mais próxima da realidade da divisão que perpassa a sociedade do que o slogan 99% contra 1% do Occupy Wall Street. Essa cifra pode ser "verdadeira" para o nível em que se dá a distribuição de rendimentos e patrimônios (poderia ser o ponto a partir do qual o poder econômico se torna poder financeiro), mas não explica os blocos de força que se constituem em linhas de subjetivação, a partir de divisões "econômicas" diferenciadas de outra forma e guiadas pela linha de fratura financeira. Isso contribuiu para que o movimento Occupy Wall Street de 2011–12 permanecesse restrito à contracultura das "redes sociais", em descompasso com a greve geral de maio de 2012, ela mesma pouco compatível com certas proposições herdadas da década de 1980 (a taxa Tobin, a reforma dos financiamentos de campanha etc.). Difícil não dar razão à afronta de Philip Mirowski: *"Know your enemy before you start daydreaming of a better world"* [Conheça o seu inimigo antes de começar a sonhar de olhos abertos com um mundo melhor]. E ele conclui: "Sobre essa questão específica, Carl Schmitt tinha razão".[214]

Nos Estados Unidos, como na Grécia ou na Espanha, as forças de oposição à economia da dívida ainda não levaram à passagem da figura submissa do "governado" àquela, estrategicamente independente, do *inimigo autônomo*, que afirma sua autonomia diante de todas as formas de constrangi-

---

214 P. Mirowski, *Never Let a Serious Crisis Go to Waste*, op. cit., p. 326.

mento governamental, compondo-se politicamente em um processo de subjetivação da guerra civil que lhe é imposto e no qual ele se expõe, por seu turno, ao adversário, em meio às modificações que este lhe imprime.

As lutas que se multiplicaram a partir de 2011 enfrentam dificuldades de monta para atravessar essa passagem e operar essa ruptura. Para começar, o Capital, em sua forma financeira, apresenta-se como um conjunto de dispositivos anônimos e impessoais, difíceis de se condensar na figura de um adversário: as formas de exploração e dominação e os sujeitos de comando são mais abstratos e *imanentes* do que os "patrões" industriais e os Estados-nações. Não só isso, a guerra fractal que se produz indefinidamente em todos os níveis do real (sua realidade multiescalar) não tem nem a forma da guerra interestatal nem a da guerra civil, que herdamos dos séculos XIX e XX. De pouco adianta debater-se em uma situação que escapa à alternativa entre tempos de guerra e tempos de paz, e quando a pacificação social visada pela estratégia do Capital financeiro passa, sobretudo, pelo controle securitário da população, delegado ao *soft power* dos mercados. O terceiro obstáculo é posto pelas guerras de classe, de gênero e de raça, que produzem profundas divisões no interior do proletariado. A passagem das relações de poder às relações estratégicas, a capacidade de resistência e de ataque, o acúmulo e o exercício da força, os processos de subjetivação – tudo isso tem como condição a neutralização das divisões e a construção de conexões revolucionárias entre as "minorias", que deixaram de sê-lo, a não ser em seu sentido mais filosófico (a "fórmula das multiplicidades", de Deleuze e Guattari). Por fim, pensar em termos de máquina de guerra implica confrontar o que nos parece ser o limite intrínseco ao pensamento 68, a saber, a incapacidade de pensar as guerras, e cada um de seus componentes, como forma total da valorização do Capital que reduz os "momentos" reformistas a parênteses estratégicos na grande utopia do livre mercado.

A contra-história que traçamos tem como única função recuperar a realidade das guerras que nos são infligidas e negadas: não mais *a* guerra ideal dos filósofos, mas *as guer-*

ras que se alastram "no interior dos mecanismos de poder" e que constituem "o motor secreto das instituições". E, quanto a essa guerra das guerras – para continuar de onde Foucault parou, ou desconstruir o sujeito que fala em seu discurso –, *não basta enunciá-la como um princípio de explicação; é preciso reativá-la, fazer com que ela deixe as formas larvais, surdas, em que é conduzida sem nos darmos conta, e levá-la a travar as batalhas decisivas, para as quais devemos nos preparar, se não quisermos ser, mais uma vez, os perdedores.*

POSFÁCIO À EDIÇÃO BRASILEIRA

YASMIN TEIXEIRA

Há certos livros cujo nascimento é sentido como a chegada de um encontro há muito esperado. Surgem com a potência inestimável de enunciar algo da ordem de um ainda não dito que, no entanto, parece estar há tempos em vias de ganhar consistência. *Guerras e Capital* é uma obra de tal calibre, capaz de apreender de maneira ímpar uma malha de lineamentos político-filosóficos que chegam até nós e de lançar a partir deles novos traçados.

Éric Alliez e Maurizio Lazzarato compartilham um enraizamento intelectual nas filosofias francesas dos anos 1960 e nas práticas políticas que se desdobram nessa mesma época e se prolongam até o autonomismo italiano dos anos 1970. Ambos se doutoram na Universidade Paris 8 Vincennes-Saint-Denis, onde também desenvolvem trabalhos no Laboratório de Estudos e Pesquisas sobre as Lógicas Contemporâneas da Filosofia (LLCP), e participam, no início dos anos 2000, do corpo editorial da revista *Multitudes*, dedicada a reflexões sobre os problemas políticos da era da mundialização sob a perspectiva das filosofias contemporâneas de bases espinosistas e nietzschianas.

As diferenças de trajetória entre os dois pensadores não deixam de ser, contudo, igualmente fundamentais para a composição de *Guerras e Capital*. Já próximo a Félix Guattari, Alliez realiza seus estudos em filosofia em Vincennes-Saint--Denis sob a orientação de Gilles Deleuze, defendendo sua tese *Naissance et conduites des temps capitaux* [Nascimento e

425

condutas de tempos capitais][1] em 1987 e se dedicando, desde então, à construção de novas relações entre a arte, com uma crítica da estética no sentido kantiano e pós-kantiano,[2] política e história da filosofia francesa contemporânea – em especial a partir do pensamento de Deleuze e Guattari. Dentre suas obras traduzidas para o português estão *A assinatura do mundo, Da impossibilidade da fenomenologia, Deleuze filosofia virtual* e a coletânea *Gilles Deleuze: uma vida filosófica*, realizada a partir de conferências no Rio de Janeiro e em São Paulo em 1996.[3] Lazzarato inicia seus estudos graduando-se em ciência política na Universidade de Pádua e nessa mesma época se engaja no movimento político Autonomia Operaia, ao qual também estava ligado o filósofo Antonio Negri. Em meio às profundas turbulências sociais e políticas dos anos de chumbo italianos, Lazzarato se vê obrigado a se exilar na França para escapar da perseguição que as forças estatais italianas conduziam contra os militantes autonomistas. Em Paris, participa de grupos de estudo e frequenta os seminários de Félix Guattari (onde ele encontra Alliez), passando a se aprofundar no pensamento filosófico francês contemporâneo. Mais tarde, volta a se associar ao ambiente intelectual em torno de Antonio Negri, que também havia se mudado para Paris, e completa seus estudos em ciência política com a tese *Les Machines à cristalliser le temps: perception et travail*

---

1   Ver Éric Alliez, *Tempos capitais: relatos da conquista do tempo*, prefácio de Gilles Deleuze, trad. Maria Helena Rouanet. Rio de Janeiro: Siciliano, 1991.

2   Tal crítica se desenvolve na trilogia: *La Pensée-Matisse: portrait de l'artiste en hyperfauve* (com Jean-Claude Bonne). Paris: Le Passage, 2005; *L'Œil-Cerveau: nouvelles histoires de la peinture moderne*. Paris: Vrin, 2007; *Défaire l'image: de l'art contemporain*. Dijon: Les Presses du Réel, 2013.

3   Id., *A assinatura do mundo: o que é a filosofia de Deleuze e Guattari* [1993], trad. Maria Helena Rouanet e Bluma Villar. São Paulo: Editora 34, 1995; *Da impossibilidade da fenomenologia: sobre a filosofia francesa contemporânea* [1995], trad. Raquel de Almeida Prado e Bento Prado Jr. São Paulo: Editora 34, 1996; *Deleuze filosofia virtual* [1996], trad. Heloisa B. S. Rocha. São Paulo: Editora 34, 1996; *Gilles Deleuze: uma vida filosófica* [1998], trad. Ana Lucia de Oliveira. São Paulo: Editora 34, 2000.

dans le post-fordisme [As máquinas de cristalização do tempo: percepção e trabalho no pós-fordismo], em 1996.[4] Nesse momento, Lazzarato utiliza ainda o conceito de trabalho imaterial, numa tentativa de repensar as relações de trabalho no capitalismo tardio, mas essa ideia é abandonada em favor de reflexões sobre a relação credor-devedor como cerne da dinâmica econômica do capital. Dessa nova fase, suas obras mais importantes são *Expérimentations politiques, La Fabrique de l'homme endetté* e *O governo do homem endividado*.[5] Vale mencionar também *Marcel Duchamp et le refus du travail*,[6] que pode ser relacionado à pesquisa de Alliez no campo da arte contemporânea.

Um dos primeiros ensaios de Alliez sobre o tema da guerra, "Paix et guerre", foi escrito com Antonio Negri em 2003, ressoando algumas das ideias apresentadas por este em obras como *Império* e *Multidão*.[7] No ensaio, Alliez e Negri versam sobre o declínio das guerras convencionais, o enfraquecimento do paradigma político e jurídico que as sustentava na modernidade e a emergência da "forma imperial hipermoderna" da violência, que torna a paz e a guerra indiscerníveis. Essa ideia geral converge com os estudos sobre o crédito e o endividamento de Lazzarato: outras formas de ataque que não a da batalha sangrenta são também instrumentalizadas estrategicamente na ordem do capital, tornando a guerra um espectro que vai da intervenção militar às operações financeiras e manobras institucionais. Um caso paradigmático seria

---

4   Maurizio Lazzarato, *Les Machines à cristalliser le temps: perception et travail dans le post-fordisme*. Tese de doutorado. Universidade Paris 8, 1996.

5   Id., *Expérimentations politiques*. Paris: Éditions Amsterdam, 2009. *La Fabrique de l'homme endetté: essai sur la condition néolibérale*. Paris: Amsterdam, 2011; *O governo do homem endividado* [2014], trad. Daniel P. P. da Costa. São Paulo: n-1 edições, 2017.

6   Id., *Marcel Duchamp et le refus du travail*. Paris: Les Prairies Ordinaires, 2014.

7   Antonio Negri e Michael Hardt, *Império* [2000], trad. Berilo Vargas. Rio de Janeiro: Record, 2001; *Multidão: guerra e democracia na era do Império* [2004], trad. Clóvis Marques. Rio de Janeiro: Record, 2005.

o da Grécia, que entrou em crise econômica após o *crash* mundial de 2008 e onde foram implementadas uma série de medidas de austeridade entre 2010 e 2018 por exigência de credores internacionais, em meio ao aprofundamento da dívida pública e ao colapso financeiro generalizado do país. Lazzarato interpretou a situação grega como um indício do surgimento de um novo modelo de guerra no qual o ataque financeiro seria um elemento importante, o que obrigaria a repensar o capital neoliberal não apenas como máquina social, mas também como máquina de guerra.

A hipótese inicial dos autores de *Guerras e Capital* conflui, por um lado, com as análises elaboradas por alguns militares a respeito das estratégias de combate pós-Guerra Fria, em especial a dos generais chineses Qiao Liang e Wang Xiangsui em *Unrestricted Warfare*,[8] obra que traduz teoricamente a possibilidade do ataque financeiro e outras modalidades de ofensiva numa situação de desvantagem estratégica em relação ao poderio militar do adversário, e a do general britânico Rupert Smith e seu conceito de "guerras em meio às populações" presente em *The Utility of Force*.[9] Por outro lado, a hipótese também aparece na literatura das ciências humanas como uma discussão sobre o termo "novas guerras" (popularizado por Mary Kaldor, especialista em Estudos de Segurança), que busca sintetizar algumas noções a respeito da diferença de regime de conflitualidade entre as guerras anteriores e posteriores à queda do Muro de Berlim. Essa literatura é ampla e interdisciplinar e ganhou força após a declaração de "guerra contra o terror" feita pelo governo dos Estados Unidos em 2001. No Brasil, essa discussão parece ter chegado aos círculos acadêmicos e militantes muito mais tarde, especialmente por meio da teoria da necropolítica, de Achille Mbembe, que coloca a problemática do novo regime de conflitualidade sob a perspectiva da herança colonial da violência e da metafísica

---

8 Qiao Liang e Wang Xiangsui, *Unrestricted Warfare* [1999]. Beijing: PLA Literature and Art Publishing House, 1999.

9 Rupert Smith, *The Utility of Force: the Art of War in the Modern World*. London: Allen Lane, 2005.

social do racismo como fatores determinantes de uma generalização do direito de matar, da qual as novas guerras seriam importantes expressões.

O que essas diversas contribuições têm em comum é a noção de que, diante das transformações históricas contemporâneas, tornou-se necessário revisitar o próprio conceito de guerra. Essas transformações abarcam o aparecimento de operações militares de temporalidade indeterminada, que têm como alvo inimigos abstratos e que já não se limitam ao confronto entre forças armadas regulares de Estados constituídos, mas passam a penetrar a vida cotidiana de populações, frequentemente desdobrando da destruição material violenta uma reconstrução institucional controlada.

Assim, ao menos desde o 11 de Setembro, o tema da guerra ressurge como questão à qual a filosofia não pode mais deixar de fazer face, a título de um engajamento necessário na realidade política atual. O ataque às torres gêmeas e ao Pentágono dá início a uma sequência histórica marcada pelas guerras contra o terrorismo (incluindo as ocupações do Iraque e do Afeganistão), que catalisam uma série de transformações no regime estratégico do capital – transformações que se acentuam e se tornam ainda mais complexas com o *crash* financeiro de 2008 e a subsequente reemergência de movimentos neofascistas ao redor do mundo.

De forma sintética, podemos afirmar que a hipótese inicial é a de que o regime moderno de clara distinção jurídica e política entre tempos de guerra e tempos de paz deu lugar a esse novo traço da guerra como relação social permanente. Se o capital mobiliza necessariamente suas máquinas de guerra em sua expansão virtualmente ilimitada, lançando em um mesmo movimento o avanço do regime estratégico e o do regime de acumulação, a construção de políticas anticapitalistas deve passar por uma reflexão sobre esse movimento e sobre os devires da estratégia (e seus impasses) no interior das lutas revolucionárias. Alliez e Lazzarato oferecem uma contribuição fundamental a essa reflexão ao trazer à tona o problema da relação entre o capital e a guerra – ou, como preferem, *as guerras* –, partindo, para isso, das encruzilhadas teórico-práticas que se congregaram em torno do acontecimento "Maio de 68". Trata-se aqui de uma multiplicidade de guerras porque há uma efetuação diferencial da violência que a faz percorrer diversas linhas de confrontos estratégicos entre formas mais ou menos sangrentas. *Guerras e Capital* se propõe, assim, a conduzir uma investigação sobre a lógica desses confrontos, reinscrevendo a história do desenvolvimento do capital na matriz das guerras, compreendidas como processos essenciais à sua gênese e indispensáveis ao deslocamento permanente de seus limites.

A abordagem de Alliez e Lazzarato proporciona, por meio dessa genealogia detalhada da situação atual, um ganho de inteligibilidade à compreensão do regime de conflitualidade mundial e das lutas políticas que ele envolve, tendo como premissa a ideia de que os seus traços fundamentais fazem parte do funcionamento contínuo do capital nas suas diversas etapas históricas. Embora haja uma confluência específica desses traços, que de fato lhes dá uma nova configuração no pós-Guerra Fria, as guerras fractais do capital, na realidade, atualizam estratégias que remontam às guerras coloniais, encarnando uma combinatória de ofensiva econômica, militar e política que toma como objeto de hostilidade não apenas um exército ou Estado adversário, mas a própria vida das populações, que passam a ser indiscerníveis dos inimigos que supostamente abrigam.

Com base nessa perspectiva, parece ser necessário definir melhor a expressão "*novas* guerras". A novidade das guerras contemporâneas consiste em efetuar uma desterritorialização, o que contrasta com o momento moderno de predominância da guerra convencional interestatal – instrumento preferido do imperialismo europeu até a emergência das guerras totais (com as duas grandes guerras ou a "guerra civil europeia"). O grande corte bipolar da Guerra Fria teria sido o último organizador central sob o qual se gestou essa distribuição fractal das guerras. Observa-se, especialmente no enclave dos anos 1960, o surgimento de uma série de conflitos que articularam, ao jogo estratégico entre Estados Unidos e União Soviética, as lutas minoritárias e os movimentos por direitos civis.

Para Alliez e Lazzarato, trata-se sobretudo de demonstrar a contiguidade necessária entre guerra, economia e política, que constitui a determinação ontológica fundamental do capitalismo. Esse postulado é uma crítica direta às mistificações liberais do mercado como âmbito da pacificação social: longe de ser incompatível com a guerra, assim como de excluí-la, o mercado mundial é o campo de produção e circulação da violência, que se dá localmente por meio do Estado e de seus aparelhos de repressão. Compreender o capitalismo como sistema de concorrência é um raciocínio eufêmico que elide a natureza bélica de seu funcionamento. O capital jamais foi um meio de produção de civilidade como instauração de uma paz sob a qual seria possível firmar o comércio entre indivíduos e nações livres. Ele se erigiu, ao contrário, por meio de processos violentos de expropriação, extermínio, invasão e pilhagem. Mesmo os elementos de sua face aparentemente mais racional – a moeda, o crédito – sempre foram, e hoje isso é ainda mais evidente, passíveis de conversão em instrumentos de ataque conexos ou intercambiáveis com operações militares propriamente ditas. Nesse sentido, fica claro de que maneira a economia, e também a política, é a continuação da guerra por outros meios.

Dessa forma, uma das premissas mais importantes de Alliez e Lazzarato é a de que a acumulação primitiva é um *continuum* que não cessa de se atualizar ao lado de novas formas de acumulação econômico-financeiras e que, portanto, não pode ser considerada apenas uma etapa restrita ao desenvolvimento inicial do capital. Daí a atenção dada ao colonialismo e aos processos históricos de formação político-econômica periférica, aspectos frequentemente negligenciados nas abordagens teóricas da guerra e do militarismo, que recaem inadvertidamente numa perspectiva restrita ao ponto de vista europeu e estadunidense ao tomar como fundamento a análise da política externa dessas regiões. Indo em outra direção, os autores privilegiam uma perspectiva que assume um ponto de vista verdadeiramente global, no qual se busca uma consideração histórica e geopolítica de conjunto que leve em conta os processos coloniais de dominação e exploração perpetuados na dinâmica de poder mundial contemporânea. Essa análise conjunta dos processos históricos do Norte e do Sul globais permite mostrar como as práticas de violência na periferia do capital foram sempre mais sangrentas e, por isso mesmo, permitiram uma experimentação de estratégias, posteriormente transpostas para a "colonização interior" do centro.

Os processos coloniais de expropriação são também o ponto de inflexão a partir do qual se delineiam as "guerras civis" que recortam o campo social em confrontos de raça, classe, gênero e subjetividade. Assim, a concepção de guerra que os autores mobilizam, como multiplicidade de confrontos estratégicos, permite que se dê conta não apenas do aspecto fragmentário das guerras contemporâneas, compreendidas como conflitos armados geopoliticamente pulverizados, mas também do aspecto diferencial das guerras de dominação e exploração que o capital empreende contra agentes políticos minoritários. Não se fala aqui de luta de classes, mas de guerra de classes, guerra que é ela mesma atravessada por diversas outras guerras, nas quais o próprio capital é o sujeito da ofensiva. De maneira bastante original, os autores mostram a dinâmica do *front*, no qual as instituições do capital mundial e do aparelho de Estado se articulam para conter o avanço das lutas das mulheres, dos trabalhadores e das minorias raciais e sexuais, agindo com violência tão mais intensa quanto maior a potência revolucionária dessas lutas.

Vê-se até que ponto Alliez e Lazzarato se afastam da concepção clausewitziana da guerra. Seguindo a crítica de Foucault e de Deleuze e Guattari à célebre fórmula de Carl von Clausewitz, "a guerra é a continuação da política por outros meios", os autores desdobram todas as consequências da ideia de que não basta inverter a fórmula, permutando seus termos: é necessário também refundar os conceitos em relação. Clausewitz compreendia a guerra como um confronto no qual a violência física é utilizada para submeter um outro à sua vontade, pressupondo que a relação de guerra é estabelecida entre forças armadas regulares de Estados-nações. A guerra seria, assim, um instrumento da vontade política que o Estado encarna: nessa lógica, os objetivos militares estariam submetidos aos políticos, que regulariam sua intensidade e seus limites estratégicos.

Para o nietzschianismo francês das décadas de 1970 e 1980, entretanto, a tese clausewitziana seria uma síntese historicamente delimitada, que não pode ser tomada como ponto de partida para a compreensão geral das relações entre guerra e política. Na realidade, seria antes o caso de pensar que foram a profissionalização das forças armadas e a codificação jurídico-política da guerra nos termos do espaço de legalidade do Estado que teriam constituído as guerras convencionais modernas. Alliez e Lazzarato mostram como as hipóteses dos filósofos do pensamento 68 [*pensée 68*] convergem neste ponto: é porque o monopólio da guerra pelo Estado é logicamente secundário que se torna possível pensar as guerras para além das operações de uma instituição militar, considerando estas como caso particular das primeiras, e não o contrário.

Para Foucault, Clausewitz captura um momento histórico específico, em que a guerra é estatizada e empregada como instrumento de uma *raison d'État*, mas o discurso clausewitziano é ele mesmo uma inversão de um discurso anterior, "mais antigo",[10] segundo o qual a política é continuação da guerra por outros meios. Como apontam Alliez e Lazzarato, essa inversão pressupõe que a política não possa mais ser compreendida apenas como um exercício da vontade do Estado e que a guerra tampouco possa ser reduzida a um instrumento acionado exclusivamente por meio de uma instituição militar. A política é o campo constituído pelo jogo das relações de força que produzem as formas sociais instituídas, e a guerra, por sua vez, passa a ser concebida como matriz analítica dessas relações – "a própria nudez das relações de força". Essa matriz de guerra continua a sustentar uma conflitualidade subjacente à paz civil que engloba as instituições e os dispositivos de poder individuados.

---

10 Ver Michel Foucault, *Em defesa da sociedade: curso no Collège de France (1975–1976)* [1976], trad. Maria Ermantina Galvão. São Paulo: Martins Fontes, 2000.

Se a concepção foucaultiana da guerra como forma de relação social é uma das linhas de composição filosófica essenciais desta obra, Alliez e Lazzarato não deixam, entretanto, de direcionar algumas críticas a Foucault, especialmente no que concerne ao desenvolvimento de sua teoria do biopoder. Definido como regime de poder que toma a vida (isto é, os corpos e as populações) como objeto, o conceito de biopoder abre uma dificuldade, apontada primeiramente pelo próprio Foucault, quando se considera a intrusão do regime de soberania em seu domínio.

Como poder de confisco e decisão sobre a morte, a soberania na era do biopoder determina a presentificação da guerra enquanto violência atual, e não apenas enquanto descritor lógico das relações de poder. A constatação dessa presentificação corre o risco de levar a teoria do biopoder a uma aporia quando se considera o horizonte da guerra nuclear, que seria a dissolução absoluta do próprio poder que a teria produzido. Segundo Foucault, essa mobilização de um poder de decisão sobre a morte na era do biopoder só poderia adquirir inteligibilidade por meio da introdução de uma análise do racismo: haveria uma generalização do direito de matar, manifestada historicamente pelo nazifascismo, que se fundamentaria na defesa de um povo contra toda ameaça à sua sobrevivência. Na contemporaneidade, mata-se em nome da vida, pois se trata de guerras de sobrevivência de povos e nações. Quanto a essa hipótese, é no caráter finalmente suicidário do nazismo que a teoria do biopoder esbarra, de maneira que a explicação com que Foucault encerra seu argumento deixa em aberto a questão do racismo (que, é preciso lembrar, o filósofo toma como sinônimo de antissemitismo e reduz a um fenômeno dos séculos XIX e XX).

Se a teoria foucaultiana do biopoder delimita questões a que não pode responder satisfatoriamente por permanecer numa perspectiva histórica eurocêntrica, que elide uma consideração séria dos processos de expropriação colonial e da guerra de classes, é precisamente por tomarem esses pontos como elementos fundamentais da obra que Alliez e Lazzarato são capazes de avançar. Resta, para os autores, a importância central da reflexão foucaultiana relativa à inversão da fórmula de Clausewitz e à compreensão das guerras como matrizes analíticas das relações de força que constituem o campo sociopolítico (considerando assim a coexistência e a reversibilidade entre relações de poder e confrontos estratégicos).

Contudo, essa leitura de Foucault é apenas uma das linhas de composição da perspectiva dos autores. A segunda se refere à mobilização da filosofia deleuzo-guattariana de *Capitalismo e esquizofrenia*,[11] em especial do conceito de máquina de guerra, aqui tomado em seu sentido mais consequente à elaboração teórica de Deleuze e Guattari. Enquanto tal conceito tem sido utilizado nos estudos deleuzianos como sinônimo de um vago "nomadismo", Alliez e Lazzarato recuperam o tema da realização do regime de violência da máquina de guerra, localizando de maneira precisa o ponto de distensão que a hipótese deleuzo-guattariana deixara em aberto.

Se, num primeiro momento, a máquina de guerra se efetua no nomadismo e toma não exatamente a guerra mas o espaço liso (isto é, um espaço de distribuição fractal) como objeto positivo, num segundo, torna-se fundamental destacar como a máquina de guerra se confronta com o Estado e é por ele apropriada. Nesse processo de captura, mais ou menos equivalente à aquisição do monopólio estatal da guerra também descrito por Foucault, há uma transformação qualitativa na qual a máquina de guerra passa a compor uma instituição militar subordinada aos fins políticos do aparelho de Estado. Mais uma vez, é apenas sob essas condições que a fórmula de Clausewitz é verdadeira, e que a própria guerra constitui um objeto primário para a máquina de guerra. Considerada em sua relação primordial com o capital, a guerra se manifesta também como potência de destruição de tal forma conjugada à axiomática (o conjunto variável de normas condicionais de generalização da forma-mercadoria), que sua indissociabili-

---

11 Ver, de Gilles Deleuze e Félix Guattari, *O anti-Édipo: capitalismo e esquizofrenia 1* [1972], trad. Luiz B. L. Orlandi. São Paulo: Editora 34, 2010; e *Mil platôs: capitalismo e esquizofrenia 2* [1980], 5 vols., trad. Ana Lúcia de Oliveira et al. São Paulo: Editora 34, 1997.

dade em relação à própria produção deve ser reconhecida: o capital é capaz de deslocar os limites dessa axiomática mundial sobretudo por meio da guerra. É de Deleuze e Guattari, portanto, a ideia de que guerra e capital se entrelaçam no mesmo movimento de acumulação, determinando a produção e a destruição como faces da mesma moeda (premissa que está no cerne de *Guerras e Capital*).

Em certo sentido, a máquina de guerra pode também se efetuar como máquina revolucionária, distinta de um "Exército Vermelho" enquanto se mantiver exterior ao aparelho de Estado, ainda que de um Estado socialista. Tal é o critério central de diferenciação entre máquina de guerra e instituição militar: a primeira é a forma pura da exterioridade, ao passo que a segunda se reduz a um meio de execução da violência estatal. Mas o aspecto revolucionário de uma máquina de guerra não é necessário: na verdade, o século XX vê surgir sobretudo máquinas de guerra do capital que marcam um movimento de inversão do sentido de captura inicialmente descrito. Essas novas máquinas de guerra se desprendem do excedente de violência produzido pelo próprio Estado e, já militarizadas e já destinadas a realizar a guerra, passam a se autonomizar como milícias locais ou grandes complexos ecumênicos industrial-militares, técnico-científicos e financeiros. A hipótese de Deleuze e Guattari é que, no processo dessa autonomização, o fascismo e as guerras totais, com sua economia de guerra, exercem um papel determinante que será continuado em meio à Guerra Fria: é no pós-Segunda Guerra Mundial que se constitui uma máquina de guerra mundial que articula os Estados-nações e todos os conflitos locais como peças de si mesma, tomando como objeto uma "paz" de sobrevivência que não se distingue mais da própria guerra, tornada estado cotidiano e forma de relação política ordinária. A reversão da fórmula de Clausewitz se realiza, portanto, nessa virada histórica específica em que ocorre o declínio das guerras convencionais entre os Estados do centro.

Tal conjunto de hipóteses deleuzo-guattarianas sobre os devires contemporâneos da máquina de guerra é apenas esboçado pelos autores de *Mil platôs*. Coube a Alliez e Lazzarato levar adiante tais hipóteses por meio de uma pesquisa minuciosa sobre os processos históricos, políticos e econômicos relativos às mutações das guerras. Enquanto a violência de Estado se apresenta como modelo de realização de uma axiomática da guerra, em última instância é o próprio capital que deve ser entendido como máquina de guerra mundial, como sujeito dos confrontos estratégicos que conduz, em meio às populações, uma guerra mundial em mil fragmentos.

É com base nesse conjunto de problemas filosóficos que Alliez e Lazzarato anunciam suas três teses centrais: a acumulação econômica se soma à acumulação de meios de execução da violência como elementos essenciais à constituição do capital e do Estado; é necessário falar de guerras, no plural, pois se trata de uma multiplicidade de guerras tomadas como princípio de organização social; não se pode pensar o capitalismo mundial integrado, dirigido pelo capital financeiro, a não ser como uma máquina de guerra autonomizada, que submete o próprio Estado e seus aparelhos a sua axiomática.

Resultado, por um lado, de uma conjunção cautelosa das premissas deleuzo-guattarianas e foucaultianas sobre o problema da guerra e, por outro, de um exame histórico detalhado – atento, sobretudo, aos enclaves e bloqueios aos quais as ofensivas do capital conduziram os movimentos revolucionários –, as três teses de Alliez e Lazzarato compõem o tecido com que constroem uma reflexão que efetivamente pôde cumprir o papel de revitalizar o debate estratégico, nomeando sem eufemismos aquilo que de fato está em jogo. De enorme alcance filosófico, *Guerras e Capital* é uma síntese crítica finalmente capaz de atualizar o impensado do pensamento político de 68.

YASMIN TEIXEIRA é graduada em psicologia e filosofia pela Universidade de São Paulo e mestre em filosofia francesa contemporânea pela Universidade Federal de São Paulo.

AGRADECIMENTOS

O material e as principais articulações deste livro foram apresentados em um seminário realizado no Departamento de Filosofia da Universidade Paris 8 entre 2014 e 2015. Gostaríamos de agradecer aos/às estudantes que acompanharam nosso trabalho de maneira assídua e participativa, e aos colegas de departamento que apoiaram a iniciativa: Stéphane Douailler, Antonia Birnbaum, Bertrand Ogilvie e Patrice Vermeren.

Este trabalho foi apresentado, ainda, em uma série de conferências e workshops em diferentes universidades canadenses, onde se tornou objeto de trocas contínuas com o público e os organizadores. Agradecimentos especiais a Gary Genosko e Ganaele Langlois (York University), Enda Brophy (Simon Fraser University), Antonio Calcagno (Western University), Imre Szeman (Universidade de Alberta), Erin Manning (Concordia University) e Brian Massumi (Universidade de Montréal). Por fim, nosso caloroso agradecimento a Nicolas Vieillescazes, editor magistral, que acompanhou o projeto desde o início e apoiou, do começo ao fim, os dois artesãos a ele dedicados.

SOBRE OS AUTORES

ÉRIC ALLIEZ nasceu em Paris, em 1957. Graduou-se em filosofia em 1977 pela Universidade Paris 4 Sorbonne, onde, no ano seguinte, também defendeu o mestrado. Em 1987, concluiu o *Doctorat d'État* sob orientação de Gilles Deleuze na Universidade Paris 8 Vincennes-Saint-Denis. De 1988 a 1996, foi professor na Universidade do Estado do Rio de Janeiro (Uerj), e coordenador do Colégio Internacional de Estudos Filosóficos Transdisplinares que ele ajudou a criar, e da coleção Trans (Editora 34). De 1999 a 2011, lecionou em diversas instituições acadêmicas, como no Goldsmiths College, da Universidade de Londres (2003), e na Hochschule für Gestaltung, em Karlsruhe. Entre 2000 e 2007, foi editor da revista *Multitudes*, da qual foi um dos fundadores. Atuou como diretor de pesquisa na École des Hautes Études en Sciences Sociales (EHESS), em Paris, durante 2002 e 2003. Desde 2010, atua como professor titular da Cátedra "Philosophie et Créations Contemporaines en Art" no departamento de Filosofia da Universidade Paris 8 e no Centre for Research in Modern European Philosophy (CRMEP), da Universidade de Kingston.

Obras selecionadas

Les Temps capitaux I: récits de la conquête du temps. Paris: Éditions du Cerf, 1991.
La Signature du monde, ou, qu'est-ce que la philosophie de Deleuze et Guattari?. Paris: Éditions du Cerf, 1993. [Ed. bras.: *A assinatura do mundo: o que é a filosofia de Deleuze e Guat-*

tari, trad. Maria Helena Rouanet e Bluma Villar. São Paulo: Editora 34, 1994.]

De l'impossibilité de la phénoménologie: sur la philosophie française contemporaine. Paris: Vrin, 1995. [Ed. bras.: *Da impossibilidade da fenomenologia: sobre a filosofia francesa contemporânea*, trad. Raquel de Almeida Prado e Bento Prado Jr. São Paulo: Editora 34, 1996.]

Deleuze, philosophie virtuelle. Paris: Synthélabo, 1996. [Ed. bras.: *Deleuze, filosofia virtual*, trad. Heloisa B. S. Rocha. São Paulo: Editora 34, 1996.]

Les Temps capitaux II: la capitale du temps 1 – l'état des choses. Paris: Éditions du Cerf, 1999.

Capitalism and Schizophrenia and Consensus: of Relational Aesthetics. Istambul: Baglam, 2010.

Undoing the Image I: Body without Organs, Body without Image. Cambridge: MIT Press, 2017.

Undoing the Image II: Becoming-Matisse. Cambridge, MA: MIT Press, 2019.

Undoing the Image III: Duchamp Looked at (from the Other Side). Cambridge: MIT Press, 2021.

Undoing the Image IV: Three Entries in the Form of Escape Diagrams. Cambridge: MIT Press, 2021.

Gilles Deleuze: une vie philosophique. Paris: Synthélabo, 1998. [Ed. bras.: *Gilles Deleuze: uma vida filosófica*, trad. Ana Lúcia de Oliveira. São Paulo: Editora 34, 2000.]

MAURIZIO LAZZARATO nasceu na Itália, em 1955. Durante a década de 1970, enquanto estudava ciências políticas pela Universidade de Pádua, participou ativamente da Autonomia Operaia, movimento autonomista italiano. Com o acirramento da perseguição política, exilou-se em Paris, França, em 1982, onde passou a viver desde então. Em 1996, defendeu o doutorado sob orientação de Jean-Marie Vincent na Universidade Paris 8 Vincennes-Saint-Denis. Em 1999, apresentou o projeto io_dencies//lavoro immateriale na Bienal de Veneza com o coletivo Knowbotic. Com Éric Alliez, foi editor dar revista *Multitudes*, da qual foi um dos fundadores em 2000. Desde 2017 é pesquisador associado ao grupo multidisciplinar Matisse (acrônimo para "MATerials, Interfaces, Surfaces, Environment" [materiais, interfaces, superfícies, ambiente]), vinculado à CNRS / Universidade Paris 1 Panthéon-Sorbonne, e membro do Collège International de Philosophie, em Paris.

Obras selecionadas

Videofilosofia: la percezione del tempo nel postfordismo. Roma: Manifestolibri, 1996.

(com Antonio Negri) *Lavoro immateriale: forme di vita e produzione di soggettività*. Verona: Ombre Corte, 1997. [Ed. bras.: *Trabalho imaterial: formas de vida e produção de subjetividade*, trad. Monica de Jesus Cesar. Rio de Janeiro: Lamparina, 2013.]

Puissances de l'invention: la psychologie économique *de Gabriel Tarde contre l'*économie *politique*. Paris: Les Empêcheurs de Penser en Rond, 2002.

Les Révolutions du capitalisme. Paris: Les Empêcheurs de Penser en Rond, 2004. [Ed. bras.: *As revoluções do capitalismo*, trad. Leonora Corsini. Rio de Janeiro: Civilização Brasileira, 2006.]

Le Gouvernement des inégalités: critique de l'insécurité néolibérale. Paris: Amsterdam, 2008. [Ed. bras.: *O governo das desigualdades: crítica da insegurança neoliberal*, trad. Renato Abramowicz Santos. São Carlos: Edufscar, 2011.]

La Fabrique de l'homme endetté: essai sur la condition néolibérale. Paris: Amsterdam, 2011. [Ed. bras.: O governo do homem endividado, trad. Daniel P. P. da Costa. São Paulo: n-1 edições, 2017.]

Marcel Duchamp et le refus du travail. Paris: Les Prairies Ordinaires, 2014. [Ed. bras.: *Marcel Duchamp e a recusa ao trabalho*, trad. Gustavo Gumiero. São Paulo: Scortecci Editora, 2017.]

Signs and Machines: Capitalism and the Production of Subjectivity, trad. Joshua David Jordan. Cambridge: MIT Press, 2014. [Ed. bras.: *Signos, máquinas, subjetividades*, trad. Paulo Oneto e Hortencia Lencastre. São Paulo: n-1 edições/Edições Sesc, 2014.]

Gouverner par la dette. Paris: Les Prairies Ordinaires, 2014.

Le Capital déteste tout le monde: fascisme ou révolution. Paris: Amsterdam, 2019. [Ed. bras.*: Fascismo ou revolução?: o neoliberalismo em chave estratégica*, trad. Takashi Wakamatsu e Fernando Scheibe. São Paulo: n-1 edições, 2019.]

COLEÇÃO EXPLOSANTE

COORDENAÇÃO Vladimir Safatle

Em um momento no qual revoluções se faziam sentir nos campos da política, das artes, da clínica e da filosofia, André Breton nos lembrava como havia convulsões que tinham a força de fazer desabar nossas categorias e limites, de produzir junções que indicavam novos mundos a habitar: "A beleza convulsiva será erótico-velada, explosante-fixa, mágico-circunstancial, ou não existirá". Tal lembrança nunca perderá sua atualidade. A coleção Explosante reúne livros que procuram as convulsões criadoras. Ela trafega em vários campos de saber e experiência, trazendo autores conhecidos e novos, nacionais e estrangeiros, sempre com o horizonte de que Explosante é o verdadeiro nome do nosso tempo de agora.

TÍTULOS

Petrogrado, Xangai, Alain Badiou
Chamamento ao povo brasileiro, Carlos Marighella
Alienação e liberdade, Frantz Fanon
A sociedade ingovernável, Grégoire Chamayou
Possessão, Monique David-Ménard
Fazer da doença uma arma, SPK

Título original: *Guerres et Capital*
© Éric Alliez, 2018
© Maurizio Lazzarato, 2018
© Ubu Editora, 2020

[CAPA] © David Young / DPA Alliance / Alamy / Foto Arena, 22 de junho de 2019. Policiais se posicionam em frente à escavadeira rotativa em Garzweiler 2 durante manifestação contra o aquecimento global. A Garzweiler é uma mina de linhito (carvão marrom) a céu aberto, na Alemanha, com extensão de 114 km^2. Em 2013, a empresa que opera a mina, RWE, ganhou na justiça o direito de desapropriar ao menos cinco cidades, inclusive Immerath, uma vila do século XII, para abrir o campo Garzweiler 2. Até 2045, estima-se que 1,3 bilhões de toneladas de carvão sejam extraídas da área e 30 mil pessoas desalojadas. Além das cidades, a área era ocupada pela maior floresta da Renânia do Norte-Vestfália.

[PP. 2-3] © Rahul Talukder / Zuma Wire / Alamy / Fotoarena, 25 de abril de 2013. Fotografia dos destroços do Rana Plaza, prédio de oito andares em Savar, Bangladesh, que colapsou por excesso de peso. A construção, projetada para ser ocupada por lojas e escritórios, foi tomada por um complexo têxtil composto por quatro fábricas de roupas. Mais de mil pessoas morreram e outras duas mil e quinhentas ficaram feridas. No local, eram produzidas roupas para marcas como Benetton, Primark e H&M.

COORDENAÇÃO EDITORIAL Florencia Ferrari
ASSISTENTES EDITORIAIS Gabriela Naigeborin,
   Isabela Sanches e Júlia Knaipp
REVISÃO DA TRADUÇÃO Bibiana Leme
PREPARAÇÃO Giovana Bomentre
REVISÃO Pedro Taam e Leonardo Ortiz
DESIGN Elaine Ramos
ASSISTENTE DE DESIGN Livia Takemura
PRODUÇÃO GRÁFICA Marina Ambrasas
COMERCIAL Luciana Mazolini
ASSISTENTE COMERCIAL Anna Fournier
GESTÃO SITE / CIRCUITO UBU Beatriz Lourenção
CRIAÇÃO DE CONTEÚDO / CIRCUITO UBU Maria Chiaretti
ASSISTENTE CIRCUITO UBU Walmir Lacerda
ASSISTENTE DE COMUNICAÇÃO Júlia França
ATENDIMENTO Jordana Silva e Laís Matias

Nesta edição, respeitou-se o novo
Acordo Ortográfico da Língua Portuguesa.

Dados Internacionais de Catalogação na Publicação (CIP)
Elaborado por Odilio Hilario Moreira Junior – CRB-8 / 9949

Alliez, Éric [1957–]; Lazzarato, Maurizio [1955–]
   Guerras e Capital / Éric Alliez, Maurizio Lazzarato; título
   original: *Guerres et Capital*; traduzido por Pedro Paulo
   Pimenta; prefácio de Yasmin Teixeira. São Paulo: Ubu
   Editora, 2021. / 448 pp. / ISBN 978 65 86497 19 9

---

1. Capitalismo. 2. Filosofia. 3. Guerra. 4. Financiamento.
I. Alliez, Éric. II. Lazzarato, Maurizio. III. Pimenta, Pedro
Paulo. IV. Título.

2021–538   CDD 330.122 CDU 330.342.14

Índice para catálogo sistemático:
1. Capitalismo 330.122
2. Capitalismo 330.342.14

UBU EDITORA
Largo do Arouche 161 sobreloja 2
01219 011 São Paulo SP
(11) 3331 2275 ubueditora.com.br
professor@ubueditora.com.br
🄵 🄾 /ubueditora

Cet ouvrage a bénéficié du soutien des Programmes d'aide à la publication de l'Institut Français.

Este livro contou com o apoio à publicação do Institut Français.

TIPOGRAFIA Sharp Grotesk e Arnhem
PAPEL Pólen Soft 70 g/m²
IMPRESSÃO Margraf